고전으로
미래를
읽는다
0 2 3

생활의 발견

임어당(Lin Yutang) 지음 원창화 옮김

The Importance of Living

홍신문화사

머리말

이 책은 사상과 인생에 관한 체험을 피력한 나 개인의 증언이다. 이 책은 객관적인 입장에서 쓴 것도 아니며, 또 영구적인 진리를 수립하려는 것도 아니다. 사실 나는 철학의 객관성이라는 것을 경멸하는 쪽이다. 즉 객관적 진리보다도 사물에 대한 견해나 사고방식이 중요하다고 생각한다.

나는 '서정시적(抒情詩的)'이라는 말을 '개성이 강한 독자적 견해'라는 뜻으로 해석하여, 이 책을 '서정철학'이라 부르고 싶었다. 그러나 그것은 너무 미명(美名)에 치우치는 느낌이 들어서 포기해야만 했다. 즉 너무 높은 곳을 노리다가 독자에게 지나친 기대를 갖게 하지나 않을까 염려되었고, 또한 내 사상을 구성하는 주된 것은 서정적인 것이 아니라 평범한 산문으로, 자연스럽고 평이한 것이어서 누구의 손에나 닿기 쉬운 정도의 것이기 때문이다.

너무 높은 곳을 노리지 않고 이렇게 낮은 곳에서 땅에 밀착하여 흙처럼 되어 버린다 해도 나는 매우 만족할 것이다. 나의 마음은 흙이나 모래 속을 유쾌하게 노닐며, 그것만으로도 행복을 느끼리라.

이 지상 생활에 도취될 때 우화등선(羽化登仙)한 것이 아닌가 싶으리만큼 마음이 경쾌해지는 일이 흔히 있는데, 사실 인간이란 지상에서 6척(尺)도 떨어져 있기 힘든 법이다.

나는 이 책을 플라톤의 《대화편》과 같은 형식으로 쓰고자 했었다. 이런 형식은 무심코 나오는 개인적인 이야기를 하거나 일상사에서 뭔가 뜻있는 것을 택하거나, 특히 아름답고 조용한 사상의 목장을 어슬렁거리고자 할 때에는 대단히 안성맞춤인 형식일 것이다. 그러나 나는 대화 형식을 취하는 것이 싫었다. 그 이유는 나 자신도 알 수 없다. 아마도 그러한 형식의 문학은 오늘날 별로 유행하지도 않으며, 읽을 사람도 없으리라는 염려 때문이었는지도 모른다. 글을 쓰는 사람이라면 누구나 자기가 쓴 책을 독자들이 읽어주기를 바라는 법이다.

그러나 내가 말하는 대화란 신문의 인터뷰식 문답 같은 것도 아니고, 많은 소절로 나뉘어진 신문의 논설 같은 것도 아니다. 내가 말하는 것은 한 문장이 몇 페이지에 걸쳐 펼쳐지는 정말 유쾌하고 장황한 한가한 담화를 말하는 것으로, 우회하는 길도 많지만 아주 뜻밖의 곳에서 지름길로 빠져 최초의 논점으로 되돌아가기도 하는 그런 종류의 것이다. 마치 담을 넘어서 먼저 집에 돌아와, 나중에 오는 동행했던 친구를 놀라게 하는 그런 식이다. 나는 뒷담을 넘어서 집으로 돌아오거나, 사잇길을 걷는 것을 매우 좋아한다. 적어도 내 친구들은 내가 집으로 돌아가는 길이나 그 근처의 시골 지리에 익숙해 있음을 인정하리라……. 하지만 나는 이 책에서는 그런 형식을 취하지 않았다.

이 책에는 독창적인 데라곤 없다. 이 책에 언급되어 있는 사상은 동서의 많은 사상가들이 수없이 사색하고 표현했던 것들이다. 동양에서 빌려 온 것은 그곳에서 사용되던 진부한 진리다. 그럼에도 불구하고 그것은 나의 사상이다. 즉 그것은 신체의 일부가 되어 있는 것이다. 그 사상들이 내 몸에 뿌리를 내렸다면, 그것은 본래 내 안에 있는 어떤 독창적인 것을 나타내고 있기 때문이며, 또 당초 내가 그 사상들에 접했을 때 내 마음이 본능적으로 그런 사상에 찬성의 뜻을 표했기 때문이다. 나는 그 사상들을 사상으로서 존중하고 사랑한다. 사상을 논한 인물의 가치 때문이 아니다. 사실 나는 저술이나 독서의 경우 사잇길을 걸어왔다. 이 책에서 인용한 저자의 대부분은 세상에 알려지지 않은 인물이며, 중국 문학 교수를 당황하게 할 사람들이다. 이따금 저명한 사람의 이름도 등장하지만, 그것은 그들의 사상을 직관적으로 승인하지 않을 수 없었기 때문에 자연히 사용된 것이며, 저자의 명성 때문은 아니다.

이름도 없는 싸구려판 고본(古本)을 찾아다니며 사와서는, 그 속에 어떤 진기한 보배가 있는가 살피는 것이 나의 평소의 버릇이다. 만일 문학 교수들이 내 사상의 출처를 안다면 "이 속물!" 하고 어처구니없어할 것이다. 그러나 보석상의 진열장에서 큼직한 진주를 발견하는 것보다, 쓰레기통 속에서 작은 진주를 주워내는 것이 훨씬 유쾌하다.

나는 심원한 사상가도 아니고, 박학다식하지도 않다. 책을 너무 많이 읽게 되면 옳고 그름 여부를 분간할 수 없게 되어 버린다. 나는 아직까지 로크나 흄이나 버클리를 읽지 못했다. 대학에서 철학을 공부하지도 않았다. 전문이라는 점에서 보면 내 학문은 그 방법도 훈련도 다 잘못되어 있다. 나는 철학을 읽지 않고 직접 인생을 읽었을 뿐이기 때문이다. 그것은 철학 연구에서는 파격적이다. 말하자면 잘못된 방법이다.

여기서 나의 철학적 지식의 출처를 몇 가지 들어보겠다. 첫째 우리 집 가정부인 황씨 부인. 이 여인은 중국의 양가 출신으로, 예의범절에 있어서 부끄럽지 않은 여러 가지 생각을 골고루 갖추고 있다. 다음으로 입버릇이 몹시 고약한 소주(蘇州)의 여자 뱃사공, 상해의 전차 차장, 우리 집 요리사의 아내, 동물원의 사자 새끼, 뉴욕 중앙공원의 다람쥐, 한때는 그럴듯한 비평을 해낸 일이 있는 어느 기선의 갑판 보이, 예의 천문란(天文欄)의 필자(10년쯤 전에 사망), 신문 판매대에 들어 있는 뉴스 일체, 그리고 이 밖에 인생에 대한 우리의 호기심이나 자기 자신의 호기심을 억제하려 하지 않는 작가라면 어떤 작가라도 좋다……. 그러나 그것을 일일이 손꼽으려면 한이 없다.

이렇게 나는 철학의 아카데믹한 훈련을 받지 못했다. 그래서 철학책을 쓰는 것을 더욱 두려워하지 않는 것이다. 정통 철학자란 으레 무슨 일이건 간에 어려운 어휘를 사용하는 법이다. 그러므로 그런 철학을 집어치우고 속죄라도 하려는 기분이 되면, 무슨 일이든 그만큼 명료하고 단순해 보이게 마련이다.

그러나 과연 그 일이 그렇게 잘되어 갈는지는 의문이다. 세상은 나의 태도에 대해 이러쿵저러쿵 말들이 많을 것이다. 내가 사용하는 용어가 전통 철학자풍으로 길지 않다는 둥, 사물을 너무 알기 쉽게 해버린다는 둥, 나중에 가서는 신중하지 못하다는 둥, 철학이라는 신성한 전당에 들어가서도 낮은 소리로 속삭이거나 점잖은 자세로 걷지 않는다는 둥, 그럴싸한 신중한 표정을 짓지 않는다는 둥 별의별 소리들을 다 할 것이다.

용기라는 것이야말로 모든 근대 철학자의 미덕 중에서 가장 구하기 힘든 것이 아닐까. 그러나 나는 언제나 철학의 성역 밖에서만 방황해 왔다. 그리고 거기서 용기를 얻은 것이다.

감히 말하건대, 자기의 직감적 판단에 호소하는 한 방법이 있다. 자기 자신의 사상에서 생겨난 독특한 판단이 정해지면, 그 다음에 아이들처럼 겁 없는 태도로 그것을 세상에 발표하는 방법이 그것이다. 그러면 세계의 어느 한구석에 있을 나와 같은 생각을 가진 사람들이 내게 찬성해 줄 것이다. 이런 식으로 자기 사상을 형성한 사람은, 다른 저작자들이 여러 가지로 논하고 있지만 결국 언제나 똑같은 것을 말하고 있으며 똑같은 방법으로 사물을 느끼고 있다는 것을 깨닫고는 어이없어하는 경우도 있을 것이다. 그러나 분명히 좀더 부드럽고 아름답게 표현하는 방법도 있어야 할 것이다. 이같은 경지에 들어가야만 비로소 고인(古人)을 발견해 낸 것이며, 고인은 그가 옳다는 것을 증언하는 셈이므로, 두 사람은 마음의 벗으로서 영원히 맺어지는 것이다.

이런 까닭에 나는 이 많은 고인들, 특히 중국 고대의 마음의 벗들에게 힘입은 바가 많다. 그러므로 이 책이 완성되기까지는 많은 고대의 협력자가 있다는 말이 된다. 모두가 다정한 사람들로서 나는 깊은 호감을 가지고 있다. 그분들도 내게 호감을 가져주리라 생각한다. 그것은 가장 참된 의미에서 그분들의 마음이 언제나 나와 함께 있었기 때문이다. 이것이 곧 내가 참으로 이상적이라 믿는 정신적 교류의 유일한 형식이다. 이럴 때 오랜 세월의 간격을 둔 두 사람은 똑같이 생각하고 똑같이 느끼며 서로 빈틈없이 상대방 기분을 이해할 수 있게 된다.

또 이 책을 집필함에 있어서도 나를 가르치고, 조언하며, 여러모로 특별히 힘써 준 몇몇 마음의 벗이 있다.

즉 8세기의 백낙천(白樂天), 11세기의 소동파(蘇東坡), 16세기 및 17세기의 독창적 인물의 대집단, 그리고 로맨틱하고 쾌변(快辯)인 도적수(屠赤水), 소탈하고 청신하며 독창적인 원중랑(袁中郞), 심원하고 웅대한 이탁오(李卓吾), 민감한 궤변가인 장조(張潮), 쾌락파인 이립옹(李笠翁), 유쾌하고 쾌활한 늙은 쾌락주의자 원매(袁枚), 허풍선이며 해학가로서 곧잘 흥분하는 김성탄(金聖嘆) ― 모두가 인습에 구애받지 않은 인물들이며, 또한 지나칠 정도로 독창적인 판단에 뛰어나고 매우 다감한 인물들이어서 정통파 비평가에게는 탐탁치 않게 여겨지던 사람들이었다. 또 유학자측에서 보면 '도덕적'이라고 하기엔 너무 선량하고, '선량하다'고 하기엔 너무 도덕적인 사람들이었다.

극히 적은 수의 선량이었기에 이들의 출현은 후세의 큰 기쁨이며, 그 가치는 더한층 진지하게 평가되어야만 한다. 이들 중에서 이 책에 이름이 인용되지 않은 사람이 있을지도 모르지만, 그들의 정신은 언제나 이 책 속에 면면히 흐르고 있다. 이 인물들이 중국에서 그 당연한 가치를 인정받게 되는 것은 다만 시간 문제일 뿐이다.

……이들처럼 이름은 알려져 있지 않으나 꽤 좋은 글을 써서 내 마음을 끈

사람들도 있다. 내가 말하고자 하는 느낌을 아주 잘 표현하고 있기 때문이다. 나는 이런 사람들을 중국의 아미엘[1]들이라 부르고 있다. 즉 그들은 말수는 적지만 일단 입을 열면 항상 풍부한 센스가 있다. 나는 그 센스에 경의를 표한다. 그리고 또 모든 나라, 모든 시대에서 볼 수 있는 유명한 '무명씨'의 한패에 넣고 싶은 사람들도 있다. 이런 사람들은 마치 세상에 알려지지 않은 위인의 아버지처럼, 일단 영감을 받으면 자기가 지닌 이상의 것을 말한다.

끝으로 지금까지 말한 사람들보다 위대한 인물이 몇 사람 있다. 그들은 마음의 벗이라기보다는 내가 스승으로 존경하는 사람들로서, 인생과 자연에 대한 그 맑은 경지에 이르러서는 인간미가 있을 뿐만 아니라 신성하기까지 하고, 그들에게서 솟아나는 예지는 자연스럽고 완전무결하며, 조금도 인위적인 흔적이 없다. 이러한 인물에 장자(莊子)가 있다. 그리고 또한 도연명(陶淵明)이 있다. 그 마음의 소박함은 도저히 소인배들의 마음이 미칠 바가 아니다. 나는 여러 번 이런 인물들의 말을 인용하여 직접 독자에게 전하기도 했으며, 그들의 고마움을 잊은 적이 없다. 동시에 나 자신의 말을 할 때에도 이런 선철(先哲)을 대신하여 말하는 것이다. 그들과의 마음의 사귐이 오래되면 될수록 그들의 사상으로부터 받는 은혜는 더욱더 친화의 도를 더해가므로, 자기도 깨닫지 못하리만큼 혼연한 것이 된다. 마치 양가(良家)에서 부친으로부터 받은 감화와 같은 것이다. 그리 되면 이러이러한 점이 흡사하다고 분명히 지적할 수가 없다.

또 나는 중국인으로서만이 아니라 현대생활을 하는 한 현대인으로서 말하고자 애썼다. 즉 고인의 충실한 소개자로서 말한 것만이 아니라, 현대생활에

---

[1] Amiel(1821~81). 스위스의 철학자. 생전에는 그 진가를 인정받지 못한 사람 중의 하나다. 저서로 《아미엘 일기》가 있다.

서 나 자신이 직접 체험을 통해 얻은 것을 말하고자 했다. 이런 태도에 결점이 없다고 할 수는 없겠지만, 대개는 한층 진지한 태도로 일할 수 있게 되는 것이다. 그러므로 고인의 말을 취사선택하는 것은 전적으로 내 자유다. 어느 시인이나 철학자의 전모를 여기에 묘사하려 하지는 않았다. 그러므로 이 책에 든 증거를 가지고 고인을 판단할 수는 없다. 따라서 나는 언제나처럼 다음과 같은 말로 이 서문을 맺어야만 하겠다. 즉 이 책의 가치는(가령 가치가 있다고 하면) 주로 내 마음의 벗이 내게 준 유력한 시사(示唆)에 힘입은 것이며, 만일 내 판단에 그릇된 점이나 불완전한 점이나 미숙한 점이 있다면, 그 책임은 오로지 나 혼자에게 있을 뿐이다.

 끝으로 나는 리처드 J. 월시 부처(夫妻)에 대해, 첫째로 이 책의 착상을 시사해 주신 것에 감사하고, 둘째로 유익하고 솔직한 비평을 해주신 것에 감사한다. 그리고 원고를 인쇄에 넘기기까지 그 준비와 교정에 협력해 주신 휴 웨이드 씨에게도 감사한다.

1937년 7월 30일
뉴욕에서 임어당

생활의 발견

contents

머리말 _ 2

제1장 깨우침 _ 12

제2장 여러 가지 인간관 _ 30

제3장 인간의 동물적 유전 _ 51

제4장 인간적인 것에 대하여 _ 81

제5장 누가 인생을 가장 잘 즐기는가 _ 113

제6장 인생의 즐거움 _ 143

제7장 우유론(優遊論) _ 173

제8장 가정의 즐거움 _ 199

제9장 생활의 즐거움 _ 236

제10장 자연의 즐거움 _ 295

제11장 교양의 즐거움 _ 317

제12장 신에 가까운 자는 누구인가 _ 356

제13장 사고방법론 _ 373

옮긴이의 말 _ 392

깨우침　제1장

내가 지금부터 말하고자 하는 것은 중국 고래(古來)의 사물을 보는 견해와 사고방식에 대해서이다. 내게는 독창적인 견해나 사고방식을 논할 능력이 없으므로, 다만 중국인 중에서 가장 뛰어나고 총명한 사람들의 눈에 비쳐, 민족적 예지와 문학으로서 나타난 인생관이나 자연관에 대해 언급하고자 한다. 그러나 나는 그것이 어떤 한가한 생활에서 생긴 한가한 철학이 어떤 특정한 시대에 전개되었던 결과임을 잘 알고 있다. 그러나 내게는 이같은 인생관이야말로 본질적으로는 진실한 것으로 느껴져, 인간은 한 꺼풀 벗기면 모두 다 같은 것처럼, 한 나라에서 사람들의 마음을 움직이는 것은 전인류의 마음도 움직일 수 있다는 생각을 갖지 않을 수가 없다.

나는 여기서 중국의 시인이나 철인들이, 그들의 상식과 현실주의와 시적 감각에 의해서 평가한 중국인 특유의 인생관을 소개해야만 하겠다. 그리고 저 기독교도가 아닌 이교도 세계에서의 어떤 미, 즉 인생의 애상(哀想)이나 미(美)나 공포나 희극의 느낌을 그려보고 싶다.

대개 이같은 이교도적인 미감은 동물로서의 인간이 보잘것없음을 절감하면서도, 인간으로서의 긍지를 상실하지 않은 사람들의 마음을 비추는 것이다.

중국의 철학자들은 한쪽 눈을 뜨고 꿈을 꾸는 사람들이다. 그들은 사랑과 달콤한 풍자로 인생을 주시한다. 회의와 온화한 인종(忍從) 정신을 혼합하여, 인생의 꿈에서 깨어났다간 다시 졸고 졸다간 다시 깨어난다. 그리고 깨어 있을 때보다도 잠자고 있을 때 사물을 더 생생하게 느낀다. 따라서 깨어 있을 때의 인생에 꿈과 몽환세계의 황홀함을 지니게 하려 한다. 그러고는 신변의 잡다한 일이나 스스로의 노력이 헛된 것임을 반쯤 뜬 눈으로 관망한다. 그러나 그 속에서 살아가고자 결심할 만한 현실감은 겨우 잃지 않고 있다. 환상이 없으니 환멸을 느끼는 일도 적으며, 대망을 품고 있지 않으니 실망하는 일 또한 많지 않다. 이런 심경 때문에 중국인의 정신은 해방되어 있는 것이다.

내가 이런 말을 하는 까닭은, 나는 중국의 문학과 철학 분야를 탐구하고 다음과 같은 결론에 도달했기 때문이다. 중국인적 교양의 최고 이상은, 언제나 현인의 각성을 지니고 초연한 정신으로 인생을 살아가는 데 있다는 것이다. 이러한 심경에서 고상한 정신이 생긴다. 이것이 있기에 사람들은 대범한 풍자의 멋으로 세상을 건널 수 있고, 명성이나 부귀나 공명의 유혹도 피할 수 있으며, 마침내는 죽음의 운명까지도 받아들일 수 있다. 그리고 이 초연한 정신에서 자유의 감각이나 방랑에 대한 애착, 긍지와 소탈과 평정이 생기는 것이다. 결국 강렬한 삶의 기쁨에 도달할 수 있음은, 무엇에도 구애받지 않는 오직 이 자유와 소탈함이 있기 때문이다. 내가 말하는 철학을 서구인이 지지하느냐 안 하느냐 여부를 논한들 무슨 소용이 있겠는가? 서구인의 생활을 이해하려면 태어날 때부터의 서구인의 입장에서, 즉 서구인으로서의 심정과 그 육체적인 특질과 신경구조에서 바라보아야만 한다. 정녕 미국인의 신경은 중국인의 신경이 견디지 못하는 많은 것에 견딜 수 있는 반면 그 반대의 경우도 있다. 즉 미국인이 못 견디는 것이라도 중국인이라면 능히 견딜 수 있는 것도 있다. 또 그래서 좋은 것이며, 우리는 모두 저마다 타고난 성질이 달라야 마땅한 것이다.

하지만 그것은 비교의 문제이다. 미국인의 분방한 생활 중에는 필경 많은 불만이 내재되어 있을 것이다. 그들 역시 하릴없는 오후에 크고 아름다운 나무그늘 밑 풀밭에 벌렁 누워서 빈둥거리고 싶다는 신성한 희망을 품고 있을 것이다. 흔히 세상에서 '일어나라, 살아야 한다'고 외치는데, 그런 소리를 외쳐야만 한다는 것은 곧 인간답게 살고자 하는 소수의 현명한 미국인이 하루 중에서 몇 시간쯤은 꿈을 꾸며 보내고 싶어한다는 증거이다.

그러므로 모든 미국인이 그런 비난을 받아 마땅한 것은 아니다. 다만 미국인이 방금 내가 말한 소질을 다소라도 가지고 있는지 여부, 또 그런 식으로 해나가려면 미국인의 생활을 어떻게 안배하면 되는가 하는 것이 문제가 될 따름이다.

다음으로, 대체로 중국인이 생각하고 있는 철학이나 생활방식에 대해 고찰하고자 한다. 선의에서든 악의에서든 나는 세상에서 중국인적인 철학이나 생활방식과 비슷한 것은 없다고 생각한다. 중국인은 색다른 사고방식으로 전혀 새로운 인생관에 도달하기 때문이다. 무릇 어느 국민의 문화나 정신의 산물임은 말할 나위가 없다. 그러므로 서구 문화권과는 인종적으로 다르며 역사적으로도 고립되어 있는 한 국민의 사고방식이라는 것이 있다면, 더 나아가서는 서로 다른 두 가지 것을 접근시키는 새로운 방법, 혹은 인생 문제 그 자체의 새로운 취급 방법을 구할 권리가 있는 것이다.

중국인적 사고방식 중에는, 적어도 역사에 나타난 바에 의하면 장점도 있지만 결함도 있음을 알 수 있다. 그중에는 빛나는 예술도 있고 경멸해야 할 과학도 있으며, 위대한 상식도 있고 유치한 논리도 있다. 인생에 대한 섬세하고 여성적인 잔소리는 있어도 학문적인 철학은 없다. 세상에 알려진 중국 국민성은 매우 실제적이며 빈틈이 없다. 그리고 또 중국 예술 애호가들은 그들의 민족성에는 깊은 감수성이 있다고들 한다. 또 극소수의 사람들은 심원한 시적인 정취와 철학적 정취가 있음을 인정한다. 적어도 중국인은 사물을 철학적으로 생각하는 국민으로 유명하다. 이 말은, 중국인에게는 위대한 철학이 있고 또 몇 명의 대철학자가 있음을 나타내는 것이다. 한 국민이 소수의 철학자를 가졌다는 것은 그다지 놀라운 일이 아니지만, 사물을 철학적으로 생각한다는 것은 놀라운 일이다.

하여튼 중국인을 한 국민으로서 생각하면 실제적이라기보다는 철학적이라 할 수 있다. 설사 그렇지 않다 할지라도 4천 년의 장구한 세월에 걸쳐 능률적인 생활의 고혈압에 견딜 수 있었던 국민은 중국인밖에 없다는 것은 분명하다. 4천 년이나 능률적 생활을 계속한다면 대개의 국민은 두 손을 들고 만다.

이런 국민성으로 인해 다음과 같은 중대한 결과를 빚어내기에 이르렀다. 즉 서구인들 중에는 정신 장애자가 많아서 정신병원에 수용되는데, 중국에는 정신 장애자가 극히 드물어 오히려 우리는 정신 장애자를 존경하는 것이다. 중국 문학에 대한 지식만 있으면 이 사실은 누구든 증명할 수 있다.

결국 내가 언급하려는 것은 바로 이 점인 것이다. 하긴 중국인은 천하태평해서 쾌활하다고까지 여겨지는 철학을 가지고 있다. 그리고 철학적인 기분을 가장 잘 나타내는 것은 그들의 현명하고도 유쾌한 생활철학이다.

유사(類似) 과학적 공식

이상과 같은 생활철학을 낳은 중국인의 정신구조를 탐색하는 것에서부터 시작해 보자. 그 생활철학이란 단적으로 말하면 위대한 현실주의, 불충분한 이상주의, 강한 유머 감각, 자연과 인생에 대한 고도의 시적 감수성이다.

무릇 인간은 이상주의자와 현실주의자로 크게 나뉘어진 것 같다. 이상주의와 현실주의는 인류 발전을 형성하는 두 가지 큰 힘이다. 인간성이라는 점토는 이상주의라는 물로 개어져 마음대로 변형될 수 있게 만들어져 있다. 그렇지만 흙이 흙으로서 굳어져 있는 까닭은 결국 흙 그 자체에 있다. 그렇지 않다면 우리는 정기(精氣)로 증발해 버리고 말 것이다. 이상주의와 현실주의의 힘은 모든 인간적 활동, 즉 개인적 활동과 사회적 활동과 국민적 활동 속에서 서로 끌어당기는 것이며, 진실의 발달은 이 두 가지 성분이 적당히 혼합되어야만 가능한 것이다. 그 때문에 이 점토는 이상적으로 변형이 자유로워 가공하기 쉬운 상태로 놓여 있다. 절반은 질척하고 절반은 굳은 알맞은 상태로, 조각하기에 어렵지도 않으며 녹아서 곤죽이 되는 일도 없다.

가장 건전한 국민, 이를테면 영국인 같은 국민은 현실주의와 이상주의의 비율을 적절하게 가지고 있다. 흙으로 비유한다면, 점토가 너무 굳어서 조각가가 작업하기에 곤란한 정도도 아니고, 그렇다고 형태가 유지되지 못하리만큼 질척하지도 않은 것과 같다. 세계 여러 나라들 중에는 언제나 혁명의 소용돌이에 휘말려 있는 나라가 있는데, 그것은 미처 제대로 동화되지 않은 외국 사상이라는 액체가 점토 속으로 들어가서 점토가 그 형체를 유지할 수 없게 되기 때문이다.

막연하고 비판력이 없는 이상주의는 언제나 웃음거리가 되고, 그것이 지나치게 많으면 인류에게 위험을 가져오는 경우가 있다. 공연히 공식적인 이상을 쫓아다니다가 백해무익한 것이 그 결말이 된다. 어느 사회나 민족 중에 이 같은 환상적 이상주의자가 지나치게 많으면 반드시 혁명이 일어나게 마련이다. 인간사란 서로에 대한 기대가 너무 큰 부부와 같아서, 한 곳에 정착했다가도 금세 싫증을 느껴 석 달에 한 번은 꼭 이사를 해야만 되는 속성이 있다. 이사하는 것은 어느 곳도 이상적인 데가 아니고, 자기가 살지 않는 곳은 그저 자기가 살고 있지 않으므로 좋게 보인다는 단순한 이유 때문이다.

그런데 다행스럽게도 인간은 또한 유머를 이해할 수 있는 능력이 있어서,

그로 인해 인간의 꿈을 비판하고 그 꿈을 현실세계와 접촉시킬 수 있다. 적어도 나는 그렇게 생각한다. 인간이 꿈을 꾼다는 것은 분명히 필요한 일이긴 하지만, 그 꿈을 웃으며 바라본다는 것 또한 필요한 일이 아닐까? 이것은 큰 능력이다. 그런데 중국인은 이 능력을 어느 정도 가지고 있다.

나는 인류 진보의 구조와 그 역사적 변천을 나타내는 공식에 대해 간혹 생각해 보았다. 그것은 다음과 같은 것일 듯하다.

현실 − 꿈 = 동물
현실 + 꿈 = 마음의 고통(이상주의라고 일컫는 것)
현실 + 유머 = 현실주의(보수주의라고 일컫는 것)
꿈 − 유머 = 광신
꿈 + 유머 = 환상
현실 + 꿈 + 유머 = 예지

그 때문에 예지, 다시 말해서 가장 좋은 사고방식은 우리의 꿈이나 이상주의를 현실에서 기인하는 훌륭한 유머 감각으로 완화시키는 것에 있다.

이상은 유사 과학적 공식의 모험적 시도에 불과하며, 우리는 더 나아가 아래와 같은 방식으로 여러 국민의 성격을 해부해 보자.

내가 유사 과학적이라는 말을 사용한 것은 인간 사이에 벌어지는 일이나, 인간의 온갖 개성과 관계 있는 것을 표현하려는 모든 죽은 공식이나 기계적 공식을 믿지 않기 때문이다. 인간 사이에 일어나는 일을 엄격한 공식에 주입시키려다가 결국 유머 감각을 잃고, 그 때문에 예지의 결핍을 보이는 것이다. 세상에서 이런 일이 행해지지 않는다는 뜻이 아니며, 사실 그것은 행해지고 있는 것이다. 유사 과학적인 것이 오늘날 세상에 너무나 많은 까닭은 여기에 있다.

　심리학자는 인간의 IQ[1]나 PQ[2]를 측정할 수 있는데, 그것은 극히 빈약한 세계이다. 즉 전문가들이 자기의 전문 분야와는 다른 엉뚱한 인간학을 손아귀에 넣은 것이다. 그러나 이런 공식은 어떤 의견을 표명하는 편리한 도해적 방법에 불과함을 인정하고, 상품의 광고수단에 과학이라는 신성한 이름을 남용하지 않는 한 아무런 폐해도 없다.

　다음 예로 든 것은 몇 개국의 국민성을 나타내는 공식인데, 전적으로 나 개인의 생각이며 입증이나 증명 등은 전혀 불가능하다. 다수의 통계적 사실이나 계수에 의해서 자기 의견을 실증할 수 있다고 주장하지 않는 한 누구든지 내 공식을 논의하고 변경하며, 혹은 독자적인 것을 가미해도 무방하다.

　여기서 R은 현실(혹은 현실주의), D는 꿈(혹은 이상주의), H는 유머 감각이란 뜻, 그리고 중요한 요소를 여기에 하나 덧붙이겠는데, 그것은 S로서 감수성을 나타내는 약자로 해두자. 또 4는 '매우 우수함', 3은 '우수함', 2는 '양호함', 1은 '부족함'의 약자이다. 이런 방법으로 몇 개국의 국민성을 나타내는 다음과 같은 유사 과학의 공식을 얻었다.

　인간과 인간사회는 그 구성을 달리함에 따라서 저마다 다른 행동을 한다. 황산염과 황화물, 혹은 일산화탄소와 이산화탄소가 서로 다른 작용을 하는 것과 같다고 하겠다. 언제나 흥미를 유발시키는 것은, 인간사회나 국가가 동일한 조건 아래에서 어떤 다른 행동을 하는가를 관찰하는 일이다.

　화학방식에 따라서 humoride나 humorate와 같은 말을 발명할 수는 없으므로 다음과 같은 식으로 나타내기로 하자. '현실주의 3개, 꿈 2개, 유머 2

---

[1] intelligence quotient, 즉 지능지수
[2] performamance quotient, 즉 작업지수.

개, 감수성 1개를 합하면 영국인이 된다'는 식으로 말이다. 이런 식으로 진행하면 다음과 같이 된다.

$R_3 D_2 H_2 S_1$ = 영국인

$R_2 D_3 H_3 S_3$ = 프랑스인

$R_3 D_3 H_2 S_1$ = 미국인

$R_3 D_4 H_1 S_2$ = 독일인

$R_2 D_4 H_1 S_1$ = 러시아인

$R_2 D_3 H_1 S_1$ = 일본인

$R_4 D_1 H_3 S_3$ = 중국인

이탈리아인이나 스페인인이나 인도인, 그 밖의 다른 나라 국민에 대해서는 잘 모르므로 그 국민적 성격의 공식을 시도해 보는 것조차 불가능하다. 또 위에서 열거한 애매한 것으로 머지않아 심한 비난을 각오해야 함을 알고 있다. 이 공식은 권위가 있다기보다는 사람을 화나게 하는 정도의 것이리라.

앞으로 새로운 사실을 알아 새로운 인상이 생긴다면 나 개인의 소용을 위해 이 공식을 점차적으로 변경해 나갈 것을 약속해 둔다. 우선 현재로서는 가치가 있다는 것뿐이다. 말하자면 내 지식의 진보와 무지의 간격을 나타내는 기록인 것이다.

여기서 다소 관찰해 둘 필요가 있겠다. 나는 유머 감각과 감수성에서는 중국인과 프랑스인이 매우 흡사하다고 보고 있다. 그것은 프랑스인의 저술 방법이나 식사 방법을 보면 분명하다. 그러나 또 프랑스인의 한층 변덕스러운 성격은 중국인보다 풍부한 이상주의에서 온 것으로, 그것은 추상적 관념에 대한 애호라는 형태로 나타나 있다(문학과 예술과 정치운동에서 프랑스인의 선

언문을 상기하도록 한다).

중국인의 현실주의는 R_4이므로 가장 현실적인 국민이라고 볼 수 있다. 인생의 규범이나 이상에 대한 중국인의 사고방식은 무엇인가에 저해를 받아도 크게 변화하지는 않는다. D_1이 그것을 나타내고 있다. 중국인의 유머와 감수성에 대해 현실주의와 마찬가지로 좋은 점수를 준 것은, 아마도 내가 중국인들과 너무 가까워서 그 인상이 뚜렷하기 때문이리라. 중국인의 감수성이 풍부하다는 것은 중국의 산문이나 시와 그림의 모든 역사가 증명하고 있으므로 별도로 증명할 필요가 없다.

일본인과 독일인은 비교적 유머 감각이 부족하다는 점에서 비슷하다(두 국민의 전체적 인상이 그렇다). 그러나 어떤 국민의 어떤 특징에 대해서 '제로'의 점수를 준다는 것은 사실상 불가능하다. 중국인의 이상주의에 대해서조차 '제로'를 줄 수는 없다. 결국 모두가 정도 문제이므로 그 국민에 대한 깊은 지식을 가졌다면, 어느 국민에게 어떤 성질이 결여되어 있다고 단정지을 수는 없는 것이다. 그래서 일본인이나 독일인에게 H_0를 주지 않고 H_1을 주었는데, 직관적으로 정당한 점수라고 생각한다. 그러나 일본인과 독일인은 다른 국민보다 유머 감각이 결여되어 있으므로 오늘날 정치적으로 고통받고 있으며, 과거에도 고통을 받아왔다고 믿는다.

프로이센의 추밀고문관은 얼마나 추밀고문관이라고 불리고 싶어하고, 그 제복과 훈장을 얼마나 사랑했던가! 논리적 필연(가끔 '신성한' 필연이라거나 '깨끗한' 필연이라고도 불린다)을 확신하는 것, 즉 어떤 목표 주위를 맴돌지 않고 일직선으로 거기에 뛰어들려고 하면 인간은 이따금 엉뚱한 곳까지 가버리고 만다. 일본인의 논리적 필연성에 대한 신념이란, 중요한 것에 대한 신념이라기보다는 오히려 그것을 믿고 그 신념을 행동으로 옮기려는 방법을 말하는 것이다. 일본인의 이상주의에 대해서 나는 D_3를 주었는데, 그 이유는 천황과 국가에 대한 그들의 광신적 충성 때문이며, 그것으로 인해 유머 감각은 H_1이라는 낮은 점수를 차지하게 된 것이다.

이상주의라 하더라도 국가와 사물에 따라 각기 다를 것이다. 이른바 유머 감각이라는 것도 사실은 매우 광범위한 변화를 가지고 있다. 미국의 이상주의와 현실주의 사이에는 재미있게도 상관관계가 있기 때문에 각각 3이라는 좋은 점수를 주었다. 이 사실이야말로 미국의 정력적 특성의 근원이 되는 것이다.

미국적 이상주의가 무엇인가에 대해서는 오히려 미국인으로 하여금 탐구하게 하는 것이 좋으리라. 미국인을 보면, 그들은 언제나 무엇인가에 열중하고 있다. 이 이상주의는 대체로 훌륭하다. 단, 이 말은 미국인이 훌륭한 이상이나 말에 잘 감동됨을 염두에 두고 한 것이다. 그러므로 어떤 사람에게는 내 말이 지레짐작에 불과한 것이 될지도 모른다. 미국인이 말하는 유머는, 대륙에서 말하는 유머와는 뜻이 다르다. 생각건대 독자도 아는 저 미국 기질, 즉 익살을 좋아하는 성격이나 선천적으로 풍부한 상식 등은 미국 국민이 가진 최대의 재산이다. 앞으로 위기 변동이 닥칠 때에 저 제임스 블라이스가 말한 것 같은 풍부한 상식이 미국인에게는 요긴할 것이다. 이것이 있음으로써 미국인은 위기를 극복할 수 있을 것이다.

그러나 나는 미국인의 감수성에 대해서는 낮은 점수를 준다. 왜냐하면 미국인은 갖가지 사물에 대해 꽤 둔감한 듯한 인상을 주기 때문이다. 이에 대해 언쟁할 필요는 없을 것이다. 결국 끝없는 언쟁이 될 테니까.

영국인은 전체적으로 생각할 때 이 세상에서 가장 건전한 민족인 듯하다. 시험삼아 영국인에 대하여 내가 매긴 '$R_2 D_2$'와, 프랑스인에게 매긴 '$R_2 D_3$'를 비교해 보라. 나는 단연코 영국인의 편을 든다. '$R_3 D_2$'는 안정을 의미한다. 내가 이상적이라고 생각하는 공식은 '$R_3 D_2 H_3 S_2$'일는지도 모른다. 왜냐하면 이상주의나 감수성도 지나치면 결코 좋은 것이 아니기 때문이다.

또 나는 영국인의 감수성에는 S_1이라는 점수를 주었는데, 설사 점수가 나쁘다 한들 비난하는 것은 영국인 이외에 또 있겠는가? 도대체 영국인은 사물에 대한 느낌을 가지고 있는 것일까? 이를테면 환희나 행복, 격분, 만족 등의 느낌이 영국인에게 있는 것일까? 새삼스럽게 그것을 언급함은 미련한 짓이다. 보라, 영국인은 언제 어떤 경우에도 무뚝뚝한 표정을 짓고 있지 않은가!

이 공식은 작가나 시인에게도 그대로 적용할 수 있는데, 저명한 몇 사람의 예를 들어보면 다음과 같다.

셰익스피어 = R_4 D_4 H_3 S_4

하이네 = R_3 D_3 H_4 S_3

셸리 = R_1 D_4 H_1 S_4

포 = R_3 D_4 H_1 S_4

이백 = R_1 D_3 H_2 S_4

두보 = R_3 D_3 H_2 S_4

소동파 = R_3 D_2 H_4 S_3

이것은 언뜻 머리에 떠오른 생각에 지나지 않지만, 시인들에게도 모두 높은 감수성이 있다는 것은 분명하다. 그렇지 못하다면 그들을 시인이라고 할 수 있을까? 애드가 앨런 포는 기괴한 공상적인 재능을 가진 매우 건전한 천재라고 나는 생각한다. 그는 추리를 좋아하지 않았던가?

중국 민족성에 관한 내 공식은 다음과 같이 된다.

R_4 D_1 H_3 S_3

이 공식에서 고도의 감수성을 나타내는 S_3에 대해 먼저 언급한다면, 바로 이것이 있기에 중국인은 상당한 예술가적 태도로 인생과 친밀해질 수가 있고, 삶은 아름다우며 따라서 인생을 깊이 사랑해야 한다는 확신을 가지는 것이다. 하지만 그 이상의 뜻이 있다. 그것은 실제로 중국인이 예술가적 태도로 철학에까지도 친밀해짐을 나타내고 있는 것이다. 그것은 또한 중국 철학자의 인생관이 그 본질에서는 시적으로, 중국에서는 철학이 시에 연관되는 것이며 서구에서처럼 과학에 연관되는 것이 아님을 입증하는 것이다.

지금부터 내가 말하는 것을 음미해 본다면, 인생의 애락이나 그 색조의 변천에 대한 중국인의 높은 감수성으로 인하여 그 밝은 철학이 생길 수 있었다는 사실이 명료해질 것이다. 우리가 인생을 비극적으로 생각하는 것은 가는 봄의 슬픔을 깊이 느끼는 데서 비롯되는 것이며, 인생에 대한 미묘하리만큼 다정한 감각은 아침에 피었다가 저녁에 시드는 꽃을 슬퍼하는 다정함에서 우러나는 것이다. 우선 애수와 패잔(敗殘)의 감회가 있으며, 그후에 저 고대 철학자의 각성과 큰 웃음이 있는 것이다.

한편 중국인에게는 강한 현실주의를 나타내는 R_4가 있다. 그것은 인생을 있는 그대로 수용하는 태도, 즉 숲속의 두 마리 새보다도 손에 쥔 한 마리의 새가 낫다고 생각하는 태도를 뜻한다. 그 때문에 이 현실주의는 인생은 덧없고도 아름답다고 하는 예술가의 확신을 뒷받침하고 보충해 주며, 그들이 인생으로부터 아주 도피해 버리는 것을 구제한다. 몽상가가 "인생은 한순간의 꿈이다"라고 말하자, 현실주의자는 "정녕 그렇다. 그렇다면 이 꿈을 되도록 아름답게 살리라"라고 응답한다.

그러나 깨어 있는 자의 현실주의는 시인의 현실주의이며, 사업가의 현실주의가 아니다. 노장 철학자의 큰 웃음은, 이미 고개를 쳐들고 턱을 내민 채 노래를 불러 성공의 길을 향해 돌진하는 저 날뛰는 청년의 웃음은 아니다. 이것은 텁수룩한 흰 수염을 매만지면서 부드럽고 낮은 음성으로 말하는 노인의 웃음이다. 그와 같은 몽상가는 평화를 사랑한다. 누구도 꿈 때문에 싸울 수는 없기 때문이다. 그는 동료 몽상가들과 더불어 합리적이며 안락한 생활을 하는 데 한층 적극적이 될 것이다. 이리하여 인생의 격심한 긴장은 완화되는 것이다.

그러나 현실주의적 감각의 주요한 작용은 불필요한 것을 생활철학으로부터 모두 구축해 버리는 데 있다. 즉 공상의 날개를 퍼덕이며 아름다워야 할 공상과 몽환세계로 날아다니는 것은 좋으나 너무 지나쳐서 가공의 세계로 가 버리지 않도록, 말하자면 인생의 목줄기를 단단히 누르는 작용이 바로 현실주의인 것이다.

결국 인생의 예지란 불필요한 것을 배제하는 데 있으며, 갖가지 철학 문제를 다음과 같은 몇 가지로 줄여버리는 것이다. 즉 가정의 즐거움(남편과 아내와 자녀의 관계), 생활의 즐거움, 자연의 즐거움, 인류문화에 접촉하는 즐거움으로 단순화하고 다른 일체의 과학적 훈련이나 무익한 지식 추구를 추방하는 것이다. 이리하여 중국의 철학자에게 인생문제는 그 수가 적고 단순한 것이 된다.

그것은 또 형이상학에 염증이 났다는 증거이며, 인생 그 자체에 실제적 의의를 조금도 가져다주지 않는 지식 추구에 염증이 났다는 증거이다. 그리고 또 지식을 습득하든지 물건을 얻든지 온갖 인간적 활동은 먼저 인생 자체에 비추어보아 그 필요 여부를 물어야 할 것이며, 생활 목적에 필요한가를 검토해야 한다는 뜻이기도 하다. 거듭 말하거니와 여기서 중대한 결론이 나오는 것으로, 삶의 목적은 어떤 형이상학적 실체가 아니라 정녕 인생 그 자체인 것이다.

중국인은 이같은 현실주의를 태어나면서부터 가지며 논리나 이지에 깊은 의혹을 품고 있으므로, 그들에게 철학은 인생 그 자체에 직접 결부되는 긴밀한 감정 문제가 되는 것으로서, 어떤 체계에 묶이는 것도 달갑게 여기지 않는다. 왜냐하면 늠름한 현실감이 거기에 있기 때문이다. 그것은 순수한 동물적 감각으로서 이성 그 자체를 부수어버리고, 까다롭고 어려운 철학 체계의 출현을 불가능하게 하는 생각과 판단이다.

중국에는 유교, 도교, 불교 등 세 종교가 있어 모두 큰 조직을 갖고 있는데, 중국인 특유의 강인한 상식은 어느 종교도 무력한 것으로 만들어버리고 인생의 행복이 무엇인가 하는 평범한 문제로 끌어내리고 말았다. 대체로 중국인들은 심사숙고하지 않으며, 어떤 하나의 관념이나 신앙이나 혹은 철학의 학파를 마음속으로부터 신뢰하지 않는 사람들이다. 공자의 친구 한 사람이, 자기는 행동을 하기 전에 언제나 세 번 생각한다고 말했을 때, 공자는 "두 번만으로도 충분하다"라고 재치 있게 대답했다. 철학의 한 학파를 신봉하는 학도는 철학의 한 연구원에 불과하다. 그러나 인간은 인생의 학도이다. 아니, 그 스승일는지도 모른다.

이러한 문화의 철학에서 드디어 다음과 같은 결론이 나오게 된다. 중국인은 서구인보다도 자연과 어린아이에 가까운 생활을 하고 있다. 거기서는 본능과 정서가 자유롭게 해방되어, 지적 생활에 대항하여 감각적 생활이 고조되어 있다. 육체에 대한 집착과 자존정신, 심원한 예지와 어리석을 정도의 쾌활성, 비상한 궤변과 어린아이 같은 소박함, 이런 것이 기묘하게 결부되어 있는 것이다.

그래서 나는 중국철학의 특질은 다음 세 가지에 있다고 말하고자 한다. 첫째는 인생을 모두 예술로 보는 천부의 재질, 둘째는 단순철학으로의 회귀(回歸), 셋째는 중용적 생활 이상이 그것이다. 마지막 특질은, 좀 이상한 말이긴 하지만 농민인 동시에 방랑자인 시인에 대한 숭배이다.

이상으로서의 자유인

정신적으로는 동양과 서양의 혼혈아라고 할 수 있는 나는, 인간의 존엄은 인간이 짐승과 다른 다음의 여러 사실들에 있다고 생각한다. 첫째 인간에게는 유희적 호기심과 지식을 탐구하는 천부적인 재질이 있다. 둘째 여러 가지 꿈과 높은 이상이 있다(막연하여 매듭이 없이 자만에 빠지는 수도 있지만, 그래도 대단한 것이다). 셋째 무엇보다도 중요한 것은, 인간은 유머 감각으로 꿈을 정정하고, 보다 씩씩하고 건전한 현실주의로써 이상주의를 억제할 수 있다는 것이다. 마지막으로 인간은 동물처럼 기계적이고 획일적으로 환경에 반응하지 않는다는 것이다. 즉 자신의 생각에서 반응을 결정하고 자기 의지로 환경을 바꾸는 능력과 자유를 가지고 있다.

이 마지막 사실은 인간의 개성은 결코 기계적 법칙에 복종시킬 수 없는 것임을 나타내고 있다. 어떻든 인간의 마음은 영원히 파악할 수 없고, 포착하기도 힘들며, 예언하기 어렵다. 정신이상자가 된 심리학자나 독신의 경제학자들이 사람에게 강요하려 드는 기계적 법칙이나 유물론적 변증법으로부터 어물어물 빠져 나가 버리게 되는 것이다. 그러므로 인간이란 기묘하고 꿈이 많으며 익살스럽고 변덕스런 동물이라고 하겠다.

내가 최근에 저술한 《내 나라, 내 국민》에서는 내가 '노장 철학자'를 예찬하려 했다는 것이 독자 여러분의 공통된 인상인 것 같았다. 그런데 이 책에 대한 공통된 인상으로서 자유인의 예찬에 최선을 다했다고 생각해 주었으면 하는 바람이다. 하지만 보기에는 간단한 듯해도 세상사란 그리 간단한 것은 아니다. 민주주의와 개인적 자유가 위협당하는 이 시점에 살면서 고도로 훈련되어 있고 순종적이며 조직화되고 획일적인 노동자들 속에서 번호대로 호명되는 신세를 면하려면, 오직 이 자유인과 자유인적 정신이 있어야만 하리

라. 자유인이야말로 독재주의에서는 가장 두려운 최후의 적인 것이다. 그들이야말로 인간의 위엄과 개인의 자유를 지키는 용사로서 최후까지 정복당하지 않을 사람들인 것이다. 모든 인류문명은 오로지 이러한 자유인에게 달려 있다.

나는 중국인으로서 말하거니와, 어떤 문명이라도 인위에서 자연을 향해 진보하고, 의식적으로 소박한 사색과 생활로 돌아가기 전에는 이것을 완전한 문명이라고 부를 수 없다. 나는 또 어떤 인간이라도 현인의 지혜를 터득한 어리석은 자의 지혜로 진보하며, 먼저 인생의 비극을 느끼고 이어 인생의 희극을 느끼고 웃는 철학자가 되기 전에는 그를 현명하다고 생각하지 않는다. 왜냐하면 우리는 웃기 전에 울어야만 하기 때문이다. 슬픔에서 깨달음이 생기고, 그 깨달음에서 온정과 관용을 겸비한 철학자의 큰 웃음이 생겨나는 것이다.

나는 세상은 매우 엄숙한 것이라고 믿는다. 매우 엄숙한 것이므로 현명하고 쾌활한 철학이 필요한 것이다. 만일 니체가 쓴 글을 인용한다면 중국인의 생활철학이야말로 쾌활한 과학(gay science)이라고 부를 수 있으리라. 결국 쾌활한 철학만이 심원한 철학이다. 서양풍의 엄숙한 철학은 인생이 무엇인가 하는 것에 대해서는 조금도 이해하지 못한다.

이것은 내 개인적인 생각이지만, 철학의 유일한 기능은 세상의 일반 실업가들이 생각하고 있는 것보다도 더 소탈하고 쾌활하게 인생을 해석하는 방법을 가르치는 것이라고 본다. 50세가 되어 은퇴할 때가 되었는데도 그것을 행하지 못하는 실업가는 내 눈에 철학자로 보이지는 않기 때문이다. 이것은 단지 우연한 착상이 아니라, 내게는 근본적인 사고방식이다. 인간이 이 소탈하고 쾌활한 정신에 젖을 때야말로 세계는 한층 평화롭고 온당한 생활을 영위할 수 있는 장소가 된다.

현대인은 인생을 지나치리만큼 엄숙하게 받아들인다. 너무도 엄숙하므로 세상이 귀찮고 성가신 일이 만연하는 것이다. 그러므로 인생을 충심으로 즐기도록 하고, 인간의 기질을 좀더 온당하고 평화로우며 냉정하게 만들려면 어떻게 하는 것이 가장 좋은 방법인가 심사숙고해 볼 필요가 있다.

아마도 이것은 특정한 학파의 철학이라기보다는 중국인들의 철학이라고 해야 할 것이라고 생각한다. 이것이야말로 공자보다도 위대하며 노자보다도 위대한 철학이다. 왜냐하면 이 철학에는 공자나 노자, 그 밖의 옛 철학자들보다 더 위대한 것이 있기 때문이다. 이 철학은 이러한 사상의 원천에서 솟아나왔다. 그것을 하나의 전체적인 것으로 조화시켜서 그 예지의 추상적 요령을 추출하여, 모든 현대인이 알 수 있고 접근할 수 있는 실제적 생활법을 창조한 것이다.

나는 중국의 문학, 예술, 철학을 종합적으로 연구한 끝에 다음과 같은 명료한 결론에 이를 수 있었다. 즉 현인의 깨달음과 활기찬 인생의 즐거움을 존중하는 철학이야말로 중국의 문학과 예술과 철학을 일관하는 메시지이며 가르침이고, 또한 가장 끈기 있고 가장 이색적이며 가장 집요한 중국 사상의 후렴(後斂)인 것이다.

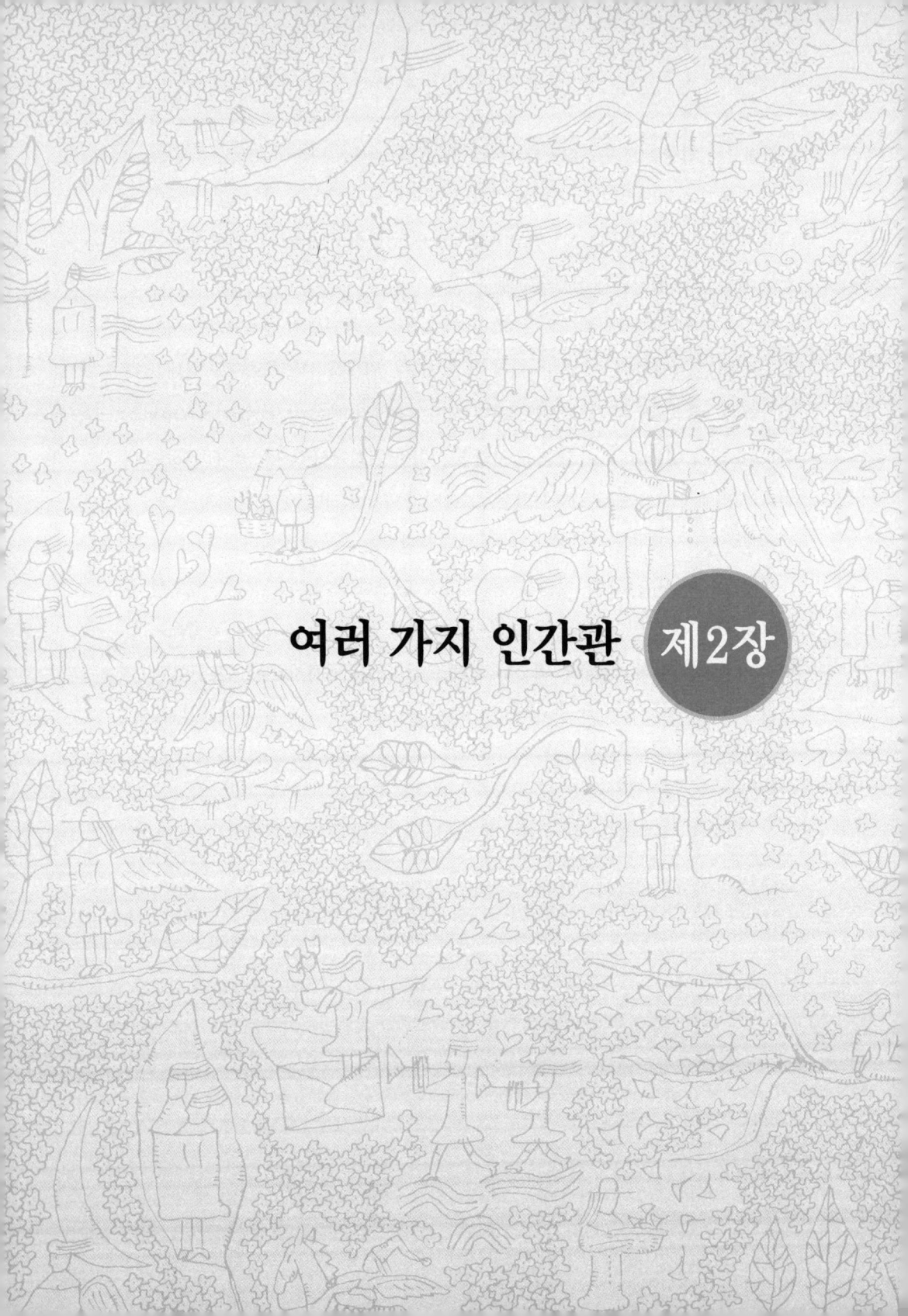

여러 가지 인간관   제2장

기독교도, 고대 그리스인 및 중국인

인간을 보는 관점에는 몇 가지가 있다. 기독교 전통의 신학적 인간관, 고대 그리스인의 이교도적 인간관, 그리고 중국인의 도교적 인간관과 유교적 인간관이 그것이다(불교적 인간관은 너무 슬픈 까닭에 여기서 제외하기로 한다). 이 세 가지에 포함된 우화적 뜻까지 깊이 파고들면 그것들은 모두 다를 바가 없다. 더구나 진보된 생물학적 지식과 인류학적 지식이 있는 현대인이 이것을 좀더 광범위하게 해석하면 그 차이는 한층 근소하지만, 그 원시적 형태로는 각기 상이한 점이 있다.

전통적인 정통파 기독교도의 생각으로는, 인간은 완전하고 죄없는, 어리석기는 하지만 행복한 자로 창조되어 에덴 동산에서 벌거숭이로 살았던 것으로 되어 있다. 그후 지식과 지혜가 들어왔으며, 그 다음 낙원을 잃게 되어 인간의 고통이 시작된다. 인간은 다음과 같은 고난을 짊어지게 된다.

첫째 남자는 이마에 땀흘리며 일해야 하고,
둘째 여자는 분만의 고통을 겪어야 한다.

인간은 본래 죄없이 완전할 것이었을 텐데, 오늘날과 같이 불완전하게 타락했음을 설명하기 위한 새로운 요소가 하나 더 첨가되었다. 말할 필요도 없이 악마라는 것이 그것이다. 인간의 높은 본성은 마음속에 작용하고 있는데, 악마는 주로 육체를 통해 작용하는 것으로 되어 있다. 기독교 신학사상 '영혼'이라는 것이 언제 만들어졌는지는 알 수 없으나, 이 '영혼'은 인간의 기능 이상의 것이 되어 조건이 아니라 실체가 되었다. 그러나 동물은 하느님께 구원받을 만한 영혼을 갖지 못했으므로, 이 영혼의 유무로서 인간과 동물이 명백히 구별되기에 이르렀다.

그러나 논리는 여기서 악마의 기원을 설명해야만 하기 때문에 막히고 만다. 중세기의 신학자들이 그 스콜라 철학적 논리로 이 문제를 해결하려다 궁지에 빠지고 말았다. 물론 하느님이 아닌 악마가 하느님 자신에게서 나왔음을 인정할 수는 없으며, 또 태초에 하느님이 아닌 악마가 하느님과 더불어 영구적 존재였음을 인정할 수도 없다.

그래서 궁지에 몰린 끝에 악마는 천사가 타락한 것임에 틀림없다는 결론에 이르렀다. 그러나 이것은 오히려 악의 기원이라는 문제를 기만하는 것이다 (그것은 이 타락한 천사를 유혹한 다른 악마가 있어야만 하기 때문이다. 그러므로 이 해석은 만족스럽지 않지만, 그냥 둘 수밖에 없다). 그럼에도 불구하고 이러한 생각으로부터 영혼과 육체의 기묘한 이분법이 이루어지게 되었다. 이 신화적 관념은 오늘날에도 역시 아주 널리 유력하게 유포되고 있는 것으로서, 인생과 그 행복에 대해 철학적 영향을 미치고 있다.[1]

그 다음에 속죄라는 사고방식이 생겼다. 이것 역시 속죄의 어린 양이라는

---

[1] 〈원주〉 근대사상의 진보와 더불어 이 악마가 제일 먼저 내동댕이쳐진 것은 유쾌한 일이다. 신을 믿고 있는 자유주의적 기독교도 백 명 중, 비유적인 의미에서가 아닌 진짜 악마를 아직도 믿고 있는 사람은 다섯 명도 안 되리라 생각한다. 지옥이 실제로 있다는 생각은 천국이 실제로 있다는 생각보다 먼저 소멸되어 가고 있다.

근대적 관념을 빌려 쓰고 있는데, 고대로 거슬러올라가면 신은 태운 고기 냄새를 좋아해 '희생을 바치지 않으면 인간의 죄를 용서하지 않는다'는 관념에 도달한다. 이 속죄라는 사고방식에서 모든 죄가 단번에 용서된다는 수단이 발견되어, 교리를 완성하는 방법이 다시금 발견된 것이다.

　기독교 사상 가장 기묘한 사고방식은 그 '완전' 사상이다. 이것은 고대 세계의 쇠퇴기에 일어난 것이므로 사후의 생명을 강조하는 경향이 생기고, 행복론 내지는 그저 산다는 문제가 구세(救世)의 문제로 바뀌었다. 확실히 부패와 혼란 속에 잠겨 최후의 파멸로 내닫고 있는 이 현세로부터 어떻게 하면 살아서 탈출할 수 있는가 하는 것이 구세사상의 사고방식이다.

　그래서 압도적으로 불멸에 관한 문제에 치중하게 되었다. 그런데 이것은 하느님이 영생하기를 원하지 않았다는 〈창세기〉 본래의 이야기와는 모순된 것이 아닐 수 없다. 〈창세기〉에 따르면 아담과 하와가 에덴 동산에서 쫓겨난 것은, 일반적으로 믿고 있는 것처럼 선악과를 따먹었기 때문이 아니다. 만일 그들을 쫓아내지 않으면 또다시 하느님의 명령을 어기고, 이번에는 생명나무의 열매를 먹고 정말 영생을 얻게 될 것을 하느님이 두려워했기 때문이다.

　　여호와 하느님께서는 '이제 이 사람이 우리들처럼 선과 악을 알게 되었으니 손을 내밀어 생명나무 열매까지 따먹고 영원히 살게 되어서는 안 되겠다'고 생각하시어 에덴 동산에서 내쫓으셨다. 그리고 땅에서 나왔으므로 땅을 갈아 농사를 짓게 하셨다. 이렇게 아담을 쫓아내신 다음 하느님은 동쪽에 그룹들을 세우시고 돌아가는 불칼을 장치하여 생명나무에 이르는 길목을 지키게 하셨다.
　　　　　　　　　　　　　　　　　　　　〈창세기〉 3장 22~24절

　지혜의 나무는 에덴 동산 한복판에 있었으며, 생명나무는 동쪽의 길목 근처에 있었으리라 생각된다. 그곳은 우리가 다 알고 있듯이 아직도 그룹들이 지켜서서 인간이 접근하지 못하도록 감시하고 있다.

요컨대 우리가 사는 데 필요한 모든 활동이 고통이어야 한다고 믿는 생각이 아직도 널리 퍼져 있는 것이다. 즉 인생의 즐거움은 죄이며 사악이다. 고통 속에서 사는 것이 훌륭한 삶이다. 또 인간은 본래 외부로부터의 큰 힘에 의해서만 구원받을 수 있다는 것이다. 오늘날 일반적으로 행해지고 있듯이 죄의 교의는 여전히 기독교의 근본적 가정으로서, 기독교의 선교사는 개종시키려고 하는 사람들에게 죄의식과 인간성의 사악이라는 의식을 심어 주는 데서부터 시작하는 것이 보통이다(선교사가 주머니에 준비하고 있는 기성적인 구원의 필요를 위해서는 절대 불가결한 존재이다). 요컨대 첫째는 스스로 죄인이라고 믿게 하지 않으면 기독교도로 만들 수가 없다. 어떤 사람은 약간 준엄한 말투로 "우리나라 종교는 너무 편협하여 죄에 대한 것만 생각하도록 하기 때문에, 대다수의 사람이 이미 교회에 나오려고 하지 않게 됐다"라고 이야기한 일이 있다.

고대 그리스의 이교도적 세계는 독특한 별천지이며, 따라서 인간에 대한 사고방식도 매우 색다르다. 가장 나의 흥미를 끄는 것은, 기독교도가 신과 닮기를 바라는 데 반하여 고대 그리스인은 신이 인간을 닮게 만들었다는 것이다.

저 올림피아의 신들은 쾌활하고 여자를 좋아하며, 사랑도 하고 누워 자기도 하며, 싸움도 하고 맹세도 파기하며, 걸핏하면 화를 내는 자들이다. 그리스인 자신처럼 사냥을 즐기고, 전차도 타며, 창던지기도 한다. 아니, 결혼까지 하는 자들로서 어처구니없으리만큼 많은 사생아를 두고 있다. 신과 인간의 차이라면, 신은 단지 공중에 우레를 일으키고 땅의 초목을 번성하게 하는 힘을 가졌으며, 죽지 않고 영원히 사는 존재들로서 포도주 대신 신주를 마실 따름이다. 술을 만드는 과일은 대체로 같은 것이었다.

그리스인은 이 많은 신과 친해질 수 있다고 생각했으며, 배낭을 지고 아폴론이나 아테나와 함께 사냥을 나가거나, 혹은 길에서 헤르메스를 불러세워 마치 웨스턴 유니언 회사의 사환하고라도 이야기하듯 대화를 할 수 있다고 생각했다. 그리고 이야기가 너무 흥이 나게 되면 헤르메스가 "아, 좋아! 그런데 미안하지만 난 단숨에 이 편지를 72번지에 배달하고 와야겠는걸" 하고 말할 듯한 상황이 상상된다.

'때로는 잔혹한 운명에도 따라야만 하는 한정된 인생'이라는 생각이 대개의 고대 그리스인의 머릿속에 있었다. 일단 이런 생각을 인정하면 인간은 그 형상에 만족하고 매우 행복해질 수 있다. 그래서 고대 그리스인은 이 인생과 우주를 사랑하고, 자연계를 과학적으로 이해하는 데 골몰했을 뿐더러 인생의 진선미를 이해하는 데도 흥미를 가졌던 것이다.

그리스에는 에덴 동산과 같은 신화적 '황금시대'가 없으며, 따라서 인간 타락의 우화도 없다. 그리스인 자체는 대홍수 뒤에 평원으로 이주해 온 데우칼리온과 그 아내 피라가 손으로 들어올려 어깨 너머로 내던진 돌멩이로 이루어진 인간에 불과했던 것이다. 인간의 질병이나 고생에 대한 설명은 우스꽝스럽다. 질병과 고생은 어떤 보석상자, 즉 판도라의 상자를 열고 그 속을 보고 싶어 안달하는 젊은 여성의 욕망에서 비롯된 것이라고 한다.

고대 그리스인의 공상은 아름다웠다. 그들은 인간성을 넓게 있는 그대로 보았다. 기독교도에게 묻는다면, 고대 그리스인은 사람은 반드시 죽는다는 체념관을 가졌던 것이라고 말할지도 모른다. 그렇지만 너무 아름다웠다. 즉 거기에는 이해력과 자유로운 사색적 정신을 착용시킬 여지가 충분히 있었다. 고대 그리스의 궤변학자 중에는 인간의 본성이 선하다고 생각한 자도 있고 악하다고 생각한 자도 있는데, 거기에는 근세의 홉스 대 루소와 같은 뚜렷한 모순은 없었다. 최후에 플라톤에 의해 인간은 욕망과 정서와 사상의 혼합물로 간주되고, 이상적인 인생은 예지, 즉 참된 이해력에 따라 이 세 가지의 조화 속에 생활하는 것이라고 생각되었다. 플라톤에 의하면 '이념'은 불멸의 것이지만 인간 개개의 심정은 정의, 학문, 절제, 미를 사랑하느냐 안 하느냐에 따라서 비속(卑俗)해지거나 고상해진다고 생각되었다. 소크라테스의 경우에는 〈페도편〉에 있듯이 영혼도 역시 독존불멸(獨存不滅)의 존재로서 자리잡고 있다. 즉 '영혼이 단독으로 존재하고 그것이 육체에서 분리되어 있거나 또 육체가 영혼에서 분리되어 있다면, 그것은 죽음 이외의 무엇이겠는가'라고 했다. 영혼불멸에 관한 신앙은 분명히 기독교도와 고대 그리스인과 노장 철학자 및 유교도의 견해에 공통된 점이 있다. 다만 이것은 근대의 영혼불멸을 믿는 사람이 덤벼들 정도의 것은 아니다. 재생설과 같은 불멸설을 지지하는 소크라테스의 여러 전제는 현대인으로서는 수긍이 가지 않는다.

  중국인의 인생관도 인간은 창조주(만물의 영장)라는 생각에 도달했다. 유교의 사고방식으로는 '천·지·인(天地人)' 삼재(三才)라 하여 인간은 천지와 격을 같이한다. 그 배경은 정령설(精靈說)이다. 즉 만물은 살아 있으며 정령을 지니고 있다. 산과 내도 오랫동안 꿋꿋이 지내는 것은 생명이 있다는 증거이다. 바람이나 우레는 정령 그 자체이며, 어떤 큰 산이나 큰 강도 사실 그것을 소유하는 정령에 지배당하고 있다. 모든 꽃은 봄과 가을에 번영을 주재하는 작은 요정을 하늘에 가지고 있다. 백화선자(百花仙子)라는 것이 있어서 그 탄생일은 2월 12일〔花朝〕이다. 어떤 버드나무, 측백나무, 여우, 거북들도 수백 년이 지나면 그 불멸이라는 사실만으로 모두 '정령'을 갖게 된다. 이 정령설은 배경이 있는 것이므로 인간도 영(靈)의 나타남이라고 생각하는 것은 당연하다. 이 영은 온 우주의 모든 생명과 마찬가지로 남성의 능동적이며 적극적인 양(陽)의 원리와, 여성의 수동적이며 소극적인 음(陰)의 원리와의 결합에 의해 생긴다. 이것은 사실 후세의 양전기와 음전기의 원리를 비슷하게 상상한 것이 어쩌다 들어맞은 데 불과하다.

이 영이 인간의 육체에 깃들이지 못하고 다만 영인 채 떠돌고 있는 것을 혼이라고 한다(강렬한 개성, 즉 '영'을 지닌 사람은 백력(魄力), 즉 넋의 에너지를 많이 가진 사람이라고 한다). 이 혼은 사후에도 계속 떠돌아다닌다. 그 영은 대체로 인간을 괴롭히지 않는 것이지만, 사자를 매장하고 공양하는 자가 없으면 '망령'이 된다. 익사하거나 객사하여 장사지내지 못한 사람들의 영에 대해 널리 공양하기 위해 7월 보름을 우란분(盂蘭盆)으로 정하고 있는 것은 이 때문이다. 또 암살당했거나 억울하게 죽었을 경우에는 그 망령이 원통한 나머지 허공을 헤매며, 원한이 풀리고 원령이 만족할 때까지 재앙을 내린다. 원령이 만족하면 재앙은 그치게 된다.

인간이 살아 있는 동안은 영이 육체에 깃들여 있는 것이므로 아무래도 모종의 번뇌와 욕망, 즉 '활력'의 흐름, 좀더 쉽게 말하면 '정신력'이라는 것에 해당하는 그 무엇을 가지고 있다. 이것들은 그 자체로는 좋거나 나쁠 것이 없지만 그저 인생의 특질로서 구비된 것이기 때문에 인간의 육체와 분리되어서는 안 되는 것이다. 모든 남녀는 정열과 욕망과 고상한 야심, 그리고 양심을 가지고 있다. 성과 굶주림과 공포와 분노가 있으며, 질병과 고통, 그리고 오뇌와 죽음을 면치 못한다. 수양이란 이러한 번뇌와 욕망을 조화 있게 표현하는 일이다.

유교적인 사고방식은 우리가 가지고 있는 이 인간성을 조화롭게 융화시켜 생활함으로써 인간이 천지와 동격이 될 수 있다고 믿는 것이다. 그런데 불교는 인간의 육의 욕망을 본질적으로 중세기의 기독교와 똑같이 본다. 즉 쫓아야 할 번뇌의 개(犬)라고 생각하는 것이다. 너무 두뇌가 좋아서 지나치게 생각하는 남녀는 종종 이 사상에 물들어 승려가 되기도 한다. 그러나 유교의 상식은 대체로 이것을 금한다.

그리고 또 다소 노장 철학의 영향에서 오는 것이긴 하지만, 기구한 운명에 시달리는 미인은 인간적 망상을 지녔다거나 의무를 게을리했다는 등의 이유로 벌을 받아 지상으로 내쫓겨, 인간적 고난의 숙명을 살아가는 '타락한 선녀'로 낙인찍힌다.

인간의 정신은 에너지의 흐름으로 여겨진다. 정신이란 문자 그대로 '정(精)의 신(神)', 즉 정신이며, 이 '정'이라는 것은 본질적으로는 여우의 정, 바위의 정, 소나무의 정이라 할 때에 쓰인다. 영어로 가장 가까운 동의어는 앞에서 언급했듯이 vitality(활력) 혹은 '정신력'이라는 말이며, 하루 동안, 평생 동안 시시각각 바닷물처럼 드나드는 것이다.

이 세상에 태어나는 인간은 모두가 어떤 번뇌와 욕망, 그리고 이 활력을 가지고 인생을 출발하는 것이며, 그것들은 유년시절, 장년시절, 노년시절 및 죽음을 통하여 여러 가지 주파(周波)를 가지고 활약한다. 공자는 "젊었을 때는 여색을 경계해야 하고, 장년에는 다툼을 경계해야 하며, 노년에는 이득을 경계해야 한다"라고 말했다. 청년은 이성을 사랑하고, 장년은 투쟁을 사랑하며, 노년은 돈을 사랑한다는 뜻이다.

중국인은 이 육체적·정신적·도덕적 혼합물에 당면할 때면, 인간 그 자체에 대해서도 다른 모든 문제에 당면할 때와 같은 태도를 취한다. 그것은 '적당히 해나가자'고 하는 한 마디로 요약될 것이다. 즉 무슨 일이든 너무 많은 것을 기대하지도 않고, 너무 적게 기대하지도 않는다는 태도이다.

말하자면 인간은 하늘과 땅, 이상주의와 현실주의, 숭고한 사상과 비천한 번뇌 사이에 놓여 있다. 이런 것들 사이에 있다는 것이 원래 인간성의 본질이다. 지식에도 갈증을 느끼고 물에도 갈증을 느낀다. 훌륭한 사상도 좋지만 한 접시의 맛있는 돼지고기도 좋으며, 지언명구(至言名句)도 좋지만 미인도 버리기 어려운 것이 인간적이다.

실상이 이러하므로 이 세상은 아무래도 불완전한 세계라 할 수 있다. 인간 사회를 상대로 그것을 여러모로 개선할 기회는 물론 있겠지만, 중국인은 완전한 평화와 완전한 행복 따위는 별로 바라지 않는다. 이런 사고방식이 다음의 우화에 단적으로 나타나 있다.

한 남자가 지옥에 떨어졌다가 막 환생하려 할 때 염라대왕에게 말했다. "대왕께서 저를 인간으로서 사바세계에 환생시켜 주신다면 제가 바라는 조건이 아니면 싫습니다." 대왕은 물었다. "조건이란 대체 무엇인고?" 그러자 그 남자는 대답했다. "이번에 인간으로 환생한다면 장관의 아들로서, 아니면 장래의 '장원(과거에 장원급제한 사람)'의 아버지로 태어나지 않으면 싫습니다. 집 주위에는 1만 정보의 땅, 물고기가 노는 연못, 온갖 과실, 어질고 상냥한 아내와 아름다운 첩들이 없으면 싫습니다. 천장까지 황금과 진주로 아로새긴 많은 방, 곡물이 가득 찬 많은 창고, 돈이 잔뜩 든 가방이 없으면 싫습니다. 그리고 나 자신은 왕후장상이 되고 명예와 번영을 마음껏 누리고 백 세까지 장수하지 않으면 싫습니다."

그러자 염라대왕은 대답했다. "사바세계에 그런 인간이 있다면 내가 환생해서 사바세계로 가지, 너를 보낼 것 같으냐?"

우리에게는 인간성이라는 것이 있다. 따라서 있는 그대로의 모습으로 삶을 영위하고자 하는 것이 당연한 태도이다. 인간성으로부터 도망치는 길은 없다고 볼 수 있다. 번뇌나 본능 따위는 본디 좋은 것이다, 나쁜 것이다 따져 보았자 별로 유익할 것이 없다. 오히려 인간이 그 때문에 질질 끌려다닐 위험이 있으므로, 모름지기 중도에 머물러 있으라.

이러한 중용적 태도에서 관대한 철학이 생긴다. 적어도 중용적 정신을 받들며 살아가는 교양 있고 너그러운 철인의 눈으로 볼 때는, 법률적이건 도덕적이건 정치적이건 간에 '인간의 공통성(좀더 분명히 말하면 정상적인 인간의 번뇌)'의 부류에 속하는 모든 인간적 과실이나 단정치 못한 품행은 용서해야 한다는 것이 이 철학이다.

중국인은 한 발 앞서서 생각했다. 하늘, 즉 신 자체는 제법 말이 통하는 것이다. 그러므로 인간은 자기가 최선이라 믿는 바에 따라서 중용적 생활을 한다면 두려워할 것이 전혀 없고, 양심의 평안이라는 최대의 보람을 느낄 것이며, 마음이 흐리지 않은 사람이라면 망령까지도 두려워할 필요가 없다. 바로 그 합리적인 것과 불합리한 것을 다같이 관장하는 중용의 신이 있기 때문에 세상은 만사가 순조로운 것이다. 결국 폭군은 죽고 반역자는 자살하며, 탐욕스레 모은 인간의 재산은 남의 손에 넘어가고, 명예와 부(富)를 지닌 골동품 수집가의 자식들은(자기 아버지가 욕심 많고 무정했다는 사실을 모르는 사람은 없다) 아버지가 어렵게 모은 수집품을 미련없이 팔아치워, 그 골동품이 이젠 뿔뿔이 흩어져서 남의 소유가 되어 버리는 것이다. 살인자는 시체로 발견되고, 욕을 당한 여인은 다른 사람이 원수를 갚아준다. 드문 일이지만, 때로는 학대받은 사람이 "하느님도 부처님도 없단 말인가(정의는 장님이다)!"라고 부르짖는다.

결국 도교든 유교든 그 철학의 결론과 최고 목적은 자연을 완전히 이해하는 것, 자연과 완전히 조화되는 것이다. 이 사상을 분류할 적당한 용어가 필요하다면 '중용주의적 자연주의'라고 해두겠다. 이 중용주의적 자연주의자는 일종의 동물적인 만족을 느끼고 이 인생에 정착하는 것이다. 어느 무식한 중국 여성이 "누군가 우리를 낳았고, 우리는 누군가를 낳는다. 그 밖에 무엇을 하라는 것인가?"라고 말했다.

"누군가 우리를 낳았고, 우리는 누군가를 낳는다." 이 말에는 무서운 철학이 있다. 이렇게 되면 인생은 한낱 생물적인 과정에 불과하며, 불멸론 따위는 어디에도 없는 것이다. 그것은 손자의 손을 잡고 과자를 사러 가는 중국인 할아버지의 기분과 같은 것이다. 그 할아버지는 '5년이나 10년 뒤면 우리도 땅 속으로 가는 거야, 조상님 곁으로 말이야' 하는 정도로 생각하고 있다. 이 세상에 살면서 바랄 수 있는 최상의 것은, 망신스런 자식이나 손자를 두지 않는 일이다. 중국식 생활방식은 모두가 이 한 가지 생각에서 나오는 것이다.

이 지상의 존재

그래서 필경 이렇게 되고 만다. 어쨌든 살고는 싶다. 그러나 결국 지상의 생활이다. 천국에서 산다고 하는 문제는 다 훌훌 털어버리자. 영혼에 날개를 돋게 하여 신 곁으로 날아올라서 지상을 망각해 버리는 일이 없도록 하자. 한정된 목숨이 아닌가. 언젠가는 죽게 마련이다. 주어진 인생은 겨우 70년이다. 영혼이 불손한 생각을 일으켜 영생을 원한다면, 이 70년은 너무 덧없는 것이 될지도 모른다. 그러나 다소나마 자기 자신에 대해 안다면 이것만으로도 충분하다. 50년쯤 되면 대강은 알 수 있고, 웬만한 즐거움은 다 맛볼 수 있다. 인간의 우매함을 바라보고 또 스스로 예지를 쌓는 데 아버지와 아들과 손자의 3대는 긴 세월이다. 3대에 걸친 세태의 변화를 통하여 세상의 풍습, 도덕, 정치의 변천을 몸소 바라본 현인이라면 인생의 막이 내렸을 때 진심으로 만족하고, 자리에서 일어나 "참으로 재미있는 구경거리였다"는 말을 남기고 영원히 가야 마땅하다.

우리는 지상의 존재이다. 지상에 태어나 지상에서 자란다. 말하자면 70년 동안의 길손으로서 이 세상에 태어난 것은 조금도 불행한 일은 아니다. 설사 그것이 움막일지라도 그곳을 가장 즐거운 움막으로 만들어야만 하는 것이다. 하물며 그것이 움막이 아니라 아름다운 지상이며, 이곳에서 6, 70년 동안을 사는 것인데도 즐겁게 지내지 못한다는 것은 배은망덕한 행위이다. 때로는 야심이 너무 지나쳐서 겸손하고 관대한 지구를 경멸하는 일도 있겠지만, 정신의 조화를 깨뜨리고 싶지 않다면 이 육체와 정신의 임시 거처인 지상에 대하여 '어머니이신 대지'라는 기분과 참된 애정과 집착을 가져야만 한다.

그러므로 우리는 이 지상의 생명을 있는 그대로의 모습으로 바라보는 동물적 신앙과 같은 일종의 동물적 무신론을 가져야만 한다. 또 자기 자신을 흙과 동일한 것으로 느끼고, 겨울에는 봄볕을 고대하는 흙처럼, 느긋한 참을성을 가지고 있는 저 숲을 찬양한 시인 소로(Henry David Thoreau)와 같은 건전성을 잃어서는 안 된다. 소로는 아무리 실망에 빠져 있을 때라도 '정신을 찾는 일'은 자기의 할 일이 아니며, 자기를 찾는 일이야말로 정신의 할 일이라고 생각하려 했다. 그의 행복은 스스로 말했듯이 두더지의 행복과 흡사한 것이었다. 하늘은 실재가 아니지만 지구는 실재이다. 실재의 지구와 실재가 아닌 하늘 사이에 우리가 태어났다는 것은 얼마나 큰 행운인가!

훌륭한 실천철학이라면 인간에게는 육체가 있음을 인정하는 것으로부터 출발해야만 한다. 근래 인간이 동물임을 정직하게 시인하는 사람들이 나타났는데, 정녕 그래야만 할 시기이다. 이미 진화론의 기본적 진리가 수립되어 생물학, 특히 생물화학에서 장족의 진보를 보인 오늘날 그것을 피할 수는 없다.

우리의 스승이나 철학자가 지성이라는 것에 학자다운 직업적 긍지를 갖는 이른바 인텔리에 속해 있었다는 것은 크나큰 불행이었다. 제화점 주인이 가죽을 자랑하듯 '정신, 정신' 하는 사람들은 정신을 자랑으로 여긴다. 정신이라 하는 것만으로는 아직 그윽하고 추상적인 감이 부족하다 해서, 때로는 '본질'이라든지 '관념'이라든지 하는 말을 대문자로 써서 우리를 놀라게 해야만 직성이 풀리는 것이다.

인간의 육체는 '현학(衒學)'이라는 기계로 증류되어 일종의 정기로 변하고, 정기는 또 일종의 정(精)으로 압축되었다. 알코올 음료를 만들 경우 좀 맛있는 음료로 만들고 싶다면, 맛이 들지 않은 물을 섞어서 하나의 '형'을 지니게 해야만 된다는 것을 잊고 있다. 그리고 이 딱한 우리 속인들이 압축된 정신의 농축을 마실 수 있다고 착각하고 있다. 이런 식으로 정신을 너무 역설한 것은 치명적인 결과를 빚어냈다.

즉 인간으로 하여금 자연본능과 악전고투하게 만든 것이다. 따라서 내가 주로 비난하는 것은 그로 인해 완전히 원숙한 인간성의 이해가 불가능하게 되어 버렸다는 점이다. 생물학과 심리학이란 무엇인가, 감각과 정서, 특히 본능은 그 인생에 어떤 위치를 차지하고 있는가 하는 것들을 충분히 알지 못함으로써 이런 오류가 생기는 것이다. 인간은 육체와 정신으로 이루어져 있다. 그러므로 그 정신과 육체가 조화되고 양자가 일치하도록 하는 일이 철학자의 임무가 되어야 한다.

생물학적 인간관

인간의 육체적 기능이나 정신적 과정에 대해 좀더 깊이 알게 되면 우리 자신의 일에 대해서 보다 올바르고 넓은 견해가 생기게 될 것이며, 내가 말하는 '동물적'이라는 말에 대하여 사람들이 예로부터 지녀 온 불쾌한 감정도 다소 누그러질 것이다. "앎은 용서이다"라는 옛 속담은 우리의 육체적 과정과 정신적 과정에도 적용되는 것이다. 육체적 기능을 좀더 잘 이해하게 되면 육체를 그다지 경멸하지 않게 된다. 그것은 이해하기 때문이며, 이상하게 여길 사람이 있을지도 모르나 그것은 사실이다.

중요한 것은 인간의 소화작용이 고상한 것이냐 천한 것이냐를 논하는 일이 아니라, 그것을 이해하는 일이다. 이해하고 나면 소화작용이라는 것이 왠지 고상한 것으로 보인다. 발한(發汗)작용이나 불필요한 것의 배설작용에서 췌액(膵液), 담즙, 내분비선의 작용, 그리고 섬세한 감정작용이나 사색적 작용에 이르기까지 인체의 생물학적 기능과 작용 일체는, 이해하고 나면 고상하게 보이는 것이다. 그러면 이미 신장을 경멸하지 않게 되고 다만 그것을 이해하겠다는 생각을 갖게 된다. 나쁜 이(齒)를 보고 이윽고 육체가 썩어버릴 징조라고 생각한다거나 영혼의 행복을 소중히 하라고 알려주는 등의 터무니없는 일은 없어지고, 오직 치과의사를 찾아 진찰을 받고 지시대로 적당히 치료하게 될 뿐이다. 하여튼 치과의사의 진료실에서 나온 사람은 이미 자기 이를 경멸하지 않고 도리어 한층 소중하게 생각하며, 지금보다 더 큰 기쁨을 가지고 사과나 닭뼈를 씹게 되기 때문이다.

형이상학자는 이는 악마의 것이라느니 어쩌니 하면서 점잖은 체하고, 신플라톤 학파는 이 하나하나의 존재를 부정하지만, 철학자가 치통에 시달리거나 낙천적인 시인이 소화불량에 걸리거나 하는 것을 보면 나는 일종의 짓궂은 기쁨을 느낀다. 어째서 치통 따위는 무시하고 잘난 철학적 논고를 강행하지 못하는 것인가? 어째서 여러분이나 나나 이웃집 여자처럼 손으로 뺨을 누르고 있는 것인가? 어째서 낙천주의는 소화불량의 시인에 대해 그토록 무력한 것일까? 시인이라면 어째서 좀더 소리 높여 시가를 읊지 못하는 것인가? 그래서 내가 뭐라고 하던가, 창자가 제대로 작용하고 있어 인체에 아무런 해를 입히지 않는데도 창자에 대한 것은 잊고 정신에 대한 것을 읊다니, 이 무슨 배은망덕인가!

인체의 작용에 관한 경이감과 신비감을 심화시켜 인체를 한층 존경하도록 인간에게 가르친 것은(만일 무엇인가 가르친 것이라면) 과학이다.

과학은 우선 동물발생학에 의해 인간이 어떻게 발생했는가를 이해하는 것에서 시작하여, 인간은 점토로 만들어진 것이 아니라 동물계통수(動物系統樹)의 꼭대기에 위치하는 것임을 알게 해주었다. 그것은 굉장히 감격스러운 일이다. '정신, 정신'이라 하며 공연히 정신에 도취해 있는 사람이 아니라면 그 누구도 충분히 만족시킬 수 있는 것이다.

그러나 오늘날 우리가 이 지구상에서 두 발로 선 자세로 걷게 하기 위해 공룡이 이미 수백만 년 전에 살다가 죽어갔다는 따위의 논법을 나는 믿지 않는다. '인간이 걸을 수 있기 위하여' 운운하는 불손한 논법이 아니더라도 생물학은 조금도 인류의 위엄을 손상시키지 않으며, 인류는 지구상의 생물 중에서 가장 훌륭한 동물일 것이라는 데 대해 조금도 의혹을 품고 있지 않은 것이다. 그러므로 인류의 위엄을 주장하고 싶어하는 사람 모두를 충분히 만족시킬 수 있다.

둘째로 우리는 인체의 신비와 아름다움에 대해 지금까지 느끼지 못했던 깊은 인상을 받았다. 인체 내부기관의 활동과 그 상호간의 놀라운 작용을 알고 나면 우리는 다음과 같이 생각하지 않을 수 없게 된다. 즉 이같은 상호작용이 이루어짐은 실로 극도의 어려운 자연작용이며, 더구나 그 작용이 수행되는 것은 매우 단순하고 궁극적으로 신비하다는 느낌이 든다.

과학도 이 신비에 직면하면 인체 내부의 화학적 과정을 분명히 하고, 그것을 단순한 원리로 표현할 수 없으므로 점점 설명하기 어렵게 된다. 이 인체 내부기관의 화학적 과정은 생리학에 관한 지식이 없는 보통 사람이 상상하는 것 이상으로 매우 어려운 것이다. 인체 밖의 우주의 큰 비밀도 인체 안의 비밀과 비슷한 것이다.

생리학자가 인체생리의 생물생리학적 과정을 분석하고 연구하면 할수록 그 경이는 점점 더 커진다. 지나친 경이에 타격을 받은 나머지 광활한 정신을 지닌 생물학자까지도 때로는 생명신비설에 항복하지 않을 수 없게 된다. 알렉시스 카렐 박사의 경우가 그러하다. 그의 저서 《미지의 존재, 인간(Man, the Unknown)》속의 박사의 의견에 대한 찬부(贊否)는 덮어두고, 인체 내부 기관에 관한 여러 사실들은 일찍이 설명한 일도 없거니와 앞으로도 설명할 길이 없다는 설에는 찬의를 표하지 않을 수 없다. 우선 물질 그 자체에 내재하는 지성의 감각을 탐구하는 데서부터 시작한다.

인체의 여러 기관은 기관의 분비액과 신경계통에 의해 상관관계를 유지한다. 인체의 각 요소는 자신을 다른 요소에 적응시키고, 후자는 또 그 밖의 요소에 적응한다. 이 적응방식은 본질적으로는 목적론적이다. 기계론자나 생명론자가 주장하는 것처럼 각 조직 안에 우리의 이지력과 똑같은 지력이 있다고 한다면, 생리적 여러 작용은 일정한 목적을 달성하기 위해 서로 연합하는 것 같다. 유기체 안에 궁극성이 존재한다는 것은 부정할 수 없다. 각 부분은 현재 또는 장래의 전체로서의 필요가 무엇인지를 아는 듯하며, 그에 따라서 움직인다. 인체조직에 있어서의 시간과 공간의 의의는 인간의 정신에 있어서의 경우와는 같은 것이 아니다. 인체는 가까운 것도 지각(知覺)하고 먼 것도 지각하며, 또한 현재와 미래까지도 지각한다.[2]

한 가지 예를 들면, 창자가 상했을 때 우리가 전혀 치료하려 하지 않아도 그 창자는 스스로 상처를 고치는데, 이것은 실로 경탄할 만한 일이다.

상한 창자는 우선 활동하지 않는다. 일시적으로 마비되는 것인데, 그럼으로써 변

---

[2] 〈원주〉《Man, the Unknown》, p. 197.

(便)이 복강으로 새어나오는 것을 막는다. 그와 동시에 다른 창자, 혹은 장강막의 표면이 상처로 접근하여 이미 알려져 있는 복막의 고유성에 의해 창자에 접착한다. 그러면 4, 5시간 안에 상처는 아문다. 설혹 외과의사의 바늘이 상처를 접합시켰다 할지라도 치유되는 것은 복막 표면이 자연적으로 유착되기 때문이다.[3]

육신 자체가 이같은 지력을 보여주고 있는데, 우리는 무엇 때문에 육신을 경시하는 것인가? 결국 우리는 이런 육체를 가지고 있는 것이다. 육체는 스스로 영양을 취하고 스스로 조절하며 스스로 수리하고 스스로 기동하며 스스로 재생산하는 기계이다. 출생하면서 일단 장치되면 성능이 뛰어난 추시계처럼 조금만 손질을 가하면 1세기의 4분의 3이나 유지하게 된다. 그것은 무선시각과 무선청각을 갖춘 기계이며, 세계에서 가장 복잡한 전신전화의 구조보다도 더 복잡한 신경과 임파조직을 가진 기계이다.

인체에는 매우 복잡한 신경조직에 의해 갖가지 정보를 처리하는 시스템이 있다. 그 일하는 모양은 매우 능률적인 것으로, 비교적 중요하지 않은 서류는 다락방에 보관하고 다른 서류는 좀더 가까운 책상에 보관해 두는데, 다락방에 보관해 둔 서류로 30년 정도나 방치해 두었던 것이라도 번개 같은 속도와 능률로써 찾아낸다.

인체는 또 제동이 완전한, 절대 소리를 내지 않는 자동차처럼 운전할 수 있다. 만일 그 자동차가 사고를 일으켜 유리나 핸들이 파손되면, 자동차는 자동적으로 분비작용을 일으켜 유리의 대용품을 만들고 핸들을 제조하는 데 최선을 다한다. 적어도 핸들의 끝 불룩한 부분으로 그런대로 운전이 가능하도록 한다. 인체에 대해서 다시 말한다면 한쪽 신장을 떼어낸다 해도

3 〈원주〉《Man, the Unknown》, p. 200.

남은 신장이 비대해져서 정량의 오줌을 통과시킬 수 있도록 기능이 증대한 다는 사실을 잊어서는 안 된다.

인체는 또 화씨 1도의 10분의 1쯤의 오차밖에 없도록 정상 체온을 유지하고, 음식물을 생리조직으로 변형시키기 위해 자기에게 필요한 화학약품을 제조한다.

극히 오묘한 것은 인체가 생명의 리듬 감각과 시간감각을 가지고 있다는 점이다. 게다가 몇 시간, 며칠의 감각만이 아니라 수십 년의 감각까지도 가지고 있다. 즉 유년기와 성년기와 중년기를 조정하고, 성장을 멈춰야 할 때에는 성장을 멈추며, 아무도 생각이 못 미칠 때 사랑니가 나게 한다. 인간의 의식적 지혜는 사랑니와는 아무런 관계도 없는 것이다. 또 인체는 독소에 대한 특수한 해독제를 만들어내는데, 그것은 매우 놀라운 성공을 거두고 있다.

인체가 이같은 모든 작용을 할 때는 결코 소리를 내지 않으며, 공장에 으레 따르게 마련인 소음도 없다. 그 덕분에 그 잘난 체하는 형이상학자는 소음에 방해받지도 않고 의기양양하게 정신이나 진수(眞髓)에 대해 마음껏 사색에 잠기는 것이다.

인생, 이 한 편의 시

생물학적 입장에서 볼 때 인생은 한 편의 시에 가깝다고 하겠다. 인생에는 인생 특유의 리듬이 있고 맥박도 있으며, 생장과 노쇠의 주기도 있다.

천진난만한 유년시절에서 비롯하여, 성인사회에 적응해 가려고 서두르는 경직된 청춘기가 그에 이어진다. 거기에 청춘의 고민과 어리석음이 있으며, 이상과 야심이 있다. 이윽고 격한 활동의 성년기에 이르고, 경험을 쌓아가는 동안 사회와 인간성을 더욱 깊이 배운다. 이윽고 중년기에 이르면 긴장이 다소 풀려, 과일이 익고 술이 익듯이 성격도 성숙해진다. 그리고 지금까지보다 배포도 커지고 냉소를 이해하며, 동시에 인생을 차츰 다정한 시선으로 주시하게 된다. 이어 인생의 황혼기에 접어들면 내분비선의 작용이 활발치 못하게 된다. 만일 그 시절에 우리가 진정한 노년 철학을 지니고 그에 따라 생활해 나간다면 그것은 평화와 평안과 한적(閑寂)과 자족의 삶이 된다. 최후에 이르면 생명은 꺼지고 영원히 잠들어 다시는 깨지 않는다.

　우리는 이 인생의 리듬의 아름다움을 깨달아야 한다. 대교향악을 들을 때처럼 주된 악상(樂想), 그 어지러운 가락, 잘 조화된 그 마지막 화음을 음미해야 할 것이다. 인생의 주기운동은 보통 사람의 생애에서는 다 같은 것이지만, 음악은 개개인이 작곡해 나가야만 한다. 사람에 따라서는 불협화음이 차츰 격해져서, 마침내 멜로디의 주된 가락이 압도되거나 사라져 버리거나 하는 일이 있다. 또 어떤 때는 불협화음이 지나치게 강해져서 주악을 더이상 계속할 수 없게 되어 권총 자살을 하거나 강물에 뛰어들기도 한다. 자기 수양의 결핍으로 인해 본래의 주된 가락이 빛을 못 보게 되어 절망한 나머지 그렇게 되는 것이다. 이런 경우를 제외하면 정상적인 인생은 엄숙한 행진이나 행렬처럼 착실히 최후까지 계속되는 것이다. 그런데 귀를 찢을 듯한 잡음이나 조잡한 단음이 너무 많아지는 일도 있다. 그럴 때는 박자가 맞지 않으므로 귀에 거슬린다. 밤낮으로 유유히 흘러 영원히 바다로 들어가는 저 갠지스 강의 장중하고 웅대한 템포야말로 우리가 동경하는 바이다.

　유년시절이나 장년시절이나 노년시절이 저절로 갖추어지는 이 인생이, 아름다운 자연의 배치가 아니라고 그 누가 단언하겠는가? 하루에 아침, 낮, 저녁이 있고 일년에 봄과 가을이 있으니, 그대로의 모습이 좋은 것이다. 인생에 정사선악(正邪善惡)은 없다.

춘추의 계절에 따르면 무엇이든 다 선이다. 그러므로 우리가 이 생물학적 인생관으로써 인생의 춘하추동에 순응하고자 마음만 먹는다면, 우쭐거리는 바보나 공허한 이상주의자가 아닌 한 인생은 한 편의 시로 살아갈 수 있는 것임을 부정할 수 없다.

셰익스피어는 인생의 7단계에 관한 문장 속에서 이 생각을 뚜렷이 언급했으며, 많은 중국 문인도 이와 같은 말을 하고 있다. 셰익스피어는 종교적인 면이라곤 없었으며, 종교에 그다지 흥미를 갖지도 않았다. 이것은 좀 기이한 느낌이 든다. 그러나 나는 이것이야말로 그의 위대한 점이라고 생각한다. 그는 인생을 넓게, 있는 그대로 바라보았다. 그리고 그가 묘사한 희곡 중에 등장하는 인물이 모두 있는 그대로의 모습을 나타내고 있듯이, 그는 지상의 모든 섭리에 대해서 주제넘은 소리를 하는 일이 없었다. 셰익스피어는 대자연 그 자체였던 것 같다. 이것이 곧 세상의 문인이나 사상가에게 보내는 최대의 찬사이다. 그는 오직 살았고, 인생을 바로 보았고, 그리고 죽은 것이다.

인간의 동물적 유전 　제3장

원숭이의 서사시

그렇지만 이 생물학적 인간관 덕분에 인생의 미와 리듬을 감상할 수 있게 된다면, 동시에 어처구니없는 인간의 한계에 대해서도 알게 될 것이다.

이같은 방법으로 사물을 보게 되면 동물로서의 인간의 실태를 한층 더 뚜렷하게 그릴 수 있어서, 인간 자신과 인간계의 사상(事象)의 진보를 더욱 잘 이해하게 된다. 동물을 조상으로 하여 시작된 인간성을 보다 진실하고 보다 깊이 이해하면 사물에 대한 동정심이 깊어지고, 거기서 대범한 풍자주의까지 생기게 된다. 인간이 네안데르탈인이나 북경인의 자손이며, 더 거슬러올라가서 유인원의 자손이라는 점을 조용히 상기할 때, 이른바 인간 희극의 감각이라 일컫는 잔재주에 감탄하게 되며, 동시에 인간의 원죄와 한계를 스스로 비웃는 능력도 생기는 것이다. 이것은 클래런스 데이(Clarence Day)의 계발적인 논저 《이 유인원의 세계》에 나타난 아름다운 사상이다.

이 글을 읽노라면 우리는 모든 동료를 용서할 수 있을 듯한 기분이 된다. 즉 검열관, 선전부의 간부들, 파시스트 편집자, 나치스 라디오 방송원, 상원의원과 입법자, 독재자, 경제 전문가, 국제회의 대표들, 그리고 또 남의 일에 간섭하는 모든 참견자들…… 등등의 인간들이 가엾어지고 자연히 용서할 기분이 들게 되는 것이다.

이런 뜻에서 나는 중국인이 쓴 원숭이의 대서사시 《서유기》에 나타난 예지와 통찰력을 높이 사고 싶다. 인류사의 진보는 다음과 같은 관점에서 보면 한층 더 잘 이해할 수 있다. 즉 인류사는 저 불완전한 반인간적 동물들의 서방정토(西方淨土) 순례와 유사한 점이 많은 것이다. 즉 인간의 지력을 상징하는 원숭이 손오공, 좀더 미련한 성질을 상징하는 저팔계, 상식을 상징하는 사오정, 예지와 정도(淨道)를 상징하는 현장, 삼장법사 일행이 그것이다. 삼장법사는 이 진기한 동행들의 호위를 받으며 불전을 손에 넣기 위해 중국에서 인도로 여행한다. 매우 불완전한 동물들로 구성된 이 일행은 어리석음과 장난 때문에 곧잘 위험에 빠지기도 하고 우스꽝스런 꼴을 당하기도 하지만, 인류사의 진보를 곰곰이 생각해 보면, 무리한 이 순례여행과 조금도 다름이 없다. 장난꾸러기인 원숭이, 색골인 멧돼지, 이런 것들은 딱한 자들로 그 비열한 생각 때문에 천신만고를 겪게 되는데, 삼장법사는 수없이 그들을 책망하고 징계해야만 했다. 인간의 온갖 본능, 즉 약한 의지와 힘없는 행동, 분노, 복수, 성급함, 호색, 관용심의 결핍, 특히 자만과 겸양심의 결여 등이 성인의 영역을 향해 고된 수행을 하는 이 순례여행 중에 끊임없이 나타나고 있다. 파괴가 점점 심해지자 기술 또한 진보한다. 우리는 오늘날 신통력이 있는 손오공처럼 구름 위를 걷고 공중에서 빙빙 돌 수도 있다. 원숭이의 다리에서 털을 뽑아 많은 작은 원숭이로 바뀌게 하여 적을 괴롭힐 수도 있다. 삼엄한 천계의 문을 두드려 그 문지기를 난폭하게 몰아내고는, 신들의 자리에 한몫 끼게 해달라고 요구할 수도 있는 것이다.

손오공은 영리한 놈이었으며, 자만심도 꽤 강했다. 천계로 밀고 들어갈 정도의 신통력은 가지고 있었으나, 천국에서 평화롭게 살기에는 정신이 건전치 못했으며 절제도 부족했다. 지상의 생물과 더불어 살기에는 지나칠 정도로 영리한 동물이었으나, 천계에서 신들과 살기에는 좀 부족한 점이 있었다. 손오공은 거칠고 장난이 심했으며 반역적인 성벽(性癖)이 있었다. 그것이 옥의 티라고 하겠다.

손오공이 순례의 일행이 되기 전 이야기지만, 그가 천계로 밀고 들어가서 동물원의 우리를 부수고 도회의 거리로 뛰어나온 성난 사자처럼 대소동을 일으킨 일이 있었는데, 그것도 이 성벽에서 비롯된 것이다. 천부적으로 장난을 좋아하는 기질 때문에, 서천황후 왕모가 천계의 신들과 신선들을 초대하여 베푼 1년에 한 번 있는 큰 잔치를 뒤엎고 말았다.

손오공은 그 잔치에 초청받지 못하자, 화가 나서 신의 사자인 체하고는 잔치마당으로 가는 과족선인(踝足仙人)에게 잔치 장소가 변경되었다고 거짓말하여 엉뚱한 방향으로 쫓은 다음, 자기가 선인으로 둔갑하여 잔치마당으로 갔다. 다른 많은 선인도 이 수법에 속아넘어갔다.

손오공이 안마당으로 들어가 보니, 자기가 첫 손님인지 복도에 줄지어 있는 술독을 지키고 있는 하인들밖에는 아무도 없었다. 거기서 오공은 잠벌레로 둔갑하여 하인들을 모두 쏘아서 재우고는 몇 독이나 되는 많은 신주를 전부 마셔버렸다. 그리고 거나하게 취한 채 잔치마당에 비틀거리며 들어가서는 식탁 위의 불로불사의 복숭아를 먹어치웠다.

손님들이 도착하여 엉망이 된 잔칫상을 목격했을 때, 오공은 재빨리 그곳을 빠져나와 다른 먹을 것을 찾아 태상노선(太上老仙)의 집에 숨어들어 불로불사의 선단(仙丹)을 훔쳐 먹을 참이었다. 오공은 둔갑한 채 드디어 천계를 떠난다. 만취하여 행패를 부린 데 대한 보복도 두려웠겠지만, 잔치에 초청받지 못한 것이 더 분했던 것이다.

그러고는 자기가 왕으로 군림하여 행세할 수 있는 원숭이 왕국에 돌아가서 작은 원숭이들에게 자초지종을 이야기해 주고, 깃발에 '제천대성(齊天大

聖)'이라고 크게 써서 천계에 대해 반기를 들었다. 이리하여 오공과 천군 사이에 격전이 벌어졌는데, 관음보살이 구름 위에서 부드러운 꽃가지 하나로 쳐서 넘어뜨림으로써 손오공은 신들에게 붙잡히고 말았다.

인간도 손오공처럼 영구히 반역한다. 하늘로부터 관음보살의 부드러운 꽃에 발목이 잡혀 정복될 때까지는 인간의 마음에 평화와 겸양의 생각은 일지 않을 것이다. 과학이 우주의 한계를 탐구할 때까지는 인간은 참된 겸양의 가르침을 못 받을 것이다.

《서유기》에서 손오공은 포로가 된 후에도 모반을 일으켜 천계의 왕 옥황상제에 대해, 좀더 높은 천계의 직책을 주지 않은 것에 대해 항의를 한다. 그래서 석가여래와 벌인 최후의 내기에서 겸양의 미덕을 배워야만 했다. "신통력으로 땅끝까지 가 보일 테니, 그때는 '제천대성'의 자리를 주십시오, 그 일을 해내지 못하면 순순히 항복하겠습니다" 하는 오공 대 부처님의 내기이다.

손오공은 공중으로 치솟아올라 번개처럼 대륙을 뛰어넘어서 다섯 봉우리가 있는 산까지 날아갔다. 여기야말로 지상의 생물이 닿지 못한 극지임에 틀림없다고 그는 생각했다. 그래서 그곳에 왔다는 증거로 가운데 봉우리 기슭에 오줌을 누고는 의기양양하게 돌아와서 석가여래에게 그 사실을 알렸다. 그러자 석가여래는 한쪽 손을 펴서 그 가운데 손가락의 첫 마디 부근에서 나는 지린내를 오공에게 맡게 하고 "너는 아까부터 내 손바닥에서 한 발짝도 나가지 못했다"라고 말했다.

오공은 그제야 비로소 겸양이라는 것을 알게 되었다. 그후 오공은 500년간 사슬에 묶여 바위에 매달린 뒤에 삼장법사의 구제를 받고 그 순례여행에 가담했던 것이다.

결국 오공은 우리 인간의 모습이다. 자만과 지나친 장난은 그치지 않지만, 역시 매우 사랑스러운 동물이다. 인간성도 약점과 결점투성이지만, 이 또한 귀엽지 않은가.

원숭이의 모습을 본뜨다

　이렇게 되면, 인간이 신의 모습을 본떠서 만들어졌다는 성서적인 견해를 더 이상 고집할 수 없고, 원숭이의 모습을 본떠서 만들어졌다는 것을 알게 된다. 또 인간이 완전한 신의 모습과 거리가 먼 것은, 마치 개미와 인간의 차이만큼이나 크다는 것을 알게 된다. 인간은 지극히 영리한 동물이다. 그것은 새삼 말할 필요도 없다. 그러나 경우에 따라서는 이 영리함을 뽐내기도 한다. 인간에게는 정신이라는 것이 있기 때문이다.
　그런데 생물학자라는 작자가 나타나서 이런 것을 인간에게 가르쳤다. 적어도 명백한 사변(思辨) 능력이라는 점에서만 말한다면, 정신이란 결국 아주 뒤늦게 발달한 것이다. 넓은 의미에서의 정신작용에 관한 섬유조직에 포함되어 있는 것 중에는, 이른바 정신 외에 일련의 동물적 본능, 혹은 야만본능이라는 것이 있는데, 이것은 정신보다 훨씬 강력한 것이며, 인간이 개인적으로나 또는 집단생활을 하면서 불미스러운 짓을 하는 까닭에 대한 해답을 여기서 얻게 된다. 이리하여 인간이 매우 자부심을 가지고 있는 인간정신이 무엇인가를 한층 잘 이해할 수 있다.
　우선 그것은 비교적 현명한 정신이긴 하지만 아직 불완전한 것임을 알 수 있다. 두개골 진화의 과정을 연구해 보면 그것이 척추골이 확대된 것에 불과함을 알 수 있으며, 따라서 그 기능은 척추의 기능과 마찬가지로 본질적으로 위험을 지각하고 외계의 환경에 대응함으로써 생명을 유지하는 것이며, 사고활동이 아니라는 것을 알 수 있다. 사고기능은 극히 빈약하게 되어 있다.

밸푸어 경은 "인간의 두뇌는 돼지의 코와 마찬가지로 먹을 것을 찾는 기관이다"라고 말했는데, 그는 이 경구 하나만으로도 후세에 전해져야 할 인물이다. 나는 이것을 진정한 풍자라고는 보지 않고, 오히려 인간을 널리 이해한 말이라고 생각한다.

우선 인간이 불완전한 존재임을 발생론적 입장에서 알아보자. 불완전함이라고 말해야만 될까? 하지만 신이여, 확실히 그렇습니다. 신은 인간을 이렇게밖에 만들어주지 않은 것이다. 그렇지만 그것은 아무래도 좋고, 문제는 다음과 같은 사실에 있다. 태고적 우리 조상은 타잔처럼 헤엄치기도 하고, 기어다니기도 하고, 원시림 사이를 이 가지에서 저 가지로 뛰어다니기도 하고, 혹은 거미원숭이처럼 팔이나 꼬리로 나무에 매달리기도 했던 것이다.[1] 내가 생각하기에는 저마다의 진화 단계에서는 오히려 놀라우리만큼 완전한 것이었다. 그런데 우리는 지금 야만스럽기는커녕 너무 진보하여, 이제는 문명의 폐해를 조절해야만 하는 가공스러운 사태에 직면하고 있는 것이다.

인간이 그 문명을 만들어내자 만물을 창조한 창조주까지도 당황할 정도의 발전상을 보이는 것이다. 자연에 적응하는 능력에 대해 언급한다면, 자연계의 온갖 생물은 놀라우리만큼 완전한 것이다. 완전히 적응하지 못하는 것은 모두 자연계에서 멸종되고 만다. 그런데 우리는 이미 자연에 적응하라는 명령은 받고 있지 않다. 오히려 자기 자신, 즉 이른바 문명이라는 것에 적응해야만 하는 것이다.

태어나면서부터 지니는 본능 그 자체는 모두 훌륭한 것이며 건전한 것이었다. 그러나 이 사회에서는 모든 본능을 야만이라고 부른다. 어떤 쥐를 막론하

---

1 〈원주〉 그네를 뒤쪽으로 밀었다가 다시 앞쪽으로 당기려고 할 때, 옛날에 꼬리가 붙어 있었던 척추 끝에 이상한 느낌을 받는 것은 이 때문인지 모른다. 반사작용은 아직 그 부위에 남아 있어서 이미 없어진 꼬리로 무엇인가에 매달리려 하는 것이다.

고 모두 도둑질을 한다. 그러나 쥐가 도둑질을 한다고 해서 부도덕하다고 말하지는 않는다. 개는 모두 짖는다. 고양이는 밤에 집에 돌아오지 않으며, 그 손에 닿는 것이면 무엇이든지 할퀸다. 사자는 먹이를 죽인다. 말(馬)은 위험을 느끼면 뛰어서 도망친다. 거북은 하루 중 가장 좋은 시간을 잠으로 보내고, 곤충과 파충류와 조류와 수류(獸類)는 모두 생식작용을 한다.

지금 이것을 문명의 용어로 표현한다면, 모든 쥐는 다 도둑이고, 모든 개는 다 시끄러운 존재이며, 모든 고양이는 다 작은 야만족이거나 불량한 남편이다. 모든 사자나 호랑이는 살인자이며, 말은 겁쟁이며, 거북은 게으름뱅이다. 그리고 또 곤충과 파충류와 조류와 수류의 자연스런 생식작용의 영위는 외설스러운 것이 된다.

이 얼마나 엄청난 가치의 전도인가! 이런 식으로 생각하노라면, 신은 왜 인간을 이토록 불완전한 것으로 만들었을까 하고 놀라움을 금할 수 없게 된다.

생자필멸에 대하여

인간은 반드시 죽는다. 이 사실의 결과로 다음과 같은 중대한 일이 일어난다. 첫째 언젠가는 죽어야만 한다. 둘째 위(胃)라는 것과 억센 근육이라는 것과 호기심이라는 것이 있다. 이같은 사실은 기초적인 것이므로 인류 문명의 성격에 심각한 영향을 미친다. 너무도 자명한 사실이므로 그 어느 누구도 생각하지 않았지만, 이런 것들을 확실히 모르고는 인간과 그 문명을 이해할 수 없다.

왕후든 영세민이든 인간은 다 5척 내지 6척의 육체와, 50년 내지 60년의 수명을 갖는 것이 고작이다. 신이 부여한 이 사실에서 모든 민주주의, 모든 시가(詩歌), 모든 철학이 생겨나는 것이 아닌가. 그러나 대체로 이 정도가 가장 적절하다. 인간의 키는 너무 크지도 않거니와 너무 작지도 않다. 나로서는 5피트 4인치로 극히 만족한다. 50년, 60년이라는 시간이 내겐 몹시 긴 세월처럼 여겨진다. 사실 그것은 2대나 3대에 걸치는 문제이다. 우리가 이 세상에 태어나면 고령의 조부가 있다. 이윽고 조부는 사망하고 우리 자신이 조부가 되며, 그러면 다른 갓난아이가 태어난다는 식이다. 그러나 그것만으로도 만사가 완전한 듯한 기분이 든다. 중국의 옛 속담에 '만석지기 땅이 있을지라도 5척의 평상에서 잔다'는 말이 있는데, 모든 이치는 이 가운데 있다. 국왕이라 할지라도 침대가 아주 길어서 7피트 이상이나 필요하다고 생각할 수는 없지 않은가. 밤에는 그 침대에 몸을 뉘어야만 될 것이다. 그러므로 나는 임금님 부럽지 않은 신분이다. 또 아무리 돈이 있더라도 이른바 성서에서처럼 70을 넘기는 자는 적다. 70이 넘으면 중국어로 '고희(古稀)'라 불린다. 그러므로 중국의 옛말에 '인생칠십고래희(人生七十古來稀)'라는 말이 있다.

　재산 역시 그렇다. 인생에 대해서는 누구든지 제 몫을 가지고 있지만, 인생의 저당권을 가진 자는 아무도 없다. 그래서 인생이라는 것을 좀더 소탈하게 볼 수 있다. 즉 우리는 이 세상에 영원히 사는 존재가 아니고 일시적인 손님이다. 그리고 누구나 지상의 나그네로서 씨를 뿌려 수확을 거두는 농부도 되고, 토지의 소유자가 되기도 한다. 그러므로 '지주'라는 말의 뜻은 다소 애매해진다. 주인이라는 것은 좀 괘씸하다. 참으로 집을 소유하는 사람도 없고, 밭을 소유하는 사람도 역시 없다. 중국의 한 시인은 노래한다.

　　황금 같은 산기슭의 옥토여!
　　새로 온 자 다른 사람이 가꾼 곡식을 추수한다.
　　그러나 기뻐하지 마라, 새로 온 자여.

그대 뒤에서 다른 사람이 또 기다린다.

　죽음의 평등을 즐기는 사람은 그다지 많지 않다. 그러나 죽음이 없다면 나폴레옹에게 세인트 헬레나도 시시한 곳일 것이며, 지금쯤 유럽이 어떻게 되어 있을지 모를 일이다. 또한 영웅과 정복자의 전기도 없었을 것이다. 설혹 전기가 나온다 할지라도, 전기 작가는 주인공에 대해 좀더 가혹하고 가차없는 필봉을 들 것이다. 위인이나 영웅을 관대한 눈으로 바라볼 수 있는 것은 그들이 죽었기 때문이다. 그들이 이 세상에 없으므로 우리도 그들처럼 위대해진 듯한 기분이 드는 것이다. 어떤 장례식이나 '인류평등'이라는 글씨가 적힌 깃발을 세우고 간다.
　무상관(無常觀)은 모든 중국 시가의 배경이 되어 있다. 서양의 시가도 대개는 그렇다. 즉 인생을 사물에 비유하면, 아름다운 황혼녘 강물에 흘러가는 조각배 안에서의 한낱 꿈에 불과하다. 꽃은 피었다 지고, 달은 차서 기울며, 인간의 목숨도 첫 울음과 함께 태어나서 성장한 후에는 다음에 오는 자에게 자리를 양보하고는 죽어간다. 이런 일을 반복하며 동식물계의 영원한 행진에 참여하는 것이다. 덧없는 세상의 공허함을 깨달을 때에 사람은 비로소 철학적이 된다. 장주(莊周 : 莊子)는 일찍이 나비가 된 꿈 이야기를 한 적이 있다. 꿈속에서는 날개를 움직이는 듯도 하고 모든 것이 현실 같았는데, 깨어나니 자기는 여전한 장주이며, 장주야말로 진실한 자신임을 깨달았다. 그래서 그는 나비가 된 꿈을 꾼 장주가 진짜 장주인지, 아니면 꿈에서 장주가 된 나비가 진짜 장주인지, 꿈이 나비인지 나비가 꿈인지, 나비가 장주인지 장주가 나비인지, 도대체 어느 쪽이 진짜 자기인지 혼란에 빠졌다.
　인생은 본래 한순간의 꿈이며, 인간은 영겁의 강의 흐름을 타는 나그네에 불과하다. 어딘가의 강변에서 배에 오르고, 강 아래쪽에서 승선을 기다리는 사람에게 자리를 비워주기 위해 어딘가에서 다시 배에서 내리는 객과 같은 것이다. 인생은 남가일몽(南柯一夢)인가, 승객을 태운 뱃길인가, 아니면 배우 자신이 연극인 줄도 모르는 일막인가? 아무튼 이런 감상(感傷)이 없으면 인생의 시가의 절반은 잃어버릴 것이다. 중국의 철인 유대성(劉大聲)은 친구에게 다음과 같이 쓰고 있다.

모든 것들 중에서 우리가 가장 신경을 쓰는 것은 관리가 되려는 욕구이며, 가장 시시하게 여기는 것은 연극배우가 되는 것이다. 그러나 이같은 생각은 모두 어리석은 것이다. 무대의 배우들이 저마다 현실의 인간이라고는 믿으면서도 노래하고, 울고, 서로 욕하고, 농담을 하고 있는 것을 몇 번인가 본 일이 있다.

그러나 현실은 이렇게 연출되는 옛날의 인물이 아니라, 오히려 그런 인물로 분장하는 배우 자신들인 것이다. 그들은 모두 부모와 처자가 있으며, 모두 부모와 처자를 부양하고 싶어한다. 그래서 노래하고, 울고, 웃고, 욕하고, 농담을 해서 그 양식을 벌고 있는 것이다. 그들이야말로 자기들이 분장하려는 진짜 무대의 인물인 것이다.

배우 중에는 관복을 입고 관리의 모자를 쓰고 자기 연기로 진짜 관리라고 생각해 버리는 자가 있다. 나는 그런 사람들을 본 일이 있다. 그러므로 이것이 연극이라고는 어느 누구도 생각하지 않으리라 확신한다. 연기를 하는 동안 굽실거리고, 조아리고, 착석하고, 이야기하고, 주위를 둘러보고, 아니 엄숙한 관리로 분장하고 그 앞에 죄인들이 떨고 있을 때조차 노래하고, 울고, 웃고, 욕하고, 농담을 해서 부모와 처자를 부양해야만 자신이 하찮은 배우에 불과함을 깨닫지 못하는 것이다.

정말 자기 창자와 오관(五官 : 본능과 감정)이 모조리 연극에 지배당할 때까지 자기가 실은 배우라는 것을 전혀 깨닫지 못하고, 어떤 연극, 어떤 배역, 어떤 대본, 어떤 대사의 억양이나 모양에 몰두하고 있는 사람들이 이 세상에는 많은 것이다.

위(胃)를 가졌다는 것

사람에게는 위라는 밑 빠진 구덩이가 있다. 이것은 인간이 동물임을 입증하는 가장 중대한 사실 중의 하나이다. 그것은 인간의 모든 문명을 채색하고 있다. 중국의 쾌락주의자 이립옹은 생활방법 전반을 논한 그의 저서 《식물편》의 머리말에서 인간에게 이 밑 빠진 구덩이가 있다는 사실에 불만을 터뜨리고 있다.

인체의 여러 기관, 즉 귀, 눈, 코, 혀, 손, 발, 몸통 등이 각기 필요한 기능이 있음은 모두가 아는 바이다. 그런데 아무 필요도 없이 조물주로부터 받은 기관이 둘 있는데, 즉 입과 위가 그것이다. 입과 위가 있기 때문에 인류는 오랫동안 궁하게 시달려 온 것이다. 이 입이 있고 이 위가 있기 때문에 먹어야 한다는 복잡한 문제가 생겼으며, 인간 생활에 교활과 거짓과 위선이 생겨나게 된 것이다. 교활과 거짓과 위선이 나타나면 형법(刑法)이 생긴다. 그러면 국왕은 어진 정치를 펴서 백성을 감싸 줄 수가 없게 되며, 부모는 뜻한 대로 그들의 사랑을 베풀 수 없게 되며, 친절한 창조주마저 자기의 뜻과는 반대되는 행동으로 나와야만 하게 된다. 이런 사실은 모두 창조에 즈음하여 창조주가 인체의 설계에 다소 선견지명이 모자랐던 결과이다. 즉 인간에게 입과 위를 만들어 주었기 때문인 것이다.

식물은 입과 위가 없어도 살 수 있고, 바위나 흙은 아무 영양이 없어도 존재한다. 그런데 인간은 왜 입과 위라는 쓸데없는 두 기관이 있어야만 했단 말인가? 꼭 필요한 것이라면 왜 어류나 패류가 물에서, 귀뚜라미나 매미가 이슬에서 양분을 취하듯 해주지 않았단 말인가? 이런 것들은 다 이슬이나 물로 성장해서 정력을 얻고, 헤엄치고, 날고, 뛰고, 울고 있지 않은가. 만일 그런 식으로 해주었다면 이렇게 인간이 허덕이는 일도 없을 것이며, 슬픔도 없어질 것이다.

그뿐만이 아니라 조물주는 인간에게 이 두 기관을 준데다가 갖가지 식욕이나 욕망도 주었다. 그 덕분에 구덩이는 밑 빠진 것이라기보다는 영원히 차지 않는 골짜기나 바다처럼 되어 버렸다. 그러므로 이 두 기관의 욕구를 채우기 위해서는, 충분치는 않으나 다른 모든 기관이 있는 힘을 다해서 일을 하게 된 것이다.

나는 이 문제를 거듭거듭 생각했지만, 아무래도 창조주를 비난하지 않을 수가 없다. 물론 창조주도 틀림없이 이 잘못에 대해 후회했으리라는 것은 알고 있지만, 이제는 설계나 견본이 이미 완성되었으므로 어쩔 도리가 없다고만 생각할 것이다. 이것저것 비교해 생각해 보면, 법률이나 제도를 제정할 때는 매우 신중을 기해야 한다는 것이 인간에게 있어 얼마나 중요한 일인가!

자꾸 채워야만 하는 이 밑 빠진 구덩이가 있는 한 이제는 어쩔 도리가 없다. 위가 있다는 사실은 아무리 과소평가한다 해도 인류사를 다양하게 해주고 있다.

공자는 인간의 성품을 너그럽게 해석하여 큰 욕망이 둘이라고 했다. 영양과 생식, 더 쉽게 말하면 음식과 여자이다. 용케 성욕에서 벗어난 사람은 많지만, 그 어떤 성인도 먹지 않고 살지는 못했다. 금욕생활로 수도한 고행자는 있지만, 어떤 정신적인 인간일지라도 네댓 시간 이상이나 음식에 대해서 잊어버릴 수는 없다. 몇 시간마다 뇌리에 스치는 변함없는 생각은 '언제 먹을까' 하는 것이다. 이것은 적어도 하루에 세 번은 일어나며, 어떤 때는 네 번 혹은 다섯 번도 일어난다.

국제회의 석상에서 아무리 중요하고 긴급한 정치정세에 대해 토론하고 있더라도 점심식사를 위해 회의를 중단해야 하는 것이다. 국회는 식사시간에 차질이 없도록 일정을 잡아야만 한다. 그리고 대여섯 시간 이상 계속되거나 점심시간과 겹치거나 하는 대관식은 대중에게 괴로움을 끼친다 하여 즉각 비난받을 것이다. 우리는 모두 위를 가졌으므로, 할아버지에 대해 정식으로 경의를 표하고자 할 때에는 그분을 위해 생일잔치를 해드리는 것이 가장 좋은 방법이다.

거기에는 일리가 있다. 친구들은 식사 자리에 즐거운 마음으로 모이는 것이다. 일품 연와탕(燕窩湯)[2]이나 맛있는 죽면(粥麵)은, 논쟁의 열기를 식히고 격한 의견 대립을 쉽게 완화시키는 것이다. 그런데 절친한 친구 사이라도 시장할 때 두 사람을 한곳에 두어 보라. 싸우고 헤어질 것이 분명하다. 맛있는 식사가 주는 효과는 몇 시간만이 아니라 몇 주간, 몇 달이라도 계속된다. 서너 달 전에 융숭한 식사를 대접한 사람의 저서에 대해 별로 달갑지 않은 비평을 하는 것은 누구라도 망설일 것이다.

인간성에 대해 높은 안목을 가지고 있는 중국인 사이의 온갖 다툼이나 언쟁이 재판소가 아닌 식탁에서 해결되는 것은 이 때문이다. 중국인은 언쟁이 일어났다 하면 식사 자리에서 해결할 뿐만 아니라, 같은 수단으로 사전에 언쟁을 예방하기도 한다. 이것이 중국인의 생활방식이다. 중국에서는 이따금 식사를 하거나 하여 모든 사람들의 환심을 산다. 사실 이 식사란 것은 정계에서 성공하기 위한 유일하고 안전한 길이다. 누군가 통계를 내 본다면, 친구에게 음식 대접을 하는 횟수와 정계 출세율이나 속도 사이에 절대적 상관관계가 있음을 발견할 것이다.

이 먹고 마시는 문제가 우리에게 미치는 영향은 실로 근본적인 것이다. 즉 혁명, 평화, 전쟁, 애국심, 국제적 이해, 우리의 일상생활에서 인간의 사회생활의 전조직에 이르기까지 지대한 영향을 미치는 것이다.

프랑스 혁명의 원인은 무엇이었던가? 루소나 볼테르나 디드로인가? 아니

---

2 〈원주〉 제비집으로 만든 중국의 고급 요리.

다. 오로지 먹을 것 때문이었다. 러시아 혁명과 소비에트 제도 실시의 원인은 무엇이었나? 거듭 말하거니와 이것도 오로지 먹을 것 때문이었다. 전쟁을 예로 들면, 나폴레옹은 "군대는 그 위로 싸운다"고 말했는데, 이 말로 그의 예지의 물질적 깊이를 충분히 깨달을 수 있다. 횡격막 밑에 평화가 없을 때 '평화, 평화' 하고 부르짖어야 무슨 소용이 있겠는가.

이 사실은 개인과 국가에 대해서도 말할 수 있다. 민중이 굶주렸을 때 숱한 제국이 붕괴하고, 어떤 강력한 정권도, 공포정치도 쓰러지고 만다. 굶주리게 되면 민중은 노동을 거부하고, 군대는 전쟁을 거부하고, 프리마 돈나는 노래하기를 거부하고, 상원의원은 토론을 거부하고, 대통령조차 국가의 통치를 거부한다. 가정에서 맛있는 식사를 할 수 있다는 기대가 없다면, 세상의 남편들이 무엇 때문에 온종일 땀을 흘리며 사무실에서 일하겠는가. 그러므로 '마음으로 통하는 으뜸가는 길은 밥통이다' 라는 속담이 있는 것이다.

식욕이 충족되면 정신은 한결 평정을 이루며, 마음이 편해지고, 이성도 그리워지며, 눈도 높아지는 것이다. 새 옷이나 새 구두나 곱게 그린 눈썹이나 의자의 새 커버를 남편이 알아주지 않는다고 투덜거리는 아내는 있겠지만, 맛있는 비프스테이크나 맛있는 오믈렛을 알아주지 않는다고 투덜거리는 아내들도 있을까?

애국심이란 것도 결국 어린 시절에 먹었던 맛있는 음식에 대한 기호 이외에 무엇이겠는가. 어딘가에서 했던 말이지만, 엉클 샘[3]에 대한 충성은 도넛, 햄, 스위트 포테이토에 대한 충성이며, 조국에 대한 독일인의 충성은 달걀과자나 크리스마스용 빵과자에 대한 충성이다. 산해진미에 접하면 중국인은 얼마나 그것에 집착하는가 보라! 중국인은 위와 장이 맛있는 것으로 가득 차게

3 미국 정부의 별칭(別稱).

되면 인생은 좋은 것이라고 외치고 싶어지는 것이다. 이런 위장에서 정신적인 행복이 넘쳐 빛나는 것이다. 중국인은 본능에 의지한다. 그 본능은 중국인이 말하는 "위만 채워진다면 만사가 오케이"이다. 내가 중국인을 위해 아주 본능에 가까운 생활과 그것을 좀더 당당히 인정하게 할 만한 철학을 주장하는 이유가 여기에 있다.

어딘가에서도 언급했듯이 중국인적 행복 관념은 '따뜻한 옷, 포식, 포근한 규방, 아름다운 여인'에 있다. 저녁을 맛있게 먹고 나서 취침할 때의 상태를 말하고 있는 것이다. 중국의 한 시인이 '포식한 위야말로 위대하도다. 그 밖의 것은 있으나마나'라고 읊은 것도 당연하다.

이러한 철학이 있는 중국인은 그래서 음식을 먹는 데 점잔을 빼거나 입맛 다시는 것을 사양하거나 하지는 않는다. 중국인은 맛있는 육수 한 모금만 마셔도 마음속으로부터 맛있는 듯이 입맛을 다신다. 물론 서양풍의 식사예법으로는 예의에 어긋나는 행동일 것이다. 그런데 이 서양풍이라는 예법 말인데, 소리를 내지 않고 수프를 마시고, 즐거운 듯한 표정 따위는 결코 내색하지 않고 조용히 식사를 해야만 한다는 예법이야말로 서양요리법의 진보를 정체시킨 진짜 이유가 아닐까? 나는 정말 그런 기분이 든다.

서양인은 식탁에 앉아서 왜 그토록 낮은 소리로 이야기를 하고, 무표정한 얼굴을 하고는 점잖은 체하거나 거드름을 피우는 것일까. 북채 같은 새뼈를 손에 쥐고는 빨아대고 먹어대는 근사한 맛을 대개의 미국인은 모른다. 속으로는 대단히 비참한 기분이면서도, 그런 말은 한 마디도 못하고 나이프와 포크로 점잖게 고기를 썬다. 새고기가 진정 맛있다면 그렇게 행동하는 것은 죄악이다.

이른바 식사예법이라는 녀석 말인데, 어린아이가 입맛 다시는 것을 어머니로부터 금지당했다면, 처음부터 인생의 슬픔에 첫발을 내디딘 것이라고 하겠다. 진정 그렇다. 기쁨을 숨기면 기쁨을 느끼는 작용마저 멈추어버리고, 이어 소화불량이나 우울증, 그 밖의 성인생활 특유의 온갖 정신적인 질환이 일어나게 된다. 이것이 인간의 심리인 것이다.

모름지기 프랑스인을 본받아, 맛있는 송아지 커틀릿을 가져왔을 때는 먼저 '오!' 하고 탄성을 지르며 일단 맛보고 나서 '음, 음, 음!' 등 동물과 흡사한 감탄사를 발하는 것이 좋다. 식사를 즐기는 데 뭐가 부끄러울 게 있겠는가. 정상적인 건강한 식욕을 가진 것이 왜 부끄러운가. 중국인은 부끄러워하지 않는다. 식사예법은 비록 좋지 못하지만 음식을 만족하게 즐기는 것이다.

인간이 생활하는 데 진정한 기쁨은 별로 많지 않지만, 음식은 그중의 하나로 들 수 있다. 이 식욕의 본능은 성의 본능처럼 금기나 사회적 법규에 규제받는 일이 적다. 또 일반적으로 말하면, 음식에 관해서는 도덕 문제 따위가 일어나지 않는다. 이것은 정말 그럴듯한 이야기이다. 성에 대한 경우와는 달리 음식에 대해서는 점잔을 뺄 필요가 별로 없다. 철학자, 시인, 상인, 예술가도 다같이 당당히 식탁에 앉아서 뭇사람이 둘러보는 가운데 스스럼없이 충분한 영양을 섭취할 수 있다는 것은 고마운 일이다. 그렇지만 어느 미개인은 식사에 관한 수치심이 대단하기 때문에 혼자 있을 때만 음식을 먹는다고 한다. 성의 본능은 뒤에서 고찰할 생각이지만, 적어도 여기서 말하는 하나의 본능, 즉 식욕은 구속당하는 일이 적은 만큼 온갖 형태의 도착(倒錯)이나 정신착란이나 범죄행위가 일어나는 일도 적다. 똑같이 본능이라고 하지만 식욕과 성욕을 비교하면 그 사회적인 함축에 차이가 있다. 이것은 정말 극히 당연한 일이다. 그러나 그렇다고 해도 식욕의 본능이라는 것이 내가 지금까지 말해 온 것과 같다는 데는 아무 변화도 없다. 인간의 심리를 혼동시키지도 않고, 인간에게 은혜 그 자체인 본능이란 바로 이 식욕의 본능이다. 그것은 누구든지 허심탄회하게 다룰 수 있는 유일무이한 본능이기 때문이다.

이 본능에는 억제라는 문제가 없으므로, 이것 때문에 신경병이나 정신병이나 도착이 일어나지는 않는다. 그릇이 입술에서 미끄러지는 일은 간혹 있지만, 일단 음식이 입 안으로 들어가면 다른 곳으로 빠져나가는 일은 드물다. 모든 인간이 음식물을 취해야만 한다는 것은 누구나 인정하지만, 성의 본능에서는 그렇지 않다. 또 이 식욕의 본능은 채워지더라도 귀찮은 일이 일어나지 않는다. 최악의 경우라 해도 소화불량이 생기거나 위궤양이나 간경화증이 나타나거나 자기 자신의 치아로 무덤구멍을 파는 사람이 생기는 정도가 고작이다. 오늘날 중국의 고관대작 중에는 그런 결과를 초래하는 사람이 있지만 별로 수치로 여기지는 않는다.

같은 이유에서 음식 때문에 생기는 사회적 범죄는 성의 경우보다 적다. 형법에는 간통이나 이혼이나 폭행에 대해 방대한 조문이 있는데, 음식의 경우 불법이니 부도덕이니 부정이니 하는 죄는 형법과는 별로 관계가 없다. 아무리 불미스럽게 된다 하더라도 가장이 냉장고의 음식을 찾아다니는 정도일 것이다. 그러나 그것을 방지하려고 냉장고를 고정시켜 움직이지 못하게 만들 수는 있어도 교수형에 처하는 일은 아마 없을 것이다. 또 이런 사건이 일어나게 되면 재판관도 충분히 동정하게 될 것이다. 인간은 누구나 먹어야만 된다는 것을 솔직히 인정하기 때문이다. 굶주림으로 고통받는 민중에게는 동요되지만, 수도원의 수녀를 동정하지는 않는다. 세상 사람들은 성문제에 관해서는 끔찍하게도 무지하지만, 음식물에 관해서라면 그렇지 않다. 그러므로 내가 말하는 것은 결코 무익하지 않다. 중국 동북부 지방의 가정에서는 딸들에게 결혼 전에 요리법과 함께 성애의 기교를 가르치는데, 다른 나라에서는 어떤지 궁금하다.

음식물의 문제는 지식의 영향을 받지만, 성은 여전히 옛날 이야기와 신화와 미신에 싸여 있다. 음식물에 대해서는 근대의 많은 생각이 흡수되었지만,

성문제에 대해서는 이제 겨우 관심의 눈을 떴을 뿐이다.

한편 인간에게 모래주머니나 모이주머니나 되새김 동물의 제4의 위장 등이 없다는 것은 실로 불행한 일이다. 만일 이같은 기관이 갖춰져 있었더라면 인간사회는 상상도 못하리만큼 달라져 있을 것이다.

사실 전혀 다른 인종이 출현했을 것이다. 되새김 위나 모래주머니를 갖추고 있다면, 인류는 닭이나 새끼양처럼 아주 편안하고 유순한 성격이었을 것이다. 부리가 생기고 심미감이 바뀌었을는지도 모른다. 어쩌면 토끼목(目) 동물과 같은 이가 났을는지도 모를 일이다. 또한 씨나 과일만 먹어도 되는 동물로서 푸른 산 중턱에서 풀을 뜯는 생활을 하고 있을는지도 모른다. 자연은 언제나 무한히 풍요롭기 때문에 음식을 구하기 위해 싸우거나 싸움에 진 적의 고깃덩이에 이빨을 들이대거나 할 필요는 없으므로, 인간은 오늘날처럼 몹시 호전적인 동물이 되지는 않았으리라.

음식과 기질 사이에는 자연의 맥락이 있어 상상 외로 밀접한 관계가 있다. 양, 말, 소, 코끼리, 참새 등등의 초식동물은 천성이 유순하다. 그런데 이리, 사자, 범, 독수리 등 육식동물은 모두 포악하다. 인간이 만일 초식동물이었다면 좀더 유순했을 것임에 틀림없다. 자연은 다툴 필요가 없을 때는 호전적 기질을 낳지 않는다. 수탉은 아직도 싸우는데, 그것은 먹이 때문이 아니라 암탉 때문인 것이다. 물론 인간사회의 남성들 간에도 이런 종류의 싸움이 이따금 발생하긴 하지만, 그렇다고 해도 오늘날 유럽에서 볼 수 있는 것처럼 수출용 통조림을 둘러싼 투쟁과는 그 성격이 다르다. 나는 원숭이가 원숭이를 먹는다는 말은 듣지 못했지만, 사람이 서로를 잡아먹는다는 것은 알고 있다. 인류학은 모든 증거를 제시하며 식인 풍습이 제법 널리 행해지고 있었음을 분명히 가르치고 있다. 그들은 우리 육식류의 조상이었다. 그러니 오늘날 개인적으로나 사회적으로나 국가적으로 인간이 아직도 갖가지 의미에서 서로 잡아먹고 있다는 것이 그다지 이상한 일은 아니다.

식인종에 대해 특필해야 할 것은, 살인에 대한 옳고 그름을 잘 분별하고 있다는 것이다. 즉 살인한다는 것은 바람직스러운 짓은 아니나 피하기 어려운 악임을 인정하고, 죽어 넘어져 있는 적의 맛있는 등심살이나 갈빗살과 간장 따위를 먹고, 그 살육에서 어떤 성과를 얻으려고 한다. 식인종과 문명인의 차이는, 식인종이 적을 잡아먹는 데 반해 문명인은 적을 죽여서 장사지내고 그 유해 위에 십자가를 세우며, 그 영혼을 위해 기도드리는 데 있다고 한다. 이리하여 인간의 자만과 성급함에 어리석음이라는 것이 또 첨가된다.

인간이 완성되어 가는 도상에 있음은 잘 알고 있다. 그것은 곧 현재로선 모든 인간이 인정할 수밖에 없는 불완전성을 지니고 있다는 것이다. 나는 그것이 인간의 참모습이라고 생각한다. 인간이 모래주머니적인 기질을 발휘하게 되기까지는, 참으로 문명화되었다고 할 수는 없다.

나는 현재의 인류에게서 육식동물과 초식동물의 두 모습을 보고 있다. 다정한 기질과 그렇지 못한 기질 말이다. 초식동물적인 사람은 자기 자신의 일을 생각하며 일생을 보내지만, 육식동물적인 사람은 남의 생활에 참견하여 자기 생계를 꾸린다.

나는 10년 전에 넉 달 동안 정치의 맛을 보고 나서 그것과 인연을 끊어버렸는데, 왜냐하면 내 성질이 육식동물적이 아님을 일찍이 발견했기 때문이다. 하기야 맛있는 비프스테이크는 좋아하지만. 세상 사람의 반은 자기 일을 하는 데 시간을 보내고, 나머지 반은 남에게 자기 일을 시키기 위해서든, 남이 아무것도 할 수 없도록 하기 위해서든 그중 하나를 위해 살고 있다.

육식동물적 인간의 특징은 권투, 통나무 굴리기, 줄다리기, 그리고 또 사람을 배신하거나 앞지르거나 기선을 제압하는 일 등과 같은 것에서 절대적 기쁨을 느끼는 데 있다. 이런 것들은 모두 진정한 흥미와 실력이 있어야만 하는 것이겠지만, 내게는 일고의 가치도 없는 것임을 고백해 둔다. 그렇지만 이것은 모두 본능 문제이다. 권투 선수의 본능을 지니고 태어난 사람들은 그 본능을 향락하고 만끽하고 있는 것 같지만, 동시에 참된 창조적 재능, 즉 자기 자신의 일을 하고 자기 자신의 문제를 아는 재능은 그다지 뚜렷하지 않은 경향이 있다.

얼마나 많은 유유자적하는 호학(好學)의 선비와, 초식동물적 교수들이 경쟁마당에서 승리를 얻고자 하는 의욕과 능력이 결여되어 있는가. 그렇지만 나는 그 사람들을 진실로 찬미한다. 세계의 모든 창조적 예술가들은 '남의 일에 참견하기보다는 자기 자신의 일을 생각하고 있는 편이 훨씬 존경을 받을 만한 태도이다. 즉 초식동물에 속하는 것이 훌륭하다' 하는 의견을 내세울 수는 없는 것일까?

인류의 참된 진보는 육식동물적인 인간들보다는 초식동물적인 인간을 증가시키는 데 있는 것이다. 그렇지만 당분간은 육식동물이 지배할 것임에 틀림없다. 강인한 근육을 신봉하는 세계에서는 그것이 당연하다.

정신을 가졌다는 것

인간의 정신은 조물주가 창조한 것 중에서 가장 고상한 산물이라고 사람들은 말한다. 이것은 보통 사람이 인정하는 주장이다. 긴 수학 방정식으로 우주의 곡면공간(曲面空間)을 증명할 수 있는 아인슈타인과 같은 지능, 축음기와 활동사진을 발명할 수 있는 에디슨과 같은 지능, 다가오는 별이나 멀어져가는 별빛을 측정하거나 눈에 보이지 않는 원자의 구조를 논하는 여러 물리학자의 지능, 또는 천연적 활동사진기를 발명한 지능, 이런 사람들의 지능을 일컬어 말할 때에는 더욱 그런 느낌이 강하다. 원숭이가 목적도 없이 닥치는 대로 아무 곳이나 찾아다니는 호기심을 가진 데 비해, 인간은 자기가 태어난 우주를 이해할 수 있는 고상하고 빛나는 지성을 가졌다는 것을 인정해야만 한다.

그러나 보통 사람의 정신은 고상하다기보다는 차라리 애교가 있다고 하는 편이 적당하다. 만일 보통 사람의 정신이 고상한 것이었다면 인간은 죄도 약점도 과오도 없는 완전한 이성적 존재가 되었을 것이며, 그런 세계는 얼마나 시시한 세계이겠는가! 그렇게 되면 인간은 동물처럼 매력없는 존재가 되고 말리라. 나는 죄없는 성인에게는 흥미가 없는 휴머니스트이다. 그런데 인간에게는 불합리성도 있거니와 모순도 있고, 어리석은 짓도 하고 바보 같은 짓도 하며, 축제일에는 들떠서 돌아다니고, 편견과 옹고집과 건망증이 있다. 인간의 재미는 바로 그런 데 있는 것이다.

만일 두뇌가 모두 완전하다면 새해를 맞이할 때마다 새로운 결심을 할 필요가 없다. 섣달 그믐날 밤에 그해 첫날에 결심한 것을 반성해 보면 실행한 것이 3분의 1, 실행하지 못한 것이 3분의 1, 나머지 3분의 1은 무엇이었는지 생각조차 나지 않는다. 바로 이런 것이 인간생활의 장점이다. 전체가 실행될 것이 뻔한 계획이라면 더 이상 재미를 느낄 수 없다.

전쟁에 임하는 장군이 싸우기 전부터 승리할 것을 훤히 알고 있어서 사상자의 정확한 숫자까지도 예언할 수 있다면, 전쟁에 대한 모든 흥미를 잃고 말 것이다. 전쟁을 하기는커녕 전쟁이고 뭐고 포기해 버릴지도 모른다. 만일 상대의 두뇌가—좋든, 나쁘든, 그저 보통이든 간에—정확하다는 것을 알고 있다면, 그를 상대로 장기를 둘 사람은 없으리라. 만일 소설에 등장하는 인물에 대해 분명히 알고 있어서 확실한 결론을 알 수 있다면, 모든 소설은 도저히 읽을 수 없을 것이다.

소설을 읽는다는 것은 결국 이런 것이다. 어느 변덕스러운, 어떻게 될지 추측할 수 없는 인간의 마음이 거기에 있어서, 진전되어 가는 환경의 미로를 더듬어 가면서 어느 순간 헤아려 알 수 없는 결심을 한다. 그러면 독자는 그 뒤를 쫓아가 보는 정도에 불과한 것이다. 언제든지 관대해지지 못하는 격하고 가혹한 아버지에게는 인간적인 인상이 없어지고, 남편이라도 언제까지고 단정치 못한 남편으로 일관한다면 독자는 싫증을 느낀다. 누구의 부탁으로도 어느 미인을 위한 가극을 작곡할 수 없었던 고명하고 오만한 작곡가라도, 자기가 극히 혐오하는 경쟁자가 그 일을 하려고 한다는 소리를 들으면 즉시 그 일에 착수한다. 또 어느 과학자는 원고를 신문에 싣기를 계속 거절해 오다가 경쟁자인 과학자가 단 한 자를 빠뜨린 것을 발견하면 지금까지의 철칙을 잊고 계속 원고를 발표하기 시작한다. 이러한 경우를 상상해 보라. 거기서 정신이라는 것의 불가사의한 인간성을 느낄 수가 있는 것이다. 인간의 마음에 매력이 있는 이유는, 거기에 불합리성이 있고 구제하기 힘든 편견이 있으며, 변덕스러움이 있고 예측하기 어려운 점이 있기 때문이다. 만일 이 진리를 배우지 않는다면 1세기에 걸치는 인류심리학 연구도 헛된 것이 되고 만다. 즉 인간의 정신 속에는 아직도 원숭이와 같은 목적없는 암중모색의 지성이 존재한다는 것이다.

    정신의 진화를 생각해 보자. 인간의 정신은 본디 위험을 발견하면 생명을 유지하기 위한 방법을 모색하는 기관이다. 이 정신이 마침내 논리학이나 정확한 수학의 방정식을 이해할 수 있게 된 것은 단순한 우연에 불과하다고 생각한다. 정신이 그런 목적을 위해 만들어진 것이 아니라는 것만은 확실하다. 정신은 음식물의 냄새를 맡기 위해 만들어졌지만, 음식물의 냄새를 맡은 후 추상적인 방정식의 냄새도 맡을 수 있다면 더욱 다행한 일이다.

    인간의 두뇌는 — 다른 동물의 두뇌도 마찬가지이지만 — 문어나 불가사리의 촉수와 같은 것이라고 생각된다. 촉수는 진리를 더듬고 그것을 얻기 위한 것이다. 우리는 지금도 진리에 대해 말할 때 '생각한다'고 하기보다는 '느낀다'고 말한다. 두뇌는 다른 감각기관과 함께 온갖 촉수를 구성한다. 그 촉수가 어떻게 해서 진리를 느끼느냐 하는 문제는, 눈의 망막 속에 있는 시자홍(視紫紅)의 감광성과 마찬가지로 아직까지 생리학의 커다란 신비로 남아 있다. 두뇌가 그 공통적 감각기관에서 떨어져 나와 이른바 '추상적 사색'에 잠길 때마다, 윌리엄 제임스가 말한 이른바 '지각적 현실'에서 떨어져 나와 개념적 현실로 도망쳐서 활력과 인간미를 상실하고 타락하게 된다.

우리는 모두 정신의 진짜 기능은 사고에 있다는 오해 때문에 수고하고 있다. '사고'라는 말의 개념 그 자체를 정정하지 않는 한 이같은 오해가 계속되면 철학은 틀림없이 중대한 과오에 빠지고 말리라. 이와 같은 오해를 하고 있으므로 서재를 나와 시장의 군중을 바라보는 철학자는 환멸을 느끼기 일쑤인 것이다. 사고라는 것이 우리 일상의 행위에 무엇인가 중대한 관계라도 있는 듯이 생각하는 착각 말이다!

인간의 정신은 현재와 같이 무엇인가 애교 있고 불합리한 편이 좋다. 인간이 모두 완전무결한 이성적 동물이 되어 있는 세계는 생각하기도 싫다. 나는 과학적 진보를 믿지 않는 것일까? 아니다. 다만 성인군자적인 완벽함을 믿지 않는 것뿐이다. 나는 주지론에 반대하는 것일까? 그럴지도 모르고, 어쩌면 그렇지 않을지도 모른다. 나는 오직 인생과의 사랑에 빠져 있는 것이다. 그러므로 끝까지 지성을 믿지 않는 것이다.

독자여, 이런 세계를 상상해 보라! 신문에는 살인 기사가 나지 않으며, 모든 사람이 전지전능하다. 화재란 일체 없고, 비행기 사고도 없으며, 남편이 아내를 버리는 일도 없고, 성가대 아가씨와 사랑의 도피를 하는 목사도 없으며, 사랑 때문에 왕위를 버리는 국왕도 없다. 아무도 결의를 바꾸는 자가 없으며, 사람들은 모두 윤리적인 정확한 판단으로 열 살 때 자신이 세운 생각을 실천하는 데 노력하고 있는 세계를 말이다. 그렇게 된다면 이 유쾌한 인간 세상도 안녕이다! 인생의 온갖 자극과 무상함은 없어지고 말리라.

죄도 없어지고, 잘못도 없어지고, 인간적 약점도 없어지고, 정열의 폭발도 없어지고, 편견도 원죄도 없어지고, 그리고 가장 불행한 것은 경이가 없어지는 것이다. 그 결과로 문학도 없어지고 말리라. 그렇다면 4, 5만의 관중이 너나 할 것 없이 모두 우승할 말을 미리 알고 있는 경마와 같은 것이 되고 만다.

예상을 뒤엎는다는 것은 장애물 경마에 꼭 있어야 하는 흥미거리인데, 그와 마찬가지로 인간의 무상함은 인생의 꿀맛이다. 완미(頑迷)한 편견이 없는 존스턴 박사와 같은 인물을 상상해 보라! 우리가 완벽한 이성적 동물이었다면, 완전한 예지를 향해 성장해 나가지 않고 자동인형으로 퇴화할 따름이다. 그렇게 되면 인간의 정신은 어떤 충동을 가스 계량기처럼 정확하게 기록할 수 있을 뿐이다. 그러므로 인간적이 아니고 비인간적인 것은 모두 나쁘다. 독자는 내가 필사적으로 인간의 약점을 변호하고, 악덕을 미덕이라고 주장한다고 의심할는지도 모른다. 하지만 그렇지는 않다. 완전한 이성적인 정신의 발달에서 오는 행위의 정확성에서 우리가 무엇을 얻는다면 그 대가로 인생의 재미와 연애감정을 잃어야만 된다. 세상의 남편이나 아내가 도덕적 모범이 되는 생활을 하는 것만큼 재미없는 일은 없다. 이처럼 완전히 이성적인 사회는 언제까지나 완전하게 존속하는 데는 안성맞춤일지도 모르지만, 사실이 그렇다 해도 그런 식으로 존속된다고 하는 것이 과연 얼마만큼의 가치가 있겠는가. 단연코 질서정연한 사회를 맞이하라. 그러나 지나친 질서정연함은 없을지어다!

복도에 역사상 위대한 인물의 상이 줄지어 놓인 어느 기념관을 한바퀴 돌아보고, 그 위인들이 생존했던 시절을 상기해 보라. 그 위인들에게서 행위의 합리성이라는 것은 전혀 찾아볼 수 없을 것이다.

클레오파트라와 사랑에 빠진 저 율리우스 카이사르…… 한 여인 때문에 대제국을 잃어버릴 정도로 이성을 망각한 위대한 율리우스 카이사르(안토니우스는 완전히 잊어버렸다), 시내 산에서 신과 함께 40일이나 걸려서 받은, 율법과 계명을 새긴 신성한 석판을 격분한 나머지 깨뜨려버린 저 모세, 이런 행위로 보면 모세도, 그의 부재중에 신을 버리고 황금 송아지 우상을 숭배한 이스라엘 사람보다 더 이성적이라고 말하기는 어렵다. 다윗 왕, 그는 잔인해졌나 싶으면 관대해지고, 믿음이 깊어졌는가 싶으면 믿음이 없어지고, 신을 예배하고 나서 죄를 범하고 회개하는 〈시편〉을 쓰고는 또 예배했다. 예지의 화신이라 일컬어지는 솔로몬 왕은 그 아들에 대해서는 아주 무력했다. 공자는 방문객이 오면 집에 없는 체했고, 방문객이 돌아가려고 문 앞에 서 있을 때 집에 있다는 것을 알리려고 2층에서 노래를 불렀다. ……겟세마네 동산에서 눈물을 흘렸고, 십자가 위에 그 의혹을 남긴 예수. 아내에게 '두 번째로 좋은 침대'를 유품으로 준 셰익스피어. 밀턴은 열일곱 살의 아내와 함께 살 수 없게 되어 《이혼론》을 썼으나, 비난을 받자 이번에는 《아레오파지티카》를 공표하여 맹렬히 언론 자유의 옹호를 시도해 보았다. 괴테는 열아홉 살 난 자식을 옆에 세우고 아내와 교회에서 결혼식을 올렸다. 조나단 스위프트와 스텔라. 입센과 에밀리 바르다하(그는 이성을 유지했는데, 본인을 위해서는 썩 다행한 일이다).

세계를 지배하는 것은 이성보다도 정열이다. 이는 뻔한 사실이 아닌가. 위에서 열거한 위인들에게 사랑스러운 인간성을 부여한 것은, 그 이성이 아니라 '이성의 결여'가 아니었을까?

유족의 자녀들이 쓴 중국인 남녀 망인(亡人)의 약전(略傳)이나 전기적 스케치는 재미가 없고 진실이 결여되어 있어 정말 읽기가 고통스럽다. 이상하게도 모든 조상을 완전하고 도덕적인 인간처럼 보이게 하려 하기 때문이다.

중국을 논한 내 저서에 중국 동포가 혹평을 한 이유는, 내가 중국인을 지나치게 인간적으로 만들었다는 것과 중국인의 장점과 더불어 그 약점을 파헤쳤다는 데 있었다. 중국 동포(적어도 조무래기 관리들)는 내가 중국을 유교의 성인만 살고 있는 천국처럼 묘사하고, 평화와 이성의 황금시대를 구가하고 있는 듯이 쓰는 것이 가장 효과적인 중국 선전이 될 것이라고 믿는다! 정말 관리의 어리석음이란 끝이 없다.

그런데 전기를 이루는 매력 그 자체, 읽을 만한 가치는 우리 보통 사람과 흡사한 위인의 인간적 측면을 묘사하는 데 있는 것이다. 전기에 나타나는 모든 이성 없는 행동의 단편은 우리의 현실감을 수긍하도록 만들기에 족한 예리함이다. 리튼 스트레치(Lyton Strachey)의 전기가 성공한 것은 단지 이 때문이다.

말할 나위 없이 건전한 정신이 훌륭한 실례가 되어 나타나는 것은 영국인이다. 영국인의 윤리는 별로 신통하지 않지만, 위험을 발견하고 몸을 지키기에 알맞은 촉수를 가지고 있다. 그 국가적 행위나 이성의 역사를 관찰해 보아도 논리적인 것은 거의 찾아볼 수가 없다. 그들의 대학, 헌법, 교회 등은 모두 조각과 나무 세공 등속이며, 역사적 성장 과정에서 자연히 점점 커지게 된 것이다.

대영제국의 힘 그 자체도, 영국인의 뇌 작용이 부족하고 타인의 견해를 완전히 이해하지 못함으로써 오직 자기 방식만 옳고 자기 음식만 맛있다고 확신하는 데 있는 것이다. 만일 영국인이 합리적으로 생각하는 방법을 터득하고 강렬한 자기 신뢰를 상실하면, 그 순간 영국은 붕괴할 것이다. 대개 자신에게 의혹을 품으면 그 누구도 세계 정복을 바랄 수 없기 때문이다.

영국인의 국왕에 대한 태도, 그 충성, 그 매우 순진한 애정에 대해 생각해 보더라도, 내용은 극히 빈약하고 결점투성이다. 국왕이긴 하지만 국민들에게 언론의 자유를 박탈당하고, 적당히 행동하고 적당히 왕위를 호위하도록 국민들로부터 계략적인 요구를 받고 있는 데 불과하다. 엘리자베스 왕조 시대의 영국이 제국을 지키기 위해 해적을 필요로 했을 때, 엘리자베스 여왕은 그 사태에 대처하기에 충분한 해적을 구성할 수 있었으며 그 해적을 우대하기도 했다.

영국은 어느 시대에나 적당한 적에 대해 적당한 동맹국과 더불어 적당한 편에 서서 적당한 때에 적당히 전쟁을 해 왔다. 그러면서도 언제나 그렇지 않다고 주장해 왔다. 이러한 연기는 할 수 있는 것이다. 그것은 논리가 아니다. 그런 일이 논리로 가능할 것 같은가? 그것은 말할 필요도 없이 촉수(觸手) 덕분이다.

영국인은 얼굴빛이 불그스름하다. 그것은 런던의 안개와 크리켓 경기 때문임에 틀림없다. 건강한 피부는 인간의 사려(思慮), 즉 평생 자기가 취해야 할 길을 감지하는 과정에서 반드시 중요한 역할을 하는 것이다. 그런데 영국인이 건강한 피부로 사물을 생각하듯이, 중국인은 그 현묘(玄妙)한 창자로 사물을 생각한다. 이것은 중국에서는 모든 사람이 인정하는 사실이다.

우리 중국인들은 창자로 무엇을 생각한다는 것을 체득하고 있다. 중국의 시인과 철인은 '만복(滿腹)의 사상'이나 '만복의 학식', 또는 '만복의 시문'을 가진 자라 일컬어지고, 혹은 '만강(滿腔)의 애상', '분노', '울분' 등을 품은 사람들이라 일컬어진다. 헤어져 있는 중국의 연인들끼리는 서로 편지를 쓰되 '수장(愁腸) 맺혀 백 마디를 이룬다'고 하며, 마지막 헤어짐에는 '단장(斷腸)'이라고 한다. 중국의 학자가 논문이나 연설을 위해 자기 사상을 정리하여 지상에 발표하기 전에는 '복안(腹案)'이 세워졌다고 한다. 즉 그 사상을 모두 뱃속에서 정리한 것이라는 뜻이다. 정말 '복예(腹藝)'를 한 것이다.

이것은 물론 엄격한 의미에서도 과학적이므로 실증할 수도 있다. 현대의 심리학자가 인간의 정서적 성질이나 조직을 한층 더 잘 알게 되면 특히 그렇다. 그러나 중국인에게는 과학적 증명이 필요하지 않다. 중국인은 오직 배로 느끼는 것이다. 중국 음악의 멜로디가 매우 정서적인 것은 가수의 횡격막 밑에서 소리가 나오기 때문이라는 것을 깨달을 수만 있다면, 그윽한 정취가 담긴 중국 음악을 누구나 이해할 수 있는 것이다.

인간의 지능이 자연계나 인간관계 이외의 모든 문제를 다룰 때의 능력을 경시해서는 안 된다. 나는 과학의 정복에 대해서는 낙관적이다. 그러나 인간적 문제를 다루는 비판적 정신이 어디까지 전반적인 발전을 이룰 것인가, 혹은 인류가 과연 온갖 번뇌를 훨씬 초월하는 항심(恒心)과 오성에 도달할 수 있을지 여부에 대해서는 다소 생각해 볼 필요가 있다. 개인으로서의 인류는 고도의 발달을 이루었겠지만, 사회의 집단으로서는 여전히 원시적 욕망에 사로잡혀 가끔 원시시대로의 후퇴와 야만적인 본능을 노출하고, 이따금씩 광신과 집단적 히스테리에 공격당한다.

정신분석학자는 정신병을 고치기 위해서 종종 환자에게 그 과거를 회고하도록 유도해, 생애를 객관적으로 바라보게 하는 방법을 쓰는 경우가 있다. 인류도 그 과거사를 좀더 깊이 생각해 보면 틀림없이 자기 모습을 보다 잘 이해할 수 있을 것이다. 인간에게는 동물적 유전이 있다는 것, 또 동물에 아주 가깝다는 것을 알고 있다면, 동물과 같은 행동을 하는 것을 어느 정도는 막을 수 있을 것이다.

동물의 우화나 수필, 즉《이솝 우화》, 초서의《새들의 의회》, 스위프트의 《걸리버 여행기》, 아나톨 프랑스의《펭귄 섬》등을 읽으면 인간 본연의 모습을 역력히 알 수 있듯이, 인간의 동물적 유전이라는 사실을 알면 자기 모습을 쉽게 분별할 수 있다. 이 동물의 우화는 이솝 시대에도 훌륭한 것이었지만, 4천 년이 지난 후에도 역시 내세울 만한 것이리라.

어떻게 하면 이 사태를 바로잡을 수 있을까? 비판적 정신은 너무 약하고 차가우며, 머리로 생각하는 것은 철저하지 못하며, 이성도 큰 도움이 되지는 않는다. 여기에는 오직 이른바 중용적 사려분별이 있을 따름이다. 그것은 온정에 불타고 정서가 풍부하며 직관적인 사고방식으로서, 인간을 그 조상의 형태로 복귀하지 않도록 지켜주는 것이다. 인간의 생활이 본능과 조화되도록 발전시켜야만 인간은 구제받을 수 있다. 나는 사상교육보다는 오히려 감각과 정서교육이 더욱 중요하다고 생각한다.

인간적인 것에 대하여 제4장

인간의 위엄에 대하여

앞 장에서는 인간이 동물로부터 계승받은 유전, 즉 인간과 짐승에게 공통되는 부분과, 그것이 인간 문명의 성질에 미친 영향에 대해 고찰했다. 그러나 그것만으로는 아직 완전하지 못하다는 것을 알 수 있다. 인간성과 인간의 권위 전반에 걸친 완전한 견해라고 하기에는 아직 석연치 못한 점이 있는 것이다. 그렇다, '인간의 권위', 바로 이 말이다! 인간의 권위에 대해서는 역설해 둘 필요가 있다. 또 그것이 무엇에서 성립되어 있는지를 알아두어야만 한다. 그렇지 않으면 논점이 혼란해져 알 수 없게 되어, 인간의 권위 그 자체를 간과해 버릴 우려가 있기 때문이다. 왜냐하면 이 20세기, 특히 이 시점과 앞으로 수십 년 사이에 인간이 그 권위를 상실해 버릴지도 모른다는 위험성이 명료하게 느껴지기 때문이다.

"그대가 인간도 동물이라고 주장하는 것은 그렇다 치고, 인간은 동물 중에서 가장 경탄스러운 동물이라고 생각하지는 않는가" 하고 질문한다면, 나는 "물론"이라고 대답한다. 문명을 만들어낸 것은 인간뿐이라는 사실을 망각해서는 안 된다.

동물 중에는 인간 이상의 것이 여러 종류 있다. 인간보다 더 근사하고 기품 있는 모습을 하고 있는 것도 있는데, 예를 들면 말 등이 그것이다. 또 사자처럼 튼튼한 근육을 가진 것, 개처럼 후각과 충성심이 뛰어나고 온순한 것, 독수리처럼 날카로운 시력을 가진 것, 비둘기처럼 방향감각이 예민한 것, 개미처럼 매우 근면하고 훈련이 잘되어 부지런히 일하는 능력을 가진 것, 비둘기나 사슴처럼 기질이 온순한 것, 소처럼 강한 인내심과 만족감을 가진 것, 종달새처럼 아름다운 노래를 부르는 것, 앵무새나 공작처럼 그 몸이 아름다운 것들이 있다. 그런데 나는 이런 여러 동물보다는 원숭이가 특히 마음에 든다. 마음에 드는 무언가가 원숭이 속에 있다. 그러나 그 원숭이보다 인간인 편이 낫다는 것은, 인간 속에 있는 원숭이의 호기심과 원숭이의 영리함 때문이다. 앞에서 말했듯이 개미는 인간보다도 이성적이며 인간보다 훈련된 동물임은 인정한다. 그러나 그들은 인간처럼 도서관이나 박물관을 가지고 있지는 않다. 개미나 코끼리가 거대한 잠망경을 발명하거나 새로운 변광성(變光星)을 발견하거나 일식을 예언한다면, 혹은 바다표범이 미적분학을 발견할 수 있고, 비버가 파나마 운하를 개통시킬 수 있다면, 나는 언제라도 그들에게 세계의 총수나 창조주로서의 선수권을 양보할 생각이다.

확실히 인간은 자기 자신을 자랑할 만하다. 자랑해도 좋도록 해주는 것은 무엇인지, 인간의 권위의 본질은 무엇인지, 먼저 그것을 발견하기 위해 노력해야 할 것이다.

그런데 인간의 권위에 대해서는 이 책 서두에서 언급했듯이, 중국 문학의 찬미 대상인 자유인의 네 가지 특징으로 이루어져 있다. 즉 유희적 호기심, 꿈꾸는 능력, 그 꿈을 정정하는 유머 감각, 마지막으로 행동의 변덕스러움과 분방함이다. 이 네 가지를 합하면 이른바 미국의 개인주의 교의(敎義)를 중국식으로 근사하게 바꾸어놓은 것이 된다. 중국 문학에 묘사된 자유인의 모습 이상으로 개인주의자의 생생한 모습을 묘사할 수는 없다. 미국의 개인주의를 대표하는 최대의 문학가인 월트 휘트먼이 '위대한 한인(閑人)'이라 불린 것은 분명히 우연은 아니라고 하겠다.

유희적 호기심에 대하여 ─ 인류 문명의 발생

하는 일 없이 떠도는 상태에서부터 인간은 어떻게 문명으로의 진보를 시작했을까? 진화 끝에 인류는 놀랄 만한 생물이 될지도 모른다고 생각될 최초의 징후, 혹은 발전성 있는 최초의 조짐은 어떤 것이었을까? 이 물음에 대해, 그것은 인간의 유희적 호기심이라고 아무런 망설임 없이 대답할 수 있다. 즉 손으로 무엇을 더듬거나 무엇을 뒤집어서 조사하려고 하는 최초의 노력이 그것이다.

원숭이를 보면 알 수 있다. 원숭이는 틈만 나면 저희끼리 눈까풀이나 귀를 까뒤집어 보며 그 무엇을 조사하고 있다. 이(虱)라도 찾고 있는 것인지, 또는 아무것도 찾는 것이 아닌지. 아무튼 그저 뒤집기 위해 까뒤집어 보고 있다. 동물원에 가서 두 마리의 원숭이가 서로 귀를 잡아당기는 모습을 보라. 바로 거기에 장차 뉴턴이나 아인슈타인이 출현할 기미가 숨겨진 것이다.

인간의 손이 그 무엇을 찾아 구하는 듯한 모습으로 재미삼아 더듬거리는 것에는 단순한 정경 이상의 것이 있다. 즉 거기에 과학적인 진실이 있는 것이다. 인류 문명의 최초의 시작은, 인간이 두 다리로 서서 직립자세를 취하게 된 결과, 두 손이 지상으로부터 해방된 데서 비롯된다.

이같은 유희적 호기심은 고양이에게도 있다. 앞발이 걷는 의무와 몸을 떠받치는 의무에서 해방되었을 때의 고양이 모습이 바로 그것이다. 그러므로 인간이 원숭이에서 진화했다면, 고양이에서 진화했다고 추측할 수도 있을는지 모른다. 다만 원숭이의 경우는 항시 나뭇가지를 붙잡고 있어서 손가락이 이미 발달되어 있는 반면, 고양이의 발은 아직 단지 발의 상태이며 살이나 연골 덩어리에 불과하다. 이 점만 제외하면 인간은 고양이에서 진화했다고도 추측할 수 있다.

나는 전문적인 생물학자는 아니지만 그 이야기는 차치하고, 손의 해방에서 연유한 인류 문명에 대해 생각해 보자. 이미 누군가가 언급한 사실이 있는지도 모르지만, 나는 여기서 하고 싶은 말이 있다. 직립자세를 취할 수 있게 되었다는 것, 그 결과로서 손이 지상에서 해방되었다는 두 가지 사실은 인류 진화사에 큰 영향을 끼쳤다. 우선 연장의 사용과 수치심과 여성을 예속하게 되었고, 그에 관련하여 아마 언어의 발달도 이루어졌을 것이며, 끝으로 유희적 호기심과 무엇을 찾아다니는 본능을 현저히 증대시켰다. 인간의 문명은 연장의 발명에서 비롯되고, 연장의 발명은 손의 발달에서 비롯되었다는 것은 모두가 알고 있는 사실이다.

거대한 유인원 한 마리가 나무에서 내려오려 할 때(아마 몸뚱이가 너무 무거웠을 것이다) 취하는 방법에는 두 가지가 있다. 즉 언제나 네 발로 걷는 망토비비의 자세 아니면 뒷발만으로 걷는 방법을 배우기 시작한 성성이의 자세, 둘 중 하나이다. 인류의 조상이 네 발 짐승(또는 네 손 짐승)인 망토비비로부터 나왔다고는 생각할 수 없다. 망토비비의 앞발은 너무 일이 많을 것이기 때문이다. 그런데 능숙하건 서툴건 간에 성성이가 직립자세를 취할 수 있었기 때문에 손이 자유를 얻은 것이다. 모든 문명에서 이 자유가 얼마나 중요한 것이었던가.

이때 이미 유인원은 큰 입으로 열매를 따지 않고 틀림없이 손으로 따는 방법을 알았을 것이다. 유인원이 높은 벼랑 위의 동굴에 살게 되고부터 벼랑을 기어오르는 적에게 돌이나 자갈을 굴리는 것은 열매를 손으로 따는 것과는 매우 근소한 차이가 있을 뿐이다. 인간이 사용한 최초의 연장이 그것이었다. 유인원이 무엇인가를 집으면, 우리는 그것을 만지작거리고 손을 놀리는 광경을 상상해야만 된다.

무슨 목적이 있었는지는 알 수 없지만, 이윽고 앞이 뾰족한 부싯돌이나 깔쭉깔쭉한 돌조각이 그들의 생활 속에 나타나게 된다. 그것은 뚜렷한 이유 없이 물건을 만지작거리고 있는 사이에, 적을 죽이는 데는 뭉툭한 돌보다는 뾰족한 것이 좋다는 사실을 우연히 발견한 것이다.

그저 약간 사물의 방향을 바꾸는 행위, 이를테면 귓불의 앞쪽과 마찬가지로 뒤쪽도 본다는 행위를 하게 되면 이미 사물을 전체로 이해하는 힘이 생긴 것이며, 따라서 머릿속에 그려진 갖가지 영상의 수도 늘어났음이 분명하다. 이리하여 두뇌의 전두엽(前頭葉) 발달이 자극을 받게 된다.

나는 인간의 성적 수치감의 기원도 역시 이 직립자세에 있다고 믿는다. 다른 동물에게는 성적 수치심이라는 것이 전혀 없다. 왜냐하면 대자연이 그 창조를 계획할 때 예측하지 못했던 직립이라는 새로운 자세를 취한 것이므로, 본디 신체 후부에 해당했던 어떤 부분이 신체 중심을 차지하기에 이르고, 등 뒤에 있어야 할 것이 정면에 왔기 때문이다. 이 놀라운 새 사태와 더불어 주로 여성에게 난처하고 갖가지 불편한 일이 생겨났다. 즉 유산이 많아지고 월경이 불순해진 것이다.

해부학적으로 말하면 인간의 근육은 본래 네 발 자세로 형성되어 그에 따라 발달해 온 것이다. 이를테면 어미돼지는 뱃속의 새끼를 수평의 척추에 매달고 있다는 말이 된다. 마치 세탁물이 그 중량을 알맞게 나누어서 하나의 줄에 매달려 있는 것과 흡사하다.

임신한 부인에게 똑바로 서게 하는 것은, 빨랫줄을 수직으로 세우고 빨래에게 원위치를 유지하라는 것과 같은 이치이다. 인간의 배 근육은 똑바로 선 자세를 취하기에는 불편하게 이루어져 있다. 만일 인간이 본래부터 두 발 짐승이었다면 그런 근육은 어깨 쪽에 교묘히 붙어 있어야 할 것이다. 그리 되면 모든 것이 순조로워지는 것이다. 자궁이나 난소에 관한 해부학 지식을 가진 사람이라면, 그것이 그런대로 제 위치를 유지하고 작용을 계속한다는 것과, 전위증(轉位症)이나 월경불순 정도로 그친 사실에 크게 놀랄 것이다.

월경에 관한 모든 비밀은 아직까지 충분히 설명되어 있지 않다. 난소의 주기적 갱신이 필요함은 인정한다 하더라도, 월경이라는 것이 그 기능을 다하는 데 극히 비능률적이며 쓸데없이 오랫동안 공연한 고통을 여성에게 주고 있다는 사실을 분명히 인정해야만 한다. 그리고 이 비능률이 똑바로 선 자세에서 유래하고 있음은 의심할 여지가 없다.

이것은 또 여성의 예속을 가져다주었고, 틀림없이 오늘날 볼 수 있는 인간 사회의 발달도 초래했을 것이다. 인류의 모계가 만약 네 발로 걸을 수 있었더라면 부계에게 아주 예속되는 일은 없었으리라 생각된다.

두 가지 힘이 동시에 작용을 시작했다. 한편으로는, 이미 그 무렵에는 남녀가 매일 하릴없이 빈둥거리며, 호기심 많고 놀기 좋아하는 동물이 되어 있었다. 색욕의 본능은 새로운 표현을 향해 발달했다. 그러나 키스는 아직도 진짜 재미있는 것은 아니었으며, 도무지 잘되지 않았다. 저 단단하고 뼈끔거리는, 쑥 내민 입으로 키스하고 있는 두 마리의 침팬지 모습을 보면 짐작할 수 있다.

그런데 손은 지금까지보다 감각적이면서 부드러운 동작을 새로 발달시켰다. 토닥거리거나 쓰다듬거나 간질이거나 끌어안거나 하는 동작이 그것인데, 이것은 모두가 서로의 몸뚱이에서 이를 잡아내는 데서 일어난 우연한 결과이다. 만일 텁수룩한 인류의 조상의 몸에 이가 들끓고 있지 않았더라면 오늘날의 서정시는 발달하지 못했을 것임에 틀림없다. 그렇다면 이 새로운 동작은 색정의 본능을 발달시키는 데 크게 기여했을 것이 분명하다.

한편 두 발로 걷는 임산부는 꽤 오랫동안 슬프고 의지할 데 없는 상태를 참아야만 했다. 인간이 미처 선 자세에 완전히 익숙해질 수 없었던 당초에는, 임산부가 짐을 안고 걷는 것은 훨씬 더 곤란했을 듯싶다. 다리와 발뒤꿈치가 적당히 개선되고, 몸 앞쪽의 짐과 균형이 잡히도록 골반이 알맞게 뒤로 오므라들기 전에는 더욱더 곤란한 것이었다. 태초에는 두 발로 걷는 자세가 너무 거북스러워서, 지질시대(地質時代)의 어머니들은 아픈 허리를 쉬기 위해 남몰래 네 발로 기어야만 했다.

이처럼 곤란한 일이 많았으며 그 밖에도 여성만의 고통이 있었기에, 여성들은 사랑을 얻기 위해 머리를 썼고 유회를 하기 시작했다. 이래서 여성의 독립정신이 다소 상실된다. 맙소사! 그녀들은 그 임신기간 중 토닥거림이나 애무가 필요했던 것이다.

직립자세는 또한 어린아이가 걷는 법을 배우는 데 곤란을 주고, 어린아이로서의 기간을 길게 했다. 소나 코끼리의 새끼는 태어나자마자 설 수 있는데, 어린아이만은 같은 것을 배우는 데 2, 3년이나 걸렸다. 더구나 그 동안 어린 것을 돌봐주는 데 가장 합당한 사람으로 어머니 외에 또 누가 있으랴![1]

인류는 그로부터 전혀 새로운 발달의 길로 접어들게 되었다. 성을 좀더 넓은 뜻으로 해석하고, 그것이 인간의 일상생활을 다채롭게 하기 시작했다는 단순한 사실에서 인간사회는 발달했다.

여성은 더욱 의식적으로 끈질기게 암컷에서 '여자'로 되어 갔다. 암호랑이에서 흑인 여자로, 암사자에서 백작 부인으로 말이다. 제법 개화된 뜻에서 남녀간의 분화가 일어나기 시작했다. 아마 얼굴이나 가슴의 털을 뽑는

---

[1] 부모가 돌봐주는 이 기간은 차츰 길어져서, 야만인의 아이가 6, 7세로 사실상 독립하는 데 비해, 문명국의 아이는 독립하는 법을 배우는 데 1세기의 4분의 1을 소요한다. 더욱이 그 나이가 되더라도 모든 것을 다시 고쳐 배워야만 한다.

데서 비롯되었겠지만, 동물계 일반처럼 남자가 아니라 여자가 먼저 치장하기 시작했다. 모두 생존을 위한 전술 문제이다. 생존 전술은 동물계에서 뚜렷이 나타나 있다. 범이 공격하고, 거북이 숨고, 말이 도주한다. 이 모두가 생존 때문이다. 여성의 애정이나 아름다움, 그리고 그 상냥한 속임수는 과연 생존 전술로서의 가치가 있다. 아마도 남성 쪽이 완력이 세었을 것이므로, 남자와 싸워 봤자 이로울 것이 없다. 그래서 남자를 매수하고 기분을 맞춰주고 기쁘게 해주지 않을 수 없었을 것이다.

이것이 오늘날 인류 문명의 성질 그 자체이다. 여자는 저항하고 공격하는 것을 배우지 않고 매료시키는 것을 배웠으며, 힘으로 목적을 달성하려 들지 않고 좀더 유연한 수단에 의지하기 위해 전력을 다했다. 그래서 결국 보드라운 맛이라는 것이 문명이다. 그러므로 나는 인간의 문법은 남자로부터 비롯된 것이 아니라, 오히려 여자로부터 비롯된 것이라고 생각한다.

그리고 또 오늘날 언어라고 불리는 잔소리의 발달에 대해서도 여자는 남자보다 큰 역할을 해냈다고 생각할 수 있다. 여자의 수다스러운 본능은 뿌리가 깊으므로, 인간의 언어를 창조하는 데 남자보다 크게 이바지했음에 틀림없다고 나는 확신한다.

원시인은 무뚝뚝하고 깐깐한 성미의 동물이었으리라고 생각된다. 인간의 언어는 다음과 같은 광경에서 비롯되었을 것이다. 태초의 수컷 유인원이 거처인 동굴에서 나와 먹을 것을 찾으러 나간 동안, 이웃에 사는 두 암컷이 동굴 앞에서 윌리엄은 해럴드보다 좋다는 둥, 해럴드 쪽이 윌리엄보다 좋다는 둥, 해럴드는 어젯밤 징그럽게 보채더라는 둥, 그 사람 꽤 성미가 까다롭다는 둥, 이렇게 주고받는 식으로 시작되었을 것이 틀림없다. 절대 그 이외의 다른 형식을 취했을 리는 없다. 손으로 먹을 것을 잡게 됐으므로 지금까지처럼 먹을 것을 물어서 먹는 턱의 본래의 이중 부담은 덜어졌지만, 그 때문에 결국 그 턱이 점점 퇴화하고 작아져서 언어의 발달을 돕기에 이른 것이다.

그러나 앞에서도 언급했듯이 이 새로운 자세가 빚어낸 중요한 결과는 두 손의 할 일이 없어졌다는 것이며, 원숭이의 한가한 이잡기 놀이가 나타내고 있듯이, 사물의 방향을 바꾸거나 뒤집고 조사하는 따위의 자유가 손에 주어진 데 있는 것이다.

지식의 자유로운 검토나 연구 정신은 이 이잡기에서부터 발달되었다. 오늘날 인류의 진보도 대부분 인간사회를 괴롭히는 모종의 이를 잡는 데서부터 시작되었다.

인간 정신으로 하여금 온갖 문제, 온갖 사회적 질환을 자유롭게 유희적으로 탐구하도록 하는 호기심이라는 본능이 발달했다. 이 정신적 활동은 먹을 것을 찾는 일과는 전혀 관계가 없다. 그것은 순전히 단순한 인간 정신의 작용이다. 원숭이는 먹기 위해 이를 찾는 것이 아니다. 단순히 그 행위가 재미있기 때문이다. 그리고 이것이야말로 모든 가치 있는 인간의 학문과 학식이 갖는 특질이다. 즉 사물 자체에 갖추어진 재미이며, 있는 그대로를 알고 싶어하는 한가한 유희적 희망인 것이다. 지식이 직접 또는 간접으로 배를 채우는 데 도움을 주기 때문은 아니다(중국인인 내가 여기서 자기모순에 빠지게 된다면, 자기모순에 빠지는 것이 중국인인 나의 행복이다).

나는 이것이 특히 인간적이며, 인간의 권위에 공헌하는 바가 매우 크다고 생각한다. 지식이나 지식의 탐구 과정은 유희의 한 형식이다. 훌륭한 성과를 이룩할 만한 능력이 있는 과학자와 발명가는 모두 이와 같다. 연구욕이 강한 훌륭한 의사는 인간보다도 미생물에 흥미를 가지며, 천문학자는 수억 킬로미터나 떨어져 있는 별의 운동을 기록하려고 한다. 그러나 그 별이 이 땅의 인간생활에 직접적인 관계가 있는 것은 아니다. 대개의 동물은, 특히 어릴 적에는 유희 본능을 가지고 있으나, 유희적 호기심이 발달한 것은 오직 인간뿐이다.

내가 검열관을 싫어하고 사상을 단속하려 드는 정부의 모든 기관과 형식을 싫어하는 것은 이 때문이다. 이러한 검열관이나 통치자는 의식적이건 무의식적이건 간에 인간의 예지를 모욕하는 것이라고 생각하지 않을 수 없다. 사상의 자유가 인간 정신의 최고 활동이라면 자유에 대한 압박은 우리 인간에게 가장 불명예스러운 것일 수밖에 없다.

유리피데스는 노예에 대한 정의를, 사상이나 의견의 자유를 상실한 인간이라고 했다. 전제정치는 모두 훌륭한 유리피데스식 노예를 생산하는 공장이다. 이같은 실례는 동서를 막론하고 20세기라는 이 시대에도, 문화의 본고장이라 자랑하는 나라에도 얼마든지 있지 않은가? 그러므로 그 형식 여하를 불문하고 전제정치는 모두 지적으로 퇴보한 것이다. 일반적으로는 유럽의 중세기가 그 실례이며, 특수한 것으로는 스페인의 종교재판을 들 수 있다.

식견이 좁은 정치가나 종교가들은 신앙과 사상의 획일성은 평화나 질서에 공헌하는 것이라고 생각할는지 모르지만, 역사에 비추어 보건대 그것은 언제나 인간의 생활을 짓누르고 악화시키는 결과가 되어 왔다. 이들 전제자는 국민의 외부적 행동을 억압할 뿐만 아니라 나아가서는 국민의 내부적 사상과 신앙을 지배하려 드는데, 이는 틀림없이 일반 국민을 지독하게 경멸하기 때문일 것이다. '인간의 정신은 획일성에 견디어 나가리라, 영화가 좋아지거나 싫어지거나 할 것이다'라는 식으로 말이다. 모든 전제 정부가 선전으로 문학을 혼란시키고, 정책으로 예술을 교란시키고, 애국심으로 인류학을 교란시키고, 현존 통치자에 대한 예배로써 종교를 혼란에 빠뜨리려고 했다.

단적으로 말하거니와 그것은 불가능한 일이다. 사상을 단속하는 자가 인간성 그 자체에 지나치게 위배되는 행위를 하면 스스로 몰락의 씨를 뿌리는 것이 된다.

맹자는 다음과 같이 말했다.

임금이 신하 보기를 손발처럼 한다면, 신하 또한 임금 보기를 배나 가슴같이 한다. 임금이 신하 보기를 개나 말처럼 한다면, 신하 또한 임금 보기를 천한 백성 보듯 한다. 임금이 신하를 하찮게 여기면, 신하 또한 임금 보기를 원수처럼 여긴다.

천하에 인간의 사상을 훔치는 것보다 더 큰 도둑질은 없다. 사상과 자유를 약탈당하면 다시 네 발로 기게 되어, 두 발로 걷던 시대의 경험은 모두 잘못된 것이었다고 깨닫고 적어도 3만 년 전으로 되돌아가는 것과 같아진다. 그러므로 맹자의 말을 빌리면, 전제자가 민중을 경멸하듯이 민중은 이 도둑을 증오한다. 그것도 양쪽이 같은 비율로 말이다. 도둑이 도둑질을 하면 할수록 민중은 더욱더 도둑을 증오한다.

우리에게 도덕적 신앙과 종교적 신앙만큼 귀하고 소중하며 친근한 것은 없다. 그러므로 믿는 것을, 또 믿을 권리를 우리에게서 박탈하는 자에 대한 증오만큼 큰 것은 없다. 그런데 이같은 근시안적인 우매함이 전제정치에서는 당연한 것이다. 그것은 전제자가 지적으로 퇴보되어 있기 때문이라고 나는 믿는다. 인간성에는 반항심이 있으며 양심에는 억제하기 힘든 자유가 내재하므로, 반드시 반발하여 전제자에게 복수하는 것이다.

꿈에 대하여

세상 사람들은 불만을 신성한 것이라고들 말한다. 아무튼 불만이라는 것이 인간에게만 있는 것임에는 틀림이 없다.

동물의 진화 가운데 원숭이는 첫 불평가였다. 침팬지 이외의 다른 동물이 슬픈 표정을 짓는 것을 본 적이 없다. 나는 가끔 이러한 동물이야말로 진정한 철학자라고 생각하는데, 슬픔과 심사숙고는 유사한 점이 있기 때문이다. 그런 표정을 보면 무엇을 사고한다는 느낌이 든다. 그런데 소는 생각에 잠기지는 않는 것 같다. 소는 언제나 크게 만족한 듯한 표정이기 때문이다. 적어도 철학자적 사색을 하지는 않는 모양이다. 코끼리 또한 심한 분노를 심중에 품긴 하겠지만, 항상 코를 흔들고 있으면 사색은 고사하고 가슴속에 가득 찼던 불평을 몰아내는 것같이 보인다. 온통 생활에 권태로운 듯한 표정을 지을 수 있는 것은 오직 원숭이뿐이다. 아, 위대한 원숭이여!

요컨대 모든 철학은 이 권태롭다는 감각에서 나온 것이리라. 아무튼 어떤 이상에 대해 슬픈 듯한, 종잡을 수 없는 부드러운 듯한 동경을 지니는 것은 인류의 특질이다. 인간은 현세에 살면서도 또 다른 세계를 꿈꾸는 능력과 경향을 가지고 있다. 인간과 원숭이의 차이는, 원숭이는 오직 지루해하고 있는 데 반해, 인간은 지루해하는 외에 '상상력'을 소유하고 있다는 것이다.

우리는 누구나 옛 상태에서 탈피하고 싶어한다. 누구든지 자기 자신이 하고 있는 것 이외의 다른 일을 하고 싶어한다. 즉 누구나 꿈을 꾸고 있다. 졸병은 하사관을 꿈꾸고, 하사관은 대위를, 대위는 소령이나 대령을 꿈꾸고 있다.

그런데 대령 자신은, 그가 제법 멋있는 인물이라면, 대령인 것을 그저 덤덤하게 여긴다. 점잖게 "아니, 뭐 대수롭지 않은 봉사 역할에 불과하지"라고 말한다. 그리고 사실 그와 다를 것이 없다. 훌륭한 사람을 보고는 "훌륭하시군요"라고 세상 사람들은 말하는데, 그런 말을 들은 당사자가 정말 훌륭하다면 분명히 "훌륭하다니, 무슨 말이지요?"라고 대꾸한다.

그러므로 세상이란 일품 요리점과 흡사하여, 옆 테이블에서 주문한 음식이 자기 것보다 훨씬 훌륭하고 맛있어 보이는 것이다.

현대의 어느 중국 교수는, 사람의 욕심이 너무 많은 데 대해 이런 경구를 토했다. "마누라는 남의 마누라가 좋아 보이고, 책은 자기가 쓴 것이 좋아 보인다."

그러므로 이런 의미에서 만족하고 있는 사람은 이 세상에 한 명도 없다. 사람은 모두 누군가가 되고 싶어한다. 그 누군가가 자기 자신이 아닌 한 말이다.

이같은 인간의 특색은 분명히 그 상상력과 꿈꾸는 능력에서 오는 것이다. 상상력이 크면 클수록 그에 비례해서 불만은 더욱 커진다. 상상력이 풍부한 어린아이가 다른 어린아이보다 다루기 힘든 것은 이 때문이다. 인간은 소처럼 행복해하고 만족해하기보다는, 원숭이처럼 슬픈 듯이 모호한 표정을 짓는 경우가 많다. 그러므로 이혼 등은 아무래도 상상력이 모자라는 사람들보다 이상주의자나 상상력이 풍부한 사람들 사이에서 많이 생기게 마련이다. 인생의 이상적인 반려자를 갖고 싶다고 생각하는 환영은, 상상력이 모자라고 이상주의적인 면이 적은 사람은 못 느끼는 강렬한 힘을 갖는 것이다. 인류는 이 상주의 때문에 발전하기도 하고 사악한 길에 들어가 방황하기도 하는데, 상상력 없이 인류가 진보할 수 있다는 생각은 옳지 않다.

인간에게는 포부가 있다고 말한다. 포부가 있다는 것은 대단히 바람직스럽다. 결국 그것은 대체로 고귀한 정신으로 받아들여지고 있기 때문이다. 사실 또 그렇지 않은가. 개인이나 국민이나 우리는 모두 꿈을 가지고, 크든지 작든지 간에 꿈을 좇아 행동한다. 어떤 사람은 다른 사람보다 꿈이 더 크다. 그것은 어느 집이나 꿈이 많은 어린아이와 꿈이 많지 않은 어린아이가 있는 것과 흡사하다. 여기서 고백하겠는데, 사실 나는 꿈꾸는 어린아이 쪽을 좋아한다.

꿈꾸는 자는 다른 사람보다 슬픔이 많은 사람이다. 하지만 그렇다고 해서 나쁠 것은 없다. 슬픔이 많다는 것은 큰 환희와 감동을 느낄 수 있고, 드높은 황홀경에도 빠질 수 있다는 뜻이다. 즉 라디오 세트가 공중에서 음악을 감수하도록 만들어졌듯이, 인간은 사상에 대한 수신기 같은 구조를 가지고 있다고 생각한다. 감수력이 예민한 세트는, 다른 세트가 감수하지 못하는 가냘픈 단파를 감수한다. 멀리서 오는 가냘픈 음악은 좀처럼 감수하기 힘든 것이지만, 그렇다고 좋은 음악이 아니라고 단정할 수는 없지 않은가. 어린 시절의 꿈은 일반적으로 생각하듯 그렇게 종잡을 수 없는 것이 아니다. 아무튼 소년 시절의 꿈은 일생 동안 가슴속에 남아 있다. 그러므로 내가 만일 세계의 어느 작가라도 될 수 있다면, 나는 누구보다도 안데르센이 되고 싶다. 인어가 무슨 생각을 하고 있을까 하는 따위의 공상을 하거나, 자기가 인어라면 물 위로 떠올라가 보고 싶다는 생각을 할 것이라며 인어 이야기를 쓰기도 한다는 것은, 아마도 인간의 마음으로 느낄 수 있는 가장 섬세하고 가장 큰 기쁨이 되리라.

어린아이는 길바닥이나 다락방이나 헛간 속이나 또는 물가에 누워 뒹굴면서도 항상 꿈을 꾸고 있다. 그런데 그 꿈은 그대로 이루어진다.

토머스 에디슨도 그렇게 꿈을 꾸었고, 스티븐슨과 월터 스코트 경도 그랬다. 세 사람 모두 어린 시절에 꿈을 꾸었다. 이러한 마법 같은 꿈속에서 인간이 일찍이 본 적이 없는 찬란하고 아름다운 직물이 짜여지는 것이다.

그러나 소수의 어린아이들도 이런 꿈을 꾼다. 꿈의 환상이나 내용은 다르더라도 기쁨의 정도에는 다름이 없다. 어린아이는 모두 동경심을 가지고 있다. 잠자리에 들어가 끊임없이 제멋대로 동경의 날개를 편다.

그 동경을 가지고 다음날 아침 깨어났을 때 꿈이 현실이었으면 좋을 텐데 하고 생각하면서 잠이 든다. 아무에게도 꿈에 대해서는 이야기하지 않는다. 꿈은 자기만의 것이다. 그러기에 마음의 가장 깊숙한 곳에서 우러나오며, 자라나고자 하는 자아의 일부인 것이다.

어린아이의 꿈 중에는 다른 꿈보다 또렷하고 실현력을 가진 것이 있다. 한편 또 성장해 감에 따라 또렷하지 않은 꿈은 잊어버린다. 그리고 모두 어릴 적의 꿈을 남에게 이야기하고자 시도하면서 일생을 보내고, 결국 '이야기의 요점도 파악하지 못한 채' 죽기도 한다.

또 어수선한 꿈, 현실과 일치하지 않는 꿈을 꾸면 위험한 경우도 있다. 왜냐하면 꿈은 한편으로는 도피를 뜻하는 것으로, 몽상가는 흔히 목표도 없이 이 세상으로부터 도피하는 꿈을 꾸기 때문이다.

'파랑새'는 항시 로맨티시스트의 공상을 끌어당긴다. 어떤 인간에게나 현재의 자기와는 다른 자기가 되고 싶다는 욕망, 현재의 생활로부터 벗어나고 싶다는 욕망이 있는 것으로, 무엇이든 변화를 가져다 주는 것이라면 대중심리를 가공할 매력으로 끌어당긴다.

전쟁은 언제나 매력을 느끼게 한다. 전쟁이 일어나면 시청 서기도 제복을 입고 각반을 차고 공짜로 여행할 기회를 가지기 때문이다. 그러나 참호전이 3, 4년 동안 계속되면 휴전과 평화가 그리워진다. 왜냐하면 휴전이 되면 출전했던 군인은 집으로 돌아와 평복을 입고 빨간 넥타이를 맬 수 있기 때문이다. 인간에게는 분명히 이와 같은 자극이 필요하다. 그러므로 만일 전쟁놀이를 그만두고 싶다면, 각국 정부는 20세에서 45세까지의 국민을 징병제도식으로 선발하여 10년에 한 번쯤 유럽 여행을 시키고, 박람회나 그 밖에 다른 흥미 있는 것을 구경시켜 주어도 좋을 것이다.

영국 정부는 그 재군비(再軍備) 계획에 50억 파운드를 투입하고 있다. 50억 파운드라면 모든 영국인을 리비에라로 여행시키기에 충분한 금액이다. 그러나 전비(戰費)는 필요하지만 여행은 사치라는 반대론이 제기될 것이 뻔하다. 아무래도 나는 그 반대론에 찬성할 수가 없다. 오히려 여행은 필요하되 전쟁은 사치스러운 것이 아닌가.

이 밖에도 꿈은 있다. 유토피아의 꿈, 불로불사의 꿈이 있다. 불로불사의 꿈은 제법 인간미가 있다. 동서고금을 막론하고 이 꿈이 없는 곳은 없었다는 데 주의하기 바란다.

그러나 불로불사의 꿈도 유토피아의 꿈도 잡을 수 없는 것으로, 불멸의 생명이 막상 손에 들어온다면 그때부터 어쩌자는 것인가? 그것을 알고 있는 사람은 없다고 볼 수 있다. 결국 불로불사의 소원은 정반대의 자살 심리와 매우 흡사하다. 왜 이 현세가 멋지지 않단 말인가? 한번 봄 햇살을 받으며 지팡이를 짚고 전원에 나선다면, 이 질문에 대한 답변은커녕 이 질문 자체에 어리둥절해질 것이다.

유머 감각에 대하여

오늘날 유머가 얼마만큼 중요한 것인지 충분히 인식되고 있는가? 유머를 쓰기에 따라 인간의 모든 문화생활의 수준이나 성격이 변화할 수 있다는 것, 유머가 정치, 학문, 인생에 어떤 위치를 차지하고 있는가 하는 것이 충분히 인식되고 있는가? 그러나 나는 이를 의심한다. 유머 기능은 물리적이라기보다는 과학적이므로, 사상과 경험의 기본적 조직을 변질시킨다. 빌헬름 황제는 웃지 못한 탓으로 한 제국을 잃었다. 미국인식으로 말하면 독일 국민은 카이저(황제)가 웃지 않았기 때문에 수십억 달러를 탕진한 것이다. 물론 빌헬름 황제 역시 사생활에서는 웃었겠지만, 공식석상에서는 항상 누가 못마땅한지 그 카이저 수염을 치켜세우고는 몹시 무서운 표정을 지었다. 그러므로 카이저의 웃음이 어떠한가, 그 웃음의 대상이 누구인가 하는 것이 카이저의 운명을 결정하는 중대한 요인이었던 것이다.

카이저의 웃음은 승리의 웃음, 성공의 웃음, 세계에 군림하는 웃음이었다.

빌헬름 호엔촐레른이 언제 웃어야 할지, 또 무엇을 보고 웃어야 할지 몰랐기 때문에 독일은 전쟁에 패한 것이다. 카이저의 꿈은 유머의 웃음에 의해 제어되지 못했던 것이다.

우리를 위해 전쟁을 일으킨 자는 과연 누구인가? 야심가, 능력가, 재주꾼, 선동가, 조심하는 자, 거만한 자, 애국심이 지나친 자, 인류를 위해 '봉사'하고 싶다는 열의에 불타는 자, '경력'을 쌓아올려 세계에 그 이름을 남기고 싶어하는 자, 죽은 후 어딘가에서 늠름하게 말을 탄 모습의 동상이 되어서 두 눈으로 길이 후세를 굽어보고자 염원하는 자들인 것이다.

기묘하게도 유능하고 영리하고 야심적이고 거만한 사람은, 동시에 가장 겁쟁이며 얼간이며 유머리스트로서의 용기와 깊이와 명민성이 모자란다. 그들은 언제까지나 시시한 문제만 논하고 있다. 그러나 보다 넓은 정신 영역을 가진 유머리스트는 한층 대국(大局)을 직시할 수 있다.

그런데 현재는 소곤거리고 굽실거리며 비위를 맞추고, 착실하며 조심스러운 태도를 취하지 못하는 외교관은 전혀 외교관 자격이 없다. 그렇다고 무리하게 세계 구제의 유머리스트 국제회의를 열어야만 되는 것도 아니다. 이른바 유머 감각이라는 이 우수품은 누구나가 풍부한 재고품으로서 가지고 있는 것이다. 그러므로 유럽에도 파멸적 전쟁의 위기가 내습할 듯한 때, 국제회의에 가장 나쁜 외교관을 파견하는 것도 상관은 없으리라. 가장 경험이 풍부하고 확신이 있으며 야심적이고, 또 잘 소곤거리고 굽실거리며, 그럴듯하게 당황할 줄도 아는 외교관, 그리고 인류를 위한 '봉사'에 가장 열심인 외교관을 파견하는 것도 좋으리라. 그러나 그때는 매일 오전 오후 하루에 두 번 회의가 열릴 때, 미키 마우스를 10분씩 강제로 구경시킬 수 있다면 어떤 전쟁도 일어나지 않을 것이다.

이것은 유머의 화학적 작용이라고 생각한다. 즉 사상의 질을 변화시키는 작용이다. 그리고 이 작용이야말로 인류 문화의 근간에까지 영향을 주어 앞으로 인간사회가 중용시대에 이르는 길을 여는 것이라고 생각한다. 인류에게 중용시대라는 이상보다 위대한 이상을 기대할 수는 없다. 왜냐하면 보다 큰 이성적 정신을 가지며, 상식, 소박한 사고방식, 평화적 기질, 문화적 견해를 오늘날보다 광범위하게 갖춘 인종이 출현하는 것이 결국 가장 중요한 문제이기 때문이다.

인류의 이상세계는 합리적인 세계가 아니며, 또 어떤 의미로도 완전한 세계는 아니다. 그것은 불완전성이 즉각 인식되고, 다툼이 합리적으로 해결되는 세계일 것이다. 솔직히 말해서 그것이 인류가 바랄 수 있는 최선의 것이리라. 또 우리가 여러모로 생각한 끝에 무리 없이 실현할 수 있는 최고의 꿈이다. 그 속에는 사고의 소박성, 철학의 쾌활성, 중용 문화를 가능하게 하는 섬세한 상식 등이 내포되어 있으리라고 생각한다. 그런데 이런 것들은 유머의 특질로 되어 있는 것으로서, 유머로부터 발생되어야 할 것이다.

이같은 신세계를 상상하기란, 현재의 세계와는 너무도 동떨어져 있으므로 쉽지가 않다. 대체로 현대인의 생활은 너무도 복잡하다. 학문은 너무 진지하고, 철학은 너무 음울하며, 사상도 너무 혼잡하다. 사상과 학문이 이처럼 매우 착잡하기 때문에 이 세상은 오늘날처럼 불행해져 버렸다.

여기서 우리는 생활과 사상의 단순성은 문명과 문화에 대한 최선과 최고의 이상이라는 것, 문명이 단순성을 상실하고 난해한 이론이 순수한 이치로 돌아가지 않는 한, 문명은 한층 고달프고 퇴폐적이 되어 가리라는 것을 인정해야만 한다. 이런 사태가 계속되면 인간은 스스로 만든 개념과 사상과 야심, 그리고 사회조직의 노예가 된다. 이같은 개념과 사상과 야심과 사회조직이라는 무거운 짐을 짊어진 인류는 그것을 지배할 위치에 서게 될 것 같지는 않다.

그러나 다행히도 이런 모든 개념과 사상과 야심을 초월하며 미소로써 그것을 바라볼 수 있는 인간의 정신력이 있다. 이 힘이야말로 유머리스트의 묘미이다. 골프나 당구를 치는 사람이 공을 다루듯, 카우보이가 올가미를 다루듯, 유머리스트는 사상이나 개념을 다룬다. 거기에는 숙련에서 오는 여유와 확실성과 처리의 경쾌한 묘미가 있다.

결국 자기 사상을 소탈하게 다룰 수 있는 사람만이 자기 사상의 주인공이며, 그러한 사람만이 사상에 예속되지 않는 것이다. 진실성이란 결국 노력의 표시일 뿐이다. 노력한다는 것은 완전히 숙달되어 있지 않은 증거이다. 이른바 세상의 벼락부자들은 왠지 어색해서 세상에 나가도 침착하지 못하고 항상 자기의 출신이 머릿속에서 떠나지 않으며, 너무 진지한 저술가도 역시 왠지 어색하고 침착하지 못한 것이다. 그것은 자기 사상을 여유있게 받아들일 경지에 도달하지 못했기 때문이다.

그러므로 역설일 수도 있겠지만, 단순성이란 사상의 깊이에 대한 외적 증거이며 상징이다. 학문이나 저작에서 이 단순성에 도달하기란 쉬운 일이 아닌 듯싶다. 사상을 명철하게 나타내기란 얼마나 어려운 일이겠는가. 그런데 단순성은 사상이 명철해질 때만 가능한 것이다. 저술가가 어떤 개념에 시달리고 있을 때는, 틀림없이 그 개념 쪽도 저술가에 시달리고 있을 것이다.

수석으로 학교를 갓 졸업한 젊은 대학강사의 강의는 대체로 난해하고 복잡하며, 사상의 참된 단순성과 표현의 소탈함은 숙달된 노교수들에게서만 찾아볼 수 있다. 세상에 흔한 이 사실만 보아도 내가 지금 한 말에 수긍이 갈 것이다. 젊은 교수가 현학적인 말을 쓰지 않는다면 정말 존경해 볼 만하며 크게 기대된다. 전문에서 단순으로의 과정, 전문가에서 상식가로의 과정에 내포되어 있는 것은 본질적으로 지식의 소화 과정이며, 단연 신체의 신진대사 작용에 비교할 만한 것이다.

아무리 학식이 깊은 학자라도, 그 지식을 스스로 소화하고 자기 인생관과 관련시키기 전까지는 그 전문적 지식을 단순한 말로 나타낼 수가 없다. 그가 열심히 지식(윌리엄 제임스의 이른바 심리적 지식)을 탐구하는 동안에는, 먼 길을 여행하고 나서 한잔의 냉수를 마시듯 몇 번이고 '잠깐 한 모금'을 취하리라고 생각한다. 그 한 모금을 취하는 사이에 진짜 인간적인 많은 전문가는 아주 중요한 이런 자문을 하게 될 것이다. '도대체 나는 무엇을 논하고 있는 것일까?'

단순하다는 것은 소화할 수 있다는 것을 예상하고, 동시에 또한 성숙도 예상한다. 나이를 먹어갈수록 우리의 사상은 점점 더 명료해지고, 문제의 중요하지 않은 점이라든가 틀린 듯한 곳은 제거되므로, 우리를 불안에 빠뜨리는 그런 일은 없어진다. 관념은 더 명확한 형태를 갖추게 되고, 장황한 사상의 연속은 차츰 간편한 공식으로 정리되며(어느 맑게 갠 아침에 그런 공식이 문득 머릿속에 떠오른다), 따라서 비로소 예지라고 불리는 절대진리의 경지에 도달하는 것이므로 간단히 이해하게 되며, 독자는 진리 그 자체는 단순하며 그것을 식으로 나타내는 편이 자연스러움을 깨닫게 되어 비할 데 없는 큰 기쁨에 젖을 수 있는 것이다. 사상과 표현 형식의 자연스러움은 중국의 시인이나 비평가가 극구 칭찬하는 바로서, 일반적으로 점차 성숙하는 발전 과정이라고 말한다. 소동파의 산문이 원숙한 경지에 도달한 것을 비평할 때, 흔히 '소동파는 좀더 자연의 경지에 접근했다'고 표현했다. 즉 청년시절에 애호했던 과장이나 현학적으로 대가인 체하는 태도나 문학적인 흥행사 근성을 청산한 문체를 가리키는 것이다.

그런데 유머 감각이 이 사고의 단순성을 조장하는 것은 당연하다. 이론가가 지나치게 개념에 사로잡혀 있는 데 반해, 일반적으로 유머리스트는 사실 그 자체에 접근해 간다. 사상이 몹시 착잡한 것은 개념 그 자체에 얽매여 있는 경우뿐이다. 그러나 유머리스트는 다르다. 개념과 현실의 모순을 번갯불처럼 신속하게 나타내고, 상식이나 기지의 번득임을 마음대로 구사한다. 그 결과 문제를 매우 단순하게 만드는 것이다.

현실과 끊임없이 접촉하고 있으므로 유머리스트에게는 탄력성이 있으며, 경쾌하고 섬세한 묘미가 갖추어진다. 온갖 형태의 자세, 허위, 현학적 난센스, 아카데믹한 어리석음, 사회적 허식은 슬쩍 요령있게 쫓겨나고 만다. 생각하는 바가 섬세해지고 기지를 이해하게 되므로, 자연히 현인의 품격을 갖추게 된다. 모두가 단순하고 모두가 명료하다.

생활과 사고의 단순성을 특징으로 하는 건전하고 분별 있는 정신은, 장차 유머러스한 사고방식이 오늘날보다 더욱 널리 행해져야만 얻을 수 있는 것이라고 내가 믿는 까닭이 여기에 있다.

인간성의 변덕스러움과 무궤도에 대하여

오늘날 여러 이론이 있겠지만, 나는 어디까지나 자유인을 찬미한다. 단연코 자유인을, 집 없는 선비를 찬미한다.

인간의 역행성(逆行性)이야말로 인류 문명의 유일한 희망이다. 그 이유는 아주 간단하다. 인간은 소에서 진화된 것이 아니라 원숭이에서 진화되었기 때문이다. 그러므로 성질이 역행적인 이유도 인간이 원숭이에서 진화된 것, 즉 고상한 원숭이에 불과하기 때문이다.

소는 소대로 온순하고 무슨 일에든지 만족하는 편이 좋을 것이다. 그러므로 인간의 명령 하나로 타고난 귀한 정신을 발휘하여 유유낙낙(唯唯諾諾) 목장에도 가고 도살장에도 가는 것이 좋다. 오로지 주인을 위해 희생해야 한다는 사실을 염두에 두라.

　나는 인간으로서 이같은 극히 자기중심적인 생각을 가지고 있다. 그러나 반면에 나는 인류를 아주 사랑하므로, 소 따위는 되고 싶지 않다. 소가 반란을 일으켜 인간의 콧대가 너무 세다고 느끼고 '좋다, 그렇다면 어디 두고 보자' 하여 변덕스럽게 굴거나, 이제까지처럼 기계적으로 움직이지 않게 된다면, 그때야말로 나는 비로소 소를 인간적이라 말해 주겠다. 내가 대체로 독재주의란 모두 나쁘다고 생각하는 것은 생물학적인 이유 때문이다. 독재자는 소와 함께 살아갈 수가 없다.

　유럽에서 발생한 개인적 자유의 전통이 왜 잊혀지고, 또 오늘날 어째서 다른 방향으로 추가 움직이는지를 검토하는 것은 쉬운 일이다. 그 이유는 두 가지인데, 첫째는 집산주의(集産主義)를 목표로 하는 오늘날의 경제운동의 결과이며, 둘째는 빅토리아 왕조 중기의 기계론적 관찰에 의한 유산이다.

　모든 종류의 집산주의 ― 사회적 · 경제적 · 정치적 ― 가 발흥하기 시작하고 있는 현대에는 인류가 인간적 반항성을 잊어버리고 그것을 상실하여, 결국 개인의 위엄마저 잃어가는 것은 당연하다고 생각한다. 다른 모든 형태의 인간적 사고를 압도하는 경제 문제와 경제 사상이 버티고 있으므로, 인간미가 있는 지식이나 개인적인 문제를 대상으로 하는 좀더 인간미가 있는 철학에 대해 우리는 아주 무지해지고 무관심해지는 것이다. 어쩌면 당연한 일이겠지만, 위궤양 환자가 언제나 위에 대한 것만 생각하듯이, 경제적으로 문제가 있는 사회는 언제나 경제만 생각하고 있다.

　그런데 그 결과 개인이라는 것에 대해 전혀 무관심하게 되고, 자기 존재를 잊어버릴 정도가 된다. 인간이 인간인 것은 인간다움 때문이다. 그런데 오늘날의 인간은 일반적으로 물질적 법칙이나 경제적 법칙에 맹목적으로 복종하는 자동인형으로 여겨지게 되었다. 우리는 이미 인간을 인간으로 생각하지 않고 톱니바퀴의 톱니 하나로서, 조합이나 계급의 일원으로서, 경멸적으로 불리는 '소시민 계급'으로서, 비난받아야 할 자본가로서, 혹은 노동자라는 이유만으로 동지라 불리는 노동자로서 생각한다.

소시민 계급이라든가 자본가라든가 노동자라는 표찰을 한 장 붙이기만 하면 그것으로 인간을 이해한 것이 되어서, 인간은 그 분류에 따라 쉽사리 미움을 받기도 하고 동지로서 갈채를 받기도 한다. 이미 개인도 인간도 아닌, 단순한 계급에 불과한 것이다.

이것은 너무도 사물을 간단히 처리해 버리는 것은 아닌가. 이상으로서의 자유인은 아예 모습을 감추고 말았다. 그리고 환경에 맞서 자유분방하게 작용하는 훌륭한 자유인적 소질을 가진 사람도 사라져 버렸다. 인간 대신 계급의 일원이 있을 뿐이고, 사상과 개인적 호오(好惡)와 개인적 성벽 대신 이데올로기, 즉 계급사상이 있을 뿐이다. 개성 대신 맹목적 힘이 있고, 개인 대신 인간의 활동 일체를 제약하고 예시하는 마르크스적 변증법이 있다. 결국 모두가 개미처럼 열심히 일들만 하고 있는 셈이다.

내가 지금 케케묵은 민주적 개인주의에 대해 말하고 있음에 불과하다는 것은 물론 알고 있다. 그러나 마르크스주의자도, 칼 마르크스 자신이 1세기 이전의 헤겔 논리학과 빅토리아 중기의 영국 정통 경제학파의 산물임을 상기해 주기 바란다. 현재에 이르러서는 헤겔의 논리학이나 빅토리아 중기 경제사상의 정통학파만큼 구식인 것은 없다. 중국인의 인본주의적 견지에서 보더라도 이것처럼 이해가 가지 않는, 거짓투성이에 몰상식하기 짝이 없는 것은 없다.

그렇지만 기계학이 그 공적과 자연 정복을 자랑하던 시대에, 이 인간 기계관이 출현한 유래를 우리는 잘 안다. 즉 이 과학은 도용당한 것이다. 그 기계적 논리는 자리를 옮겨서 인간사회에 적용되고, '자연법칙'이라는 당당한 이름은 인간문제 연구가들도 강하게 요망했던 것이다. 거기서 환경은 인간보다 위대하며, 개인이라고 하는 것은 거의 방정식으로 바꿀 수 있다는 학설이 설정되기에 이르렀다. 그것은 훌륭한 경제학일는지는 모르나 생물학으로서는 훌륭하지 못하다.

훌륭한 생물학이 인정하는 바로는, 외계에 대한 개개인의 반응력은 물질적 환경과 마찬가지로 생명 발전의 중요한 요인이다. 마치 현명한 의사가 환자의 기질과 개인적 반응이 투병에 아주 중요한 요인임을 인정하는 사실과 똑같은 것이다. 오늘날의 의사는 인간 개인의 힘이라는 것이 짐작할 수 없는 중요한 요인임을 더욱 절감하게 되었다. 이론적으로나 전례를 미루어 생각해도 전혀 살아날 가망이 없는 많은 환자가 간단히 죽음에서 벗어나고 완쾌되어 의사를 놀라게 한다. 같은 병을 앓고 있는 두 명의 환자에 대해 똑같은 치료를 한 다음 동일한 효과가 있으리라고 생각하는 의사가 있다면, 일종의 사회적 위협이라고 보아야 마땅하리라. 그런데 이 의사에 못지않게 사회에 위협을 주는 것은, 개인을 잊고 저마다 다른 반응력을 잊고 자유분방한 인간의 행동을 망각한 사회철학자이다.

개인주의론

오늘날의 사람들은 여러 가지 사상의 나라에 살고 있다. 어떤 사람은 온갖 양상의 사회 변혁에 위협당하고 있는 민주국가에 살고 있고, 어떤 사람은 민주주의의 이상으로 차츰 복귀되어 가는 공산주의 국가에 살고 있다. 또 어떤 사람은 독재체제 아래서 살고 있다(주민이 죽고 독재체제가 남을지, 독재체제가 허물어지고 주민이 남을지, 그 어느 쪽일까). 이같은 여러 경우가 있는데, 어느 경우든 간에 인간의 개인생활은 시대의 흐름에 온갖 방향이 주어지겠지만, 그래도 개성을 보유하는 하나의 완전한 실체로서 남는다.

개인은 생명의 궁극적 사실이기 때문에, 철학은 개인에서 시작되어 개인에서 끝난다.

개인은 그 자체가 목적이지, 인간 정신이 다른 것을 창조하기 위한 수단이 아니다. 영국 같은 세계 최대의 제국도, 서식스 지방의 개개인이 나름대로 행복하고 인간다운 생활을 하기 위해 있는 것이다. 그런데 사이비 철학은, 서식스 지방의 영국인은 대영제국의 존속을 위해 생활하는 것이라고 한다. 제아무리 훌륭한 사회철학이라도 영국과 같은 통치국에서 생활하면, 인간은 모두 행복한 개인생활을 할 수 있으리라는 정도 이상의 객관적인 이론을 말하려 들지는 않을 것이다. 만일 인간의 최종 목적으로서의 개인생활의 행복을 부정하는 사회철학이 있다면, 병적으로 그릇된 정신의 소산이다.

인간 문화라는 점에서 말한다면, 온갖 형태의 문화에 대해 최종적 가치판단을 내리는 것은 그 문화가 빚어내는 남녀의 타입이라고 생각한다. 미국에서 가장 현명하고 달견을 가진 인물 중 한 명인 월트 휘트먼이 그의 논문 〈민주주의의 전망〉 속에서 모든 문명의 최종 목표로서의 '개(個)'의 원리, 즉 '개성주의'를 밝히고자 노력한 것은 바로 이러한 뜻에서이다.

    그리고 생각이 여기에 이르고 보면, 만일 풍요롭고 윤택하며 변화무쌍한 개성주의가 아니라면, 문명 그 자체는 본디 무엇을 기초로 해서 서 있는 것일까? 종교와 예술과 학교 등을 소유한 문명은 그 밖에 도대체 무슨 목적을 가지고 있을까? 모든 일이 다 이 개성주의에 목표를 두고 있는 것이다

    오늘날 민주주의의 주장이 다른 주장보다 더 월등한 것은 무엇 때문인가? 그것은 개성주의 세상을 건설하려는 목적을 지닌 민주주의만이 대자연과 같은 거대한 규모

아래 인류의 무한한 황무지를 개간하여 씨를 뿌리고, 만인을 향해 정정당당한 경기를 해나가고 있기 때문이다.

　한 나라의 문학과 시가(詩歌)와 미학 등이 무엇 때문에 중요한 것인가? 그것은 주로 그것들이 그 나라의 여성과 남성에 대해 개성이 무엇인가를 알게 하는 재료와 암시를 주고, 무수히 효과적인 방법으로 그들에게 역설하기 때문이다.

궁극적 사실로서의 개성에 대해 휘트먼은 이렇게 말한다.

　인간이 가장 건전한 심경일 때에는 의식이 있고 뚜렷이 높은 사상이 있다. 일절 의지하지 않고 유아독존(唯我獨尊)하며, 별처럼 조용하게 영원히 빛나는데, 이것이야말로 본체론(本體論)의 사상이다. 즉 네가 누구건 네 것은 너의 것, 내가 누구건 내 것은 나의 것, 언어를 초월한 기적 중의 기적, 지상의 끝 중에서 가장 심령적이며 망막하고, 게다가 가장 엄연한 기초적 사실, 온갖 사실로 통하는 둘도 없는 문(門)이 경건한 황홀에 심취하고 심원한 천지의 경이 속에 있으면 '무엇을 가지고 심원하다 하겠는가, 천지의 중추에 내가 앉았거늘.' 고래의 신조도 전통도 모조리 힘을 잃고, 이 간단한 자아의 관념 앞에서는 무가치한 것이 되고 만다.

　환상이 진실로 빛나는 곳에 자아의 사상은 독존하고 광채를 발한다. 이야기 속의 난쟁이처럼 한번 자유를 얻어 지상을 떠나면 천지에 퍼지고 천상에까지 이른다.

이 전형적인 미국 철학자가 개인의 영광을 아주 잘 서술한 글 가운데서 더 많은 것을 인용하고 싶은 생각이 간절하지만 다음과 같이 요약해 두겠다.

　……그래서 마지막 결론과 요약은(이것이 없으면 만물의 운행은 일체 목적이 없어지고 속임수이며 파멸이다) 간단한 사상에 불과하다. 최종 최선의 바탕은 인성(人性) 그 자체

에 있다. 아무 미신도 수반하지 않은 인간 고유의, 정상적이고 무르익은 소질에 있는 것이다.

민주주의의 목표는 어디 있는가? 온갖 변질을 타개하고 끝없는 조소와 논의와 표면상의 실패를 돌파하고, 온갖 위험을 무릅쓰며, 다음과 같은 교의(敎義)나 이론을 천명하는 데 있는 것이다. '최고 최선의 자유 가운데 올바로 훈련된 인간이야말로 하나의 법칙, 일련의 법칙이 될 것이다. 아니, 되어야만 한다.'

결국 중요한 것은 우리의 환경이 아니라, 그 환경에 대해 어떤 반응을 보이느냐 하는 것이다. 프랑스, 독일, 영국, 미국은 모두가 같은 기계문명 속에서 생활하고 있지만 그 생활하는 방식과 지닌 맛은 모두 다르며, 각국이 그 정치 문제를 각각 다른 방법으로 해결하고 있다. 인간에게 이런 다양한 생활을 할 수 있는 여지가 있음을 알면서, 또 화물 자동차를 운전하는 두 운전사라도 익살을 이해하는 방법은 다르다는 것을 알면서, 인간이 기계의 힘으로 인해 누구나가 똑같은 따분한 상태에 빠져 버리게 된다는 것은 어리석기 짝이 없는 일이다.

여기에 두 아들을 둔 아버지가 있어, 두 아들에게 같은 교육을 시켜서 함께 사회에 내보냈다고 가정하자. 그러면 두 아들이 각각 스스로의 내부적 법칙에 따라서 차츰 그 생활을 형성해 나가는 모습이 아버지에게 이해가 될 것이다. 두 사람이 같은 액수의 자본금이 있는 은행의 은행장이 되었다 하더라도, 여러 가지 생활 관계나 행복을 형성하는 제반 사정은 각기 다르다. 주소나 말투나 기질도 다르고, 그 책략과 문제를 다루는 법도 다르거니와, 행원에 대한 태도 역시 다르다. 행원들에게 두려워 보이는가 존경받고 있는가, 가혹하고 고집쟁이인가 쾌활하고 태평한 자인가 하는 차이가 있을 것이다. 돈을 모으는 법과 돈을 쓰는 법도 다르거니와 오락, 친구, 사교 클럽, 독서, 부인 등 개인생활도 가지각색일 것이다.

　신문의 사망자 난을 보면, 같은 시대에 생활하고 같은 날에 죽은 사람들이 전혀 다른 생활을 해온 것에 놀라지 않을 수 없다. 즉 동일한 환경에 있더라도 그처럼 많은 변화가 있을 수 있는 것이다. 어떤 사람은 열성적으로 확신을 가진 작업에 힘을 내고, 그 속에서 행복을 발견한다. 누구는 산전수전을 겪고, 누구는 발명하고, 누구는 탐험하고, 누구는 농담을 하고, 누구는 성미가 까다로워 유머가 없고, 누구는 명성과 부귀를 향해 로켓처럼 날아가지만, 로켓의 화약 가스 속에서 고꾸라지고 만다. 또 누구는 얼음장사와 석탄장사를 해서 금화로 2만 달러나 벌었지만, 창고 속에서 칼침을 맞고 죽는다.

　진실로 이런 것이다. 인간생활은 고도로 발달한 산업시대에도 어이없을 정도로 기묘한 것이다. 인간이 인간으로서 존재하는 동안은 이 갖가지 양상에 부닥치는데, 이것이 인생의 묘미인 것이다.

　그렇지만 개인이 중요한 것은, 개인생활이 모든 문명의 목적이기 때문은 아니다. 사회생활과 정치생활과 국제관계의 개선은 한 민족을 구성하는 개인의 행동과 기질의 총화에서 오는 것이 사실이며, 그것은 결국 개인의 기질과 성질이 어떠한가에 따른 것이다. 그러므로 한 나라의 정치와, 어느 단계에서 다음 단계로 나아가는 국가의 진화를 결정하는 요인은 국민의 기질에 달려 있다. 다시 말하면 산업 발전의 법칙을 초월하여, 어느 국민이 어떤 종류의 일을 하고, 어떤 식으로 문제를 해결하는 버릇을 가졌느냐 하는 한층 중요한 요인이 있기 때문이다.

　루소는 프랑스 혁명의 진로와 나폴레옹의 출현을 예측할 수 없었다. 칼 마르크스 또한 사회주의 이론의 실제적 발전과 스탈린의 출현을 예견치 못했다.

　프랑스 혁명의 진로는 자유, 평등, 박애라는 모토에 의해 결정된 것이 아니라, 일반적으로는 어떤 특색 있는 인간성에 의해, 특수하게는 프랑스인의 어떤 특색 있는 기질에 의해서 결정되었던 것이다. 칼 마르크스의 사회혁명의 진로에 관한 예언은, 그 엄숙한 변증법이 있었음에도 불구하고 참담하게 실패했다. 프롤레타리아 혁명은 그가 예언했듯이, 논의의 모든 법칙에 입각하여 산업문명이 가장 발달하고 강력한 노동계급이 있는 곳에서 일어났어야만 했다. 첫째는 영국이나 미국, 아니면 독일일는지도 모른다는 예상이었다. 그런데 공산주의는 유력한 프롤레타리아 계급이 전혀 존재하지 않는 러시아 같은 농업국에서 첫 실험의 기회를 얻었다.

칼 마르크스가 계산에 넣지 않은 것은, 영국인이나 미국인의 인간적 요인이었다. 즉 영국인이나 미국인의 일하는 방식이나 문제를 다루는 법이었다. 대체로 미숙한 경제학의 큰 실수는 국민적 문제의 바탕에 작용하는 일종의 불가해한 요인의 탐구가 소홀한 데에 기인한다.

이론이나 슬로건을 안 믿는 영국인의 기질, 필요할 경우에는 느릿느릿 볼품없는 세공을 하지만, 아무튼 항시 느긋하게 그 진로를 발견하는 영국인의 수법, 개인적 자유를 애호하는 앵글로색슨의 기질과 자존심, 그리고 상식과 질서에 대한 사랑, 이것들은 영국과 미국에서 사건의 진로를 결정함에 있어, 독일식 변증법학자의 모든 논리보다도 훨씬 강력한 요소인 것이다.

이와 같이 국민적 문제의 처리와 그 사회적 발전과 정치적 발전의 진로는 결국 국내의 모든 사람을 지배하는 일정한 관념에 의해서 한정되는 것이다. 이 민족적 기질, 즉 우리가 추상적으로 '국민의 천품'이라 일컫는 것은 결국 국민 전반에 걸친 개인의 총화이다. 왜냐하면 민족적 기질이라는 것은 어떤 문제나 위기에 부닥쳤을 때 그에 대처하는 국민성이기 때문이다.

이 타고난 기질이 어떤 시문의 재주 이상인 것처럼 생각하고, 중세기 신학의 영혼과 같이 신화적 존재라고 생각하는 것은 매우 잘못된 생각이다. 한 국민의 타고난 기질이란 곧 국가의 일을 해나가는 태도와 방법인 것이다. 그것은 한 나라의 '운명'에 대해 생각하는 경우처럼 독자적 존재를 가진 추상물과는 달리, 오직 행동으로만 인정받을 수 있는 것이다.

어떤 사태나 위기에 직면했을 때, 국민의 최종 진로를 결정하는 것은 일종의 선택 문제이다. 어느 것을 취하고 어느 것을 버리며, 어느 것을 좋아하고 어느 것을 싫어한다는 문제에 귀착해 버리고 만다. 옛 학파의 역사가는 헤겔을 본받아, 한 나라의 역사는 관념의 발전이며, 일종의 기계적 필연에 의한 행진에 불과하다고 생각하는 경향이 있다. 그에 반해 좀더 올바로 이해하는 현실적 역사관은 대부분 우연의 문제라고 본다.

중대한 시기에 당면할 때마다 국민은 선택을 했다. 그때 상반되는 세력, 대립하는 정열 사이에 투쟁이 벌어지게 되는데, 어떤 감정이 다소 많거나 다른 감정이 다소 적거나에 따라서 저울은 어느 한편으로 기우는 것이리라. 이러한 특정 위기에 나타나는 이른바 국민의 타고난 기질이란, 어느 것을 더 소유하고 싶다거나 이것으로 충분하다거나 하는 의지를 분명히 하는 국민의 결의이다. 결국 모든 국민은 저마다 좋아하는 것과 마음에 맞는 것을 취해서 나가고, 참을 수 없는 것은 버리고 가기 때문이다. 이런 선택은 국민의 사조, 일련의 도의적 감정, 사회적 편견에 입각하여 이루어지는 것이다.

유교는 세계 평화의 문제를 개인생활의 수양에 결부시켰다. 송나라 시대 이후의 유학자가, 학생이 배워야 할 것으로 결정한 교훈 중에 아래의 구절이 포함되어 있다.

예전의 명덕(明德)을 천하에 밝히고자 하는 사람은 먼저 그 나라를 다스렸고, 그 나라를 다스리고자 하는 사람은 먼저 그 집을 다스렸다. 그 집을 다스리고자 하는 사람은 먼저 몸을 닦았고, 그 몸을 닦고자 하는 사람은 먼저 마음을 바르게 했다. 마음을 바르게 하고자 하는 사람은 먼저 뜻을 참되게 했다. 그 뜻을 참되게 하고자 하는 사람은 먼저 알아서 깨닫는다. 알아서 깨달음은 사물의 이치를 연구함에 있다. 사물의 이치를 연구하면 깨달음에 이른다. 알아서 깨달은 후에야 뜻이 참되게 된다. 뜻이 참되게 된 후에는 마음이 올바르게 된다. 마음이 올바른 후에야 몸을 닦는다. 몸을 닦은 후에야 집을 다스린다. 집을 다스린 후에야 나라를 다스린다. 나라를 다스린 후에야 천하가 태평해진다. 천자(天子)로부터 서민에 이르기까지 전심전력으로 몸을 닦는 것을 근본으로 삼는다. 그 근본이 어지러우면 그 끝이 다스려질 수 없다. 나무 줄기가 가늘면 그 가지가 무겁고 튼튼할 수가 없다. 사물에는 근본과 끝이 있으며, 일에는 시작과 마침이 있다. 먼저 하고 뒤에 할 바를 알면 곧 도(道)에 가깝다.

누가 인생을 가장 잘 즐기는가　제5장

너 자신을 발견하라 — 장자

근대사회에서 철학자라는 존재는(그런 인간이 실제로 있다면) 대개가 세상에서 가장 존경받는 인간이거나 가장 소외당하는 인간이다.

'철학자'라는 말은 단지 사회적 존칭이 되고 말았다. 현묘하고 까다로운 사람을 '철학자'라고 하며, 현실에 초연한 사람도 '철학자'라고 한다. 후자의 뜻이라면 다소 수긍이 간다. 셰익스피어가 〈뜻대로 하세요〉라는 작품에서 스톤에게 "양치는 이여, 그대는 철학이라도 가졌는가"라는 말을 하게 했는데, 그것은 후자의 뜻으로 쓰인 것이다.

그러한 의미에서는 철학자라는 것이 자연과 인생 전반에 관한 평범하고 조잡하며, 흔히 있는 사고방식에 불과하다. 이 정도의 것이라면 누구라도 조금씩은 가지고 있다. 현실의 전경(全景)을 그 표면적 가치에서 바라보기를 거부하고, 또 신문 지상의 말을 믿기를 거부한다면, 누구든 어떤 점에서는 철학자라 할 수 있을 것이다. 즉 철학자란 속아넘어가지 않는 인간이라고 할 수 있다.

대체로 철학에는 언제나 깨달음의 참맛이 있다. 철학자가 인생을 바라보는 눈은 화가가 경치를 바라보는 것과 같아서, 베일이나 안개를 통해서 바라보는 것이다. 그러면 사물 자체의 원래 모습은 다소 흐려지므로, 오히려 그 윤곽을 쉽게 짐작할 수 있다. 적어도 중국의 예술가나 철학자의 사고방식은 이런 것이다. 그러므로 철학자라면 그날그날 자기의 일에 파묻혀, 그 성패득실(成敗得失)만이 진실이라고 생각하는 철저한 현실주의자와는 정반대의 입장에 있는 사람이다. 이런 사람은 사물에 의혹을 갖지도 않으므로, 어떻게 할 수도 없거니와 무엇을 시킬 수도 없다. 그래서 공자는 "어떻게 하나, 어떻게 하나 하고 말하지 않는 사람은 나도 어떻게 해볼 도리가 없다"라고 말했다. 이 한 마디는 내가 공자의 말씀 중에서 거의 찾아볼 수 없었던 의식적인 해학의 하나이다.

나는 이 장에서 중국 철학자들이 생각한 인간의 생활방식에 대해 얼마간 언급하겠다. 이들의 생각은 각기 다르지만, 한편으로는 일치하는 점도 있다. 즉 인간은 현명해야 하고, 유쾌한 생활을 하기에 주저해서는 안 된다는 것이다. 맹자의 생각은 적극주의로 여겨지고, 노자의 생각은 노련한 평화주의로 여겨지지만, 그만큼 또 두 사람은 이른바 중용철학 속에 융합하게 되는 것이다. 그러나 나는 이 철학을 일반 중국인의 종교라고 생각한다. 활동과 무위의 대립은 모종의 타협, 즉 이 지상에 만들어진 극히 불완전한 천국에 만족한다는 사고방식으로 끝나는 것이다. 여기서 현명하고 쾌활한 생활철학이 생기는데 중국의 모든 역사를 통하여 최대의 시인이며 최고의 조화적 인격이라 할 수 있는 도연명(陶淵明)의 생활에서 그 전형을 찾아볼 수 있다.

중국의 모든 철학자가 최대의 중요사라고 무의식중에 생각하는 유일한 문제는 '어떻게 인생을 즐길 것인가, 누가 인생을 가장 잘 즐기는가' 하는 것이다. 그것은 저 완전주의도 아니고, 바라서는 안 되는 것을 바라고 알 수 없는 것을 알려고 하는 것도 아니다. 다만 이 가련한 인생의 모습을 직시하고, 평화롭게 일하고, 의연하게 참고, 유쾌하게 살려면 생활을 어떻게 설계해야 할 것이냐를 문제로 하는 것이다.

'과연 우리는 어떤 존재인가?' 최초의 문제가 이것이다. 그것은 정말 답변이 불가능한 문제이다. 그러나 일상의 활동에 안달하며 동분서주하는 우리의 자아는, 결코 진실한 자아가 아니라는 사실에 우리는 모두 동의를 표한다. 단지 이 세상에 존재하는 것만을 찾는다면, 무엇인가 모자람은 우리 모두가 인정하는 사실이다.

여기 무엇인가를 찾기 위해서 들판을 뛰어다니는 사람이 있다고 하자. 그리고 그 모습을 바라보고 있는 모든 사람에게 어떤 현자가 "저 사람이 무얼 잃어버렸는지 맞혀 보시오" 하고 질문할 수 있을 것이다. 어떤 사람은 시계라고 하고, 어떤 사람은 다이아몬드 브로치라고 대답할 것이다. 그 밖의 사람들도 갖가지로 상상하겠지만 그것은 결국 다 틀린 것이다. 현자도 그 사람이 무엇을 찾고 있는지는 모르지만 뭇사람을 향해 "그대들에게 가르쳐 주겠소. 저 사람은 뭔가 몹시 소중한 것을 잃어버린 것이오"라고만 말할 것이다. 그 말이 지당함은 그 누구도 부인하지 못한다.

이와 마찬가지로 우리는 분주히 생활하는 동안에 종종 참된 자신을 망각한다. 그것은 마치 사마귀를 노리는 새가 위험을 망각하고, 사마귀 또한 다른 먹이를 노리느라고 자신에게 닥친 위험을 망각하는 것과 같다. 맹자가 공자의 말씀을 훌륭하게 기술했듯이, 장자는 노자의 뜻을 훌륭하게 계승했다. 그들은 자기 스승과는 약 1세기나 떨어져 있다. 노자가 공자와 거의 동시대에 살았듯이, 장자는 맹자와 동시대에 살았다. 그렇지만 맹자와 장자는 다음과 같은 점에서 일치한다. 즉 인간은 무엇인가 소중한 것을 잃어버리고 있으므로, 철학의 중요 임무는 잃어버린 것, 여기서는 맹자의 이른바 '갓난아이의 마음'을 발견하고 되찾는 데 있다는 것이다.

맹자는 "'위인'이란 그 어릴 때의 순수한 마음을 잃지 않는 사람이다"라고 말했다. 맹자는 문명의 기교적 생활이 인간의 타고난 천진함에 끼치는 영향을, 산림을 마구잡이로 베어내는 것과 같다고 말했다.

　　맹자가 말하기를, 우산(牛山)의 나무가 전에는 아름다웠다. 그런데 도시 근처에 있어서 도끼에 찍혀 고이 자랄 수 없게 되었다. 이에 밤과 낮이 숲을 쉬도록 해주고 비와 이슬이 거름을 주어 그루터기에 싹이 돋아나지만, 소와 양을 방목하여 다시 벌거숭이가 되고 말았다. 사람들은 그 벌거숭이 산을 보며 우산에는 큰 나무가 없었던 줄로 알지만, 그게 어찌 산의 본래의 모습이겠는가.

　　사람으로 태어난 자, 어찌 본디 인의(仁義)의 마음이 없었으랴. 그 양심을 잃음이 또한 도끼로 나무를 찍음과 같은 것이다. 날마다 이를 찍어내면 양심이 밤낮으로 되살아나고 새벽 공기에 소생하나, 인의를 좋아하고 불의를 미워함이 남과 같지 못함은 낮에 하는 행위가 또 이것을 어지럽혀 잃게 하기 때문이다. 인간이 타고난 본성을 쉬지 않고 도끼질하면 밤 동안의 휴식과 건강의 회복 또한 무용지물이 되고 만다. 밤 사이의 휴식이 전혀 효험이 없으면, 그 인간은 짐승과 다를 것이 없다. 사람들이 그 짐승 같음을 보고 본디 인의의 재질이 없는 줄로 알지만, 그것이 어찌 인간의 본성이겠는가.

　　그러므로 만물이 육성될 힘을 얻으면 반드시 성장하고, 육성될 힘을 잃으면 반드시 소멸되고 만다. 공자가 '꼭 잡아 지키면 남아 있고, 방치하면 없어진다. 드나듦이 일정치 않고 머물러 있는 일정한 장소를 알 수 없다'고 한 것도 바로 이 마음을 가리킨 것이다

정(情)·지(智)·용(勇) — 맹자

인생을 가장 즐길 수 있는 이상적인 성격은, 마음에 온정이 있고 근심이 없

으며, 그러면서도 용기 있는 성격이다. 맹자는 이른바 '위대한 현인'이 이루는 덕으로서 세 가지의 덕을 들었는데, '지(智)·인(仁 : compassion)·용(勇)'이 그것이다. 나는 compassion이라는 말의 com을 떼어버리고, 위대한 현인의 성격을 '정(passion)·지·용'으로 생각하고 싶다. 다행히도 영어에는 passion이라는 단어가 있어서, 중국어의 '정(情)'이라는 말과 흡사한 뜻으로 사용되고 있다. 이 두 말은 모두 성적 열정이라는 좁은 뜻에서 나왔지만, 그보다는 좀더 넓은 뜻을 지니고 있다. 장조(張潮)는 "정이 있는 사람은 항상 이성을 사랑하지만, 이성을 사랑하는 사람이 언제나 정이 있다고는 할 수 없다. 정은 인간세계의 바탕을 지탱하는 것이지만, 재주는 그 지붕을 채색하는 것이다"라고 말했다.

따라서 정이 없으면 인간은 이 세상에 태어나서 아무것도 할 수 없다. 인생의 기쁨, 빛나는 별, 음악의 곡조, 꽃의 환희, 새의 날개, 여자의 아름다움, 학구적인 생활, 이것들은 모두 정다운 표현인 것이다. 표현이 없는 음악을 생각할 수 없듯이, 정이 없는 마음은 있을 수 없다. 정이야말로 인생을 유쾌하게 살 수 있는 따뜻한 기분과 풍부한 생명력을 주는 것이다. 중국의 문인들이 정을 passion이라는 단어에 적용시켜 표현하는 것은 어쩌면 잘못인지도 모른다. passion보다는 조용하고 광기로 날뛰는 정열이라는 격한 뜻이 비교적 약한 '센티멘트'라는 말로 번역해야 할까? 아니면 왕년의 로맨티시스트가 일컬은 '센시빌리티'라고 생각해야 할까? 이것은 따뜻하고 여유 있는 예술가적 심정 속에서 찾아볼 수 있다.

이 패션이라는 감정, 혹은 그보다 좀 부드러운 뜻의 센티멘트라는 것은 우리가 태어날 때부터 약간은 가진 것으로, 우리가 양친을 선택하여 세상에 태어날 수 없듯이, 우리는 나면서부터 냉정한 성격이나 따뜻한 성격을 자기 뜻대로 선택할 수 없다. 사람의 힘으로는 어쩔 수가 없다. 불행하게도 이것은 사실이다. 한편 마음속까지 냉정함을 지니고 태어나는 어린아이는 없다. 우리가 마음의 온기를 상실하는 것은, 오직 청년시절의 싱싱한 심정을 잃는 정도에 비례할 뿐이다.

중년이 되면 우리의 다감한 성격은 무자비한 환경 때문에 말살되고, 질식당하고, 냉각되고, 또 위축될 경우가 있다. 그 이유는 대개 이런 순정을 잃지 않도록 노력하지 않은 우리의 태만함에 있거나, 혹은 무자비한 환경의 영향에서 벗어날 힘이 없는 까닭이다. '처세체험'을 배우는 도중에 외부의 많은 힘이 우리의 본래의 천성에 작용하기 때문에 자기를 무감각하게 하고, 기교적이게 하며, 때로는 냉혹하고 무정해지는 것을 배운다. 그래서 약간의 경험을 쌓은 것을 으스댈 무렵에는 신경은 더욱 둔감해지고 마비되고 만다.

정계와 실업계에서는 특히 이런 경향이 심하다. 그 결과 누구든 밀어젖히고 자신이 선두로 나서는 저 가공할 '재주꾼'이 나타난다. 강철 같은 의지와 군센 결의는 있지만, 인간으로서의 인정미는 거의 사라지고 겨우 흔적만 남는 사람도 있다. 이런 사람은 인정미 같은 것은 터무니없는 이상주의나 감상에 지나지 않는다고 생각한다. 내가 경멸하고 싶은 것은 이런 사람들이다.

세상에는 냉정한 사람이 너무 많다. 만일 단종(斷種)이라는 것을 국가 정책으로 행한다면, 도덕심이 결여된 자, 미적 감각이 썩은 자, 정감이 무딘 자, 잔인하고 냉혹하게 출세하는 자, 구제하기 힘든 냉혈한, 혹은 인생의 멋을 잃은 모든 인간들부터 먼저 단종에 착수해야 할 것이다. 생활고 때문에 정신장애자가 된 사람이나 그 희생이 된 사람보다도 오히려 그들을 먼저 단종해야 한다.

정열이나 인정이 있는 사람은 어리석은 짓이나 엉뚱한 일을 저지를 수도 있으나, 인간에게 그것이 없다면 우스꽝스러우며 한 장의 만화에 지나지 않는다. 저 도데의 사포에 비하면 이런 인간은 벌레나 기계나 자동인형이나 땅

위의 가장 추악한 것에 지나지 않는다. 매춘부 중에도 성공한 실업가보다 더 고상한 사람이 많이 있다. 사포는 죄를 범했을지는 모르지만, 그것이 어떻다는 것인가. 물론 그녀는 죄를 범했지만, 그녀는 인간을 사랑했다. 강하게 인간을 사랑할 수 없는 사람이라면, 그 죄는 대체로 용서되어야 한다. 아무튼 그녀는 현대나 다름없는 가혹한 사회에서 태어났지만, 수많은 백만장자보다는 훨씬 건강한 애정을 가졌었다.

막달라 마리아를 숭배함은 마땅하지만, 정열이나 인정미가 있기에 언젠가는 그에 알맞은 속죄를 해야만 되는 잘못에 빠짐은 부득이하다. 그러나 세상에는, 죄지은 어머니가 자기에게 죄가 있으므로 오히려 보다 훌륭한 사랑의 판단을 내릴 수 있는 경우도 있다. 혹은 또 세상에 흔한 엄격하고 준엄한 사람들처럼 인생을 보내지 않고 가족과 좀더 즐거운 생활을 했더라면, 하고 나이가 들고 나서 생각하는 어머니도 반드시 있을 것이다.

전에 친구한테 들은 이야기인데, 78세 된 어떤 노파가 "78년의 생애를 돌이켜보니 내가 죄를 저질렀을 때 일을 떠올리면 정말 유쾌하지만, 내가 우둔했던 일을 생각하노라면 이 나이가 되어서도 결코 나를 용서할 수 없습니다"라고 말했다고 한다. 그렇지만 이렇게 따뜻하고 너그러운 도량을 가지고 세상에 대처해 나가기 위해서는 하나의 철학을 가지고 자신을 지켜야만 한다. 왜냐하면 세상은 가혹하여 온정만으로는 살기가 힘들기 때문이다. 이 때문에 정은 지와 용에 결부되어야만 한다. 나는 슬기도 용기도 모두 동일한 것이라고 생각한다. 왜냐하면 용기란 인생을 잘 이해하는 데서 생기기 때문이다. 그래서 인생을 완전히 이해하는 자에게는 언제나 용기가 있다. 우리가 쓸데없는 야심을 부정하고, 사상에 관한 것이나 생활에 관한 것이나 이 세상의 망집(妄執)을 버릴 때에 비로소 슬기와 용기는 이어지는 것이다.

이 세상에는 적지 않은 망집이 있다. 중국의 불교도는 여러 가지 작은 망집을 크게 명성과 부귀로 분류했다.

그에 따르면, 옛날 건륭 황제(乾隆皇帝)가 남중국을 여행하다가, 바다가 내려다보이는 언덕에 올라 많은 돛단배가 바쁜 듯이 지나 해를 오가는 것을 바라보았다. 그때 황제가 옆에 있는 신하에게 "저 수백 척의 배 안에 있는 사람들은 무엇을 하고 있는 것이냐?"고 묻자, 신하는 "두 척의 배가 보일 뿐입니다. 배 이름은 '명예'와 '부귀'라고 합니다"라고 대답했다는 것이다.

교양 있는 많은 사람들은 부의 유혹을 뿌리칠 수 있지만, 명예의 유혹을 물리치기란 극히 위대한 사람이 아니면 힘들다. 옛날에 한 승려가 세속적 번뇌의 두 원천에 대해 제자에게 말했다. "명예욕을 버리는 것보다는 금전욕을 버리는 편이 보다 쉽다. 숨어 사는 학자나 승려조차도 역시 그 동료 사이에서 두각을 나타내어 이름을 떨치고자 한다. 많은 청중이 있는 공식석상에서 설교를 하고 싶어서, 너와 나처럼 스승 한 명 제자 한 명이 있을 뿐인 작은 절에 숨어 있고 싶어하진 않는 것이다." 그러자 제자는 대답했다. "스님, 정말 그렇습니다. 스님이야말로 명예욕을 극복한 유일한 분이십니다." 이 말에 스님은 미소했다.

나 자신의 눈으로 인생을 관찰한 바에 의하면, 인간적 망집의 이같은 불교도적 분류는 완전한 것이라고 할 수 없다. 인생의 큰 망집은 두 가지가 아니라 세 가지이다. 즉 명예와 부귀와 권력이다. 이 세 가지를 하나의 큰 망집으로 포괄할 만한 말이 미국에 있는데 '성공'이 바로 그것이다. 그러나 많은 현명한 사람들이 알고 있듯이 성공, 즉 명예와 부귀에 대한 욕망이란 실패, 빈곤, 무명(無名)에 대한 공포를 완곡하게 표현한 명칭이며, 이같은 공포가 우리의 생활을 지배한다.

세상에는 이미 명성과 부귀를 얻고서도 여전히 사람을 지배하려고 안간힘을 쓰는 사람이 많다. 이런 사람은 그 나라를 위해 자기 생활을 바치는 사람이지만, 그러나 때로 그 희생은 아주 큰 것이다.

일단 명성이나 권력의 망집에 사로잡히게 되면 인간은 곧 그 밖의 모든 우발적인 망집의 노예가 되고 만다. 남의 생활을 개선하고 그 덕성을 높이고 악을 뿌리뽑겠다고 말하는 그런 사람은, 자기가 진실로 가치 있는 어떤 일을 한다고 생각하여 실제로 훌륭한 인물이 된 것 같은 환상에 빠진다.

이에 버금가는 사회적 망집이 여기 있다. 강력하고 일반적인 망집으로서, 다른 사람에게 멋있게 보이고 싶다는 바로 그 생각이다. 자기의 자연스러운 모습을 유지하는 용기 있는 사람은 사실 드문 것이다. 그리스의 철학자 데모크리토스는 자신이 두 가지의 큰 공포, 즉 신의 공포와 죽음의 공포로부터 인간을 해방시켜 주었으니 위대한 일을 했다고 생각했다. 그렇지만 죽음과 신의 공포만큼이나 보편적인 또 하나의 공포로부터 우리를 해방시켜 주지는 못했다. 그것은 즉 이웃 사람에 대한 공포이다. 신이나 죽음의 공포로부터 해방된 사람이라도 이웃 사람, 즉 인간에 대한 공포로부터 해방된 자는 얼마 되지 않는다. 의식적으로든 무의식적으로든 간에 우리는 세상 모든 사람에게 인정을 받는 역할과 모습으로 연극하는 인생의 배우이다.

연극적 재능은 그 연극의 일부로서 관계가 깊은 모방의 재능과 함께, 우리가 원숭이 족속으로부터 이어받은 습성 중에서 가장 두드러진 특징이다. 의심할 여지 없이 사람들이 보아주기를 바라는 인간의 습성에서 오는 유익한 점이 여러 가지 있다. 가장 쉽게 눈에 띄는 것이 관중의 갈채를 받기 때문이지만, 갈채가 크면 무대 뒤에서의 걱정도 그만큼 많다. 그러나 그것 또한 일종의 살아가는 방법이다. 그러므로 대중이 좋아하는 식으로 자기 역할을 연출하더라도 결코 수치가 아니다.

다만 한 가지 마땅치 못한 것은 배우가 인간의 자리에 대신 앉아 본래의 인간이 완전히 상실되어 버리는 일이다. 명성과 높은 지위가 있더라도 그저 항상 미소를 띠우고 본래의 자기를 바꾸지 않는 엘리트들은 그다지 많지 않다. 이런 사람들이야말로 연극은 그저 연극일 뿐이라는 것을 알고 있는 사람이며, 지위와 신분, 재산과 부귀 같은 인위적인 환상과는 무관한 인물로서 찾아오는 사람들을 언제나 관대한 미소로 받아들이고, 자기는 보통 사람들과 다르다는 생각은 하지 않는 사람들이다. 그 개인생활에서 본질적으로 간소한 생활을 하는 사람들은 이런 계층의 사람들이며, 이런 사람들이야말로 참으로 위대한 정신의 소유자이다. 대체로 간소하게 사는 것이 언제나 참으로 위대한 사람의 징표가 되는 것은, 그들이 위와 같은 갖가지 환상을 받아들이지 않기 때문이다. 세상에서 가장 불쌍한 사람은 누가 뭐라고 해도 자기가 위대하다는 착각에 빠져 있는 보잘것없는 시골 벼슬아치, 보석을 자랑스럽게 남에게 내보이는 벼락부자가 된 사교계의 여자나, 불후의 작가 대열에 끼게 되었다고 확신하며 지금까지 해온 그 간소하고 자연스러운 생활을 잃어버리는 신출내기 작가들이다.

우리의 연극적 본능은 이토록 심각한 것이므로, 때에 따라선 무대를 떠나서 살아야 한다는 것을 잊어버리는 것이다. 이리하여 우리는 땀흘려 열심히 일하고 인생을 살아가지만, 그것도 참된 인간의 본능에 따라서 자기를 위해 살아가는 것이 아니라, 사회로부터 추대받기 위해 살아가는 것이다.

중국의 속담에 있듯이 '남의 집 처녀의 혼례 의상을 만들고 있는 노처녀'와 같은 것이다.

냉소 · 어리석음 · 위장—노자

매우 심술궂은 노자의 '노회(老獪) 철학'은 예부터 중국인의 최고 이상인 평화와 관용, 소박, 자족 정신의 바탕이 되어 왔다. 이것은 언뜻 보기에는 역설적으로 보이지만 사실이다. 이같은 가르침에는, 어리석은 이의 예지와 위장의 유익과 약자의 힘, 또는 진실한 뜻에서의 회의로 일관하는 자의 소박함이 내포되어 있다고 하겠다. 나무꾼이나 어부의 자연생활에 대한 시적 환상과 찬미에 차 있는 중국 예술은 이같은 철학이 없이는 존재할 수 없다.

중국인의 평화주의의 바탕에는 인생을 살아가는 데 어느 정도의 손실은 염두에 두지 않고 행운이 돌아오기를 기다리는 편이 낫다는 생각이 있다. 그것은 다음과 같은 신념에 기인한다. 즉 동(動)과 반동(反動)의 법칙에 의해 운행되고 있는 자연을 그 모태(母胎)로 하는 만물의 도식(圖式) 속에는 영구적으로 우월한 지위에 있는 자도 없거니와, 평생 역경에서 헤어나지 못하는 '어리석은 자'도 있을 수 없는 것이다.

> 큰 지혜는 우둔함과 같고,
> 뛰어난 웅변은 오히려 눌변(訥辯)과 같다.
> 자꾸 움직이면 추위를 이기고,
> 가만히 있으면 더위를 이긴다.
> 조용히 덕을 베풀면 천하의 주인이 되는 것이다.

자연의 큰 도(道)에서는 영원히 우위에 있는 것도 없거니와, 평생 역경에서 헤어나지 못하는 큰 어리석은 자도 없다는 것을 알면, 당연한 결론으로서 인생은 하등 다툴 필요가 없다는 것을 알게 된다. 노자는 "현자는 그 다투지 아니함으로써 천하 또한 이와 다투는 일이 없다"고 했다. 그는 또 다음과 같이 말하고 있다.

힘으로 밀고 나가는 자는 곱게 죽지 못한다.
나는 이 교훈을 가르침의 근본으로 삼으리라.

현대인이라면 여기에 덧붙여서 '비밀경찰의 도움 없이 독재를 강행할 수 있는 자가 있다면 데려오라. 나는 그 부하가 되어주마'라고 쓸 것이다. 그래서 노자는 "천하에 도가 서면, 군마(軍馬)는 물러나서 밭을 갈리라" 하고 말한다.

훌륭한 전사는 남을 앞지르지 아니하고,
잘 싸우는 사람은 그 노여움을 드러내지 않는다.
적을 잘 이기는 사람은 어울려 싸우지 아니하고,
사람을 잘 부리는 사람은 겸손하게 행동한다.

이를 일러 남과 다투지 않는 덕이라 하고,
이를 일러 사람을 부리는 힘이라 하며,
이를 일러 하늘의 도에 짝한다 하거니와,
예부터 내려오는 도의 극치다.

동과 반동의 법칙은 힘에 대항하는 힘을 낳는다.

도로써 임금을 돕는 사람은,
병력으로 천하를 강제로 정복하지 않는다.
그 일은 응보로 되돌아오기 때문이다.
군대가 머물렀던 곳에는 가시나무가 생겨나고,

대전(大戰) 뒤에는 반드시 흉년이 있게 마련이다.
그러므로 명장은 목적의 달성에만 기뻐하며,
구태여 승리의 이점을 취하려 하지 않는다.
목적을 이루되 자랑하지 말고,
목적을 이루되 뽐내지 말고,
목적을 이루되 성취한 일로 인해 교만해지지 말고,
목적을 이루되 폭력을 쓰지 말아야 한다.
모든 사물은 기운차게 성한 때가 있으면,
또한 힘은 빠지고 쇠잔해지는 때도 있다.
이를 지키지 않음은 도에 어긋난다 하거니와,
도에 어긋나면 일찍 망하게 된다.

중국인의 평화주의는 몽상적 박애주의자가 말하는 그러한 평화주의가 아니라, 저 노회철학에 바탕을 둔 평화주의이다. 즉 그것은 보편애(普遍愛)에 입각한 것이 아니라, 확고부동하고 현묘한 예지에 입각한 것이다.

이것을 줄어들게 하고자 할 때에는
반드시 이것을 팽팽히 당겨야 한다.
약하게 만들고자 할 때에는
반드시 이를 강하게 해야 한다.
이것을 폐지하고자 할 때에는
먼저 강하게 일으켜야 한다.
빼앗고자 할 때에는
반드시 먼저 주어야 한다.

이를 미명(微明)이라고 한다.
유약한 것은 강한 것을 이긴다.
물고기가 연못을 벗어나면 안 되고,
국가의 이기(利器)는 남의 눈에 띄게 해서는 안 된다.

지금까지 약자의 힘, 평화애의 승리, 스스로 낮추는 것의 유익함을 노자보다 효과적으로 논한 사람은 없다. 노자에게는, 물은 영원히 약한 자의 힘의 상징이어야 한다. 조용히 한 방울씩 떨어져 바위에 구멍을 뚫는 저 물, 가장 낮은 데 처하려는 위대한 노자와 같은 예지를 갖춘 저 물.

큰 강이나 바다가 온 골짜기의 왕이 됨은,
그것이 낮게 처하여 겸허하기 때문이다.

이와 똑같이 사람들의 입에 오르내리는 것은 '곡(谷)의 설'로서, 곡이란 비어 있는 동굴, 만물의 자궁 및 모체, 현묘함 또는 암컷을 의미한다.

골짜기의 신은 영원불멸하며, 이를 현묘한 암컷이라 한다.
현묘한 암컷의 음문(陰門)은 곧 천지를 낳는 생명의 근원이다.
면면히 태고적부터 이어져 왔으니, 다함이 없는 그 불멸함이여.

동양 문명은 암컷의 원리를 대표하며, 서구 문명은 수컷의 원리를 대표한다 해도 지나친 말은 아니리라. 어쨌든 자궁이라는 말과 중국인의 이른바 수동적 힘으로서의 골짜기라는 말 사이에는 유사한 점이 있다. 그것은 노자의 말을 인용하면 '온 세상이 사모하는 큰 골짜기가 되면 언제나 변치 않는 덕이 몸에 깃들인다'는 뜻이 된다.

나는 노장사상(老莊思想)의 학설을 요약하여 다음과 한 구절로 만들었다.

어리석은 자의 슬기,

유장(悠長)의 아름다움,

미련함의 묘리,

하찮은 것에 따르는 이익.

크리스천에게는 정녕 '산상수훈'처럼 느껴질 것이다. 그리고 산상수훈이나 마찬가지로 아마 별다른 감명도 받지 않을 것이다. 그 수훈의 복음에 대해 노자는 "어리석고 못난 이에게 축복 있으라, 그가 지상의 가장 행복한 자이니" 하고 덧붙였는데, 꽤나 교활하다. 노자의 유명한 "진짜 완전한 것은 어딘지 모자란 듯 보이고, 진짜 웅변은 도리어 눌변으로 보인다"라는 말에 따라서, 장자는 "작은 지혜에서 떠나라"고 말했다.

8세기 사람 유종원(柳宗元)은, 근처의 산을 '우구(愚丘)'라 부르고, 옆에 흐르는 내를 '우계(愚溪)'라 칭했다. 18세기 사람인 정판교(鄭板橋)는 "어리석음도 어렵고 현명함도 어렵다. 그러나 현명함을 끝내고 어리석음으로 들어가는 길은 더욱더 어렵다"라는 유명한 말을 남겼다.

중국 문학에서는 어리석음의 찬미가 그친 적이 한번도 없었다. 이런 태도를 지니는 예지(叡知)는 일찍이 미국인에게 '영리함도 정도껏'이라는 속담을 통해 이해된 적이 있다. 그러므로 으뜸가는 현인은, 때로는 '몹시 얼빠진 표정'을 하고 있는 사람 속에 있는 것이다.

그 때문에 중국인의 교양 속에는 기괴한 현상이 눈에 띄는데, 그것은 자기를 의심하기 시작하는 높은 지성이며, 그리고 내가 아는 바로는 유일한 무지의 복음과 옛 사람의 도회설을 발전시켜 처세의 가장 좋은 무기로 삼는 높은 지성이다.

장자의 이른바 "작은 지혜에서 떠나라"는 권고와, 어리석고 못난 이의 예찬은 그 차이가 근소하다. 그것은 거지나 산림에 묻혀 사는 선인(仙人)이나 괴짜 중이나, 혹은 도적수(屠赤水)¹의 《명료자유(冥寥子游)》에 나오는 색다른 은자들을 그린 중국의 회화나 문학적 스케치 속에 언제나 반영되어 있다. 누더기를 걸친 가엾은 반미치광이 중이 최고의 예지와 품성의 숭고함을 나타내는 상징이 될 때, 이같은 총명한 인생의 깨달음은 낭만적이며 종교적인 맛을 띠기에 이르고, 드디어 시적 환상의 세계로 드나드는 것이다.

중국의 역사에는 유명한 우인(愚人)이 많은데, 그들은 모두 정말 미쳐 있거나 또는 미친 체하는 사람들로서, 대단한 명성을 떨치며 많은 사람들에게 사랑을 받고 있다.

이런 사람들 중의 한 명으로 송나라 때의 저 유명한 화가 미불(米芾)이 있다. 미전(米顚 : 반미치광이)이라고도 하는데, 자신이 '의부(義父)'라 부르는 기암(奇岩)에 예배하기 위해 예복을 입고 간 일이 있은 후부터 이 별명을 얻은 것이다. 이 미불과 원나라 때의 화가 예운림(倪雲林)은 속세에 대한 공포증, 즉 까다로운 결벽증이 있었다.

또 유명한 괴짜 중이자 시인인 한산(寒山)이 있다. 쑥대머리에 맨발로 나다니며, 이 절 저 절의 부엌에서 기묘한 삯일을 하고는 먹다 남은 밥을 얻어 먹고, 절이나 부엌의 벽에 불후의 시를 남겼다.

중국인의 공상을 사로잡은 위대한 괴짜 중은 말할 나위 없이 제전(濟顚 : 濟미치광이) 또는 제공(濟公 : 濟大人)으로서, 이 중의 유명한 이야기는 한없

---

1 명(明)나라의 희곡작가로, 이름은 융이며, 적수는 그의 호이다.

이 늘리고 덧붙여져 《돈키호테》의 세 배쯤이나 되며 지금도 여전히 그치지 않지만, 이야기의 주인공인 그는 마법과 영약, 괴벽과 만취의 세계에 살고 수백 리나 떨어져 있는 타국의 도시에도 당일로 날아갈 수 있는 마술을 체득하고 있었다.

그를 추모하는 비석이 지금도 항주(杭州)의 서호에 가까운 호포사에 서 있다.

이 밖에도 그에는 미치지 못하지만 16, 17세기의 위대한 낭만파 천재들은 우리와 마찬가지로 버젓한 정상적인 사람들이었지만, 그 괴이하고 익살스러운 풍채나 언행을 통하여 일반인들에게 기인이나 광인의 인상을 주었다. 이에 속하는 사람들로 서문장(徐文長), 이탁오(李卓吾)[2], 김성탄(金聖嘆)[3] 등이 있다(이 마지막 인물은 문자 그대로 '성탄(聖嘆)'으로서 그가 태어날 때 마을의 향교 안에서 탄성이 들렸다 하여 스스로 붙인 이름이다).

중용의 철학 — 자사자(子思子)

아무것에도 거침이 없고 근심이 없는 생활을 취지로 하는 철학은, 지나치게 번잡한 생활과 무거운 책임에 근접치 말도록 우리를 훈계하려는 경향이 몹시 강하다. 그렇기 때문에 인간의 행동욕을 감쇄하기도 한다. 이것은 의심할 여지가 없는 사실이다. 그렇지만 근대인은 몸에 아무런 해가 없는 이 유익한 철학의 신선한 바람을 쐴 필요가 있다.

---

[2] 명나라 때의 문인으로, 이름은 지(贄), 호는 탁오이다.
[3] 명나라 말기의 비평가, 시문가. 원래 성은 장(張)이고 이름은 채(采), 자는 약채(若采)였는데, 훗날 성을 김(金)으로 고치고, 자를 성탄으로 고쳤다.

인간을 채찍질하여 무익하고 헛된 활동을 하도록 하는 일로매진주의(一路邁進主義)는 고금을 통한 모든 견유철학(犬儒哲學)과 비교해 볼 때 인류에 끼친 손해가 아마도 꽤 클 것이다. 누구에게나 이러한 철학에 반발하려고 하는 생물학적 충동이 있게 마련이다. 그러므로 이 우유철학(優遊哲學)이 널리 행해짐에도 불구하고, 중국인은 세계에서 가장 근면한 민족 중의 하나이다.

대부분의 사람들은 견유철학자가 될 수 없다. 그 이유는 간단하다. 대부분의 인간이 철학자가 아니기 때문이다. 그러므로 내가 보기엔 견유철학이 대중들 사이에 널리 퍼질 위험성은 극히 희박한 것 같다. 노장철학이 본능적으로 그 심금을 울리고 수천 년에 걸쳐 영향을 미쳐 모든 시나 온갖 산수화 속에서 우리를 응시하고 있는 중국에서조차 부귀나 명성이나 권력의 망신자(妄信者)들의 대부분이 자기 영토를 위해 일하고자 단단히 결의하고 열망하고 있으며, 이래서 인생은 쾌활하게 나아가는 것이다. 또 그렇지 못하면 이 세상을 살아 나갈 수 없을 것이다.

중국인은 실패했을 때만 익살꾼이나 시인이 되며, 중국 국민의 대다수는 꽤 훌륭한 흥행사이다. 노장적 익살 철학의 영향은 중국인의 생활 템포를 그저 완만하게 만들 뿐이며, 천재(天災)나 실정(失政)을 당해서는 결국 정의를 가져다 줄 만한 '동과 반동의 법칙'에 대한 신뢰를 돕는다.

그렇지만 이 거침없고 근심 없는 철학, 즉 자연우유철학과 상반되는 철학적 영향이 중국인의 사상 전체에 있는 것이다. 말하자면 자연적 신사(神士)의 철학에 대한 사회적 신사의 철학이다. 곧 노장철학에 대한 유교이다. 노장사상과 유교가 인생에 대한 단순히 소극적 견해와 적극적 견해를 의미함에 불과하다면, 그것은 중국 특유의 것이 아니라 모든 인간성에 갖추어진 것이라 할 수 있다.

이 세상 사람들 중의 절반은 노장파, 절반은 유교파로 태어났다. 그러나 철저한 노장주의자가 되려면 그 논리적 결론에 따라 산림으로 들어가 선인이나 은자(隱者)의 생활을 하고, 나무꾼이나 어부처럼 될 수 있는 대로 속세를 떠나 원시적 생활을 해야만 한다. 즉 산의 주인인 나무꾼, 파란 물의 주인인 어부의 생활로 돌아가야 한다. 산마루 위의 구름에 반쯤 숨어 있는 노장파의 은자는 나무꾼과 어부를 위에서 내려다보고 있다. 나무꾼과 어부는 "산은 영원히 푸르고, 물은 주야로 흘러 그치지 않는다. 만사가 이만하면 족하다"는 등의 한담을 즐긴다. 이 하찮은 두 사람의 말벗과는 아무 상관 없이 산은 푸르고 물은 흘러간다. 이 고요한 생각의 세계에서 은자는 완전한 평화감을 체득한다. 그러나 그것은 인간사회에서 완전히 격리된 것을 가르치는 가엾은 철학이다.

중국에는 이 자연주의보다는 좀더 위대한 철학이 있으니 곧 휴머니즘, 즉 인간주의 철학이다. 중국 사상의 최고 이상은, 자기가 태어날 때부터 부여받은 행복을 지키기 위해서 인간사회와 인간생활로부터 도피해 버릴 필요는 없다는 인생관이다. 인간사회로부터 도피하여 산속에 홀로 사는 은자는 지금도 여전히 환경에 지배받는 이류(二流) 은자에 불과하다. 그러므로 '큰 은자는 시장에 숨는다.' 왜냐하면 그는 유유히 스스로를 지키며 생활할 수 있는 힘이 있으므로 환경을 두려워할 필요가 없기 때문이다. 따라서 인간사회로 돌아와서, 돼지를 잡아먹고 술을 마시며 여자를 가까이하고도 자기 마음을 더럽히지 않는 사람이야말로 고승인 것이다.

그렇기 때문에 이 두 철학은 혼화 융합할 수 있다. 유교와 노장철학의 모순은 상대적이고, 단지 두 극단에서 출발한 교의로서 둘 사이에는 많은 중간 단계가 있는 것이다. 그러므로 반만 견유철학자인 사람이 최고의 견유철학자라고 하겠다. 결국 가장 모범적인 생활은 《중용》의 저자이며 공자의 손자인 자사(子思)가 논한 미묘하고 사려 깊은 생활이다.

인간 문제를 논한 동서고금의 철학을 통람하더라도 사물의 두 극단 사이에 있는 '알맞은 생활'의 가르침, 즉 '중용'의 가르침보다 더 심원한 진리는 없다.

반은 속세에서 살고 또 반은 은둔생활을 하는 사람의 이상 속에서 엿볼 수 있는 것은, 활동과 무활동 사이의 완전한 균형에 도달하는 이 미묘한 심사숙고의 정신이다. 즉 적당히 태만하고 적당히 활동하며, 적당히 일하고 적당히 태만할 정도, 집세를 못 치를 만큼 가난하지도 않고 그렇다고 전혀 일할 필요가 없으리만큼 부자도 아니며, 또 큰 부자여서 그 때문에 오히려 '잔돈푼이라도 있으면 친구를 도와주겠는데' 하고 인정없는 생각을 할 정도도 아니며, 피아노는 있지만 절친한 친구에게만 들려주든가 아니면 주로 혼자서 즐기는 정도의 것이고, 수집은 하되 수집품을 선반 위에 늘어놓는 정도, 독서는 하되 지나치지 않고, 학문은 제법 하되 전문가가 되지는 않으며, 글을 쓰되 신문에 기고한 것이 때로는 빠지기도 하고 때로는 실리는 정도—한 마디로 말해서, 중국인에게 발견된 가장 건전한 생활 이상이라고 내가 믿는 것은 중산층의 생활 그 이상이다. 이것은 이밀암(李密菴)의 〈중용의 노래〉 속에 잘 나타나 있다.

세상 일은 중용이 최고라고 믿고 살았네.
그러나 이상하군.
이 '중용'은 씹으면 씹을수록 맛이 나네.
중용의 기쁨보다 더한 것 없네.
재미있다. 모든 것이 절반.
당황치 않고 서두르지 않으니,
마음도 편하다.

천지는 넓은 것.

도시와 시골 사이에 살며,

산과 강 사이의 농토를 갖네.

알맞게 지식을 얻고, 알맞은 지주가 되어,

적당히 일하고 적당히 노네.

아랫것들에게도 알맞게 대한다네.

집은 좋지도 않지만, 너무 추하지도 않고,

가꾼 것도 절반, 가꾸지 않은 것도 절반.

입은 옷은 헌 옷도 아니고 새 옷도 아니네.

먹는 것도 적당하게.

하인은 바보와 똑똑이의 중간.

아내의 머리도 알맞은 정도이고

그러고 보니 나는, 반은 부처이고

반은 노자일세.

이 몸의 절반은 하늘로 돌아가고,

나머지는 자식들에게 남기고,

자식의 일도 잊지는 않되,

죽어서 염라대왕께 올릴 말씀,

이럴까저럴까 생각도 절반.

술도 알맞게 취함이 좋고,

꽃도 반쯤 핀 것이 가장 아름답네.

돛을 반쯤 올린 돛단배가 제일 안전하고,

말고삐는 반 늦추고 반 당김이 제격일세.

재물이 지나치면 근심이 있고,

가난하면 둔해지는 것이 세상의 이치라네.

인생은 달고도 쓴 것임을 깨닫고 보면,

절반 맛이야말로 제일이라네.

우리는 노장철학의 냉소주의가 유교의 적극론과 합하여 중용철학이 되는 것을 알 수 있다. 어처구니없을 정도로 저돌적이며 맹진주의(猛進主義)를 신봉하는 서구인에게는 내 말이 언뜻 듣기에 불만스러울지 모르지만, 인간은 실재하는 대지와 가공의 천국 사이에서 태어난 것이다. 누가 뭐라 해도 그것은 최대의 철학이라고 나는 믿는다. 이것이야말로 가장 인간미 있는 철학인 것이다. 이렇게 생각하면 세계 최초로 대서양의 무착륙 단독비행에 성공한 린드버그 대령도, 미국을 떠나 대서양 한가운데를 지나는 도중 중단해 버리고 말았더라면 오히려 더 행복하지 않았을까?

물론 이 사회에 탐험가와 정복자와 대발명가와 위대한 대통령 같은 역사의 흐름을 바꾸는 영웅과도 같은 초인이 얼마간 필요한 것은 틀림없는 일이다. 그렇다손 치더라도 가장 행복한 사람은 가까스로 경제적으로 독립할 수 있게 된, 인류를 위해 대단한 일은 못했지만 그래도 조금은 했으며, 사회에서 다소 이름이 알려졌지만 별로 고명하지도 않은 그런 정도의 중간층에 속한 사람들이다.

개인이 가장 행복을 느끼고 가장 잘 살아 나가는 것은, 우선 생활에 걱정이 없고, 그렇다고 전혀 걱정이 없는 것도 아닌 정도, 유명하면서도 이름이 적당히 알려진 정도, 약간의 재정 능력을 가진 조촐한 환경의 사람들뿐이다.

아무튼 우리는 이 세상을 살아 나가야만 한다. 그러므로 철학을 천상에서 지상으로 끌어내리지 않으면 안 된다.

삶을 사랑한 자―도연명

이런 경위로 인생의 소극적 견해와 적극적 견해를 적당히 융합시킴으로써, 조화 있는 '중용철학'에 도달할 수 있다. 그러나 그것은 '동'과 '부동'의 중간에 사는 것을 뜻하며, 매사에 안달하며 헛되이 수고하는 일도 없고, 그렇다고 인생의 책임에서 완전히 도피하지도 않는다는 뜻으로, 모든 세계의 철학에 비추어 보더라도 이런 사고방식이야말로 가장 건전하고 행복한 처세임을 알 수 있다.

중요한 것은 이 두 가지 상이한 사고방식을 융화시킴으로써 조화 있는 개성을 함양할 수 있으며, 이 조화 있는 개성이야말로 인간의 모든 교양과 교육의 목표로서 인정되고 있는 것이다. 그리고 또한 주목해야 할 것은 이 조화 있는 개성에 의해 우리는 인생의 기쁨과 사랑을 발견할 수 있다는 것이다.

이러한 인생에 대한 사랑이 무엇인지를 설명한다는 것은 그리 쉽지 않다. 그것을 알리는 데는 어떤 우화에 대하여 언급하거나, 또는 참으로 삶을 사랑한 사람의 생애를 사실 그대로 말해 주는 편이 쉽다. 그래서 중국 문화가 낳은 최대의 시인이며 최고의 조화적 소산인 도연명의 생애가 떠오른다.

도연명은 중국 학예(學藝)의 전역사를 통하여 가장 완전하게 조화를 이룬 원만한 인격을 지녔다고 말한다 해도 중국에서는 아무도 부정하지 않을 것이다. 이렇다할 고관의 경력이 있는 것도 아니고, 권세나 세속적인 공명이 있었던 것도 아니며, 저서로는 약간의 시편과 논설이 남아 있을 뿐이다. 그러나 죽은 지 천 몇백 년이 지난 오늘날까지도 도연명은 여전히 찬연히 빛나는 별이며, 후대의 군소 시인이나 문인들에게 최고의 인간성이 어떠한 것인지를 보여주는 상징이 된 것이다. 그의 생활을 보면 그의 시풍처럼 참되고 솔직한 맛이 우러나, 그보다는 활기 있고 이론을 좋아하는 무리에게 두려움을 느끼도록 하기에 충분했다.

이리하여 오늘날 그의 지위는, 참으로 인생을 사랑하는 사람의 더할 나위 없는 전형이 되어 있다. 왜냐하면 그의 경우는 세속적인 욕망에 반항은 하되 그것을 도피하려 들지 않았으며, 관능을 잊지 않는 생활과 충분히 조화를 유지하고 있었기 때문이다.

중국에서는 약 200년에 걸쳐 문화적 낭만주의와 한적한 생활을 구가하는 노장의 열기, 즉 유교에 대한 반역이 유행했지만, 결국 왕년의 유교철학과 협력하여 도연명에게서 보는 것 같은 조화적 성격의 출현을 가능케 한 것이다. 도연명의 사상을 보면 여러 유형의 적극적 견해가 없는 바는 아니지만, 그 쓸데없는 자기만족을 벗어나고, 회의철학은 그 준열한 반역성을 떠나서(저 솔로몬에게서조차 아직도 이런 냄새가 물씬 나는 듯하다) 인간의 예지가 비로소 관대한 해학의 원숙한 경지에 도달했음을 알 수 있다.

도연명이야말로 이 현묘하고도 특이한 중국인적 교양을 보여주는 표징이다. 그것은 육체에 대한 애착과 고답적 정신, 금욕이라고까지는 할 수 없으나 뛰어난 유물론의 불가사의한 결합이다. 거기에는 관능과 정신이 하나의 조화 속에 병립하고 있다. 생각건대, 이상적 철학자란 여성의 아름다움을 이해하되 예의를 잊지 않고, 인생을 깊이 사랑하되 스스로 절도 있으며, 세속의 성패와 손익이 허망함을 알고 속세를 초월한 안목은 있지만, 그것을 반드시 적대시하지만은 않는 선비를 말한다. 도연명은 정신적으로 성숙하여 이같은 참된 조화에 도달한 것이며, 거기에는 내적 갈등 따위는 전혀 없고, 그의 인생은 그의 시처럼 자연스럽고 솔직한 것이었다.

도연명은 4세기 말경에 어느 고명한 학자이며 관리였던 사람의 증손으로 태어났다. 그의 증조부는 분주한 것을 좋아하는 사람으로, 늘 무슨 일인가를 해야만 직성이 풀렸다. 아침에 일어나면 한 무더기의 기왓장을 한 곳에서 다른 곳으로 나르고, 오후가 되면 또 원래의 장소로 다시 옮기기도 하는 사람이었다.

도연명은 청년시절에 노부모를 봉양하기 위해 말단 관직에 나가기도 했지만, 곧 그만두고 전원으로 돌아가 한 사람의 농부가 되어 밭을 가는 생활을 하다가 마침내 병을 얻었다. 하루는 친척들과 친구들에게 "전답을 유지하기 위해 방랑시인이 되어 돈을 벌고 다니는 편이 내게 어울리는 게 아닐까?"라고 물었다. 이 말을 들은 친구 하나가 발벗고 나서서 도연명에게 구강(九江) 근처 팽택(彭澤)의 태수 자리를 얻어주었다.

그의 유일한 약점은 술을 좋아한다는 것이었는데, 유유자적한 생활을 하고 있었으므로 별로 손님을 대하는 일은 없었다. 그러나 술만 있으면 비록 상대하는 주인과 면식이 없더라도 함께 술잔을 기울였다. 또 자기가 그 자리의 주역일 때에도 먼저 거나해지면 언제나 손님에게 "나는 취해서 졸립군, 그대는 돌아가게나" 하고 말했다.

그는 줄이 하나도 없는 칠현금을 가지고 있었다. 칠현금이라는 것은 중국의 전통 악기인데 아주 느리게 타야 하며, 마음이 조용하게 가라앉았을 때만 비로소 제 음이 나는 것이다. 도연명은 술에 취하여 음악적인 감흥이 일어나면, 이 줄 없는 칠현금을 쓰다듬으며 흥취를 내려고 했다. 그러고는 "거문고 속의 풍취를 얻었거늘, 어찌 줄로써 소리 내기를 애쓰랴"라고 말하는 것이었다.

그는 가난하면서도 물질에 담백하고 빼어난 정신을 가진 인물이었으므로 사람들과 사귀기를 좋아하지 않았다. 도연명을 숭배하던 강주 자사(江州刺史) 왕홍(王弘)이 그와 깊이 사귀기를 바랐지만, 그것은 꽤나 어려운 일임을 깨달았다. 도연명은 그때 아주 솔직하게 "내가 이렇게 자적한 생활을 하고 있는 것은 천성이 사교생활에는 맞지 않기 때문이며, 건강이 좋지 않아 집에 있는 것이오. 세상일에 초연하다는 고고한 명성을 얻기 위해 이런 생활을 하고 있는 것은 결코 아니오"라고 말했다.

그 무렵 도연명이 살고 있던 여산(廬山)의 산중에 선종(禪宗)이라는 훌륭한 종단이 있어, 이 종단의 책임자이며 대학자인 혜원법사(慧遠法師)가 도연명을 초청하여 종단인 백련사(白蓮社)에 가입시키려고 마음먹었다. 어느 날 도연명은 산속의 이 종단 사람들로부터 초청을 받았는데, 술을 마셔도 좋다는 것이었다. 그는 불교도의 금주계를 어겨도 상관없다면 가겠다면서 가마를 타고 산으로 들어갔다. 그런데 막상 단원으로 가입한다는 서명 단계에 이르자 도연명은 얼굴을 찡그리고 가버렸다. 이 종단은 사영운(謝靈運)과 같은 대시인까지도 가입시키려 했으나 결국 실패한 종단이다.

도연명이 도망쳐 버리고 나서도 혜원법사는 호의를 보이고, 어느 날 다른 한 노장파의 친구 육수정(陸修靜)과 함께 도연명을 술자리에 불렀다. 이리하여 세 사람이 한자리에 모였는데, 혜원법사는 불교를 대표하고, 도연명은 유교를, 육수정은 도교를 대표하고 있었다. 혜원법사는 매일 산책할 때 호계교(虎溪橋)를 넘지 않는다는 것을 엄수했는데, 그날 친구와 함께 도연명을 전송할 때 너무 이야기에 열중한 나머지 무심코 그 다리를 넘어 버렸다. 그 사실을 알고 세 사람은 껄껄 웃었다. 이 세 노인이 웃고 있는 장면은 호계삼소도(虎溪三笑圖)라 하여 중국 회화에서 흔히 볼 수 있는 화제(畫題)가 되었다.

즉 그것은 거침이 없고 근심이 없는 세 현인의 즐거운 대화와 쾌활함의 상징이며, 세 가지 종교의 가르침이 하나의 유머 감각으로 일치되었음을 나타내는 것이다

도연명은 이같은 일생을 살다가, 거칠 것도 근심도 없는 한 빈농 시인, 현명하고 쾌활한 노옹으로서 죽었다. 그렇지만 술이나 전원을 노래한 작은 두

루마리의 시나, 두세 편의 우연히 쓴 산문이나, 아이들에게 주는 한 편의 서한, 희생자적 심정이 넘치는 세 수의 기도문(그중 하나는 그 자신에 대한 것이다), 혹은 그 후손에게 끼친 그의 몇 가지 말 등을 음미하면 완전무결하게 자연에 도달하고, 또 어느 누구도 능가할 수 없는 조화 있는 생활에 대한 정감과 재능을 엿볼 수 있다.

405년 11월 태수 자리를 내놓고 고향으로 돌아가고자 결심했을 때 그가 지은 〈귀거래사(歸去來辭)〉에 담겨 있는 것은, 그가 지녔던 인생에 대한 실로 위대한 사랑이라 할 수 있다.

돌아가리로다. 고향의 전원이 황폐해 가는데
어찌 돌아가지 않으리오.
이미 마음은 육신의 종이 되었으니, 어찌 헛되이 홀로 슬퍼하리오.
지난 일은 어쩔 수 없음을 깨닫고,
장래 일은 이제부터라도 늦지 않음을 알았도다.
실로 길 잃음이 오래지 않았으니,
오늘이 옳고 어제가 잘못되었음을 알겠노라.
배는 가볍게 미끄러지고, 바람은 가만히 옷깃을 날리는구나.
길손에게 앞길을 물으니, 새벽빛의 희미함이 원망스럽도다.
이제야 누추한 내 집을 보고 기뻐 달려가니,
하인들이 반겨 맞이하고 아이들은 문에 나와 기다린다.
뜰의 세 갈래 오솔길은 황폐하지만, 소나무와 국화만은 여전하구나.
한 손으로 어린 것의 손을 잡고 방에 드니 술독에 술이 가득하도다.
술잔을 당겨 자작하며, 뜰의 나뭇가지를 보고 기쁜 미소를 짓는다.
남창(南窓)에 기대어 편히 앉으니, 집은 좁으나 편안함이 그만이다.

뜰을 날마다 거닐어 정을 붙인다.

문은 있으나 찾아오는 이 없어 종일 닫혀 있다.

지팡이에 의지하여 뜰을 거닐다, 때로 고개를 들어 먼 곳을 본다.

구름은 무심히 산간을 빠져나가고,

날기에 지친 새는 둥지로 돌아올 줄 아는구나.

바야흐로 해는 뉘엿뉘엿 지려 하는데,

나는 외로운 소나무를 쓰다듬으며 거니노라.

돌아가리로다! 세상과 인연을 끊으련다.

세상도 나도 서로 잊어버렸으니, 다시 수레를 타고 무엇을 구하리오.

친척과의 정담을 즐기고 금서(琴書)를 벗삼아 세상사를 잊으리라.

농부가 내게 봄이 옴을 고하니, 장차 서쪽 밭에 일이 생기겠구나.

혹은 포장 달구지를 몰고, 혹은 외딴배를 젓는다.

때로는 조용한 골짜기를 찾고, 또 허위허위 언덕을 오르내린다.

초목은 나날이 무성해 가고, 샘물은 졸졸 흐르기 시작한다.

만물이 때를 만나 생동함을 볼 때, 내 인생은 휴식을 찾는도다.

두어라, 몸이 이 세상에 삶이 또 얼마나 되랴.

가고 머무는 일을 어찌 자연에 맡기지 않으랴.

어찌 황황히 어딜 가고자 하랴.

부귀는 내 소원이 아니며, 하늘나라는 기약할 바 못 되니,

알맞은 때에 혼자 생각에 잠겨 거닐며,

혹은 지팡이를 세워놓고 밭도 갈리라.

동쪽 언덕에 올라 조용히 읊조리고, 맑은 냇가에 앉아 시를 짓는다.

얼마간 자연의 조화에 따르다가 천명대로 돌아가리니,

천명을 한껏 즐긴다면 또 무엇을 염려하랴.

도연명을 '은자'라고 생각하는 사람이 있을지도 모르나 결코 그렇지 않다. 그가 도피하고자 한 것은 정치이지, 인생 그 자체는 아니다. 만일 그가 논리를 주장하는 사람이었다면, 승려라도 되어 인생으로부터 동시에 도피해 버리려고 마음먹었을는지도 모른다. 그러나 그에게는 위대한 인생애가 있었으므로 그것이 불가능했으리라. 아내나 자식들은 그에게 있어 참된 존재였다. 전원이나 안뜰의 나뭇가지나, 마음에 든 언덕의 외로운 소나무 모두에게 강한 애착이 있었으며, 논리적인 사람이 아니라 도리를 아는 사람이었기에 그것들로부터 떠나지 못했던 것이다. 그것은 인생에 대한 사랑 때문이었고, 또 그에 대한 질투 때문이었다.

또 그의 교양의 특징인 인생의 조화감에 도달할 수 있었던 것은, 적극적이긴 하되 사려 깊은 인생에 대한 태도 때문이었다. 인생과의 이 조화로부터 가장 위대한 중국의 시가가 만들어졌던 것이다. 이 세상에 속하고 이 세상에 태어난 인간으로서의 그의 결의는 인생으로부터 도망쳐 나가는 것이 아니라 '좋은 때라 싶으면 혼자 가서, 지팡이를 한쪽에 세우고 김 매고 북도 주리라'는 데 있었던 것이다.

도연명은 오직 전원과 가족의 품으로 돌아간 것이다. 그가 구한 것은 조화였지, 반역은 아니었다.

인생의 즐거움   제6장

행복이란 무엇인가

　인생의 즐거움에는 여러 가지가 있다. 우리 자신이 살아 있음으로써 느낄 수 있는 즐거움, 가정생활의 즐거움, 나무, 꽃, 구름, 시내, 폭포 그 밖의 삼라만상을 보는 즐거움, 그리고 또 어떤 형태의 마음의 교류, 시가, 미술, 사색, 우정, 유쾌한 대화, 독서의 즐거움 등이 그것이다. 맛있는 음식, 유쾌한 모임, 가족의 단란, 아름다운 봄날 소풍 등의 즐거움처럼 분명한 것도 있고, 시가, 미술, 사색의 즐거움처럼 그다지 분명하지 않은 것도 있다.

　이들 두 부류의 즐거움을 물질적인 것이라든가 정신적인 것이라고 부르기란 불가능하다. 왜냐하면 무엇보다도 내가 이 구별을 믿지 않으며, 그리고 이렇게 분류하려고 생각할 적마다 당혹스럽기 때문이다. 남녀노소의 유쾌한 소풍 모습 등을 보고, 그들의 즐거움 중 어느 것이 물질적이고 어느 것이 정신적인지 구별할 수 있겠는가?

　한 아이는 풀숲에서 깡충거리고, 다른 아이는 데이지의 화환을 만들며 놀고 있고, 어머니는 한 조각의 샌드위치를 들고 있고, 삼촌은 잘 익은 사과를 먹고 있으며, 아버지는 하늘에 떠가는 구름을 바라보며 풀 위에 누워 있고, 할아버지는 입에 파이프를 물고 있다. 누군가가 축음기를 틀고 있을 수도 있으며, 멀리서는 음악이나 물소리가 아득히 들려 오기도 한다. 이러한 즐거움 중 어느 것이 물질적인 것이고 어느 것이 정신적인 것이겠는가?

샌드위치를 먹는 즐거움과, 우리가 시정이라고 부르는 경치를 감상하는 즐거움에 경계선을 긋는 것이 그렇게 쉬운 일이겠는가. 우리가 예술이라 부르는 음악의 즐거움이, 물질적이라 일컬어지는 파이프 취미보다 고급스런 즐거움이라 생각할 수 있겠는가.

그러므로 물질적 즐거움과 정신적 즐거움을 구별한다는 것은 나로서는 당혹스러운 일이며, 그런 일을 한다는 것 자체가 잘못이기도 하거니와 별로 신통치 못한 사고방식처럼 생각된다. 그것은 정신과 육체를 엄밀히 구별하고, 참된 즐거움을 좀더 단도직입적으로 음미하지 않는 그릇된 철학에서 비롯된 것 아닐까? 내 주장이 너무 독단적인 것일까? 또는 인생의 본래 목적은 어떠한 것인가 하는 문제를 논함에 있어 문제의 핵심을 잘못 잡고 있는 것일까?

나는 지금까지 생활의 목표는 그 참된 즐거움에 있다고 말해 왔다. 사실이 그러므로 그렇다는 것뿐이다. 오히려 나는 '목표'나 '목적'이라는 말을 쓰기를 주저한다. 참된 즐거움을 취지로 하는 인생의 목표나 목적 등은, 인생에 대한 인간 본래의 태도가 어떠한가라는 그런 의식적 목적이 아니다. '목적'이라는 말은 공부나 노력이라는 것을 생각하게 한다.

누구든지 이 세상에 태어나는 순간 당면하는 문제는 이제부터 노력해서 도달해야 할 목적이 무엇인가 하는 것이 아니라, 우선 평균 5, 60년의 인생을 어떻게 살아가느냐 하는 것이다. 이에 대한 대답이 인생 최대의 행복을 발견할 수 있도록 인생을 규정해 나가는 것이라면, 그것은 주말을 어떻게 보낼까 하는 것과 같으며, 광대한 우주의 섭리 속에서 인생의 신비적 목적이 무엇이냐 하는 그런 형이상학적인 명제보다도 현실에 근거한 문제이다.

이에 반해서 인생의 목적이 무엇인가 하는 문제를 해결하고자 노력하는 철학자들은, 처음부터 인생에는 목적이 있어야만 한다고 독단하고 나서기 때문에 논리가 일목요연하지 않다. 서구의 사상가들이 너무나 맹렬히 파고든 이 문제가 오늘날에 중요성을 갖게 된 것은, 두말할 나위 없이 신학의 영향 때문이다. 우리는 모두 설계니 목적이니 하는 것을 지나치게 가정한다. 사람들이 이 문제에 해답을 주려고 노력도 하고 논쟁도 벌이지만 전혀 알지 못하는 것을 보면, 이같은 문제가 매우 헛되며 불필요함을 알 수 있는 것이다. 만일 인생에 목적이나 설계가 있다면, 그것을 발견하는 것이 그토록 난해하고 막연하며 귀찮을 까닭이 없는 것이다.

문제는 결국 두 가지다. 즉 신이 인간을 위해서 정한 신적인 목적 아니면, 인간이 자기에 대해 정한 인간적인 목적 중 어느 하나이다.

전자에 관한 한 나는 이 문제에 개입하고 싶지 않다. 왜냐하면 우리가 신의 배려 속에 있다고 생각하는 것은 모두 우리 자신의 머릿속에서 나온 것임에 틀림없기 때문이다. 즉 우리는 신이 그렇게 생각한다고 상상할 뿐이다. 그러므로 인간의 지능으로서 신의 지능을 추측한다는 것은 곤란한 일이다. 흔히 이같은 이론의 최종 결과는, 신을 우리 군대의 기수로 삼아 인간과 마찬가지로 맹목적 애국자로 만드는 것이다.

다음으로 후자에 있어서의 논점은 인생의 목적이 무엇이냐 하는 것이지, 무엇이어야 하느냐는 것은 아니다. 즉 실제 문제이며, 형이상학적 문제가 아닌 것이다.

인생의 목적이 무엇이어야 하느냐는 것에 대해서라면 누구든 사고방식이나 가치판단을 논할 수 있다. 우리가 이 문제에 대해 항상 논쟁하는 것은 이러한 이유 때문이며, 가치판단이 사람에 따라 다르기 때문이다. 내 경우는 너무 철학적이 아니고 좀더 실제적이면 족하다. 나는 인생에는 반드시 목적이나 의의가 있어야만 한다는 따위의 억측으로 판단하지는 않는다. "살고 있다, 그것만으로 충분하다"고 월트 휘트먼도 말한다. 살고 있다. 그것만으로 족하다 — 아마도 아직 수십 년이나 더 살아갈 수 있을 것이다. 여기에 인생이라는 것이 있다. 그것만으로 충분하다. 이런 식으로 생각하면 문제는 간단해지고, 두 가지의 다른 해답이 나오지 않고 오직 한 가지만이 있을 따름이다. 즉 인생을 즐기는 것 말고 인생에 어떤 목적이 있는가?

모든 이교도 철학자에게는 커다란 문제인 이 행복론을 기묘하게도 기독교도 사상가들은 등한시하고 있다. 신학의 영향을 받고 있는 사람들을 괴롭히는 큰 문제는 인간의 행복이라는 것이 아니라, 비장한 말이지만 인류의 '구제'라는 것이다.

이런 말을 들으면, 침몰하는 배 안에 있는 사람들의 심정을 생각하게 된다. 그것은 꼼짝없이 최후의 운명이라거나, 살아나기 위해서는 어떤 방법이 가장 좋은가를 생각하는 심정이다. '망해 가는 그리스와 로마의 마지막 탄식'이라 일컬어지고 있는 기독교에는 아직도 그 잔재가 남아 있다.

왜냐하면 구제라는 문제를 강조하기 때문이다. 어떻게 살 것인가의 문제는, 어떻게 해서든지 구제받아 이 세상에 살고 싶다고 하는 문제 속에서는 망각되어 있다. 멸망할 운명이라는 것은 생각하면서도 구제라는 것에 대해서는 왜 그토록 신경을 써야만 하는 것인가. 신학의 영향을 받고 있는 사람들은 구제라는 것에 너무 열중하여 인생의 행복이라는 것을 별로 생각하지 않는다.

그렇기 때문에 미래에 대해 그들이 가르칠 수 있는 것은 모두가 그저 막연히 천국이 있다는 것뿐이며, 인간이 거기서 뭘 하며 천국에 가면 어떤 즐거움을 얻을 수 있는가 하는 질문을 받게 되면, 성가 소리가 들리고 백의의 천사가 날아다니고 있다는 극히 막연한 소리를 하는 데 불과하다. 그런데 그중 마호메트만은, 좋은 술과 과일이 가득하고, 검은 머리에 큰 눈을 한 정열적인 처녀들이 놀고 있는 천국의 행복을 묘사하고 있다. 이런 것이라면 누구라도 알 수 있다.

천국이라는 것이 좀더 분명하여 확신이 서게 되지 않는 한, 이 지상의 생활에 대한 것까지 잊어버리고 천국에 가기 위해 노력할 필요가 있을 것인가? 누군가가 "내일의 씨암탉보다는 오늘의 계란"이라고 말했다. 여름휴가 계획을 세울 때 적어도 우리는 가려는 곳에 대해 이모저모를 알아보게 된다. 이때 관광 안내소가 전혀 아는 것이 없다면 싱겁기 짝이 없다. 그렇다면 아무 곳에도 가지 말고 가만히 있는 편이 낫다.

진보와 노력을 믿는 사람들은 틀림없이 천국에도 진보와 노력이 있다고 믿으리라 생각하는데, 우리는 천국에서까지 분투 노력해야만 하는 것일까? 그러나 인간은 이미 완전한 존재인데, 어떻게 그 이상 노력하고 진보할 수 있겠는가. 아니면 천국에서는 그저 무위도식하고만 있을 것인가. 그렇다면 천국생활을 준비하기 위해서 살아 있는 동안에 무위도식하는 법을 배워두는 편이 현명하지 않을까?

만일 우리가 한 우주관을 반드시 가져야 한다면, 모름지기 자아를 잊고 우주관을 인생에 한정하는 짓을 그만두어야 할 것이다. 그것을 좀더 널리 생각하고, 우리의 생각 속에 바위나 나무나 동물 등 우주 만물의 의의까지도 포함시키지 않으면 안 된다.

자연과 사물에는 일정한 기획이라는 것이 있다(그러나 이 말은 내가 몹시 싫어하는 목표나 목적이라는 말과는 뜻이 다르다). 이 말은 자연과 사물에는 하나의 규범이 있음을 의미하며, 궁극론까지는 못 되더라도 이 온 우주에 대한 어떤 견해에 도달하고, 그후에 우주에서의 인간의 위치를 정할 수 있다는 의미이다.

자연과 자연 사이에서의 인간의 위치에 대해 생각하는 것은 자연스러운 사고방식일 것이다. 왜냐하면 인간은 살아 있는 동안은 자연과 분리시킬 수 없으며, 죽으면 자연으로 돌아가기 때문이다. 인간의 격에 합당하지 않은 일을 꾀하여 단번에 결론에 도달하는 행동만 하지 않는다면, 천문학, 지리학, 생물학, 역사 등은 모두 우리에게 많은 자료를 제공하고 분명한 사고방식을 갖게 해줄 것이다.

조화의 목적을 이처럼 크게 생각한다면 인간의 위치는 다소 빈약해지겠지만, 그런 것은 크게 문제될 것이 없다. 인간에게는 인간의 위치가 있으므로 주위의 자연과 조화 있는 생활을 한다면, 인생 그 자체에 대해 실질적으로 분별 있는 사고방식을 지니게 된다. 그것으로 충분한 것이다.

행복은 관능적인 것

인간의 행복은 모두 생물적인 행복이며, 이 사고방식은 매우 과학적이다. 오해 받을 위험성은 있지만, 이 점에 대해 좀더 분명히 해두어야 하겠다. 거듭 말하거니와 나는 인간의 행복은 모두 관능적인 행복이라고 생각한다. 유심론자들은 틀림없이 나에 대해 오해를 품을 것이다. 그러나 유심론자와 유물론자는 언제까지든 서로를 오해하게 마련인 것이다. 왜냐하면 이 둘은 같은 말로 논하지 않거나, 같은 말을 하더라도 그 뜻이 다르기 때문이다.

우리는 이 행복 보존론에 있어서 유심론자에게 기만당해야만 하는 것일까? 그리고 참된 행복이란 오직 정신의 행복이라는 것을 인정해야만 하는 것일까? 우선 한 발 양보하여 그들이 하는 말을 인정하자. 그리고 즉시 우리의 논지를 진행시켜 '정신이란 내분비선의 기능이 완전히 이루어진 어떤 상태이다. 만일 그렇다면 도대체 정신적 행복이 무엇인가'라고 반문한다.

내게 있어서 행복이란 주로 위의 문제이다. 인간의 행복은 대체로 오장육부의 작용에 관계된 문제라는 말을 하여 내가 세상에서 받고 있는 명성이나 존경을 잃지 않으려면, 저 미국의 어느 대학 총장의 소맷자락 밑에 숨어야만 한다. 여기서 말하는 미국의 대학 총장은 신입생에게 훈시를 할 때 언제나 "여러분이 명심해야 할 것이 두 가지 있다. 즉 성서를 읽을 것과 용변(用便)을 잊지 말 것이다"라고 말했다. 정말 훌륭하고 지혜로운 사람이다. 총장으로서 이런 말을 하다니, 이 얼마나 현명하며 슬기로운 사람인가. 내장만 움직이면 행복하고, 움직이지 않으면 불행하다. 문제는 오직 이것뿐이다.

행복이라는 것에 대해 언급할 때 추상적인 것에 빠지지 않도록 하자. 그리고 진짜 행복할 때는 언제인지 스스로 사실에 근거하여 해부해 보지 않겠는가?

이 세상에서는 행복이라는 것이 소극적인 경우가 대단히 많다. 즉 슬픔과 괴로움과 육체적 고통이 전혀 없는 상태를 행복이라고 말한다. 그러나 행복이라는 것은 적극적일 경우도 있으며, 그런 경우 우리는 그것을 환희라 부르고 있다. 이를테면 내 경우에는 진정 행복한 한때는 이런 때이다. 잘 자고 나서 아침에 눈을 뜨고 새벽 공기를 마시면, 허파가 한껏 부푼다. 그러면 더 깊이 호흡하고 싶어지고, 가슴 주위의 피부나 근육에 기분좋은 운동감각이 일어나며, 따라서 일도 할 수 있을 것 같은 그러한 한때.

손에 파이프를 쥐고 의자에 발을 쭉 뻗고 앉으면, 담배 연기가 천천히 올라가는 그러한 한때.

여름날 여행길에서 갈증이 나는데, 아름답고 맑은 샘이 있어 물이 솟아나는 소리가 기분좋게 들려 온다. 구두와 양말을 벗어던지고 콸콸 솟는 찬물에 발을 담그는 그러한 한때.

맛있는 음식을 배불리 먹고 난 뒤, 안락의자에 기대 앉는다. 뜻이 맞는 사람과 함께 앉아 흥겹고 즐거운 이야기를 끝없이 한다. 몸도 마음도 천하태평인 그러한 한때.

한여름의 오후, 지평선을 바라보니 먹구름이 뭉게뭉게 피어오르고 있다. 15분쯤 후면 소나기가 내릴 것이 뻔하다. 비를 맞고 싶지만 우산을 안 가지고 외출하는 것은 어색하다. 그래서 서둘러 나가서 들판의 한가운데쯤에서 소나기를 만난 것처럼 한다. 흠뻑 비를 맞고 돌아와 식구들에겐 "대단치 않아, 갑자기 소나기를 만났어" 하고 말하는 그러한 한때.

아이들이 지껄이는 소리를 듣거나, 그 통통한 다리를 보거나 할 때, 도대체 나는 아이들을 육체적인 의미에서 사랑하고 있는지 정신적인 의미에서 사랑하고 있는지 종잡을 수가 없다. 그와 마찬가지로 마음의 환희와 육체의 환희를 구별하기란 도저히 불가능하다. 육체적으로 이성을 사랑하지 않고 정신적으로 사랑하는 것이 가능할까? 또 사랑하는 여인의 아름다움, 즉 그 웃음과 미소짓는 얼굴과 고개를 흔드는 모습, 온갖 사물에 대한 각각의 태도, 그런 것을 해부하거나 분석한다는 것이 남자에게 그렇게 쉬운 일일까?

결국 어느 아가씨나 좋은 옷을 입었을 때는 더 행복하다고 생각한다. 입술연지나 볼연지에는 여자의 마음을 들뜨게 하는 무엇이 있다. 또 미용 지식에서 오는 정신적인 침착성과 안정이라는 것도 있다. 이것은 아가씨 자신에게는 참되고 명료한 것이지만, 세상의 정신주의자라 불리는 사람들은 이런 일은 생각지도 못한다.

우리는 모두 생명이 있는 육신이므로 육체와 정신의 차이는 매우 작으며, 어떤 섬세한 정서나 위대한 정신미가 정신세계에서 찬미받는다 해도 감각을 무시하고 그에 이르는 것은 불가능하다. 촉각이나 청각이나 시각에는 도덕성이나 비도덕성이 없다. 인생의 적극적 환희를 받아들일 힘이 없어지는 것은 대개 관능적인 감수성이 줄었기 때문이며, 또 만족을 느끼리만큼 그것을 활용하지 않았기 때문이다. 그러한 가능성은 아주 많다.

그러나 도대체 무엇 때문에 헛된 논의를 한단 말인가. 차라리 구체적 실례에 대해 동서양을 통해 삶을 사랑한 위인의 글 중에서 약간을 뽑아, 그들은 언제를 즐거운 한때라고 말하고 있는지, 또 그들이 귀로 듣고 코로 맡고 눈으로 본다는 그 중요한 감각과 어떻게 밀착되었는지 고찰해 보지 않겠는가.

다음에 인용하는 것은 숲의 시인 소로[1]가 귀뚜라미 소리를 들었을 때에 얻은 시취(詩趣)인데, 그 감회를 대단히 아름답게 서술하고 있다.

우선 귀뚜라미가 우는 소리에 귀 기울여 보라. 귀뚜라미는 돌틈에 많이 있는데, 한 마리만 있다면 더욱 흥취가 깊다. 그 우는 소리를 듣노라면 어쩐지 때늦은 듯한 처량한 느낌이 든다. 그러나 이 세상의 짧은 생애가 끝나면 영원한 죽음으로 들어가야만 하는 생물의 운명을 생각하기에, 우는 벌레 소리를 처량하게도 생각하고, 또 쓸데없이 안달하며 사는 인간의 번뇌를 생각할 때도 그런 느낌이 드는 것이다. 그러나 그것은 본래 모든 시간관념을 초월하는 것이므로, 때늦은 처량함이라고는 결코 말할 수 없다. 오히려 봄의 욕정이나 여름의 열광 한복판에 홀로 서서 가을의 서늘함과 무르익음을 생각케 함이 있는 것이다.

귀뚜라미는 새에게 "너희는 아이들처럼 일시적인 충동으로 울고 있어. 자연은 너희를 통해 말을 하지만, 우리에게는 무르익은 지혜가 있다. 우리에겐 사계절의 변동이 없다. 우리는 사계절의 자장가를 부르고 있는 거야"라고 말한다. 그리하여 그들은 영원히 풀숲 속에서 노래한다. 이미 그들은 천국에 있으니 새삼 그들을 천국에 보낼 것까지도 없다. 영원히 변함없다. 5월에도 11월에도(안 그런가?). 조용한 예지, 그 노래

---

[1] 〈원주〉 소로는 미국 작가들을 통틀어 그 전인생관에 있어서 가장 중국인다운 데가 많은 사람이다. 나는 그 정신에서 그와 매우 흡사한 점이 있는 것 같다. 나는 소로의 글 몇 구절을 중국어로 번역하여 누구에게나 중국 시인의 글이라고 믿도록 할 수 있다.

에는 산문과 같은 분명함이 있다. 술은 마시지 않지만 이슬을 마신다. 교미기가 지나면 사라져 버리는 덧없는 사랑의 가락은 아니다. 신의 영광을 찬미하고 영원히 그것을 즐기는 것이다. 사계절의 변화의 테두리 밖에서 그 가락은 진리인 양 변치 않는다. 마음이 그지없이 맑아진 순간에만 귀뚜라미 소리를 들어야 할 것이다.

휘트먼이 가진 후각과 시각과 청각이 그의 정신성을 높이는 데 어느 정도의 힘이 되었는지, 또한 그런 감각을 얼마나 중시했는지 다음 글에서 보도록 하라.

아침부터 내리기 시작한 눈보라가 종일토록 멎지 않는다. 그러나 펄펄 내리는 눈에 젖어, 나는 같은 숲과 같은 길을 두 시간 이상이나 걸었다. 바람은 멎었다. 그러나 소나무 사이에서 가냘픈 음률의 속삭임이 들린다. 아주 또렷하고 기묘한 소리, 여울인 듯하다. 때로는 조용히, 때로는 흘러떨어지는 듯한 소리. 모든 감각, 시각, 청각, 후각의 형언할 수 없는 만족스러운 희열.

눈은 내려 쌓인다. 상록수, 호랑가시나무, 월계수 등등 모든 나무의 잎과 가지에 수북수북 쌓인다. 잎은 하얗고 두터운 옷을 입어 에메랄드빛의 윤곽이 또렷해진다. 즐비하게 서 있는 소나무의 높고 곧은 기둥과 희미한 송진 냄새가 눈의 향기와 섞인다(향기가 없는 것은 없다. 눈마저 그렇다. 다만 여러분이 맡을 수가 있다면 말이다. 두 장소, 아니 순간과 순간은 각각 어딘지 다르다. 아주 똑같을 수는 없다. 한낮과 한밤중, 겨울과 여름, 바람이 있는 한때와 고요한 한때, 그 향기가 얼마나 그럴듯한가!).

정오와 한밤의 향기, 겨울과 여름의 향기, 폭풍우의 한때와 정적의 한때의 향기를 식별할 수 있는 사람이 과연 몇이나 있겠는가. 대체로 시골에서 사는 것보다도 도회에서 사는 쪽이 유쾌하지 못하다면, 그것은 도회의 시각과 후각과 청각의 변화와 뉘앙스가 시골보다 선명치 못하기 때문이다. 어디를 바라보아도 단조로운 회색 담벽이나 아스팔트 속으로 그것들이 사라졌기 때문이다.

이른바 유쾌한 한때의 진정한 한계, 진정한 자격, 진정한 성질에 대해 말한다면, 중국인과 미국인에게는 공통점이 있다. 다음에 언급할 중국 학자가 쓴 '유쾌한 순간에 관한 33절'을 번역해서 독자에게 보이기 전에, 그것과 비교하는 뜻에서 휘트먼의 글에서 한 구절을 더 인용하려고 한다. 이 글을 읽으면 중국인의 감각과 유사함을 알 수 있을 것이다.

활짝 갠 상쾌한 어느 날, 미풍이 이는 건조한 공기 속엔 산소가 가득하다. 나를 감싸고 또한 녹이는 건전하고 말없는 아름다운 갖가지 기적 ─ 나무, 물, 풀, 햇빛, 첫서리 ─ 그중에서 내가 가장 관심을 갖고 바라보는 것은 가을날 특유의 맑은 창공이다. 구름이라고는 크고 작은 뭉게구름뿐, 고요히 무엇을 생각하는 듯 무한한 창공 속에 움직인다. 아침녘의(그렇다. 7시부터 11시까지) 그 빛은 줄곧 투명하면서도 싱싱한 푸른빛이지만, 한낮이 가까워지면 점차 색깔이 엷어져 2, 3시간은 회색을 띠게 된다. 그러고는 해질녘까지 차츰 퇴색해 간다.

큰 나무가 있는 언덕 위의 틈으로 찬란한 빛을 발하는 일몰을 본다 ─ 화염의 빛줄기, 수면(水面)에 비스듬히 은빛 광택을 던지는 담황색·간장색·홍색 무늬를 놓는 장관, 투명한 그림자, 빛살, 섬광, 그림으로도 나타낼 수 없는 선명한 색조.

매우 흐뭇한 이 가을의 한때, 나에게 그런 한때가 있었다. 무엇인지 모르지만 주로 하늘이 있기 때문에 가을의 기쁨을 느낄 수 있다고 생각한다(가끔 나는 태어난 이래로 여태껏 하늘을 매일 처다보았지만 참되게 본 적은 한 번도 없었다고 생각한다). 이런 순간들이야말로 더없이 유쾌한 한때라고 말할 수 있지 않겠는가. 전에 읽은 적이 있는데, 바이런은 임종 전 친구에게 전생애를 통해서 즐거운 때는 단 세 시간밖에 없었다고 말했다. 이와 똑같은 왕의 종(鐘)에 관한 전설이 독일에도 있다. 가까이 집 밖에 나가 나무

사이로 빛나는 아름다운 석양을 바라보고, 나는 바이런이나 좀 이야기를 생각했다. 그러면 나는 행복한 때를 보내고 있다는 생각이 든다(몹시 즐거운 한때의 기억을 적어놓은 일은 정말 없다. 그런 순간이 되면 메모를 하여 미감(美感)을 해치는 것이 싫다. 나는 그저 부딪치면 내맡긴다. 기분 내키는 대로 행동한다. 고요한 황홀경에 몸을 내맡기면서).

그러나 도대체 행복이란 무엇인가? 내가 경험한 것 같은 때의 하나인가, 또는 그와 흡사한 것인가, 혹은 몹시 미묘하여 순식간에 사라지는 색조인가? 무엇이라고 형언할 수가 없다—그러나 신이여, 마음 내키는 대로 알지 못하는 즐거움을 만끽하게 해주소서! 투명한 그 감청색 속에 나와 같은 환자를 위한 약이 있습니까?(오, 불편한 몸과 마음의 병이 3년간 계속된 것이다) 신은 대기(大氣)를 통하여 나에게 신의 현묘한 명약을 남모르게 떨어뜨리신 것인가.

유쾌한 한때에 관한 김성탄의 33절

우리는 여기서 한 중국인이 쓴 〈유쾌한 한때〉라는 글을 음미하고 감상해 보려고 한다. 이 글을 쓴 사람은 김성탄이라 하는데, 17세기의 위대한 인상파 평론가이다. 그는 《서상기(西廂記)》라는 희곡의 평석(評釋) 속에서 33절에 걸쳐 유쾌한 한때라는 것을 열거하고 있다. 이것은 그가 한 친구와 비 때문에 열흘 동안 어느 절에 피해 있을 때 두 사람이 꼽아 본 것이다.

다음의 33절은, 그가 인간의 정신이 관능과 어울려서 인생의 참된 유쾌함을 맛볼 수 있는 한때라고 생각하는 것이다.

1. 때는 6월의 어느 무더운 날, 해는 중천에 걸려 있어 바람 한 점 없고, 하늘에는 한 조각의 구름도 보이지 않는다. 앞뜰과 뒤뜰은 마치 둥근 화로 속과 같다. 하늘을 나

는 새는 그 자취를 감추고, 땀은 온몸에서 폭포처럼 흘러내린다. 점심상을 받았으나 더위 때문에 수저를 들 기분도 나지 않는다. 그래서 자리를 가져오게 해서 땅바닥에 깔고 그 위에 누웠다. 그런데 자리는 눅눅하고 파리가 코 언저리에 어른거리며, 쫓아도 사라지지 않는다. 이렇게 되면 나는 아무 힘도 없다.

그때 돌연 천둥소리가 요란하게 울리고 먹구름이 하늘을 가득 덮으며 전쟁터로 향하는 군대처럼 기세당당하게 밀어닥친다. 이윽고 추녀에서 빗물이 폭포수처럼 떨어진다. 그러면 땀이 들어가고, 땅의 눅눅함도 없어지며, 파리도 어디론지 숨어버려, 간신히 밥을 먹을 수 있게 된다. 아, 이 또한 유쾌한 일이 아니겠는가.

2. 10년 동안이나 만나지 못했던 친구가 해질녘에 갑자기 찾아온다. 문을 열고 그를 맞아들여, 배편으로 왔는지 육로로 왔는지도 묻지 않고 침대나 의자 위에서 잠시 쉬라고 이르지도 않은 채, 먼저 내실에 가서 조심스럽게 아내에게 "소동파의 부인처럼 술을 듬뿍 사다 줄 수 있겠소?"라고 말한다. 그러면 아내는 선뜻 금비녀를 빼며 "이것을 팔지요"라고 한다. 사흘은 충분히 마실 수 있을 것 같다. 아, 이 또한 유쾌한 일이 아니겠는가.

3. 아무도 없는 방안에 멍하니 앉아 있자니 베갯머리에 쥐가 와서 차츰 짜증스러워진다. 도대체 살금살금 무엇을 하는 걸까? 무엇을 갉고 있는 걸까, 어떤 책을 갉는 걸까, 이런 생각을 하며 대책도 없이 있노라면, 갑자기 무서운 얼굴을 한 고양이가 무엇을 노리기라도 하는 듯 꼬리를 흔들며 눈에 불을 켜고 나타난다. 나는 꼼짝도 않고 숨을 죽이며 잠시 기다린다. 그러면 쥐는 재빨리 짧은 소리를 남기고 바람처럼 사라진다. 아, 이 또한 유쾌한 일이 아니겠는가.

4. 서재 앞의 해당화와 박태기나무를 뽑고 열 그루나 스무 그루의 파릇파릇한 파초를 심는다. 아, 이 또한 유쾌한 일이 아니겠는가.

5. 봄날 저녁 로맨틱한 벗들과 술잔을 주고받아 꽤 취기가 돈다. 술잔을 놓기도 싫지만 더 마시기도 어렵다. 그러면 사정을 눈치챈 곁의 동자(童子)가 열두세 자루의 큰

폭죽을 담은 바구니를 즉시 가져온다. 나는 술자리에서 일어나 뜰에 나가 폭죽을 터뜨린다. 유황 냄새가 코를 찌르고 머리를 자극하여 기분이 썩 좋다. 아, 이 또한 유쾌한 일이 아니겠는가.

6. 거리를 걷노라니 두 명의 불량배가 심하게 싸우고 있다. 얼굴은 상기되고 눈은 분노에 번득이며, 마치 불구대천의 원수 같은 형상이다. 그러나 서로 예의를 갖추어 팔을 들거나 허리를 굽히기도 하며 인사를 하고 "댁에서는"이라든가, "댁을……"이라든가, "어떻게 된 일인가 하면……"이라든가, "그렇지 않습니까?"라는 등, 제법 조심스럽고도 점잖은 말을 쓰고 있다. 그러나 이 언쟁은 끝이 없다. 거기에 느닷없이 육척 장신의 우락부락한 남자가 나타나 팔을 휘두르며 큰소리로 "집어치워!" 하고 외친다. 아, 이 또한 유쾌한 일이 아니겠는가.

7. 독에서 물이 흘러나오듯 내 자식들이 옛 문장을 줄줄 암송하고 있다. 나는 그것을 가만히 듣고 있다. 아, 이 또한 유쾌한 일이 아니겠는가.

8. 식사 후 심심풀이로 근처의 가게를 찾으니 조그만 물건이 사고 싶어진다. 흥정이 거의 끝나 가는데도 불구하고, 가게의 점원은 물건을 선뜻 내주려 하지 않아 실랑이를 계속한다. 그래서 나는 깎는 값에 해당될 만한 간단한 것을 소맷자락에서 꺼내어 점원에게 준다. 그러자 점원은 금방 미소를 짓더니 정중히 인사하며 "정말 선생님께선 매우 너그러우십니다"라고 말한다. 아, 이 또한 유쾌한 일이 아니겠는가.

9. 식후 심심풀이로 헌 가방을 열고는, 이렇다할 이유도 없이 가방 안을 뒤진다. 그러면 내 집에서 돈을 빌려준 사람들의 수십, 수백 장의 차용증서가 나온다. 채무자 중에는 고인도 있고 생존한 사람도 있지만, 아무튼 돌려받을 가망은 없다. 나는 슬며시 차용증서를 묶어 불에 던지고 하늘을 쳐다보며 연기가 완전히 사라져 버리는 것을 바라본다. 아, 이 또한 유쾌한 일이 아니겠는가.

10. 어느 여름날 맨머리에 맨발로 문 밖에 나가서, 젊은이들이 수차(水車)를 밟으며 소주(蘇州) 민요를 부르는 것을 양산을 쓰고 가만히 듣는다. 논물은 백은(白銀)이나

백설이 녹은 것처럼 거품을 내며 수차 속으로 흘러들어간다. 아, 이 또한 유쾌한 일이 아니겠는가.

11. 아침에 눈을 뜨니, 집안 사람들이 어젯밤에 누가 죽었다고 수군거린다. 나는 곧 누가 죽었느냐고 집안 사람들에게 묻는다. 그리고 그것이 마을에서 가장 타산적인 놈이라는 사실을 안다. 아, 이 또한 유쾌한 일이 아니겠는가.

12. 여름날 아침 일찍 잠을 깨니, 홈통으로 쓴다며 소나무 선반 밑에서 커다란 대나무를 톱으로 자르고 있는 것이 보인다. 아, 이 또한 유쾌한 일이 아니겠는가.

13. 한 달 내내 계속되는 장마 때문에 술취한 사람이나 병자처럼 늦잠을 자서 이젠 일어나기도 싫다. 그러자 창 밖에 비가 그쳤음을 알리는 새소리가 들린다. 나는 급히 침실의 커튼을 제치고 창문을 연다. 아름다운 태양이 눈부시고, 나무들은 방금 목욕을 한 듯이 산뜻하다. 아, 이 또한 유쾌한 일이 아니겠는가.

14. 한밤중, 누군가가 멀리서 나를 생각하고 있는 듯한 느낌이 든다. 이튿날 나는 그 사람을 찾아간다. 그 집의 거실로 들어서니 그 사람은 남쪽을 향해 책상 앞에 앉아서 무엇인가 기록을 읽고 있다. 내 모습을 보자 재미있다는 듯이 고개를 끄덕이며 팔을 잡아 앉히고 "마침 잘 왔네. 이걸 읽어 보게나"라고 한다. 이리하여 우리는 서로 웃으며 담 위로 햇살이 사라질 때까지 즐겁게 이야기를 나눈다. 이윽고 친구는 시장기를 느낀 듯 내게 "자네도 배가 고프지"라고 슬며시 말한다. 아, 이 또한 유쾌한 일이 아니겠는가.

15. 내 집을 짓겠다고 별로 진지하게 생각한 것도 아닌데, 뜻밖에 약간의 돈이 들어왔으므로 집을 지어 볼까 생각한다. 그러고 나면 아침 저녁으로 재목을 사라느니, 돌을 사라느니, 기와나 벽돌이나 도료나 못을 사라느니, 하고 성화다. 나는 그것들을 사기 위해 거리마다 샅샅이 찾아 헤맨다. 모두가 집을 짓기 위한 것, 그렇다고 그런 일을 하고 있는 동안 새 집에서 살 수 있는 것도 아니다. 마침내는 다 집어치우고 싶은 생각마저 든다. 그러던 어느 날 드디어 간신히 집이 준공된다. 벽에는 칠을 하고 바닥은 말

끔히 닦고 창문에는 종이를 바르고 벽에는 족자를 건다. 일꾼들은 다 가고 벗이 찾아와 여기저기 놓여 있는 의자에 걸터앉는다. 아, 이 또한 유쾌한 일이 아니겠는가.

16. 겨울밤 술을 마시다가 방안이 몹시 추워진 것을 갑자기 깨닫게 된다. 창을 열고 내다보니 함박눈이 내려 벌써 세 치[寸] 가량 쌓여 있다. 아, 이 또한 유쾌한 일이 아니겠는가.

17. 나는 오랫동안 승려가 되고 싶다고 생각해 왔다. 그러나 고기를 먹을 수 없다고 하여 생각만으로 그치고 있었는데, 승려가 되어도 육식을 할 수 있다고 가정하자. 그렇게 되면 대야에 가득 물을 담아 끓이고 잘 드는 면도기로 여름이 가기 전에 머리를 깎는다. 아, 이 또한 유쾌한 일이 아니겠는가.

18. 여름날 오후 크고 새빨간 소반에다 새파란 수박을 올려놓고, 잘 드는 칼로 자른다. 아, 이 또한 유쾌한 일이 아니겠는가.

19. 음부에 약간의 습진이 생겼으므로, 문을 꼭 닫고 가끔 김을 쐬기도 하고 더운 물에 담그기도 한다. 아, 이 또한 유쾌한 일이 아니겠는가.

20. 가방 속에서 우연히 옛 친구들의 자필 편지를 발견한다. 아, 이 또한 유쾌한 일이 아니겠는가.

21. 가난한 선비가 돈을 꾸러 온다. 그러나 이야기를 꺼내지도 못하고 우물쭈물하며 화제를 엉뚱한 곳으로 돌리려고 한다. 참으로 딱하게 생각하고 둘만이 있는 곳으로 데리고 가서, 얼마나 필요하냐고 묻는다. 그러고 나서 방에 들어가 돈을 건네주고 "자네는 지금 바로 가서 문제를 해결해야 하나? 좀더 앉아서 한잔 하고 가면 어떤가?"라고 묻는다. 아, 이 또한 이 유쾌한 일이 아니겠는가.

22. 여기는 조각배 안. 미풍이 상쾌하게 불지만 배에는 돛이 없다. 그러자 갑자기 큰 배 하나가 나타나서 쏜살같이 다가온다. 그 배에 다가가 갈고리쇠를 걸려고 하자 뜻밖에도 쉽게 걸린다. 그래서 그 배와 밧줄로 연결된 채 끌려가며 두보(杜甫)의 시를 읊기 시작한다. '青惜峰巒 黃知橘柚(푸른 빛으로 산봉우리의 지남을 애석해하고, 노란 빛

으로 귤과 유자가 있음을 안다).' 그러고는 유쾌하게 웃는다. 아, 이 또한 유쾌한 일이 아니겠는가.

23. 벗과 같이 살 집을 찾고 있는데, 마땅한 집이 눈에 띄지 않는다. 그때 누군가 와서 알맞은 집이 있다고 한다. 별로 크지도 않고 열두 개의 방이 있으며, 강에 잇닿아 있고 아름다운 수목에 둘러싸여 있다고 말한다. 나는 그 사람에게 식사를 권하고, 식사가 끝난 다음 어떤 집일까 하는 생각도 하지 않고 함께 나서서 느릿느릿 그 집을 보러 간다. 문에 들어서자 커다란 빈터가 있고 곳간이 예닐곱 개나 있다. 나는 속으로 '이제부턴 채소나 참외 걱정을 할 필요가 없겠는데' 하고 중얼거린다. 아, 이 또한 유쾌한 일이 아니겠는가.

24. 나그네가 먼 여행에서 돌아온다. 그리운 성문이 보이고 냇물의 양쪽 기슭에서 여자와 아이들이 우리말로 떠들고 있다. 아, 이 또한 유쾌한 일이 아니겠는가.

25. 오래된 자기(磁器)가 깨지면 결코 본래대로 되는 일이 없음은 당연하다. 깨진 그릇을 뒤집거나 바라보거나 하면 더욱 울화가 치민다. 이럴 때는 그 그릇을 요리사에게 건네며 다른 헌 그릇과 마찬가지로 쓰라 이르고, 일단 깨진 그릇을 다시는 내 눈에 띄지 않게 하라고 분부한다. 아, 이 또한 유쾌한 일이 아니겠는가.

26. 나는 성인군자가 아니므로 좋지 않은 일을 하지 말라는 법은 없다. 밤중에 좋지 않은 짓을 하고 아침에 일어나면 그 때문에 몹시 불쾌하다. 그때 문득 생각나는 것은, 좋지 못한 짓을 고백하는 것은 참회와 같다는 불교의 가르침이다. 그래서 나는 낯선 사람이건 오랜 벗이건 간에 주위 사람 모두에게 나의 좋지 못한 일을 털어놓는다. 아, 이 또한 유쾌한 일이 아니겠는가.

27. 길이가 한 자쯤 될 만한 큰 글씨를 누군가가 쓰고 있다. 그것을 옆에서 바라보고 있다. 아, 이 또한 유쾌한 일이 아니겠는가.

28. 창문을 활짝 열어젖히고 방안에서 말벌을 내쫓는다. 아, 이 또한 유쾌한 일이 아니겠는가.

29. 고을의 관원에게 북을 치도록 하여 퇴청 때를 알리게 한다. 아, 이 또한 유쾌한 일이 아니겠는가.

30. 누군가가 날리던 연줄이 끊어져서 연이 날아가는 것을 바라본다. 아, 이 또한 유쾌한 일이 아니겠는가.

31. 벌판에 들불이 타는 것을 본다. 아, 이 또한 유쾌한 일이 아니겠는가.

32. 빚을 다 갚아버린다. 아, 이 또한 유쾌한 일이 아니겠는가.

33. 《규염객전(叫髥客傳)[2]》을 읽는다. 아, 이 또한 유쾌한 일이 아니겠는가.

일생 중 단 세 시간밖에 유쾌한 시간을 갖지 못했던 불행한 바이런 경이여, 그의 정신은 병적이거나 몹시 비정상적인 것이었다. 그것이 아니라면 그의 시작(詩作) 10년 동안에 유행한 세상 괴로움을 그저 애호한 데 불과한 것이다. 세계고(世界苦)의 사고방식이 그토록 유행하지 않았더라면, 세 시간이 아니라 적어도 서른 시간쯤은 유쾌한 시간이 있었으리라는 것을 바이런 경은 인정했을 것이다. 나로서는 그렇게밖에 생각할 수가 없다.

이상의 점에서 볼 때, 실로 이 세상은 우리의 관능에 의해서만 즐길 수 있도록 펼쳐진 인생의 향연이며, 이같은 관능적 기쁨을 인정할 만한 교양이 있어야만 그것들을 솔직히 인정할 수 있는 것이다. 그것은 실로 분명한 일이다. 자신의 관능에 흔들리고 있는 이 호화로운 현세에 대해 우리가 짐짓 눈을 감는 것은, 유심론자가 우리를 완전히 관능 공포증 환자로 만들어 버린 까닭이 아닐까 하고 나는 생각한다.

좀더 고상한 철학은 우리가 육체라 부르는 섬세하고 아름다운 감수기관에 대한 신뢰를 고쳐 세워야만 하는 것이다. 그리고 먼저 육체 경멸 사상을 몰아

---

2 〈원주〉 당나라 때의 전기소설(傳奇小說).

내고, 이어서 관능 공포를 몰아내야만 한다.

 이런 철학자들이 실제로 물질을 승화시키고 인간의 육체를 기화(氣化)시켜, 신경이나 미각, 후각, 색감, 운동감각, 촉각도 없는 하나의 영혼으로 만들어 버리지 않는 한, 그리고 저 힌두교의 고행자와 같은 짓을 할 배짱을 갖지 않는 한, 우리는 용감하게 이 있는 그대로의 현실에 대처해 나가야 할 것이다. 진실을 인정하는 철학자만이 우리를 참된 행복으로 이끌 수 있는 것이며, 이같은 철학이야말로 건전하고 건강한 것이다.

유물론의 오해

 앞에 나온 인생의 유쾌한 한때에 관한 김성탄의 33절을 읽은 사람은, 누구나 인생에는 정신적 즐거움과 육체적 즐거움이 필연적으로 내재되어 있음을 깨달았을 것이다. 정신적 쾌락은 육체를 통해 감득될 때에만 참된 것이다. 나는 그 속에 도덕적 쾌락까지도 더하고 싶다. 저 옛날의 에피쿠로스 철학자나 스토아 철학자들이 종종 오해를 받았듯이, 어떤 가르침을 논하고자 하는 사람은 세상 사람들의 오해를 각오해야만 한다. 마르쿠스 아우렐리우스 같은 스토아 철학자의 정신에 깃들인 본질적인 애정이 얼마나 오해를 받아 왔던 것인가. 혹은 예지와 금욕을 논하는 에피쿠로스파의 교의가 쾌락설과 같은 것으로 해석되는 일이 얼마나 많았던가.

 어딘지 모르게 유물론적인 느낌을 받는 이들 철학사상에 대해서는 즉각 다음과 같은 반대론이 일어날 것이다. 그것은 이기적이며 사회적 책임이 전적으로 결여되어 있다, 자기만의 쾌락에 빠지도록 가르친다는 것이다. 그러나 이같은 주장은 무지에서 비롯된다. 이런 주장을 하는 사람은 자기가 무엇을 말하는지조차 모르는 것이다. 그들은 견유철학자의 자랑이나 이러한 삶을 자랑하는 자의 온화한 기분을 이해할 수 없는 것이다.

자기 동료를 사랑하는 것은 교의나 신조나 지적 확신의 문제도 아니며, 논의에 의해 지지받을 만한 명제도 아니다. 이유가 필요한 인류애는 참된 사랑이 못 된다. 참된 사랑은 극히 자연스러운 것이어야만 한다. 마치 새가 날개를 파닥거리듯이 그러한 자연스러움 말이다. 그것은 건전한 마음에서 솟아나와 대자연에 따라서 움직이는 티없는 감정이어야만 한다. 진정으로 자연을 사랑하는 사람은 동물이나 동료에게 가혹한 짓은 하지 못한다.

인생이나 동료에 대한 깨달음, 자연에 대한 깊은 지식을 갖춘 극히 건전한 정신에 있어서는, 사랑은 당연한 사항에 속한다. 그런 사람의 마음에는 사랑을 가르치는 철학도, 인공의 종교도 필요없다. 왜냐하면 그 정신은 자기 감각을 통해 적절히 함양되며, 기교적인 생활이나 기교적인 처세술 등을 어딘지 모르게 거시적 안목으로 보고 있으므로, 진짜 정신적 건전함과 도덕적 건전함이 얻어지는 것이다. 우리는 땅 위의 흙을 치우고 이 사랑의 샘물이 솟아나오는 구멍을 넓히려는 것이므로, 애타주의를 지향하는 것이라고 비난받을 까닭이 없다.

유물론은 오늘날까지 오해를 받아 왔다. 개탄하리만큼 오해를 받아 온 것이다. 이 점에 관해, 나는 조지 산타야나에게 대변시켜야만 하겠다. 그는 스스로를 "유물론자 ― 스스로 평하건대 당대의 유일한 자"라고 칭했는데, 그러면서도 세상 사람들이 알고 있는 것처럼 현대인 중에서 가장 사랑의 정신이 깊은 한 사람으로 지목되고 있다.

그의 말에 의하면, 유물론 철학에 대하여 사람들이 편견을 갖는 이유는, 그것을 외부에서 바라보기 때문이다. 자기가 예부터 지키고 있는 신조와 비교해 보고 나서 겨우 깨닫게 되는 그런 두세 가지의 결함을 유물론에서 발견하고는 일종의 놀라움을 느끼는 것에 불과하다. 그렇지만 우리가 지금까지 모르던 신조나 종교나 국가에 대해 올바로 이해하려면, 그 새로운 세계의 정신으로 침투해 들어가야만 한다.

세상 사람들에게 오해받고 있는 이 '유물론'에는, 약동과 환희와 감동의 건강함이 있다. 산타야나도 말하고 있듯이 참된 유물론자는 언제나 웃는 저 철학자 데모크리토스와 같은 인물이다. '신통치 않은 지성에 화를 입어 웃을 수 있는 능력을 상실한' 것은 바로 우리들, 즉 '마지못해 사는 유물론자'이며, 정신주의를 동경하면서도 이기적인 생활과 유물론적 생활을 하는 무리들이다. 산타야나는 다음과 같이 말한다.

유물론의 신앙을 위해 태어난 철저한 유물론자, 뜻하지 않게 기독교의 세례를 받고서 도중에 방황하는 신자와는 전혀 다른 철저한 유물론자란, 저 웃는 위대한 철학자 데모크리토스 같은 인물이어야만 한다. 아름답고 불가사의한 무수한 형상이 되어 나타나고 또 한없이 놀라운 정열을 낳는 대자연의 기구(機構)를 바라보는 데모크리토스의 환희는 생물 박물관을 관람하는 사람이 느끼는 저 지성의 환희와도 비슷한 것이다 (표본상자의 무수한 나비, 두루미나 갑각류, 매머드나 고릴라가 거기에 있다).

그 무수한 생명에는 틀림없이 온갖 괴로움이 있었으리라. 그러나 그 괴로움은 곧 사라졌다. 크게 보면 이 야외극은 얼마나 멋진 한때였던가. 또 저 우주의 상호작용 속에는 얼마나 큰 감흥이 있었던가. 그리고 또 너무도 사소한 온갖 욕정은 얼마나 어리석고, 피하기 어려운 것이었던가. 이같은 사고방식이야말로 엄격한 유물론자의 마음을 환기시키는 정감이며, 적극적이고 환희에 가득 차며, 개인적으로 타락하는 일이 없고, 자기 환상을 존중하며, 약간의 냉소조차도 개입시키지 않는 것이다.

예로부터 유물론적인 윤리학은 생명을 가진 것의 비통함을 냉담하게 바라보는 짓은 하지 않았다. 오히려 고통을 느끼는 신경조직처럼 인간의 슬픔 앞에 전율하며, 인간의 의지가 무너지지 않도록 고행자적인 태도로 그 의지를 복귀시키는 힘이 있었던 것이다.

'인간의 슬픔을 경멸하는 것은, 크리슈나 신[3]을 찬양하면서 절대 낙천주의적인 신의 수레를 끄는 사람들이나 하는 짓이다. 그러나 단순한 허영심이나 자기 기만에서 일어나는 온갖 악덕이나, 자기는 우주의 종점이며 정상이라 믿고 의기양양해하는 자들의 언사에 대해서는 유물론적인 웃음이야말로 알맞은 방위이다.' 웃음에는 다음과 같은 미묘한 장점도 있다. 즉 유물론자는 깊은 동정이나 우정이 없는 곳은 사양한다. 이를테면 돈키호테의 바보 같은 짓이나 재난 이야기를 읽고는 웃지만 그 영웅심까지 조롱하지는 않는다. 그의 열성은 칭찬할 만하다. 그러나 인간세계를 적절히 개선하려면 먼저 그 세계를 잘 알아야만 한다. 그리고 인생의 행복이라는 것도, 만일 그것을 얻고 싶다면 우선 이성에 입각해서 생각해야만 한다.[4]

우리가 항상 관능적 생활보다 차원이 높다고 자랑으로 여겨왔던 지적 생활이나 정신생활이란 도대체 어떤 것일까? 불행하게도 근대 생물학은 정신이라는 것을 동물섬유의 분비액과 신경으로 이루어진 일종의 조직이라 생각하여, 그것을 본래의 위치로 되돌려놓으려는 경향이 있다. 그런데 내가 믿는 바로는 낙천주의는 하나의 분비액이다. 적어도 모종의 순환 분비액으로 인해 가능해지는 하나의 신경상태이다.

정신생활은 어디서 생겨나는 것인가. 그것은 또 무엇으로 인해 존재하고, 어디서 그 영양을 섭취하는가. 철학자들은 일찍이 인간의 모든 지식은 지각적 경험에서 생긴다는 것을 지적해 왔다. 우리는 지각과 촉각과 후각이 없이

---

[3] 인도 신화에 나오는 신. 크리슈나의 신상(神像)을 실은 수레에 깔려 죽으면 극락에 간다고 믿었다.
[4] 〈원주〉 로건 퍼설 스미스(Logan Pearsall Smith)가 편집한 《산타야나 소론집》 중에 나오는 '유물론자의 정서'에서 발췌.

는 그 어떤 지식도 얻을 수 없다. 그것은 마치 렌즈와 감광판이 없으면 사진을 찍을 수 없는 것과 같다. 현명함과 우매함의 차이란, 현명한 사람이 우매한 사람에 비해 선명한 영상이 비치고 오래 보존되는 정교한 렌즈와 건판을 지니고 있다는 것이다.

그리고 책 속의 지식에서 인생의 참지식으로 나아가려면 단순한 사유나 사색만으로는 부족하며, 반드시 자기만의 독특한 방법을 감득해야만 한다. 즉 사물을 있는 그대로 느끼고, 인생과 인생에 관한 모든 것을 일부분으로 생각하지 말고 전체로서 바라봄으로써 좀더 정확한 인상을 얻어야만 하는 것이다.

이와 같은 인생을 감득하고 경험을 모으는 것에 우리의 모든 감각은 협조한다. 지성으로 빛나는 온정이 마음속에 생기는 것은, 이런 모든 감각의 협조와 심정과 지능의 협조로 인한 것이다. 그러므로 지성적 온정이라는 것은 매우 중요하다. 결국 푸르름이 나무의 상징이듯, 그것은 인생의 상징인 것이다.

어떤 사람이 생각하고 있는 인생관에 대해 알고 싶다면, 그 사람에게 이러한 온정이 있는지 없는지를 살펴보는 것이 좋다. 그것은 마치 어떤 불행한 재해 뒤에 시달리고 있는 시들어가는 나무가 아직 살아 있는지 어떤지 알기 위해서는 잎사귀에 생기와 수분이 있는지, 섬유조직은 정상인지 살펴보면 되는 것과 같다.

정신적 즐거움이란 무엇인가

여기서 우리는 일반적으로 고상하다고 생각되는 지적인 쾌락과 정신적 쾌락에 대해 생각함으로써, 그것들이 인간의 지력에서 그 감각과 얼마만큼 필연적으로 결부되어 있는지 고찰해 보자. 일반적으로 저속한 감각이라 불리는 것과 구별되는 이른바 고상한 정신적 쾌락이란 무엇인가. 그것은 언제나 인간의 감각 속에 있으면서 그것과 불가분의 관계에 있는 동일한 사물이 갖가지 형태로 나타나는 것은 아닐까?

문학, 미술, 음악, 종교, 철학 등 고급의 정신적 쾌락에 대해 생각해 보면, 그 지적이라는 것이 인간의 감각이나 감정에 비해 얼마나 무력한 것인가를 알 수 있다. 그림의 경우에도 우리가 풍경화나 초상화를 볼 때, 실제의 풍경이나 아름다운 얼굴을 보는 관능적인 즐거움을 상기하지 않는다면 그 그림에 무슨 가치가 있겠는가. 또 문학의 경우에도 인생의 모습을 그 속에 재현시켜 그 정취와 명암을 묘사하며, 목장의 아름다운 냄새나 뒷골목의 냄새를 느끼게 하지 않는다면 문학에 무슨 가치가 있겠는가.

세상 사람들은 흔히 소설은 인간과 그 희로애락의 참된 모습을 묘사함에 따라 진정한 문학적 표준에 접근한다고 말한다. 인간을 이 인생으로부터 분리하여 다만 냉정하게 분석함에 그치는 책을 문학이라고는 할 수 없는 것이며, 그 책이 인간적인 진실을 담고 있으면 있을수록 훌륭한 문학이라고 하는 것이다. 소설이 단지 냉혹한 해부에 그칠 뿐 인생의 신맛과 쓴맛, 그리고 그 꽃다운 향기를 묘사할 수가 없다면 어떻게 독자에게 감동을 줄 수 있겠는가.

그 밖의 경우에 대해 말하면, 시가는 인간의 희로애락으로 명암을 준 인생의 진실에 불과하고, 음악은 말없는 정감이며, 종교는 공상의 형태를 취한 예지에 불과하다. 회화가 색채와 공상의 감각을 토대로 하듯이, 시가는 인생의 애환을 나타낼 뿐만 아니라 음향, 가락, 리듬, 감각 위에 놓여 있다.

음악은 순수한 정감 그 자체이며, 인간의 지력이 그로 인해 활동할 수 있는 유일한 수단, 즉 언어가 전혀 필요 없다. 음악은 목장이나 어시장이나 전쟁터의 갖가지 음향이나, 때로는 꽃의 아름다움이나 말발굽소리나 달빛의 우아함과 고요함까지도 표현한다. 그렇지만 음악이 감각의 한계를 넘어 철학적 관념을 표현하려 하면, 그 순간에 음악은 타락하며 따라서 타락 세계의 산물로 둔갑해 버린다.

종교의 타락은 산타야나가 말한 것처럼, 종교가 이론 그 자체에 빠지는 데서 비롯된다고 생각한다. 산타야나는 "불행하게도 종교는 이론의 옷을 입은 미신이 되기 위해, 공상세계의 예지이기를 그만둔 지 오래다"라고 말했다. 종교의 타락은 신조와 신앙 형식과 신앙 개조(信仰個條)에 빠진 교설 및 그 변명 등의 연구에 몰두하여 현학적 정신으로 타락한 것에서 비롯된다.

신앙을 정당화하고 합리화하여 옳다고 믿음으로써 경건한 마음은 감소하게 된다. 모든 종교가 오로지 자기만이 진리를 발견했다고 맹신하는 편협에 빠진 까닭도 여기에 있다. 그 결과 모든 종파에서 보듯이 이론으로 신앙을 정당화하면 할수록 편협에 빠지게 된다. 이리하여 종교는 가장 질이 나쁜 집착과 고루와 편파와 편협, 그리고 개인생활의 철저한 이기주의에까지 결부되기에 이른 것이다.

이렇게 되면 종교도 다른 종파에 대한 관대한 태도가 불가능해질 뿐만 아니라, 종교의식을 신과 인간의 사적 거래로 둔갑시킴으로써 인간의 이기주의를 조장하게 되는 것이다.

이리하여 을은 갑에 대해 상상할 수 있는 모든 기회에 찬송가를 부르고, 신의 이름과 갑의 영광을 찬양하며, 그 대신 갑은 또 을을 축복해야만 한다. 단, 이때는 다른 누구보다도 우선 자기 자신을 축복하고, 다른 어느 가족보다도 우선 자기 가족을 축복하는 것이다. '매우 신앙심이 깊고' 빠지지 않고 교회에 참석하는 노부인 중에 욕심쟁이가 많은 것은 바로 이 때문이다. 결국 자기만의 진리를 발견했다는 독선적인 생각이, 종교가 원래 발판으로 삼는 모든 섬세한 정서를 몰아내 버린 것이다.

미술과 시와 종교는 무엇 때문에 존재하는가. 그것은 우리의 마음속에 공상의 신선미와 보다 큰 정서적 미감과 발랄한 생명을 부활시키기 위한 것이며, 그 외의 이유는 인정할 수 없다. 인간은 나이를 먹어감에 따라 차츰 무감각해지고 고통과 부정과 잔인한 것에 대한 희로애락의 정서도 약해지며, 냉혹한 현실 다툼의 포로가 되어 인생에 대한 공상도 왜곡되고 마는 것이다. 다행히 이 세상에는 소수의 시인이나 예술가가 있다. 그들은 날카로운 감수성이나, 섬세한 정서적 감응이나, 공상의 신선미를 잃지 않고 있다. 따라서 그들의 의무는 우리의 양심이 되고, 무감각해진 공상을 바로잡을 거울이 되며, 위축된 신경을 조정해 주는 것이어야 한다.

예술은 우리의 마비된 정서나, 생기를 잃은 사고나, 부자연스러운 생활을 풍자하고 경고도 해야 할 것이다. 그것은 이론이 너무 많은 세계에 살면서, 이론에서 벗어나는 길을 가르친다. 그것은 또 생활의 건강함과 건전함을 회복시키고, 지나친 정신활동으로 인한 열광과 착란을 고쳐준다. 우리의 감각을 예민하게 하고 이성과 인간성의 관계를 재건해 인간 본래의 모습으로 복귀시킴으로써, 균형 잃은 생활의 파편을 모아 전과 같이 완전하게 만들어주는 것이다.

이해가 없는 지식, 감상이 없는 비판, 사랑이 없는 아름다움, 정이 없는 진실, 자비가 없는 정의, 온정이 없는 의례가 판을 치는 이 세상은 얼마나 비참한 세상인가?

특히 정신의 활동이라 여겨지는 철학에 대해 생각해 보더라도, 인생 그 자체에 대한 느낌을 잃는다면 위험은 더욱 커진다. 저 정신적 환희라 불리는 것 중에는 수학의 복잡한 방정식을 푸는 기쁨이나, 우주의 현묘한 이치를 인식하는 기쁨도 포함되어 있음을 안다. 대체로 어떤 원리와 법칙의 인식이라는 것은 모든 정신적 환희 중에서 가장 순수한 것이다. 그러나 나는 그것마저도 진수성찬과 기꺼이 교환하겠다.

첫째로 그 속에는 우리의 정신적 용무의 부산물인 변덕이라고나 할 만한 것이 있기 때문이다. 즉 스스로 흥미를 느껴서 하는 것이지, 인체에 필요한 그 밖의 모든 작용처럼 급하고 불가결한 것은 아니기 때문이다. 이같은 지적인 기쁨은 결국 크로스워드 퍼즐을 용케 풀었을 때의 기쁨과 같은 것이다.

둘째로 이때 철학자는 대개 자기를 속이고 완전이라는 추상적인 생각에 빠져서, 진실 그 자체를 배경으로 하는 것이 아니라 세계의 논리적 완성이라는 것을 크게 생각하기 일쑤이기 때문이다. 그것은 사물의 올바른 화법이라고는 할 수 없으며, 마치 ☆의 형태로 별을 그리는 것이나 마찬가지다. 즉 공식으로의 환원, 기교적인 정형화, 지나친 단순화이다. 그렇더라도 도를 넘지만 않는다면 조금은 낫다.

그러나 수많은 인간은 만물의 설계에 내재하는 단일한 원리와 법칙을 발견하지 않고도 유쾌히 살아가고 있다. 사실 그런 것은 없어도 좋다. 수학자와 이야기하는 것보다 묘령의 처녀하고 이야기하는 편이 훨씬 낫다. 처녀가 하는 말은 구체적이며 그 웃음에는 정기가 넘치므로, 수학자보다는 처녀와 이야기하는 편이 인간성에 관한 지식을 많이 얻을 수 있기 때문이다.

어느 때든지 나는 시보다는 돼지고기를 택하며, 훌륭한 소스가 곁들여진 등심살 한 쪽을 위해서라면 사소한 철학을 팽개쳐도 괜찮다. 나는 이러한 유물론자이다.

생활을 사색보다도 소중한 것으로 여겨야만 철학의 열광이나 숨막히는 기분으로부터 빠져나올 수 있으며, 동심이 지니고 있는 진정한 직관력의 신선함과 소박함을 어느 정도는 되찾을 수 있다. 어떤 철학자든 만일 진짜 철학자로서의 자격이 있다면, 어린아이의 모습을 보고 절로 부끄러움을 느끼게 될 것이다. 우리 속의 사자 새끼만 보더라도 그럴 것이다. 발톱이나 근육, 아름다운 털의 뾰족한 귀, 번득이는 동그란 눈, 그 민첩함, 장난을 좋아하는 기질, 이런 모든 것이 얼마나 완전하고 자연스럽게 갖추어져 있는가.

신이 부여한 완전이 종종 사람들로 인해 불완전하게 되는 것을 생각할 때, 철학자는 마땅히 부끄러워해야 한다. 안경을 쓰고, 식욕도 없고, 가끔 고민하고 괴로워하면서 인생의 아름다운 맛을 전혀 이해하지 못하는 것을 부끄러워해야 한다.

이러한 철학자한테서는 아무것도 얻을 수 없다. 왜냐하면 그의 말 중에 중요한 것은 하나도 없기 때문이다. 철학이 유쾌하게 시와 손을 잡고, 먼저 자연과 인간성의 참된 모습을 우리에게 부여할 때 비로소 쓸모가 있다고 하겠다.

격이 갖추어진 인생철학이라면, 인간이 태어나면서부터 갖춘 본능의 조화에 입각해야만 한다. 너무 관념적인 철학자는 자연 그 자체에 의해 내동댕이쳐진다.

중국 유학자들이 주장한 바에 따르면, 인간으로서의 최고의 품격은 자연을 좇아 살고 드디어 천지와 동등한 경지에 도달했을 때 얻어지는 것이다. 이것이 곧 자사자가 쓴 《중용》 속에 나타나 있는 교의이다.

하늘이 내린 명령을 성(性)이라 하고, 성에 좇음을 도(道)라 하며, 도를 닦음을 교(敎)라 한다. 희로애락이 시작되지 않음을 중(中)이라 하고, 시작되어 모두가 절(節)에 맞음을 화(和)라 한다. 중은 천하의 큰 근본이며, 화는 천하의 도를 터득한 것이다. 중과 화에 이르면 천지가 질서를 찾고 만물이 자란다.

성(誠)이 있음으로써 명(明)이 있으니, 이를 성(性)이라 한다. 명(明)으로써 성(誠)

에 이르니, 이를 교(敎)라 한다. 성(誠)이 있으면 명(明)이 있으며, 명(明)이 있으면 곧 성(誠)에 이른다.

오직 천하의 지성(至誠)이라야 능히 그 성(性)을 다할 수 있다. 그 성(性)을 다하면 곧 능히 인성(人性)을 다할 수 있을 것이다. 인성을 다하면 곧 능히 물성(物性)을 다할 수 있을 것이다. 물성을 다하면 곧 천하의 화육(化育)을 도울 수 있을 것이다. 천하의 화육을 도우면 곧 천지와 더불어 같은 자리에 설 수 있는 것이다.

우유론(優遊論) 제7장

인간, 즉 유일하게 일하는 동물

인생의 향연은 우리의 눈앞에 있다. 다만 문제는 우리가 얼마나 식욕을 느끼느냐 하는 것이다. 요컨대 문제는 식욕이지 향연 그 자체는 아니라는 것이다. 결국 인간생활에 있어 가장 당혹스러운 것은, 인간은 반드시 일을 해야만 한다는데 과연 그럴까 하는 문제, 그리고 인간이 자기 자신에게 책임지우고, 문명이 인간에게 책임지워 온 노동의 분량이 과연 타당한 것인지 여부이다.

자연계의 모든 생물은 빈둥빈둥 놀고 있는데, 인간만이 일하고 있다. 인간은 일을 해야만 하므로 일한다. 왜냐하면 문명의 진보에 따라서 의무나 책임, 공포, 구속, 야심에 사로잡혀 인생이 매우 복잡해져 가기 때문이다. 그러나 이것들은 자연적인 발생이 아니라, 인간의 사회생활에서 빚어진 것이다.

나는 지금 책상 앞에 앉아 있는데, 창 건너편 교회의 첨탑 주위에 한 마리의 비둘기가 날고 있다. 비둘기는 점심 따위는 걱정하지도 않는다. 비둘기의 점심보다 내 점심이 좀더 복잡하다는 것, 또 내가 먹는 몇 가지 음식 가운데는 수많은 노동자의 힘과 경작, 장사, 교역, 배달, 조제 등 고도로 뒤얽힌 시스템이 포함된 것도 나는 알고 있다. 그러므로 인간은 짐승보다 음식물을 구하기가 한층 어려운 것이다. 그런데 만일 한 마리의 들짐승이 도시 한복판에

풀려나, 도대체 인간은 무엇을 구하려고 허둥대며 일하고 있는 것일까 하고 조금이라도 생각하기 시작한다면, 이 인간사회에 대하여 깊은 회의와 곤혹을 느낄 것이다.

이 들짐승이 제일 먼저 생각하는 것은, 인간은 모든 동물 중에서 유일하게 일하는 동물이라는 점이리라. 방앗간에서 짐끄는 말이나 소를 제외하고는 가축마저도 일할 필요가 없다. 경찰견은 단지 가끔 일이 있을 때에만 일을 할 뿐이다. 집을 지키는 것이 임무인 개도 대개 놀고 있으며, 양지 바른 곳에서 아침나절 내내 기분좋게 자고 있다. 부잣집 고양이는 먹기 위해서 일하지는 않을 것이다. 나면서부터 몸이 날쌔기 때문에 이웃집 담장도 아랑곳없이 자기가 가축이라는 것도 잊고 마음대로 나다닌다.

이렇게 생각해 보면 인류만이 바둥대고 우리에 갇혀 길들여지며, 먹이도 얻지 못하고 복잡한 사회에 강요당하여 일을 하며, 먹을 것 때문에 많은 신경을 써야만 한다. 인간생활에도 좋은 점이 있다는 것은 나도 알고 있다. 지식의 기쁨, 유쾌한 이야기를 나누는 즐거움, 연극을 볼 때 공상하는 재미 등이 그것이다. 그렇지만 인간생활은 너무 복잡해져서 직접·간접적인 활동의 90퍼센트가 먹을 것을 얻기 위해서이다. 근본적 사실은 여전히 변함없는 것이다.

문명이란 거의 먹을 것을 찾는 일에 불과하고, 또 진보란 먹을 것을 얻기가 점점 심각해지는 일이다. 먹을 것을 얻는 일이 이토록 어렵지 않다면, 인간은 지금처럼 부지런히 일할 필요가 결코 없을 것이다.

인간사회가 지나치게 문명화되는 곳에는 위기가 따른다. 먹을 것을 얻기 위한 노동이 너무도 격심해져서, 그것을 위해 노동하다가 식욕을 상실해 버릴 지경까지 문명이 다가온다는 데 위험이 있다. 그런데 결국 그곳까지 도달하고 말았다. 이것은 짐승이나 철학자가 보더라도 그다지 반가운 현상은 아닌 듯싶다.

대도시에 즐비하게 늘어선 지붕을 바라볼 때, 나는 언제나 경탄한다. 정말 어처구니없는 광경이다. 두세 개의 급수탑(給水塔)이 우뚝 솟고, 건축중인 어음 교환소의 골조 뒷면이 두어 개 보이고, 그 가운데 한두 개의 첨탑이 솟아 있고, 루핑 지붕이나 벽돌 건물이 잇대어 계속되고, 맵시도 없고 질서도 없는 네모난 것과 번쩍이는 것과 깎아지른 것이 서고, 퇴색된 더러운 굴뚝과 빨랫줄과 안테나의 교차된 선이 그 사이에 흩어져 있는 것이 보인다.

거리의 안쪽을 내려다보면, 그곳에도 회색이나 빛바랜 붉은 벽돌집이 줄지어 늘어선 것이 보인다. 똑같은 형태의 작고 우중충한 창문이 줄지어 있고, 반쯤 열린 창은 그 반이 커튼으로 가리워져 있다. 창턱에는 우유병이 놓여 있거나, 그 밖의 곳에는 꽃병에 작고 싱싱한 꽃을 꽂아 두었을 것이다. 한 어린아이가 개를 데리고 지붕으로 올라온다. 그리고 지붕 계단이 있는 곳에 앉아서 아침마다 약간의 햇볕을 쬔다. 다시 눈을 들어 바라보니 지붕은 몇 킬로미터나 되는 저쪽까지 열을 지어 잇닿아, 아득한 건너편 하늘에 보기 흉한 네모진 윤곽을 드러내고 있다. 아직 급수탑도 있고 벽돌 건물도 있다.

인간은 거기서 살고 있다. 이 한두 개의 어두운 창문 안에서 각 가족들이 날마다 어떻게 살아갈까? 생활을 위해 도대체 무엇을 하고 있을까? 이런 것을 생각하면 머리가 어지럽다.

비둘기가 제 집에 돌아가듯 두세 개의 창문 안에서는 부부가 매일 밤 잠자리에 들고, 다음날 아침 잠이 깨면 차를 마신 뒤 남편은 시내로 나가서 가족을 위해 정신없이 빵을 구하고, 부인은 부지런히 먼지를 털어내고 좁은 집 안을 깨끗이 청소한다. 4, 5시까지는 입구 계단에 나가서 이웃의 아낙과 잡담도 나누고 상대방의 모습을 살피기도 하며, 조금쯤 신선한 공기를 마신다. 이윽고 밤이 되면 녹초가 되어 다시 잠자리에 든다. 그들은 이렇게 살아가는 것이다.

　물론 좀더 나은 아파트에 살고, 좀더 여유 있게 사는 사람들도 있다. 방이나 샹들리에도 좀더 예술적이고, 모든 것이 정연하며 보다 청결하다. 방도 넓다. 하지만 좀 넓다는 것뿐이다. 1층에서 방 일곱 개를 빌리는 것은(빌리는 것이다. 내 것으로 만드는 것이 아니다) 사치다. 그러나 그렇다고 생활이 보다 행복해졌다고는 할 수 없다. 물론 그런 사람들은 돈이나 빚을 걱정하는 일도 비교적 적을 것이다. 어쨌든 그것은 사실이다. 그러나 한편 좀더 성가신 분규나 이혼이 있고, 밤이 되어도 집에 돌아오지 않는 바람둥이 남편도 많으며, 기분 전환을 하려고 밤거리를 방황하는 부부도 적지 않을 것이다.

　이쯤 되면 인생의 행복이 무엇이냐 하는 문제는, 오로지 훌륭한 방에 사는 남녀의 소질과 기분에 달려 있다. 사실 유쾌한 생활을 하는 사람도 있지만, 또 전혀 그렇지 못한 사람도 있다. 그러나 대체적으로 격심한 노동을 하는 사람들보다 행복하다고 할 수는 없으리라. 즉 그런 사람들보다는 좀더 권태를 느끼고 무료함을 느끼는 것이다.

　하지만 그들에게는 자동차가 있고, 시골에는 별장도 있을 것이다. 오, 시골집, 그것이야말로 구원의 길이 아닌가! 그리고 보면 사람들이 시골에서 결사적으로 일하는 것은 우선 큰돈을 벌기 위해 도시로 나가고 싶기 때문이며, 부자가 되어서는 시골로 돌아간다는 것이 된다. 여러분이 도시의 거리를 어슬렁거릴 때, 미용실이나 화원이나 선박회사가 있는 큰길 뒤쪽에 약방, 식료품점, 철물점, 이발소, 세탁소, 대중식당, 신문 잡지 판매대 등이 늘어선 다른 거리가 있음을 알게 되리라. 한 시간쯤 더 산책을 계속해 보라. 만일 그것이 대도시라면 여러분은 아무리 가도 같은 곳에 있는 셈이 되는 것이다. 왜냐하면 여러분의 눈에는 거리의 모습이 잇달아 비칠 뿐이며, 아무리 가더라도 약국, 식료품점, 이발소, 세탁소, 대중식당, 신문 잡지 판매대가 있을 뿐이기 때문이다.

   그런 가게를 하는 사람들은 어떻게 살아갈까? 왜 그런 곳으로 왔을까? 그 해답은 아주 간단하다. 세탁소 주인은 이발사와 식당 종업원의 옷을 세탁하고, 식당 종업원은 세탁소 주인과 이발사의 식사 심부름을 하고, 이발사는 세탁소 주인과 식당 종업원의 머리를 깎는다. 이것이 문명이다. 어처구니없지 않은가!

   나와 내기를 걸어도 좋지만, 이들 세탁소 주인이나 이발사나 식당 종업원 중 평생에 그 일자리에서 대략 1킬로미터라도 떨어진 곳에서 어슬렁거리는 자는 결코 없으리라. 고마운 일은 그나마 영화라는 즐거움이 있다는 것이다. 스크린에서는 새들도 지저귀고, 울창한 숲도 볼 수 있다. 터키, 이집트, 히말라야, 안데스, 폭풍, 난파선, 대관식, 개미, 송충이, 사향들쥐, 도마뱀과 전갈의 싸움, 언덕, 물결, 모래, 구름, 그리고 달까지도 모두 스크린에 나타난다.

   오, 현명한 인류여! 가공하리만큼 현명한 인류여! 정말 한스럽구나! 백발이 될 때까지 먹기 위해 부지런히 일하고, 끝내는 논다는 것을 잊어버리는 이 문명이야말로 참으로 그 정체를 알 수 없는 존재가 아닌가!

중국인의 한가주의

   중국인이 위대한 한가주의자(閑暇主義者)로 알려져 있는 데 비해, 미국인은 위대한 활동가로 알려져 있다. 대체로 양극은 서로 칭찬하는 것이므로 중국식 한가주의자가 미국식 활동가를 찬미하듯이, 미국식 활동가는 중국식 한가주의자를 찬미하는 것은 아닐까. 이것을 일컬어 이른바 국민성이라고 하는데, 거기에는 저마다 장점이 있다.

동서가 결국 합류될 것인지 어떤지는 알 수 없지만, 분명한 것은 동서가 합류되어 간다는 것, 근대문명이 진보하고 교통수단이 증대됨에 따라 더욱더 합류될 가능성이 짙어져 가고 있다는 사실이다. 적어도 중국에 있어서만큼은, 우리는 이 기계문명을 거부하려 드는 것은 아니다.

문제는 다만 이 두 가지의 문화, 즉 전통적인 중국의 인생철학과 근대적 기계문명을 어떻게 융합시키는가, 또 그것을 완성시켜서 어떤 방법으로 일종의 생활방식을 만들어낼 것인가 하는 문제를 규명하는 일일 것이다. 이 문제는 예로부터 동양철학의 영향을 받아 왔던 동양인에 대해서는 특히 논의가 필요하다. 하긴 누구도 장래를 예언할 수는 없는 문제지만 말이다. 결국 기계문명은 급속히 우리를 몰아세워 한가시대로 다가가도록 하고 있는 것이리라. 그리고 인간은 휴식시간이 많아지고 노동시간이 짧아질 것이다. 모든 것이 환경에 좌우되는데 만일 한가가 눈앞에 어른거려 언제든지 얻게 된다면 오히려 고맙긴 하지만 그 여유를 즐길 현명한 방법을 생각해야 할 것이며, 그러자면 손쉽게 즐기는 방법을 서둘러서 연구해야만 할 것이다.

그러나 다음 세기에 관한 것은 예언할 수 없다. 30년 후의 인간생활을 예언하려 드는 것조차 무모하다고 하겠다. 그러나 지금처럼 문명이 쉬지 않고 발전해 나간다면 언젠가는 문명에 지쳐 버릴 때가 올 것이다. 그리고 인간은 물질문명 세계에서 얻은 것을 새삼스레 다시 살펴볼 것이다.

장차 인간생활의 물질적 조건이 지금보다 좋아짐으로써 질병이 없어져 수명이 연장되고, 빈곤이 줄고 윤택해질 수 있다면, 지금처럼 인간이 바둥거리게 될지는 알 수가 없다. 이같은 새로운 환경에 놓이게 되면, 그 결과 지금보다 게으른 생활이 되지 않는다고는 단언할 수 없다. 오늘날 미국은 기계문명의 최고의 위치에 있다. 그리고 기계가 지배하는 미래 세계는, 오늘날의 미국에서 보는 것과 같은 생활형태나 규범에 접근하리라고 일컬어져 왔다. 나는 이에 대해 이론을 제기하고 싶다. 왜냐하면 미국인의 기질이 장차 어떤 모양으로 변할지 그 누구도 예측할 수 없기 때문이다. 기껏해야 변해 가는 국민의 기질을 논할 수 있을 따름이다. 그러나 저 반 와이크 브룩스의 저서에 언급되어 있듯이 뉴잉글랜드[1] 시대의 문화가 부활하지 않으리라고 단언할 수는 없을 것이다.

일찍이 찬란히 꽃피었던 뉴잉글랜드 문화가 전형적인 미국 문화와 다른 것이라고는 아무도 말할 수 없으며, 저 월트 휘트먼이 《민족적 경관(景觀)》 속에서 전개한 이상이 미국의 민주적 진보의 이상과 다른 것이라고는 아무도 말할 수 없는 것이다. 그는 이 책에서, 장래에 자유로운 남성과 나무랄 데 없는 어머니가 출현할 것이라고 지적하고 있다. 지금의 미국으로서는 휴식이 필요하다. 그리고 모든 의미에서 저 황금열(黃金熱)로 인해서 꺾이고 만 미국의 고대문화가 다시 활짝 피어날 때가 온다면, 그때야말로 제2의 휘트먼, 제2의 소로, 제2의 로웰이 나타날 것이다. 나는 그것을 확신한다. 그때가 오면 미국 기질이라는 것은 지금의 그것과는 아주 다를 것이며, 오히려 에머슨이나 소로에 매우 가까워질 것이다.

내 생각으로는, 인간의 교양이란 원래 한가의 산물이다. 그러므로 교양을 쌓는 방법은 언제나 우유법(優遊法)일 수밖에 없다. 중국인적인 사고방식으로 보면 한가함과 고요함을 사랑하는 현인이 가장 교양 있는 사람이라고 할 수 있다. 아무래도 바쁜 생활과 현인의 생활 사이에는 철학적인 모순이 있는 모양이다. 현인은 허둥거리지 않으며, 허둥거리는 인간은 현인의 자격이 없다. 그러므로 최고의 현인이란 가장 우아한 우유생활을 즐기는 사람을

---

[1] 미합주국의 북동부 6주, 즉 메인, 뉴햄프셔, 버몬트, 매사추세츠, 로드아일랜드, 코네티컷의 총칭으로 미국 문화의 발상지다.

말한다.

　나는 여기서 중국인 사이에 이루어지고 있는 우유법의 기술이나 그 변화에 대한 설명은 보류하겠다. 차라리 예부터 중국인의 우유생활에 대한 신성한 소원을 북돋웠고, 중국의 철인이나, 정도는 낮지만 일반 중국인들 사이에서 볼 수 있는 무애무우·한적·유유자적의 기분(때로는 시적인 기분이 되기조차 한다)의 원천인 중국 철학에 대해 설명하고 싶다. 영달과 성공을 싫어하고, 생활로서의 생활을 강렬히 사랑하는 이러한 중국인적 기질은 본래 어디서 우러난 것일까?

　우선 18세기에 나타난 비교적 이름 없는 저작가(부럽게도 무명 속에 묻혀 있다) 서백향(舒白香)의 말을 빌리면, 중국적 한가 원리는 다음과 같다. "시간의 유용함은 그 유용치 않음에 있다." 시간을 방바닥이라고 한다면, 한가는 가구가 놓여 있지 않은 부분과 비슷하다. 사방 한 치의 여유도 없는 작은 방을 빌려 사는 직장 여성은 방안을 서성거릴 수도 없으므로 늘 불쾌할 것이다. 그래서 급료가 오르면 지체없이 좀더 넓은 방으로 옮기려 한다. 그러면 거기에는 침대와 화장대와 두 줄의 가스관 장치에 점령당해 빈틈없이 유효하게 쓰이고 있는 공간 외에 얼마간의 여유가 생긴다. 그와 마찬가지로 우리가 그럭저럭 이 일생을 살아갈 수 있는 것도 생활에 한가함이 있기 때문이다.

한적생활의 예찬

　중국인이 한가를 사랑하는 데는 갖가지 원인이 결합되어 있다. 우선 중국인의 기질에서 나오고, 이어 문학적으로 예찬되고, 철학 속에서 그 타당성을 발견했다. 즉 강렬한 생활애에서 발생하여 역대의 문학적 낭만주의의 저류에 적응하여 강화되었고, 마침내 노장철학이라 불리는 생활철학에 의해 '옳고 현명하다'고 단정된 것이다. 그보다는 노장적 인생관을 중국인이 일반적으로 받아들이고 있다는 것은 다름 아닌 중국인의 기질 속에 노장적 피가 흐르고 있다는 증거라 하겠다.

이제 우리에게는 한 가지 분명히 해두어야 할 것이 있다. 앞에서 우리가 한가의 산물이라고 규정한 한적생활의 낭만적 예찬은, 흔히 세상에서 이르듯 부유층만을 위한 것은 아니다. 그러한 생각은 이 문제의 진로에 가로놓인 터무니없는 오해이다. 그것은 스스로 한적생활을 구하거나, 또는 부득이 그 생활로 들어간 빈곤하고 불운하고 청빈한 선비를 위한 것이다.

중국 문학의 걸작을 읽으며 가난한 대철인이 역시 가난한 철인들에게 소박과 한적을 읊은 시문을 가르치는 광경을 상상할 때 정신적 위안을 발견했다고 생각지 않을 수 없다. 명성을 얻는 데도 불리한 위치에 세워지고, 관직을 떠나는 것이 낫겠다고 생각했던 선인과 철인이 남긴 많은 시문은, 과거에 낙방한 사람을 위로했을 것이다. 또 '시장이 반찬이다(즉 식욕을 충분히 돋우고 나서 먹으라는 뜻)'라는 속담은, 가족에게 변변찮은 것밖에 먹일 수 없었던 불우한 사람들의 마음의 짐을 덜어주었을 것이다.

중국의 청년 프롤레타리아 작가들은 소동파나 도연명이나 그 밖에 그들이 꺼리는 유한(有閑) 지식층에 속하는 시인들을 비판하는데, 도대체 문학사상 이보다 더 심한 오인은 없었다. 생각해 보라. '강상청풍, 산간명월(江上淸風 山間明月)'이라 읊은 소동파, '석로첨아의, 계명상수지전(夕露沾我衣 鷄鳴桑樹之巓)'이라 읊은 도연명을 비난하는 것이다. 마치 강물 위 청풍이나, 산간의 명월이나, 뽕나무 위의 닭이 자본계급의 독점물이나 되는 것처럼 말이다.

이들 위대한 시인들은 농부의 생활상에 대해 논한다는 정도를 넘어서서 그들 스스로가 가난한 농부로서 생활을 하고, 그 속에서 평화와 조화를 발견했던 것이다. 전체적으로 말하면 고도의 감수성과 자유인적 성질을 갖추고 있는 중국의 낭만주의자들은 세속적인 재난은 없을망정 정조(情操)가 풍부한 사람들이다. 그들은 강한 생활애를 지니고 있다. 한결같이 관공리 생활을 싫어하고 정신을 육체에 예속시키기를 완강히 거부하는 태도 가운데 그것이 잘 나타나 있다.

한적한 생활이 부자와 권력가와 성공자(미국의 성공자들이 허둥대는 꼴이란)의 특권이라 함은 당치도 않다. 중국에서는 이른바 도량이 넓은 경지로 오입(悟入)하는 것을 뜻한다. 이 경지는 서구인이 생각하는 방랑자의 기품이라는 것과 아주 흡사하다. 이런 사람은 남에게 돌봐주기를 청하기엔 너무도 긍지가 높고, 일을 하기엔 구속되기 싫어하는 기질이 너무 강하고, 세속적 성공을 진지하게 생각하기엔 너무나 현명한 사람들이다.

이 도량이 넓은 정신은 인생관에 대한 일종의 대관(大觀) 정신에서 오며, 또 필연적으로 이것과 결부되어 있다. 그것은 인생의 우매함과 야망과 부귀와 명성의 유혹을 간파하는 능력에서 생긴다. 아무튼 영달보다 인격을 존중하고, 명성과 부귀보다도 정신을 존중하는 이들 대관의 선비야말로 뭇사람이 인정하는 바에 따라서 중국 학예의 최고 이상이 된 것이다. 이런 사람은 필연적으로 멋진 청담생활을 하는 사람이며, 일반적으로 생각하는 그런 세속적 성공을 고고하게 백안시하는 사람이다.

이 등급에 드는 문인들 ― 도연명, 소동파, 백낙천, 원중랑(袁中郞)[2], 원매(袁枚)[3] ― 은 대개 단기간 벼슬길에 나가서 시시한 일에 몰두하고, 밤낮 머리를 조아려 절하거나, 동료를 맞고 보내고 하는 생활에 싫증이 나서, 결국 미

---

2 명나라 때의 시문가로 이름은 굉도(宏道).
3 청나라 때의 시인으로 호는 간재(簡齋).

련없이 관리로서의 짐을 벗어던지고 현명하게도 은둔생활로 돌아갔다. 원중랑은 소주(蘇州)의 현령으로 있을 때 상사에게 일곱 통의 진정서를 계속 제출하여, 연중 변함없이 머리를 조아려 절해야 하는 생활을 원망하여, 자유롭고 거북스럽지 않은 하나의 인간으로 복귀하도록 허락해 달라고 청했다.

좀 난폭하다 싶으리만큼 한적생활을 찬미하고 있는 예는, 이 밖에도 시인 백옥섬(白玉蟾)이 '나재당(懶齋堂)'이라 칭한 서재를 찬미하여 쓴 명문(銘文) 중에 있다.

내키지 않으면 노자도 읽지 않는다,
도(道)는 책 속에 있지 않으므로.
내키지 않으면 장구(章句)도 읽지 않는다,
장구는 도보다 깊지 않으므로.
도의 묘한 진리는 허(虛)에 있고
징(澄)에 있고, 냉(冷)에 있다.
그러나 나는 종일 어리석은지라,
또 어디서 허를 구하랴.
내키지 않으면 시서(詩書)도 펴지 않는다,
펼치면 시신(詩神)이 떠나므로.
내키지 않으면 칠현금도 뜯지 않는다,
노래는 현 위에서 죽으므로.
내키지 않으면 술도 마시지 않는다,
강호(江湖)가 절로 술잔 밖에 있으므로.
내키지 않으면 장기도 두지 않는다,
승패는 행마(行馬) 밖에 있으므로.

내키지 않으면 산천도 보지 않는다.
　　풍경의 정취는 마음속에 있으므로.
　　내키지 않으면 풍월도 대하지 않는다.
　　선경(仙景)이 스스로 마음속에 있으므로.
　　내키지 않으면 속세와 연을 끊는다.
　　갈건(葛巾)과 모든 것이 내 마음에 있으므로.
　　내키지 않으면 춘추(春秋)도 알 바 아니다.
　　천지운행이 마음속에 있으므로.
　　소나무는 마르고 바위는 썩으리라.
　　그러나 나는 나, 영원한 나로다.
　　이 집을 불러 마땅하리.
　　'나재당'이라고.

　그러므로 한적 생활의 예찬은 마음의 평화와 거리낌없는 무애의 심경, 자연생활의 즐거움 등과 언제나 결부되어 있었다. 시인이나 학자들은 스스로 기묘한 이름을 붙이고 있다. '강호객인(江湖客人: 두보)', '동파거사(東坡居士: 소동파)', '무호일인(霧湖逸人)', '하외각로옹(霞外閣老翁)' 등 온갖 이름이 있다.

　한적 생활을 즐기는 데는 돈이 필요하지 않다. 한적의 참된 즐거움은 부유층의 점유물이 아니다. 그것은 부귀를 몹시 비웃는 사람들만이 발견할 수 있는 유일한 즐거움이다. 그것은 소박한 생활을 사랑하고 돈벌이를 하지 못하는 사람들의 마음인 함축에서 비롯되는 것이다. 생활을 즐기려고 마음먹은 사람에게는 즐길 만한 생활은 사시사철 어느 곳에든지 있다. 만일 이 땅 위의 생활을 마음대로 즐기지 못한다면 인생을 충분히 사랑하지 않기 때문에, 또한 평범한 그날그날의 생계에 무신경하기 때문이다.

　노자는 인간의 실생활에 적의를 나타냈다고 비난받고 있다. 그러나 한편으로 나는 인간의 생활이 단지 먹기 위한 일에 빠져드는 것을 묵과하기에는 노자의 인생에 대한 애착이 너무 깊었으며, 바로 그 때문에 속세의 생활을 포기할 것을 가르쳤다고 생각한다.

　본래 사랑이 있는 곳에는 질투가 따르게 마련인 것이다. 지극히 삶을 사랑하는 자는 한가의 절묘한 한때를 누군가에게 빼앗길까 염려하여 언제나 질투심을 불태워야만 한다. 그리고 자유인으로서 언제나 특유의 품위와 긍지를 잃지 않아야만 한다. 낚시질하는 잠시 동안이나, 업무에 종사하는 몇 시간이나 똑같이 신성한 것이어야만 한다. 마치 영국인이 스포츠를 할 때 그런 경지에 입문하듯, 말하자면 일종의 신앙화가 되어야만 하는 것이다.

　과학자가 연구실에서 연구에 몰두할 때 타인에게 방해받는 것은 못 견디게 불쾌한 일인 것과 마찬가지로, 스포츠 삼매경에 빠진 사람이 골프 클럽에서 증권가의 이야기를 듣는 것 또한 참을 수 없는 일일 것이다. 그리고 상인이 하루에 많은 물건을 팔지 못한 것을 유감스럽게 여기듯이, 빠르게 지나가는 얼마 남지 않은 봄날을 손꼽아보고는 봄볕을 찾아 산야로 나가지 못한 것을 원망하고 탄식할 것이다.

지상이 곧 천국

　이 열렬한 인생애가 생자필멸(生者必滅)이라는 인생의 참모습과 부딪칠 때 시적인 슬픈 가락을 띠게 된다. 이상한 말이긴 하지만, 딱하게도 이런 인생의 무상에 눈뜨게 되면 중국의 시인이나 철학자들은 더욱 열렬하게 인생을 즐기려 하는 것이다. 이 땅 위에 생명이 인간에게 주어진 전부라면 목숨이 다할 때까지 이를 마음껏 즐기는 것이 상책이라는 생각이 든다. 헛되이 영생을 원하면 지상생활의 건전한 즐거움이 손상된다.

아더 키드 경이 전형적인 중국인다운 느낌으로 "지상이야말로 유일한 천국이다. 이 한 가지를 나와 더불어 세상 사람들이 믿는다면, 이 지상을 천국으로 만드는 데 더욱 힘쓰게 될 것이다"라고 한 말이 그것이다. 소동파는 "인생은 춘몽(春夢)이 끝나 자취도 없음과 같다"라고 말했다. 그러기에 그는 이 삶을 너무나 사랑했던 것이다.

중국 문학을 읽고 난 다음 우리가 항상 부닥치게 되는 것은 이같은 인생무상과 생자필멸의 감상이다. 중국의 시인이나 철학자들이 가끔 놀이와 환락을 다할 때 언제나 마음에 어두운 그림자를 던지는 것은, 목숨이 순간적이라는 것과 인생이 덧없다는 것을 생각하는 슬픈 감정 때문이다. 이 생각이 바로 만월과 아름다운 꽃을 아울러 생각하며 우리가 항상 영탄하는 '달은 차면 기울고, 꽃은 피면 진다'는 시구에 담겨 있는 슬픈 감정이다. 이백(李白)의 유명한 시 '뜬세상 꿈과 같으니 기쁨을 이룸이 그 얼마랴'가 지어진 것은 '봄밤 도리원(桃李園)의 잔치'를 베풀고 술잔을 들었을 때였다. 또 왕희지가 불후의 명문 〈난정집서(蘭亭集序)〉를 지은 것도 벗들이 한자리에 모여 마음껏 놀던 자리에서였다.

생자필멸, 즉 인간은 결국 무로 돌아가 촛불처럼 타 버려야만 함을 믿는 것은 멋있는 일이다. 이런 생각을 하게 되면 냉정해지고 다소 슬픈 감정도 일어난다. 그리고 많은 사람들이 시적인 기분이 된다.

그러나 무엇보다도 이렇게 믿어야만 처세의 결의가 굳어지고 사려깊고 참되게, 그리고 언제나 일정한 체념관을 가지고 살아갈 수 있는 것이다. 여기에 평화가 있다. 왜냐하면 참된 평화는 최악의 것을 받아들일 심경에서 우러나

기 때문이다. 심리학적으로 말하면 소위 '정력의 해발(解發)'[4]이라고 말할 수 있을 것이다.

중국의 시인이나 서민이 생활을 즐길 때, 과연 환락이 얼마나 될까 하는 잠재의식이 언제나 작용하고 있다. 유쾌한 잔치마당이 끝나거나 할 때 "천 리에 걸쳐 점포가 늘어선 번화한 시장이라도 언젠가 쇠퇴할 때가 온다"고 중국인들이 가끔 하는 말이 그것이다. 인생의 향연은 저 느부갓네살[5]의 향연이다. 이 세상은 꿈과 같다는 사고방식은 우리 이교도에게 뭔가 정신적인 것을 주입시킨다. 원래 이교도의 인생관은 송나라 때의 풍경화가와 아주 흡사하여, 이들 화가들이 신비의 아지랑이 가운데 누워서 이따금 안개나 구름에 잠기는 산경치를 바라보는 것과 본질적으로는 조금도 다름이 없다.

생자필멸이라는 것이 없다면, 인생은 하나의 간단한 명제가 된다. 인간은 반드시 죽게 마련이므로 우리는 다음과 같이 생각한다. 인간에게는 모두 이 지상에서 살 수 있는 일정한 수명이 주어져 있다. 게다가 인생은 70을 넘기기가 힘들기 때문에, 적어도 살아 있는 동안은 자신에게 주어진 모든 조건 밑에서 가능한 한 즐겁게 살아갈 수 있도록 생활을 안배해야만 하는 것이다. 그것은 유교의 가르침에 따르는 것이기도 하다.

원래 유교에는 현실적인 경향, 즉 지독하게 세속적인 점이 있다. 그래서 인간은 저 조지 산타야나가 '동물적 신앙'이라고 부른 정신을 지니고, 인류가 원래는 하등동물이었다는 모종의 상식을 가지고 어떤 뚜렷한 목적도 없이 끈질기게 인생의 일에 종사한다.

다윈의 힘을 빌리지 않더라도 인생을 있는 그대로 바라보는 동물적 신앙

---

4 축적되어 있는 힘이 자극에 의해 발산되는 것을 이른다.
5 갈대아 왕국의 제2대 왕. 앗시리아를 멸망시키고 시리아와 팔레스티나를 정복하여 바빌로니아를 부흥시켰다.

덕분에, 인간은 본래 동물계의 일족이라 추리해 낼 수 있었다. 그러므로 우리는 '인간은 모두 동물이다. 그래서 정상적인 본능이 충족되었을 때에야 비로소 참된 행복을 얻게 되는 것이다'라고 믿어야만 이 인생, 즉 본능과 관능의 인생에 집착할 수 있는 것이다. 이것이 인생의 모든 즐거움에 대해서 말할 수 있는 것이다.

그렇다면 우리는 유물론자란 말인가. 이 문제에 대한 해답을 내린다는 것은 중국인으로서는 매우 곤란한 일이다. 중국인의 정신성은 일종의 물질적 생존과 현세적 생존 위에 놓여 있으므로 중국인에게는 정신과 육체의 구별이 이해되지 않는 것이다. 물론 중국인은 동물적인 쾌락을 즐긴다. 그러나 동물적인 쾌락 그 자체는 관능적인 사항이며, 정신과 육체의 구별에 대해 이해할 수 있는 것은 오직 이지에 의해서뿐이다. 그러나 인간의 감각은 앞 장에서도 언급했듯이 영과 육, 두 개의 문을 가지고 있다. 물론 음악은 우리를 정신세계로 높이는 가장 정신적인 예술이지만, 그것은 청각이라는 것에 그 바탕을 두고 있다. 그렇기 때문에 중국인은 맛있는 음식에 대한 공감이 음향의 교향과 왜 다른지를 이해하지 못한다.

우리는 이런 현실적인 뜻에서만 연인을 생각할 수 있다. 연인의 마음과 육체를 구별하기란 불가능하다. 우리가 한 여성을 사랑한다면, 그 면모의 기하학적 정확함을 사랑하는 것이 아니라 그녀의 행동이나 몸짓이나 용모나 미소를 사랑하는 것이다. 그러나 여자의 용모나 미소가 육체적인 것인지 정신적인 것인지에 대해서는 아무도 선뜻 결론을 내리지 못한다.

인생의 현실성에 관한 이 중국인의 느낌 속에는 중국인의 인간주의나, 모든 중국인다운 사고방식이나, 생활방식의 영향이 내포되어 있다. 중국인의 철학에 대해 간단명료하게 정의를 내린다면 '진리를 알기 위해서보다는 인생을 알기 위해 애쓰는 철학'이라고 할 수 있다.

대체로 형이상학적인 사색 따위는 인간이 살아나가는 데에는 거추장스러운 것이며, 인간의 지성 속에 생긴 창백한 반성에 불과한 것이다. 그러므로 중국인들은 그 모두를 깨끗이 잊어버리고 언제나 인생 자체에만, 최초인 동시에 마지막 질문인 '어떻게 살 것인가?'를 스스로에게 묻는다.

그러므로 중국인의 눈에는 서구식 철학이 지나치게 한가한 장난으로 비친다. 서구의 철학자들은 항상 논리에만 열중하며, 지식에 도달하는 방법이나 지식의 가능성 문제를 설정하는 인식론에 집착하여 인생 그 자체를 안다는 문제를 잊고 있다. 그것은 참으로 어리석기 짝이 없고 쓸데없는 짓이다. 말하자면 그것은 구애와 구혼만 할 뿐 결혼하고 아이 낳는 일은 하지 않는 것과 같으며, 전장에도 나가지 않으면서 보무도 당당히 행진하는 영국의 군대처럼 싱겁기 그지없는 것이다. 그중에서도 특히 독일의 철학자들은 매우 시시한 자들인데, 그들은 열렬한 연인처럼 진리에 구애는 하지만 결혼을 신청하는 법은 없기 때문이다.

운이란 무엇인가

한적을 사랑하는 기질이 중국인들 간에 이루어진 데는 노자철학이 공헌한 바가 크다. 즉 이 세상에는 행운이니 불운이니 하는 것이 없다는 점을 이해시킨 일이다. 위대한 노자의 가르침은 행위보다도 귀한 무위, 영달보다도 귀한 인성, 행동보다도 귀한 평정을 강조하고 있다. 그러나 마음의 평정은 운명의 변화에 동요되지 않을 때에만 가능한 것이다. 도가적(道家的) 철학 서적인 《회남자(淮南子)》에서는 유명한 '새옹(塞翁)'의 이야기를 다음과 같이 말하고 있다.

변방 사람으로 마술(馬術)에 능한 자가 있었는데, 그 말이 까닭없이 달아나 오랑캐 나라로 들어갔다. 모든 사람들이 이를 위로하자, 그 부친이 "이것이 어쩌면 복이 되지 않겠느냐"라고 말했다. 몇 달 있으니 그 말이 오랑캐의 준마를 데리고 돌아왔다. 사람들이 다 이를 치하하자, 그 부친이 "이 어찌 능히 화가 되지 않겠느냐"라고 말했다. 집에 준마가 많고 그 아들이 말타기를 좋아하는데, 어느 날 낙마하여 넓적다리뼈를 부러뜨렸다. 사람들이 다 이를 위로하자, 그 부친은 "이 어찌 뜻밖의 복이 되지 않겠느냐"라고 말했다. 1년이 지나니 오랑캐들이 변방으로 쳐들어와서 젊은이들은 활을 당겨 싸웠다. 변방 사람으로서 죽은 자는 열에 아홉, 그 아들이 홀로 다리를 절기 때문에 부자가 목숨을 유지했다. 그러므로 복이 화가 되고 화가 복이 되듯이, 변화란 그치지 않는 법이다.

이같은 철학 덕분에 다소의 역운에도 인생은 견뎌 나갈 수 있는 것이며, 그 철학은 행운을 수반하지 않는 비운은 없다는 것을 믿는 데 있다. 인생의 비운에는 메달처럼 항상 뒷면이 있다. 냉정을 유지하고, 멍청한 행동이나 헛소동을 자제하고, 성공이나 영달을 피할 수 있음은 이같은 철학이 있기 때문이다. 즉 '개의할 일이 아무것도 없다는 사람에게는 개의할 일이 없다'고 주장하는 철학이 있기 때문이다.

'성공욕'은 '실패에 대한 공포'의 별칭이라고 매우 현명하게 생각해 버리면 성공욕은 스스로 소멸되고 만다. 큰 성공을 거두면 거둘수록 사람은 실패에 대해 공포심을 가지게 된다. 명성에 대한 꿈에서 깨어나면, 도피하는 것이 주는 많은 이로움을 깨닫게 된다. 노자적 견해에서 말하면 깨달음의 경지에 이른 선비란, 성공을 성공으로 여기지 않고 실패를 실패로 느끼지 않는 사람을 말한다. 이와는 반대로 깨달음의 경지에까지 이르지 못한 사람의 특징은, 겉으로 보이는 성공이나 실패를 참된 것으로 단정해 버린다는 점이다.

그러므로 저 불교와 노장철학의 차이에 대해 이렇게 말할 수 있다. 불교도의 목표는 무욕(無慾)에 있고, 도학자의 목표는 '누구든지 내게 아무것도 구하지 말라'는 데 있다. 대중으로부터 아무것도 '요구당하지 않는 사람이야말로 유유무애(悠悠無碍)의 사람인 것이다. 또 이렇게 되어야 행복한 인간이라 할 수 있는 것이다.

이 정신을 참작하여, 노장파 철학자 중에서도 가장 뛰어난 인물인 장자는 "너무 뛰어나지 말라, 너무 유능하지 말라, 그리고 다른 사람에게 너무 이용당하지 말라"고 경고하고 있다. 돼지는 살이 쪄야만 도살되어 제단에 바쳐지고, 날개가 아름다운 새는 그 아름다움 때문에 가장 먼저 사냥꾼에게 붙잡혀 아름다운 깃털옷으로 화하고 만다. 장자는 이런 의미에서 무덤을 파내어 시체의 보물을 훔치는 두 사나이의 우화를 예로 들고 있다. 두 사나이는 죽은 사람의 이마를 망치로 쳐 광대뼈를 깨고 이〔齒〕를 부순다. 그것은 어리석게도 입안에 진주를 문 채 묻혔기 때문이다.

이같은 철학적 사고방식을 진행시켜 나가면 이런 결론이 나온다. 사람들이여, 어째서 한적생활을 즐기지 못하는가!

미국인의 세 가지 결함

그래서 '개의할 일이 아무것도 없다는 사람에게는 개의할 일이 없다'는 멋진 철학을 가진 중국인과 미국인은 기묘한 대조를 이룬다. 인생이란 정녕 이처럼 번거롭게 할 만한 가치가 있는 것인가. 정신을 육체의 노예로 삼을 정도의 것인가. 중국인적 우유철학의 높은 정신은 이것을 부정한다. 일찍이 내가 본 광고 중에서 미국인의 취미가 가장 잘 나타나 있는 것은 어느 기계회사의 광고인데, 아주 큰 글씨로 '그저 이 정도라면, 하는 것으로는 불충분하다' 라고 씌어 있었다. 그러나 백 퍼센트의 능률을 바라는 것은 거의 추잡하다는 느낌마저 든다. 무엇이든 그저 이 정도면 이상에 가깝다고 믿는 것이 미국인의 고민이며, 그들은 나아가 그것을 더욱 개량하려고 한다. 그런데 중국인은 이 정도라면 하는 것으로 충분하다.

미국인에게는 세 가지의 큰 결함, 즉 능률, 정확, 출세욕이 있다. 이것들이 곧 미국인을 현재처럼 불행하게 만들고 신경질적으로 만드는 것이다. 그런 것들이 미국인한테서, 인간에게 꼭 있어야 할 우유의 권리를 빼앗고, 유쾌하고 한가한 아름다운 오후의 대부분을 속여서 빼앗아 버리는 것이다. 넓은 의미에서 볼 때 이 세상에는 비극적 종말이라는 것은 없으며, 어떤 일을 완전하게 수행한다는 훌륭한 기술 외에, 미완성인 채로 남겨둔다는 좀더 훌륭한 기술이 있다는 확신을 가지고 세상일에 임해야만 한다.

대체로 우리가 편지 답장을 할 때도, 너무 빨리 써서 보내면 답장을 하지 않은 것과 같은 결과가 되어 버린다. 결국 세상에는 아무 일도 일어나지 않았다는 것이 된다. 좀 나은 직위를 놓쳤다손 치더라도, 보다 낮은 직위 발령으로부터 벗어날 수 있었다고 생각할 수도 있다. 대개의 편지는 석 달쯤 서랍 속에 처박아 두면 답장을 쓸 만한 가치가 없는 것이 되어 버린다. 석 달 뒤에 그것을 읽어 보면 얼마나 시시한 내용인지 깨닫게 될 것이며, 일일이 답장을 쓰다 보면 꽤 시간을 낭비하는 결과가 되었음을 깨달을 것이다. 사실 편지를 쓴다는 것은 죄를 짓는 것과 같다. 너무 편지를 쓰면 작가는 외판원이, 대학 교수는 매우 능률적인 회사 중역 나리가 되어 버린다. 그런 의미에서 나는 언제나 편지 왕래를 하는 미국인을 경멸한 소로의 기분을 이해할 수 있다.

그러나 내가 이렇게 말하는 것은, 무엇을 함에 있어 솜씨 좋게 해치우는 능률 그 자체를 논하겠다는 의도가 아니다. 나는 언제나 인도제 병마개보다는 미국제 병마개를 신뢰한다. 왜냐하면 미국제 병마개는 물이 새는 일이 없으므로 안심할 수 있기 때문이다.

그런데 "인간은 모두 유용하고 능률적이어야만 하며, 모두 관리가 되어 권력을 가져야만 한다"고 예로부터 몇몇 사람이 주장한 데 대하여, 다른 사람은 "아니다, 세상에는 바보가 너무 많으며 늘 유용하고 바쁘고, 권력을 쥐고 싶어한다. 그러니 세상일은 그럭저럭 정리되어 나갈 것이며, 앞으로도 그럴 것이다" 하고 버티며 말다툼을 계속하고 있다. 다만 문제는 유유히 있는 자와 버둥대고 있는 자 중 누가 더 현명한가 하는 것이다.

능률을 논하는 것은, 그것이 여러 가지 일을 수행하기 때문은 아니다. 능률은 우리에게 생활을 즐길 수 있는 한가를 주지 않고, 무엇을 완전히 수행하고 싶어한 나머지 우리의 신경을 약화시키며, 시간을 훔치는 도둑이 되므로 괘씸하다는 것이다.

미국인 편집자는 자기가 편집하는 신문이나 잡지에 오류가 없도록 혼신의 힘을 다한다. 그러나 중국인 편집자는 그보다도 현명하다. 독자로 하여금 약간의 오류를 발견하는 기쁨을 만끽하도록 한다. 아니, 그 정도로 그치지 않는다. 중국의 신문이나 잡지는 연재물을 싣는데, 어쩌다가 그것을 깜박 잊어버리는 수가 있다. 미국에서 그러한 일이 있으면 편집자는 경을 치겠지만, 중국에서는 별일이 없다. 이유야 뻔하지 않은가. 대단한 일이 아니기 때문이다.

미국의 토목기사는 다리를 놓기 위해 세밀하고 정확하게 숫자를 계산하고, 양쪽 끝에서부터 다리가 만들어져 오다가 한가운데서 1센티미터의 10분의 1도 어긋남이 없이 들어맞도록 한다. 그러나 두 사람의 중국인이 산 양쪽에서부터 터널을 파기 시작한다면, 양쪽이 모두 각각 다른 터널을 뚫어 나오고 만다. 중국인은 '터널만 뚫고 있다면 양쪽의 코스가 빗나가더라도 무슨 상관이 있는가. 하나를 뚫으려다 둘이 되었다면, 통로가 둘이 생긴 셈이니 오히려 잘

된 일이지'라고 생각한다. 서두르지 않는다면 터널이 둘이 되건 하나가 되건 별로 문제가 될 것이 없다. 그럭저럭 뚫기 시작하여 사고 없이 굴착을 끝내서 기차가 그 속을 불편 없이 다니게 된다면 그것으로 충분하지 않은가.

그러나 중국인은 무슨 일을 할 때 충분한 시간만 주어진다면 아주 정확하게 해낼 수 있다. 설계만 유장(悠長)한 것이라면 언제나 이 유장한 설계에 따라서 무엇을 완성하는 것이다.

근대산업 생활의 템포는 이같은 영광스럽고 위대한 유장함을 용납하지 않는다. 그러나 나쁜 것은 이런 생활 템포가 중국인의 시간관념과는 달리 시계 만능적인 시간관념을 우리에게 준다는 것이다. 그리고 마침내 인간을 시계화해 버리는 것이다.

이같은 상태는 그 추세를 보아 알 수 있듯이, 결국에는 중국에도 찾아들 것이다. 이를테면 20만의 직공이 있는 공장 등이 상상된다. 20만의 직공이 언제나 바쁜 듯이 공장문을 들어서는 굉장한 광경은 물론 경탄할 만하다. 그런데 이것이 인생을 비참하게 만들고 열병적으로 만드는 것이다.

어느 일정한 장소에 5시 정각에 가 있어야 한다면, 필경 1시부터 5시까지의 오후는 헛되이 보내게 된다. 미국의 성인은 모두가 학생들처럼 시간을 짜 놓는다. 즉 3시에는 무엇을 하고, 5시에는 무엇을 하고, 6시 반에는 옷을 갈아입고, 6시 50분에는 택시를 타고, 7시에는 호텔의 방 하나로 들어간다⋯⋯ 이래 가지고는 살아가는 재미가 없을 것이다.

이리하여 바야흐로 미국인은 비참한 상태에 이르고 있다. 실로 그들의 행동은 다음날을 위해 예정되어 있을 뿐만 아니라, 다음주 아니 다음달에 걸쳐서까지 예정되어 있는 것이다.

3주간이나 앞일을 예정한다는 따위는 중국에서는 거의 없는 일이다. 중국에서는 어떤 초대장을 받았을 경우 참석이나 불참 여부의 답장을 안 해도 무방한 것으로 되어 있다. 참석할 생각이라면 '출(出)', 불참할 생각이라면 '결(缺), 다사(多謝)'라고 쓰는 것은 상관없지만, 대개는 단지 '명백(明白)'이라고 쓸 따름이다. 그것은 '초대해 주심은 잘 알고 있습니다'하는 뜻일 뿐 '참석할 생각입니다'라는 뜻은 아니다. 미국이나 유럽인이라면 상하이를 떠날 때 '1938년 4월 19일 하오 3시에 파리의 위원회에 참석하고, 5월 21일 7시 기차로 빈에 도착합니다'라고 말할 것이다. 그러나 가령 어느 날 하오에 유죄판결을 내리고 사형을 집행해야만 한다면, 사형선고를 그렇게 할 필요가 있을까? 적당한 때에 도착하고 적당한 때에 출발하여 자유롭게 여행하고, 아무 거리낌없는 자기로 있을 수는 없는 것일까?

그렇지만 미국인이 중국인처럼 유유히 생활할 수 없는 것은, 결국 미국인이 일에 대한 욕심과 행동하는 것을 살아 있다는 것보다도 소중히 생각하는 데 직접적인 이유가 있는 것이다.

미술사에 이름을 남길 만한 걸작이라면, 우리는 그 작품에 품격이 있을 것을 요구한다. 그와 마찬가지로 우리 생활에도 품격이 있어야 한다고 생각한다. 그러나 불행히도 품격이라는 것은 하룻밤 사이에 이루어지는 것이 아니다. 술의 향기가 그러하듯이, 조용한 자세로 세월이 지나가기를 기다려야 한다. 오늘날 미국의 노인들이 자존심을 얻고 또 젊은이들로부터 존경받기 위해 일하고 싶어하는 것은, 동양인의 입장에서 볼 때 정말 꼴불견이다. 노인이 지나치게 활동하는 것은 이끼 긴 사원 꼭대기에서 재즈를 방송하는 것과 같다. 노인은 그저 나이를 많이 먹었다는 것만으로 충분하지 않은가. 노인은 늘 뭔가를 하고 있어야만 하는 것인가. 중년의 사람들이 유유히 살지 않는 것은 그저 좋지 못한 것뿐이지만, 노인으로서는 인간성에 위배되는 죄악이다.

품격은 늙음으로 이루는 것이라고도 할 수 있는데, 품격이 갖추어지기까지는 시일이 필요하다. 그것은 중년의 얼굴에서 볼 수 있는 아름다운 주름과도 같은 것이다. 그 주름이야말로 그 인물이 지니고 있는 품격이 끊임없이 새겨져서 이루어진 것이다. 너나 할 것 없이 모두 구형 자동차를 버리고 신형 자동차로 바꾸는 그런 생활방식으로는 품격을 발견하기란 힘든 일이다. 우리가 제조하는 물건도, 우리 자신도 마찬가지이다. 1937년에는 남자나 여자나 모두 1937년형의 얼굴을 하고 있고, 1938년에는 모두 1938년형의 얼굴을 하고 있다.

우리는 오래 된 사원이나, 오래 된 가구나, 고풍스러운 은이나, 손때 묻은 책이나 인쇄물을 사랑하지만, 노인의 아름다움에 대해서는 잊어버리고 있다. 나는 이 미를 감상하는 일은 인간생활에서 불가결한 것이라고 생각한다. 아름다움이란 늙고, 무르익고, 그을은 것에 있다고 믿기 때문이다.

나는 이따금 예언자적인 환상에 잠기는 일이 있다. 그것은 저 밀레니엄[6]의 아름다운 환상이며, 그때가 오면 정평 있는 맨해턴가의 사람들도 유유히 걷고, 미국식의 성급한 자도 동양식으로 유유히 걷게 되리라고 꿈꾸는 것이다. 그때 미국 신사는 스커트와 슬리퍼 차림으로 손을 주머니에 찌른 채 느릿느릿 인도를 걸어갈 것이다. 반드시 중국인처럼 팔짱을 끼고 걷지 않아도 괜찮다. 경관은 교차점에서 어물거리는 친구에게 인사를 나누고, 운전사는 잠시 차를 멈추고 서로 인사를 나누며 길 한가운데에서 할머니의 안부를 묻기도 한다. 가게 앞에서 양치질을 하면서 한가하게 이웃과 이야기하는 사람도 있을 것이며, 때로는 멍하니 생각에 잠긴 학자가 부드러운 책을 둘둘 말아서 겨드랑이에 끼고 걸어오기도 할 것이다. 식당 안의 카운터는 없어질 것이며, 사람들은 자동 식료품점의 푹신하고 낮은 안락의자에 유유히 걸터앉아 있을 것이다. 한 잔의 오렌지 주스를 마시는 데 한 시간이나 걸리고 술도 단숨에 홀

---

[6] 그리스도 부활 이후 1천 년간의 이상시대.

짝 마시는 법이 없으며, 가끔 기분좋은 지껄임을 곁들이면서 서서히 마시는 법을 배우게 될 것이다. 병원의 환자 접수 장부는 폐지되고, '경비원'도 철수할 것이며, 환자는 의사와 철학 이야기를 나눌 것이다. 기차는 느릿느릿 가고, 승객들은 때로 차를 멈추고 공중을 나는 기러기를 바라보며 그 수를 헤아릴 것이다.

 이같은 맨해턴 가의 밀레니엄이 도저히 실현될 수 없다는 것을 생각할 때 너무도 안타깝다. 좀더 유유하고 한적한 오후가 있었으면 좋겠다.

가정의 즐거움　제8장

생물은 생물답게

나는 오래 전부터 어떤 문명이든 그 최후의 가치는, 그것이 어떤 남편과 아내, 아버지와 어머니를 만들어내느냐 하는 데 있다고 생각해 왔다. 이같은 극히 단순한 점을 무시하고는 모든 문명의 실적, 즉 예술, 철학, 문학, 물질적 생활 등은 무의미한 것이 되어 버리고 만다.

나는 모든 문명의 공적은 보다 좋은 남편과 아내, 아버지와 어머니를 만들기 위한 단순한 수단에 지나지 않는다고 말하고 싶다. 인간의 90퍼센트가 남편이나 아내가 있고 10퍼센트가 부모를 가지고 있는 한, 또 결혼과 가정이 인간생활에 가장 밀접한 관계를 가지고 있는 한 보다 좋은 남편과 아내, 부모를 만들어내는 문명은 보다 행복한 인간생활을 만들어내는 것이며, 그런 까닭에 보다 높은 문명의 모습이기도 하다.

우리 주변에 있는 남녀의 성격이 어떠냐 하는 것은 그들이 이룩하는 일보다도 훨씬 중대한 것이며, 어떤 처녀라도 그녀에게 보다 좋은 남편을 얻게 해주는 문명이라면 그 문명에 감사하는 마음을 가져야 할 것이다. 그러나 이런 것들은 상대적인 문제이며, 이상적인 남편이나 아내나 부모는 어떤 시대 어떤 나라에나 있다. 아마도 우수한 남편이나 아내를 얻는 최상의 방법은 우생학(優生學)일 것이며, 그로 인해 우리는 아내나 남편을 교육하는 수고를 덜

수 있는 것이다. 반면에 가정을 무시하고 그것을 열등한 지위로 전락시키는 문명은, 보다 열등한 산물을 만들어내기 쉽다. 나의 사고방식이 생물적으로 되어 간다는 것은 나 역시 잘 알고 있다. 나는 생물적이고 세상의 모든 남녀도 역시 마찬가지이다. 그러므로 '생물답게 해나가자' 는 말은 새삼스럽게 할 필요조차 없는 것이다. 왜냐하면 좋든 싫든 간에 인간은 모두 생물답게 살아가고 있기 때문이다. 의식하지 못하고 있겠지만 사람은 누구든 생물로서 행복하고, 생물로서 화를 내며, 생물로서 야심을 갖고, 생물로서 종교적이며, 또 생물로서 평화를 사랑하는 것이다.

생물의 입장에서 생각하면, 인간은 모두 갓 태어난 어린아이로서 젖을 빨고, 결혼하여 또 아이를 낳는다는 사실을 피할 수가 없다. 누구나 다 여자의 뱃속에서 나와 남자는 평생을 통해 부인과 같이 살고, 또 자녀의 아버지가 되며, 모든 여자도 역시 여자의 뱃속에서 나와 대부분의 일생을 남자와 살고 또 자녀를 낳는 것이다.

자기를 영속시키기 위한 씨앗을 만들기를 거부하는 나무나 꽃이 있듯이, 인간 중에도 부모가 되기를 거부하는 사람이 있다. 그러나 어떤 나무든 씨앗으로부터 생장하기를 거부하지 못하듯이, 누구도 부모에게서 태어났다는 사실을 부인할 수는 없다. 우리는 다음과 같은 기본적 사실에 도달하게 된다. 즉 인생의 가장 원시적인 관계는 남녀와 그 자녀 사이의 관계이며, 어떤 인생 철학이라 할지라도 이런 본질적 관계를 다루지 않는다면 철학으로서 만족할 만한 것이라고 할 수 없고, 심지어 철학이라고 부를 수조차 없는 것이다.

그렇지만 남녀간의 관계만으로는 충분하다고 할 수 없다. 그것은 아이를 낳는 것에 귀착되어야만 하며, 그렇지 않으면 불완전한 것이다. 어떤 문명도 남녀로부터 아이를 가질 권리를 빼앗을 자격이 없다. 이것은 오늘날 아주 진지한 문제가 되어 있다. 결혼을 원하지 않는 남녀가 지금도 상당히 많고, 또 결혼하더라도 어떤 이유로든 아이 낳기를 꺼리는 사람이 많다는 사실을 나는 알고 있다. 내가 말하고자 하는 바는, 그 이유가 어디 있든지 남녀가 아이를 낳지 않고 이 세상을 떠난다는 것은 자신이 저지른 최대의 죄악이라는 점이다.

만일 아이를 낳지 않는 이유가 신체에 있다면, 그 신체의 어딘가에 고장이 생긴 것이다. 생활비가 든다는 것이 그 이유라면, 생활비를 많이 쓰는 것에 잘못이 있는 것이다. 만일 결혼에 대한 사고방식의 표준이 지나치게 높은 것이 그 이유라면, 그 지나치게 높은 표준에 잘못이 있는 것이다. 그릇된 개인주의 철학이 그 이유라면, 개인주의 철학이 좋지 못하기 때문인 것이다. 만일 또 사회제도의 모든 기구에 그 이유가 있다면, 사회조직의 모든 기구가 좋지 못하기 때문인 것이다.

장차 생물학이 좀더 잘 이해된다면 아마도 21세기의 남녀는 내가 말한 바가 진실이라고 믿게 될 때가 오리라고 확신하고 있다. 19세기가 자연과학의 비교총론(比較總論) 세기였듯이, 20세기는 생물학의 세기가 될 것이다.

인간이 자기 자신에 대해 좀더 잘 이해하고, 자연으로부터 부여된 본능을 거스르는 것이 잘못임을 알게 된다면 내가 말한 단순한 예지를 보다 높이 평가할 것이다.

유사 이래로 아무도 남자에게 여자와 사는 것을 가르쳐주지 않았지만, 그럼에도 불구하고 기묘하게도 남자는 언제나 여자와 함께 살아왔다. 여자 없이는 그 누구도 이 세상에 태어나지 못한다는 사실을 안다면, 여자에 대해 너무 경멸적으로 말해서는 안 된다. 남자는 태어나서 죽을 때까지 어머니로서의 여자, 아내로서의 여자, 또 딸로서의 여자에게 둘러싸여 있다. 설사 결혼을 하지 않더라도 윌리엄 워즈워스처럼 자기 누이에게 의지하거나 허버트 스펜서처럼 가정부의 신세를 져야만 하는 것이다. 자기 모친이나 그 누이와 적절한 관계를 유지하지 못한다면, 아무리 훌륭한 철학이라도 워즈워스의 마음을 구제하지 못할 것이며, 가정부와의 사이마저 원만하지 못할 정도라면 신이여, 스펜서에게 자비를 베푸소서!

부인과 적절한 관계에 이르지도 못하고 비뚤어진 도덕적 생활을 보낸 사람들에게는 어딘지 모르게 가련한 면이 있다. 오스카 와일드조차 "남자는 여자하고는 살 수 없다. 그렇다고 여자 없이도 살 수 없다"고 말했지 않은가. 그러므로 인간의 예지는 힌두교 이야기 작가와 20세기 초엽의 오스카 와일드 사이에서 한 발짝도 진전하지 못한 것 같다. 왜냐하면 힌두교 창조설의 작자는 이미 4천 년 전에 본질적으로 오늘날과 조금도 다름없는 말을 하고 있기 때문이다.

이 창조설에 따르면 신은 여자를 만들 때 꽃의 아름다움, 새의 고운 소리, 무지개 빛깔, 미풍의 입맞춤, 물결의 웃음, 양의 얌전함, 여우의 교활함, 구름의 분방함, 소나기의 변덕 같은 것을 거두어서 그것들을 여성의 신체에 짜 넣어 가지고 아내로서 남자에게 제공했다.

아내를 얻은 힌두교의 아담은 행복했었다. 둘이서 아름다운 지상을 돌아다니며 놀았다. 그런데 며칠 뒤에 아담이 신에게 와서 "이 여자를 어디로든 쫓아버려 주십시오, 도저히 함께 살 수 없으니까요"라고 말했다. 신은 그 말을 듣고 이브를 떼어놓고 말았는데, 그후 아담은 쓸쓸하고 마음이 울적해졌다. 며칠 뒤에 아담은 다시 신에게 가서 "그 여자를 되돌려주십시오, 그 여자 없이는 살아갈 수 없습니다"라고 말했다. 신은 또 그 소원대로 이브를 아담에게 되돌려주었다. 며칠 뒤 아담은 또 신에게 나타나 "제발 당신이 만드신 이브를 데려가 주십시오. 맹세코 말씀드리지만, 그녀와는 함께 살 수 없습니다"라고 간청했다. 신으로서의 무한한 예지로 인해 아담의 간청은 또다시 허락되었다.

드디어 아담이 네 번째로 찾아와서 여자 없이는 도저히 살아갈 수 없다고 호소했을 때 신은 아담에게, 다시는 변덕을 부리지 말 것, 좋든 싫든 그녀와 운명을 같이할 것, 그리고 가능한 모든 방법을 일러 이 지상에서 함께 살 것을 서약하게 했다. 이것으로 미루어 보아 오늘날에도 본질적으로는 크게 다른 점이 없다고 생각한다.

독신생활은 문명의 기형

인간은 이 세상을 홀로 살아가면 행복해질 수 없으며, 반드시 자기 주위의 보다 큰 집단과 결합해야만 한다는 가정에서 우리는 출발해야만 한다. 자아라는 것은 그 신체의 크기에 한정되는 것은 아니다. 왜냐하면 그 정신적 활동과 사회적 활동이 이루어지는 한 고립된 자아보다도 조금 더 큰 자아가 있기 때문이다.

그러나 어느 시대 어느 국가에 있어서든, 인간에게 다소의 의의가 있는 참된 생활이라면 결코 그 나라나 그 시대들과 같은 넓이를 갖는 것은 아니며, 우리가 '보다 큰 자아'라 부르는 보다 작은 환경 속에 있는 것으로서, 그것은 지인(知人)들이나 활동 범위에 따라서 정해지는 것이다. 사람은 이러한 사회적 단위 속에서 살아가고 활동하고 존재하는 것이다.

이같은 사회적 단위는 교구(敎區)일 수도 있고, 학교나 감옥이나 회사나 비밀결사나 또는 자선단체일 수도 있다. 그리고 이런 것들은 사회적 단위로서의 가정과 대치될 수도 있을 것이다. 때로는 가정을 아주 도외시해 버리는 경우도 있다. 종교 그 자체도, 아니 때로는 큰 정치활동도 인간의 존재를 온통 소모해 버리는 수가 있다. 그렇지만 이같은 모든 집단 중에서 오직 가정만이 자연스럽고 생물학적으로 참되며, 만족하고 유일한 생활단위로서 변함없는 것이다.

인간은 태어나는 순간 이미 가정에 속해 있고, 이후로 계속 가정 안에서 살아가게 되므로 나는 이것을 자연이라고 하는 것이다. 또 핏줄이라는 것이 있어서 위에서 말한 보다 큰 자아라는 사상을 뚜렷하고 참된 것으로 해주므로, 나는 이것을 생물학적 진실이라고 말하는 것이다. 이 가정이라는 집단적 생활을 잘 해나가지 못하는 사람은 다른 집단생활에서 결코 성공할 수 없다. 공자는 다음과 같이 말한다.

젊은이여, 가정에서는 효도하고, 밖에서는 공경하며, 삼가 성실히 한 후, 널리 사랑하고 어진 사람을 가까이하라. 그런 후 여유가 있으면 그때 글을 배우는 것이다.

이같은 집단생활의 중요함을 덮어두고 생각한다면, 남자가 자기를 표현하고 자기를 충실하게 하며 그 개성을 최고로 발전시킬 수 있는 것은, 적당한 이성으로부터 주어지는 매우 잘 조화된 마음씨에 의해 가능할 뿐이다.

남자보다도 강한 생물적 감각을 지닌 여자는 이것을 잘 알고 있다. 중국의 처녀는 모두 잠재의식적으로 분홍 결혼치마나 혼례가마를 꿈꾸며, 서구의 처녀들은 누구나 결혼 때 입는 웨딩드레스나 종소리를 꿈꾸고 있다. 인위적 문명에 의해 쉽사리 몰아내기에는 너무도 강력한 모성 본능이 여자들에게 주어져 있는 것이다.

나는 의심할 여지도 없이, 자연의 의도는 여자에게 아내보다는 오히려 어머니가 되는 데 그 주된 역할을 두게 하려는 것이며, 그 때문에 여자는 태어나면서부터 온갖 정신적·도덕적 특질을 가지고 있다고 생각한다. 이런 특질이 어머니로서의 역할을 다하도록 여자를 인도하고, 모성 본능 속에 올바르게 나타나고 또 결합되어 있는 것이다. 이를테면 여자의 현실주의, 판단력, 귀찮은 일에 대한 참을성, 약소하고 무력한 것에 대한 사랑, 보살피기를 좋아하는 마음씨, 강렬한 동물적인 사랑과 증오, 또 매우 감상적이어서 걸핏하면 우는 버릇과 사물에 대한 자기본위의 견해 등이 그것이다.

그러므로 철학이 자연의 의도에서 벗어나, 여자의 생명의 강한 특질인 동시에 기본적 표현인 모성 본능을 도외시한 채 여자를 행복하게 하고자 한다면 터무니없는 헛수고이다. 이리하여 전혀 교육을 받지 못한 여자든 건전한 교육을 받은 여자든 모성 본능은 결코 억압당하는 일이 없으며, 어릴 적에 이미 싹이 터서 청년시절에서 장년에 이르는 동안 더욱더 강렬하게 되는 것이다.

이와 반대로 부성 본능은 30세까지는 거의 나타나지 않는다. 어떤 경우든 다섯 살짜리 아들이나 딸이 있을 때까지는 거의 부성 본능을 의식하지 않는다. 25세 가량의 남자가 아버지가 되고 싶어했다고는 생각되지 않는다. 다만 어느 집 처녀와 사랑에 빠져서 우연히 아이가 태어난 데 불과할 것이며, 아내는 아이 생각으로 충만해 있는데 남편은 그 모든 것을 잊어버린다. 30세 가량이 되어서야 시장에 데리고 가거나 친구 앞에 자랑삼아 보이거나 할 때, 딸이나 아들의 존재를 문득 깨닫게 될 것이다. 이때 비로소 자기가 아버지라는 기분이 들기 시작한다. 20세나 25세의 남자로서 아버지가 된다는 것을 즐겁게 여기는 사람은 많지 않다. 즐겁게 여기기는커녕 대부분 그런 생각은 하지도 않는다.

이와 반대로 여자에게는, 어머니가 되었다는 것이나 어머니가 되리라는 것조차 그 생애에서 가장 심각한 사건으로, 여자의 심신 전체를 변하게 하고, 그 영향은 성격과 습관에까지 미치는 것이다.

여성은 아기가 태어나기를 고대하게 되면서 그 세계가 완전히 바뀌고 만다. 이렇게 되면 그녀가 무엇을 생각하더라도 인생의 사명이나 목적에 대해 아무 의심도 갖지 않게 된다. 그녀는 세상에서 요구하는 사람이 되는 것이며, 필요한 존재가 되는 것이다. 그리고 그녀는 그 역할을 다하는 것이다. 어느 부유한 중국인 가정에 아무 부족함 없이 자란 응석받이 외동딸이 있었는데, 성장해서 결혼을 한 후 수개월 동안이나 잠 한숨 자지 않고 자기 아기의 병간호를 하는 것을 본 적이 있었다.

자연의 설계에서는 부성 본능은 이렇게까지 강할 필요가 없으며, 남자에게는 그런 본능이 부여되어 있지 않다. 대체로 남자는 들오리나 거위의 수컷처럼, 수컷으로서의 역할 이외에 태어난 자식에 대해서는 별로 관심이 없다. 반면에 여자는 이같은 생존의 중심 동력을 발휘하지 못하고, 또 그 역할을 다하지 못할 때 심리적으로 가장 괴로워하는 것이다. 그런데 미국 문명은 다수의 훌륭한 여성이 아무런 결함이 없음에도 불구하고 미혼인 채 살아가는 것을 묵과하고 있다. 여성에 대해 그 얼마나 어리석은 문명인가는 굳이 말할 필요도 없다.

결국 우리에겐 '어떻게 하면 행복하게 살 수 있느냐' 하는 문제가 있을 뿐이다. 외형적 생활의 피상적인 영달보다 좀더 높은 곳에 깊숙이 가로놓인 남녀의 본성의 근원에 접촉하여 거기서 정당한 배출구를 발견하는 것이 아니라면, 그 누구든 행복한 생활을 영위할 수 없다. '개인 경력'의 형태로 나타나는 하나의 이상으로서의 독신생활에는 뭔가 개인주의적인 데가 있을 뿐더러 쓸데없는 주지주의적(主知主義的)인 점이 있는데, 그 후자 때문에 독신주의는 배격당해 마땅한 것이다. 단지 좋다는 이유만으로 쓸모없는 주지주의자가 된 고집불통 독신주의자나 미혼 여성은, 그 외형적인 공적에 지나치게 열중해 있는 것은 아닐까? 가정생활 이외의 다른 대용물 속에서 행복을 발견할 수 있으며, 깊은 만족을 느낄 수 있는 지적인 흥미와 예술적인 흥미와 직업적인 흥미를 찾을 수 있으리라고 믿고 있는 것은 아닐까?

나는 이것을 부정한다. 충족된 생활을 못 하는 대신 그 대용물을 '경력'이나 개인적 공적이나 동물 학대 반대운동 등에서 구하여 결혼도 하지 않고 아이도 없는 사람들이 있는데, 이런 사람들의 개인주의적 행동은 늘 어리석고 우스꽝스러운 것으로 느껴진다.

심리적으로는 다음과 같은 경우에 이런 일이 나타난다. 노처녀들이 호랑이 잔등의 채찍 흔적을 보고 어떤 잔인한 학대를 당한 것은 아닌가 하는 의심을 하고는, 서커스 지배인에게 "호랑이에게 너무 잔인한 짓은 하지 마세요" 하고 호소하는 경우와 같은 것이다. 그녀들의 항의는 호랑이라는 엉뚱한 종족을 향한 엉뚱한 모성 본능에서 오는 것이며, 마치 호랑이가 채찍으로 곤욕을 당하고 있기라도 한 듯한 착각에 빠져 있는 것이다. 이런 여성들은 인생의 어느 한 점을 헛되이 더듬고 다니면서, 자신이나 남에게 그것이 그럴듯하게 여겨지도록 열심히 노력하고 있는 것이다.

정치적·문학적·예술적인 공적의 대가는 그것을 창출한 사람들의 창백하고 지적인 자기만족에 그치고 말지만, 자기 자녀가 무럭무럭 자라나는 것을 보는 기쁨은 언어를 초월한 멋진 진실이다. 노령에 이르러 자기가 이룩한 일에 만족하며 기뻐하고 있는 저작자나 예술가가 얼마나 많은가. 그러나 또 얼마나 많은 사람들이 그들의 작품을 평하기를, 노인의 위안거리 정도에 지나지 않는다는 둥 역시 호구지책에 지나지 않는다는 둥 쑥덕거리고 있는 것인가.

허버트 스펜서는 죽기 며칠 전 18권에 달하는 《종합철학》을 무릎 위에 놓고 있었다. 그러나 그는 그 차디찬 책의 무게를 느끼자 책보다는 오히려 손자가 더 나았을지도 모른다고 생각했다. 현명한 가정부 엘리아라면 스펜서의 저서와 그 '꿈의 자녀'를 기꺼이 바꾸지 않았을까?

존 D. 록펠러는 광범위한 분야에 걸쳐 인류 행복에 큰 공헌을 했으므로, 그 마음속에 도덕적 만족과 미적 만족이 있었음을 부정할 수 없다. 그러나 이 같은 도덕적 만족과 미적 만족은 극히 빈약한 것이어서, 골프장에서 멋진 스트로크라도 하나 하게 되면 금방 돌변하고 만다. 결국 진실하고 영속적인 만족을 준 것은 록펠러 2세였다는 것을 숨길 수 없으리라.

다른 관점에서 보면 행복이란 대개의 경우 자기에게 알맞은 일, 즉 자기가 열중할 수 있는 일을 발견하는 것이다. 어떤 직업에 종사하고 있는 남녀의 90퍼센트가 정말 자기가 열중할 만한 일을 기꺼이 하고 있는지 의문이다. 세상에서는 "일이 재미있다"고 말하는 사람도 있지만, 그런 말은 대개 곧이곧대로 믿어선 안 된다. 아무도 "내 가정을 사랑한다"고는 말하지 않잖는가. 뻔한 일이기 때문이다. 보통 직장인은 중국 부인이 아이를 낳을 때와 아주 흡사한 기분으로 직장에 다니고 있다. 모두가 그렇게 하고 있으니 그럴 수밖에 없지 않겠는가 하는 심정이다. 누구든지 "일이 재미있다"고 하는데, 그 말투는 엘리베이터 안내원이나 교환양이나 치과의사의 경우에는 거짓말이며, 편집자나 부동산 관리인이나 주식 중개인 등의 경우에는 얼마나 심한 과장인지 모른다.

발견이나 발명을 하는 일에 종사하는 북극 탐험가나 연구실의 과학자는 제외하고, 자기 일이 적성에 맞아서 재미있다는 것은 우리가 간절히 바라는 일이라고 생각된다. 그러나 언어의 뉘앙스를 고려하더라도, 일에 대한 사랑은 모성애와는 비교가 되지 않는다. 많은 사람들이 자기의 천직은 무엇일까 하여 갈피를 못 잡고 여러 번 직업을 바꾸지만, 어머니는 아이에게 젖을 먹여 기르는 여자로서의 생애에 대해서는 아무 의혹도 품지 않는다.

여성들은 이 말을 이해하리라 생각한다. 그리고 가정의 무거운 짐은 결국 여성이 져야만 한다는 것을 알고 있으면서, 내가 더욱더 가정에 대해 강조하는 것을 보고 차츰 기분이 언짢아질 것으로 생각한다. 그것은 바로 내가 예기했던 바이며, 내가 선택한 제목이기도 하다. 앞으로의 문제는 누가 여성에 대해 보다 친절하냐는 것이다. 왜냐하면 우리가 지금 논하고 있는 것은 사회적 공적이라는 의미에서의 여성의 행복이 아니라, 하나의 인간으로서의 깊이에 접촉되는 여성의 행복에 관한 것이기 때문이다.

직업이 적성에 맞는가 능력이 있는가 하는 문제에서 생각하더라도, 나는 여성이 어머니로서 알맞은 이상 진실로 여성에게 딱 들어맞는 은행 간부직 같은 것은 적다고 믿는다. 무능한 과장과 지배인과 은행가와 우두머리라는 것은 있지만, 무능한 어머니 같은 것은 정말 없다고 해도 좋다. 그러므로 여성은 태어날 때부터 모성적이며, 그러한 것을 바라고 또한 그것을 알고 있다.

오늘날 미국의 처녀들이 대학에서 배우는 여자로서의 이상이라는 것이 그 정도(正道)를 벗어나서 동요한 적은 있지만, 대다수의 사람은 솔직히 결혼하고 싶다고 당당하게 말하고, 인생을 건전하게 보는 힘이 있음을 나는 알고 있다. 내 눈에 비치는 이상적인 여성은 화장품과 수학을 동시에 사랑하는 사람이며, 남녀 동등권 주장자보다는 여자다운 여자이다. 그녀들에게 화장품을 주라. 그리고 공자의 말씀대로 '그렇게 하고도 여유가 있으면' 수학에 몰두하도록 하라.

지금 나는 일반적인 남녀의 이상에 관해 말하고 있음을 양해하기 바란다. 세상에 뛰어나고 유능한 남성이 있듯이, 뛰어나고 유능한 여성도 있다. 그러나 그런 특수한 여성이 아니라 평범한 여성에게, 결혼을 이상적인 직업으로 생각하고 아이를 낳고 접시닦이까지 할 것을 내가 요구한다면, 동시에 나는 평범한 남성에게도 예술이니 하는 따위는 잊어버리고 이발도 하고, 구두도 닦고, 도둑놈도 잡고, 땜질도 하고, 급사 노릇을 해서라도 가족들을 먹여 살릴 수 있는 돈을 벌라고 요구하고 싶다. 누군가가 아기를 낳아 양육하고, 홍역을 치르지 않도록 보살펴서 선량하고 어진 시민으로 길러내야만 하는 것인데, 남성이 아이를 낳는 것은 전혀 불가능하며, 아이를 안아주거나 목욕시키거나 하는 일 역시 아무래도 남성에게는 어색한 일이므로 이 일은 여성에게 맡겨야만 한다.

일반적인 남녀의 일로서 아이를 낳는 것과 이발하는 것과 구두를 닦는 것과 백화점의 도어 맨 중 어느 것이 고상한 일인지 나는 알지 못한다. 자기 남편은 백화점의 도어 맨인데 그 아내가 접시닦이를 꺼릴 까닭이 없다. 옛날에는 남성이 매장에 서 있었던 일도 있다. 그런데 오늘날에는 젊은 여성들이 자꾸 밀고 들어와 판매원이 되고, 남성은 도어 맨 노릇이나 하기에 이르렀다. 그리고 비교적 고상한 일이라 여겨지는 직업이라면 사회는 여성들을 환영한다. 무슨 일이든지 생활수단이라고 생각하면 귀천이 따르지 않는다. 그러므로 손님들의 모자를 보관하는 일이 남편의 양말을 깁는 일보다 로맨틱한 일이라고 할 수는 없지 않겠는가. 모자를 보관하는 처녀와 가정에서 양말을 깁는 아내의 차이는 다음과 같은 점이다. 즉 양말을 깁는 아내에게는 자기 특권으로서 운명을 지배하는 남편이 있는 반면, 모자를 보관하는 처녀에게는 그러한 남편이 없는 것이다. 물론 그 양말을 신는 사람은 여성에게 일을 시킨만큼의 가치가 있는 사람이어야겠지만, 동시에 남편의 양말 따위는 아내가 깁는 것이 아니라고 대범하게 단정하고 그것을 팽개치고 만다면 부당한 비관론일 것이다. 어떤 남성도 그렇게 전적으로 무가치한 존재는 아닌 것이다.

문제의 중요성은 다음과 같은 점에 있다. 즉 가정에는 앞으로 자녀를 길러 교육시켜야 할 중요하고도 신성한 일이 있는데, 그런 가정생활이 여성에게 너무 저급한 일이라고 대범하게 단정해 버리는 것은 건전한 사회인의 태도라고 할 수 없는 것이다. 그러므로 여성과 가정과 모성에 충분한 존경을 표하지 않는 저급한 교양의 가정이 아니라면 그런 일은 있을 수 없다.

성적 매력에 대하여

나는 항상 여성의 권리와 그 사회적 특권의 증대가 표면적으로는 인정되고 있지만, 여성은 아직 정당한 대우를 받고 있지 못하다고 생각한다. 미국에서조차 그렇다. 그러나 내가 받은 이 인상이 그릇된 것이라면 차라리 좋겠다. 그리고 나는 여성의 권리 증대와 여성 숭배심도 감퇴되어 있지 않기를 바란다. 대체로 여성 숭배라는 것은 여성에게 돈을 쓰게 하고, 가고 싶은 곳에 가게 하고, 실무를 보게 하는 것과 꼭 병행하지는 않는 것이다.

구대륙(舊大陸)의 한 시민이며 구대륙적인 생각을 지니고 있는 나는 전부터 이렇게 생각하고 있다. 세상에는 중요한 일도 있지만 대수롭지 않은 일도 있는 것으로, 미국의 여성은 구대륙의 여성에 비하면 대수롭지 않은 일에서는 모든 것이 우월하지만, 중요한 문제에는 여전히 동등한 위치에 놓여 있다. 아무튼 유럽보다 미국에서 여성 숭배 사상이 보다 강하고 보다 또렷이 나타나 있다고는 말할 수 없다.

미국 여성이 지니는 참된 주권은 여전히 그 전통적인 왕좌, 즉 가정이라는 곳으로부터 오는 것이며, 거기에서야말로 가족을 수호하는 행복한 천사로서 통솔자의 지위를 차지하는 것이다. 이러한 천사를 볼 수는 있지만 그것은 다만 신성한 가정 안에서뿐이다. 거기에서야말로 부엌이나 객실을 사뿐사뿐 다니고, 가족 사랑에 온 정성을 다하는 주부의 모습이 있다. 거기에서야말로 여성은 어떤 광채를 띠고 있는데, 이러한 것은 사무실 같은 데서는 생각할 수도 없으며, 또 어울리지도 않는 것이리라.

그것은 사무용 재킷을 입고 있을 때보다는 안이 비치는 얇은 옷을 입고 있을 때가 더 매력 있고 우아하기 때문일까, 혹은 나의 단순한 공상일까? 꼭 그렇지는 않을 것이다. 여성이 가정에 있는 것은, 물고기가 물 속에 있는 것과 같다는 사실처럼 그 속에 음미할 점이 있는 것이다.

여성에게 사무용 재킷을 입히면 남성들은 비판의 권리를 행사하고, 그녀를 동료로서 바라본다. 그러나 여성에게 명주 크레이프나 비단옷을 입혀 하루 일곱 시간 근무 중 한 시간을 사무실 안을 사뿐사뿐 걷게 해보라. 남성들은 경쟁의식을 버리고 위압당하고 감탄한 나머지 말도 제대로 못하게 될 것이다.

한 가지 일을 되풀이하게 하는 경우 여성은 놀라우리만큼 빨리 요령을 터득하며, 그런 종류의 일에서는 남성보다 훌륭한 일꾼이 된다. 그런데 누군가의 결혼식에 참석하여 다과라도 나누게 되면 사정은 달라진다. 여성은 그 본래의 모습으로 돌아가서, 동료나 상사에게 머리 손질을 하라는 둥 비듬을 없애는 데는 어떤 로션이 제일 좋다는 둥 가르치는 것이다. 사무실에서는 여성의 말투가 겸손하지만, 그곳에서 한 발짝만 벗어나면 식견을 가지고 떠드는 것이다.

남성의 입장에서 솔직하게 말하면 ― 굳이 억지로 만들어서 말할 필요도 없지만 ― 공동생활에 여성의 모습을 출현시키고부터 사무실이든 거리든 매우 우아하고 부드러운 기분이 더해져서 남성에겐 대단히 이로운 일이 되었다고 생각한다. 사무실 안에서의 말소리도 조용해지고, 빛깔도 화려해졌으며, 책상도 말끔해졌다.

자연으로부터 부여받은 성적 매력이나 남성이 그것을 바라는 욕구에는 아무런 변화가 없지만, 그래도 미국 남성은 다른 나라 남성에 비하면 제법 괜찮은 편이라고 생각한다. 왜냐하면 미국 여성들은 중국 여성에 비해서 성적 매력이라는 점에서만은 훨씬 노력하여 이성을 기쁘게 하려고 애쓰기 때문이다. 그러므로 서구 사회에서는 지나치게 성적인 것을 생각하게 되어, 결국 여성 그 자체를 지나치게 경시하게 된다는 결론이 나온다. 서구의 여성이 머리를 빗을 때는 중국 여성과 마찬가지로 상당한 시간이 걸린다. 그러나 화장의 경우에는 중국 여성보다 훨씬 대범하여 때와 장소에 구애받지 않는다. 식사를 하고, 운동을 하고, 얼굴을 마사지하고, 날씬하고 아름다워지는 비결의 광고를 읽는 일에는 매우 열심이다. 또 허리의 선을 아름답게 하기 위하여 침대 위에서 두 다리로 하는 운동 등에는 중국 여성보다 더 진지하다. 중국 여성이라면 그런 일은 상상도 못할 나이가 되어서까지 그녀들은 얼굴의 주름살을 펴고 머리 염색을 한다. 로션이나 향수를 사는 데 드는 비용도 중국 여성들보다 결코 적지는 않을 것이다. 화장 도구도 또한 놀랍다. 데이 크림, 나이트 크림, 모공(毛孔) 크림, 레몬 크림, 햇볕으로부터 피부를 보호하는 오일, 주름살 펴는 오일, 거북알 오일, 그 밖에 생각할 수 있는 온갖 종류의 향유가 있다. 생각건대 미국 여성은 시간과 돈이 남아돈다는 이유에서 그러는 듯하다. 남성을 위해 옷을 입고, 자신을 위해 옷을 벗는다. 혹은 반대로 남성을 위해 옷을 벗고, 자신을 위해 옷을 입는 걸까? 아니면 그 두 가지 다 이유가 되는 것일까? 중국 여성에게 그것이 불가능한 것은 현재의 화장 도구를 미국 여성처럼 충분히 쓸 수 없기 때문일 것이다.

  마찬가지로 이성의 마음을 끌고자 하는 여성에게 인종적 경계선을 긋기란 나로서는 도저히 불가능하다. 반세기 전의 중국 여성은 남성을 기쁘게 하려고 전족(纏足)을 하여 처참한 고생을 했다. 그러나 현재는 이같은 전족을 폐지하고 용기 백배하여 힐을 신게 되었다.

  예술가는 남녀 육체의 해부학을 평등하게 연구하지만, 남성의 육체에 관한 연구로는 아무래도 영리적으로 타산을 맞추기가 어려운 모양이다. 극장은 인간을 발가벗기는 곳이지만, 대개의 경우는 남성을 못살게 굴려고 여성을 발가벗기는 것이며, 여성을 괴롭히려고 남성을 발가벗기는 일은 좀처럼 없다. 예술적이며 동시에 도덕적인 것을 취지로 하는 고급 쇼의 경우에도, 여성은 예술적이고 남성은 도덕적이어야 한다고 주장하지, 여성이 도덕적이고 남성은 예술적이어야 한다고 주장하지는 않는다. 연예 극장의 남자 배우들은 늘 손님을 웃길 일만 생각하고 있다(예술적이라 여겨지는 무용에서마저 그러하다). 판매 촉진을 위해 광고를 낼 때에는 언제나 뻔한 테마가 파악된다. 테마의 형태만 바꾸어 내고 있는 것이다. 그러므로 오늘날에는 한 남자 배우가 예술적이고자 한다면, 잡지 한 권을 사다가 광고란을 쭉 훑어보면 더이상 아무것도 할 필요가 없다.

그 결과 여성들측에서는 예술적이어야만 한다는 의무감을 너무 강하게 느낀 나머지 무의식중에 성적 교양을 받아들여 자기를 위축시키고, 성적 매력을 발휘하기 위하여 신체의 마사지나 엄격한 훈련을 감수하게 되는 것이다. 즉 더욱 아름다운 세계에 공헌하고자 노력한다고 볼 수 있다. 좀더 불순한 마음을 가진 여성의 경우에는 남성을 사로잡는 유일한 방법은 오직 성적 매력뿐이라고 생각하게 된다.

그러나 나는 성적 매력을 지나치게 강조하는 것은 여성 본래의 성품을 불완전하게 파악한 것이라고 생각한다. 그것은 연애나 결혼의 품격에 대해 어떤 나쁜 결과를 초래한다. 따라서 연애관이나 결혼관도 그릇되고 불완전하게 되어 버리는 것이다.

이러한 상태로는, 여자는 가정의 지도자로서가 아니라 오히려 남자의 상대역할을 하는 것에 불과할 뿐이다. 여성은 아내인 동시에 어머니다. 그런데 성을 이토록 강조하면 아내로서의 의의가 어머니로서의 의의를 몰아내 버린다. 그러기에 나는, 여성이 인간으로서 최고의 모습에 이르는 것은 어머니로서만이며, 어머니가 되기를 거부하는 아내는 순식간에 그 존엄과 진실의 대부분을 상실하고 한낱 노리개에 불과한 존재가 될 위험에 빠지는 것이라고 주장한다.

나는 자식이 없는 아내는 정부(情婦)에 불과하며, 정부일지라도 자식이 있다면 아내라고 말하고 싶다. 법률이야 어찌 되었든 그렇다. 자식만 있으면 정당한 아내가 아닌 여성이라도 귀하고 신성하게 되지만, 자식이 없으면 아내의 위치도 떨어져 버린다. 그런데 요즈음 여성들 중에는 용모나 몸매의 아름다움이 손상될까 봐 피임하는 경우가 많다는 사실이 널리 알려져 있다.

애욕의 본능이라고는 하지만 인간생활을 풍부하게 하기 위해 거기에 합당한 일만은 하고 있다. 그러나 그 도가 지나치면 여성 자신이 손상된다. 성적 매력을 유지하고자 하는 노력은 역시 여성이 신경을 쓸 일이지 남자에게는 관계가 없다.

성적 매력을 지나치게 강조하면 불공평한 일이 생기게 된다. 그도 그럴 것이 아름다움과 젊음을 지나치게 존중하게 되면, 중년 부인은 흰 머리와 세월의 흐름을 원수로 여겨 승산 없는 싸움을 해야만 하기 때문이다.

어느 중국의 시인은 일찍이 우리에게 "청춘의 샘이란 한낱 허망함이다. 그 누구도 태양을 힘으로 멈추게 하고 가는 청춘을 되돌릴 수는 없다"라고 경고한 적이 있다. 중년 부인이 그 성적 매력을 유지하고자 안간힘을 쓰는 것은 세월의 흐름과 억척스럽게 싸우는 무의미한 행동이다. 오직 유머만이 이를 구제한다. 노령과 백발을 원수처럼 여겨 승산 없는 싸움을 벌이는 짓이 어리석다는 것을 알았으면, 어째서 백발을 아름답다 하지 않는 것인가. 그래서 주계영(朱桂英)은 이렇게 노래했다.

머리에 생기는 숱한 백발,
뽑으면 뽑을수록 늘어만 가네.
흘러가는 세월을 한탄 말자,
늘어가는 백발에 또한 흥이 있나니.

정말 올바른 생각이다. 이런 식으로 생각하지 않는 미국식 사고방식은 모두 부자연스럽고 불공평하다. 헤비급 왕자가 몇 년 뒤에는 한창 젊은 도전자에게 선수권을 양보하고, 뛰어난 경주마도 늙게 되면 젊은 말에게 그 자리를 넘겨 주어야만 하듯, 여인도 늙어버리면 젊은 여인들과 겨루어 봤자 승산은 뻔한 것이므로 그런 짓은 하지 않는 것이 좋다. 만일 그런 짓을 하면 결국 자기 자신의 성과 싸우게 되는 것이다. 그러므로 세상의 어머니나 부인에게는 불리한 이야기이다. 성적 매력 문제를 놓고 중년 부인이 젊은 여성과 대립하는 것은 어리석은 짓이며, 위험하고 가망없는 행동이다. 여자에게는 성보다도 중요한 것이 있으므로 그런 행동은 더욱 어리석다. 대체로 구애나 구혼은 육체적 매력에서부터 출발하는 것이지만, 성인 남녀는 이미 그런 나이는 지났다고 하겠다.

인간은 모든 동물 중에서 가장 성애(性愛)가 강한 동물이다. 그렇지만 이 성애의 본능 외에 가정생활에서 오는, 그에 못지않게 강한 부모로서의 본능이 있다. 성애의 본능과 부모로서의 본능은 대다수의 동물에게도 있는 것인데, 가족의 시초는 긴팔원숭이의 생활 가운데에서 발견되는 것 같다. 그렇지만 그림이나 영화나 연극을 보고 자주 성적 자극을 받으며, 지나치게 변태적인 교양에 빠져들어 성적 본능이 부모로서의 본능을 누르게 되면 위험하다. 이같은 교육을 하면 가족적 이상이 망각되기 쉽고, 거기에 개인주의적 사상까지 끼어들면 더욱 좋지 못하다. 그래서 그런 사회에서는 결혼은 기괴한 광경을 연출한다. 대개 결혼식의 종소리로 인생의 재미는 시작되지만, 그때까지는 입맞춤만 계속되고 있다. 또 그런 사회에는 어머니가 아닌 남성의 상대에 불과한 기괴한 여성이 출현한다. 이렇게 되면 이상적인 여성이란 완전한 육체적 균형과 매력을 지닌 젊은 여성이라는 정의로 귀착된다.

그러나 내게는 그렇게 생각되지 않는다. 아기 요람 옆에 서 있을 때만큼 여성이 아름답게 보이는 적은 없다. 갓난아이를 가슴에 안고 네댓 살 난 아이 손을 잡고 걸을 때만큼 여성에게 진지한 위엄이 있어 보이는 경우도 없다. 언젠가 내가 본 유럽의 어떤 그림에는 어머니가 베개를 베고 침대에 누운 채 가슴에 갓난아이를 올려놓고 노는 광경이 그려져 있었는데, 여성에게 그때만큼 행복한 때는 없을 것이다.

내가 모성에 대해 여러 말을 늘어놓아 오히려 그것을 좀 심각한 것으로 만들어 버렸는지도 모르겠다. 그러나 상관없다. 왜냐하면 중국인은 심리적인 콤플렉스 따위는 모르기 때문에 아무런 아픔도 느끼지 않는다. 저 정신분석학적인 오이디푸스 콤플렉스니 엘렉트라 콤플렉스 등에 대해 언급해 보았자 중국인에게는 우스꽝스럽고 믿기 어려운 일이다. 여기서 밝히지만, 나의 여성관은 이런 심각한 모성론에서 비롯된 것이 아니고, 다만 중국인의 가족적 이상의 영향에서 비롯된 것이다.

중국인의 가정적 이상

나는 아무래도 그렇게 생각되는데, 저 〈창세기〉의 내용은 완전히 뜯어고쳐야만 한다. 중국의 소설 《홍루몽(紅樓夢)》을 보면 주인공인 귀공자 가보옥(賈寶玉) 소년은 다정다감한 성격의 겁쟁이로, 여자친구를 대단히 좋아한다. 그리고 예쁜 사촌누이들에게 마음을 정열적으로 불태우면서, 자기가 아직 나이 어린 소년임을 몹시 한탄하고 있다. 그리고 "여자는 물로 이루어져 있고, 남자는 흙으로 되어 있다"라고 말한다. 그도 그럴 것이 자기가 좋아하는 여자는 모두 사랑스럽고 청초하며 어진 데 반해, 그 자신이나 친구들은 모두 추하고 머리가 나쁘며 성미가 까다롭다고 생각하기 때문이다. 만일 〈창세기〉의 작가가 이 가보옥 소년이어서 그가 말하는 뜻을 알고 있었더라면, 아마 〈창세기〉는 다른 내용으로 바뀌었을지도 모른다.

〈창세기〉를 보면 신이 한 줌의 흙을 취하여 인간을 하느님의 형상대로 만들고, 콧구멍으로 입김을 불어넣은 것으로 되어 있다. 이리하여 아담이 된 것이다. 그런데 그 아담은 허물어지기 시작하고 산산조각이 나버렸다. 그래서 하느님은 물을 가져다 붓고 흙을 이겼다. 그 물은 아담의 몸뚱이에 들어가 하와라고 불렸다. 즉 하와라는 물을 몸뚱이 속에 얻고서야 아담은 비로소 완전한 인간이 되었던 것이다.

이 이야기는 적어도 결혼의 성질을 상징적으로 나타내는 것이라고 생각된다. 여자는 물이고 남자는 흙이다. 물은 흙 속에 스며들어 형체를 유지한다. 또 흙은 물을 머금고 물에 자기 물질을 공급하며, 물은 그 속에서 움직이고, 살고, 물로서의 소임을 다한다. 모두 다 아는 사실이지만, 중국인의 사회와 중국인의 생활은 가족제도에 바탕을 두고 조직되어 있다. 이 제도가 모든 중국인의 생활 형태를 결정하고 또 이것에 색조를 부여하는 것이다.

이같은 가족적 이상이 어디서 유래되는 것일까 하는 문제는 거의 언급된 적이 없다. 왜냐하면 중국인은 이 문제에 대해 당연한 것으로 생각하고 있으며, 이에 반하여 외부의 연구자는 이 문제에 참견할 자격이 없다고 생각하기 때문이다. 공자는 가족제도를 모든 사회적 생활과 정치적 생활의 기본으로 하고 이에 철학적 기초를 부여한 인물로 알려져 왔는데, 그는 모든 인간생활의 기본으로서의 부부관계나 효제(孝悌)의 도나 조상의 산소에 해마다 성묘를 하는 것과 조상 숭배, 그리고 가묘(家廟)제도 등을 크게 고조시켰다.

중국인의 조상 숭배는 이미 몇 사람에 의해 종교라 불리고 있다. 나도 이 주장이 참으로 옳다고 보고 있다. 그중에서 종교적이 아닌 것은, 중국의 조상 숭배가 초자연적 요소를 몰아내고 또는 그것을 몹시 경시한다는 점이다. 초

자연적인 것을 제외하고 생각한다면, 중국의 조상 숭배는 기독교, 불교, 마호메트교에서의 신불(神佛) 신앙과 병존할 수 있다.

조상 숭배 의식은 종교 형식을 취하는데, 대체로 모든 신앙이라는 것은 외형적인 상징과 형식을 가져야 하므로, 그것은 당연한 일이기도 하며 이유가 있는 것이기도 하다. 그렇다손 치더라도 조상의 이름을 새긴 4, 50센티미터의 네모난 나무 위패에 중국인이 나타내는 존경은, 영국인들이 우표에 왕의 초상을 인쇄해 사용하는 것에 비하면 훨씬 종교적이라고 할 수도 없고 종교적이 아니라고 할 수도 없다. 위패나 우표나 모두 똑같다. 우선 첫째로, 이러한 조상의 영혼은 신이라기보다는 인간으로 생각되고 있으며, 이 세상에서 나이가 들어 자녀들에게 시중을 받듯이 사후에도 여전히 시중을 받는 것이라고 중국인은 생각하고 있다. 그러므로 산 사람은 죽은 사람의 영혼에게 병을 고쳐달라고 요구하거나 빌지도 않으며, 또 공경하는 사람과 공경받는 사람 사이에 흔히 있는 그런 은혜라는 것도 없다.

둘째로 이 공경의식은 단지 그렇게 할 만한 날에 가족이 한자리에 모여서, 조상이 생전에 가족에게 해 준 일을 생각하며 기뻐하고 고인에 대한 경건한 추모에 잠기는 하나의 기회에 불과한 것이다. 고작해야 고인 생전의 생일잔치 대신 정도가 되겠지만, 그 정신에서는 부모의 생일잔치나 미국의 '어머니 날'과 조금도 다를 바가 없다. 가족제도의 이상은 필연적으로 저마다의 개인주의 이상과 철저하게 대립되는 것이다. 결국 그 누구도 완전히 고립해서는 살 수 없는 법이다. 그런 개인이라는 사고방식에는 아무 진실도 없다. 여기에 한 개인이 있는데, 아들도 아니고 형제도 아니고 아버지도 아니고 친구도 아니라면 도대체 무엇이겠는가. 이런 한 개인이라는 존재는 형이상학적인 하나의 추상으로 귀착되는 것이다.

그런데 중국인의 두뇌는 생물적으로 사물을 생각하게 되어 있으므로 아무래도 사람들의 생물적 관계를 제일 먼저 생각한다. 이리하여 가족은 인간생활의 자연적인 생물 단위가 되어, 결혼 그 자체도 한 가족 전체의 사건이며 개인적인 사건이 아니다.

나는 《내 나라, 내 민족》이라는 저서 속에서 이 가족주의의 폐단을 지적했다. 그것은 확대된 이기주의 형태가 되어 궁극적으로 국가에 손해를 초래할 수도 있기 때문이다. 그러나 이런 폐해는 인간사회의 모든 제도에 포함된 것이며, 중국의 가족제도에 있다고 한다면 서양의 개인주의나 국가주의에도 있다고 볼 수 있으며, 모두가 인간성의 결함에서 오는 것이다. 중국에서는 어떤 경우에나 인간이 국가보다 위대하고 중요하다고 생각되지만, 가족보다 위대하고 중요한 것으로 생각된 일은 없다. 왜냐하면 가족 없이는 인간은 참된 존재일 수 없기 때문이다.

서구의 개인주의나 국가주의에 대해 중국에는 가족주의라는 것이 있다. 중국의 경우 인간은 한 개인으로 생각되지 않고 가족의 일원으로, 또는 큰 가족생활의 흐름에서 없어서는 안 될 일부분으로 생각되는 것이다. 이것이 곧 내가 '유전설(流轉說)'로 주장하고자 했던 것이다.

인류의 생활을 전체로서 생각하면 여러 종족으로 이루어진 생명의 흐름이지만, 인간이 직접 무엇을 느끼거나 무엇을 보는 것은 가족이라는 생명의 흐름에 있어서이다. 중국인이나 서구인들이 한결같이 공통적으로 유추해 낸 표현으로 '가족 나무'라는 말이 있는데, 인간의 일생은 모두 이 나무의 한 마디나 한 가지에 불과하며, 그 가지는 나무 줄기에 붙어 무성해지고 가지의 힘에 의해 줄기를 더욱 번성케 하고 영생시키는 것이다. 그러므로 인생은 아무래도 하나의 발전 또는 계속으로 생각해야 할 것이며, 그러는 동안에 우리는 모두 가족사 속의 한 역할을 담당하고 가족 전체에 대한 의무를 다하며, 자신에게나 가족에게 치욕이나 영광을 가져다 주게 되는 것이다.

가족생활에는 매우 심원한 변화나 명암이 내포되어 있다. 우리 자신이 유년시절과 청년시절과 성년시절, 또 노년시절을 이 가족과 함께 지낸다. 먼저 가족의 보호를 받는 것으로부터 시작하여 가족을 돌보고, 그후 늙어서는 다시 가족의 신세를 진다. 처음에는 가족에게 봉사하고 가족을 존경하는 것에서 시작하여, 나이를 먹어감에 따라 반대로 봉사의 대상이 되고 존경을 받게 된다. 이런 광경 속에 여자가 있으면 한층 맛을 더한다. 몇 대든 끝없이 이어나가는 이같은 가족생활에 있어서 여자는 장식도 노리개도 아니며, 또 본질적으로 아내도 아니다. 그것은 가족 나무의 결코 없어서는 안 될 한 부분이며, 바로 여자가 있기에 가족생활의 영속이 있는 것이다. 즉 한 가족의 각 가지들의 상태는 그 집에 시집온 여자와, 그 신부가 가족의 장래에 끼치는 혈액에 의해 좌우되는 바가 크다. 접붙이는 정원사가 좋은 종자를 선택하기 위해 신경을 쓰듯이, 현명한 가장은 혈통이 훌륭한 신부를 신중을 기해 고른다.

누구든 상당히 심각하게 느끼고 있지만 남자의 일생, 특히 그 가정생활은 아내가 어떠한가에 좌우되는 것이며, 가족 장래의 모든 성격은 아내에 의해 결정되는 것이다. 손자의 건강이나 가족으로서의 성장 여하(중국에서는 이 점을 매우 강조한다)는 전적으로 며느리의 육아법에 의해 좌우된다는 것이다.

따라서 일종의 막연한 무형의 우생(優生)제도이며, 유전의 신념에 입각하여 종종 가문이라는 것을 특히 강조하는데, 어떤 경우에도 양친이나 조부모가 볼 때 신부가 건강하고 아름다우며 혈통이 훌륭해야 한다는 것이 기본이 된다(이 가문이라는 것은 혈통이나 문벌이라는 뜻이다). 대체적으로 근면하여 일을 잘 하고 예의범절이 좋아야만 한다는, 고래의 아름다운 전통에 부합하는 바탕을 존중하는 것이다(서구인이 좋은 가문에서 며느리를 데려온다는 것과 같은 뜻이다).

때로 며느리가 예의범절을 모르는 여자임을 알게 되면 시부모는 친정부모가 잘못 가르쳤다고 은근히 원망하기도 한다. 그러므로 친정부모에게는 딸이 시집가서 수치를 당하지 않도록 가르칠 의무가 있다. 딸이 시집가서 요리할 줄도 모른다면, 예를 들어 설날에 먹는 맛있는 음식 만드는 법도 모른다면 곤란하다.

중국의 가족제도에서 볼 수 있는 그러한 '유전설'에 따르면, 불사영생이라는 것이 뚜렷이 보이고 손에 잡히는 듯한 기분이 든다. 작은 가방을 들고 학교에 다니는 손자의 모습을 보는 할아버지는 누구나 마치 자신이 아이가 되어 이 세상에 다시 사는 듯 느낄 것이며, 아이의 손을 잡거나 그 볼을 만지면서 자신의 혈육이 거기 있음을 느낄 것이다. 그 생애는 가족 나무의 한 마디가 영원에서 영원으로 흐르는 가족이라는 큰 생명의 흐름의 일부에 불과하다고 느끼기에 기꺼이 죽어갈 수 있는 것이다. 부모가 살아 있는 동안 자녀들이 버젓이 결혼하는 것을 몹시 바라는 이유도 이 때문이다. 그것은 자신의 묘자리를 바라고 훌륭한 관을 고르는 것보다 훨씬 중대한 일인 것이다. 그도 그럴 것이 자기 아들딸이 어떤 처녀나 청년과 결혼하는 것을 살아서 직접 보지 않고는, 아이들이 장래에 어떻게 살 것인지 알 수 없기 때문이다. 그리고 만일 며느리나 사위가 매우 흡족하면, 아무 미련 없이 눈을 감고 기쁜 마음으로 저승길로 들어서는 것이다.

이런 인생관을 지님으로써 무슨 일이든 깊이 있는 견해를 갖게 된다. 왜냐하면 인생은 한 개인의 생사와 더불어 살고 죽는 것이 아니라고 생각하게 되기 때문이다. 센터나 하프 백이 무너지더라도 축구 경기는 계속된다. 이렇게 되면 인생의 성패 등은 또 다른 복잡한 양상을 띠게 된다. 중국인의 생활 이상은 조상에게 욕되지 않게 살고, 자기에게 욕되지 않는 자식을 둠에 있다. 중국의 관리는 관직을 물러날 때 흔히 이런 말을 한다.

자식이 있으니 만사가 족하고,
  벼슬을 떠나니 홀가분하다.

 우리에게 닥치는 최악의 비운은 아마도, '집안의 명예'를 유지할 수도 없고 집안의 재산조차 지킬 수 없는 그런 어리석은 자식을 둔 것이리라. 백만장자도 방탕한 자식을 두면 평생 동안 모은 재산을 탕진한 것이나 진배없다. 자식이 어리석은 짓을 한다면 그 실패는 절대적인 것이다.
 이와 반대로 미래에 희망을 걸고 있는 과부는, 다섯 살 난 똑똑한 자식만 있으면 빈곤이나 굴종, 때로는 박해조차도 몇 년이든 참아 나간다.
 중국의 역사나 문학을 훑어보면, 온갖 궁핍이나 박해에 견디면서 자기 아들이 자라나 일가를 이루기를 기다리고, 언젠가는 위대한 시민으로 출세할 날을 기다리며 그것을 낙으로 삼고 사는 많은 과부를 볼 수 있다. 남자들보다도 대부분의 과부들이 현실적인 여성 특유의 감각을 가지고 아이들에게 충분한 품성교육과 도덕교육을 하는 데 성공하는 모습을 보면 나는 간혹 이런 생각을 한다. '아버지라는 것은 아이들 교육에 국한하여 말한다면 전혀 불필요한 존재가 아닐까' 하고. 과부는 최후에 웃기 때문에 가장 잘 웃는 사람이라고 할 수 있다.
 가족 안에 인생을 이런 식으로 배치하는 것은 인간생활의 온갖 생물적 방면에 생각을 미치게 하는 것이므로 참으로 훌륭한 일이다. 공자가 주로 말하고자 한 것도 결국 이 점이다. 공자도 생각했듯이 위정자의 궁극의 이상은 이상하게도 생물적인 것이다.

  인(仁)을 이루면,
  늙어서는 화평을 즐기고 젊어서는 정절을 배워,

안에 시집 안 간 처녀가 없고, 밖에 장가 안 간 총각이 없다.

이것은 공자의 말씀 중에 가끔 나오는 말이지만, 단순히 그렇다는 것이 아니라 위정자의 최종 목표를 나타내는 것임을 생각하면 그 뜻은 매우 크다고 볼 수 있다. 이것이 바로 일반적으로 '대경(大慶)', 즉 '본능의 충족'이라는 의미로 알려져 있는 인본주의적 철학이다.

공자는 인간의 모든 본능이 먼저 충족될 것을 요구했다. 그래야만 비로소 우리는 만족한 생활 속에 정신적 평화를 누릴 수 있을 것이며, 또 정신적 평화만이 참된 평화이기 때문이다. 그것은 정치를 필요로 하지 않도록 하는 일종의 정치 이상이다. 왜냐하면 그것은 인간성에 깊이 뿌리박혀 흔들리지 않는 평화이기 때문이다.

우아한 노경(老境)

내가 볼 때 중국의 가족제도는 노인이나 어린아이에 대해 특별한 고려를 하고, 주로 그에 입각하여 안배되어 있다. 그도 그럴 것이 유년시절과 노년시절은 인간 생애의 절반을 차지하는 것이므로, 어린아이와 노인이 만족한 생활을 한다는 것은 중요한 일이라고 생각하기 때문이다. 아이들은 무력하므로 자기 자신을 돌볼 힘도 적은 것이 사실이지만, 한편 노인에 비해 물질적인 위안이 없어도 즐겁게 살아 나갈 수 있다.

아이들은 물질적 궁핍을 전혀 모른다고 할 수 있다. 그 때문에 가난한 집 어린아이는 부잣집 아이들보다 더 행복하지는 않더라도 그들 못지않게 행복을 느낀다. 맨발로 걷는 일도 있겠지만 그것에서 재미를 느끼면 고통스럽다고는 생각하지 않는다. 그러나 노인에게는 맨발로 다닌다는 것은 견딜 수 없는 일이다. 그것은 아이들에게는 강한 생명력과 젊음의 약동이 있기 때문이다. 아이들은 이따금 슬프기도 하겠지만 곧 잊어버린다. 노인처럼 돈에 대해서 생각하지도 않으며, 부자가 되려는 그런 번거로운 생각도 하지 않는다. 부잣집 미망인은 채권을 모으지만, 아이들은 장난감 총을 사기 위해 담뱃갑에 있는 경품 딱지를 모으는 정도인 것이다. 이 두 수집 취미를 비교할 수는 없다.

왜냐하면 아이들은 어른들처럼 아직 세상의 두려움을 모르기 때문이다. 자기의 습관도 아직 일정치 않고, 특정한 상표의 커피만을 마신다는 고집이 있는 것도 아니며, 눈에 띄는 것이면 무엇에나 손을 내민다. 인종차별도 극히 적고, 종교적 편견 따위는 전혀 없으며, 그 사상이나 관념이 어느 누구의 생각에 물든 일도 없다. 이렇게 생각할 때 아이들에 비해 노인은 두려움에 관한 관념도 뚜렷하고 기호도 굳어져 있으므로, 더욱 가족의 보살핌을 받아야만 한다.

노인에 대한 이같은 다정함은 중국인의 원시 감정 속에 이미 어느 정도 존재한다. 이 기분을 서구인 속에서 구한다면, 단순히 기사도 정신이나 여성에 대한 친절 정도일 것이다. 그런데 고대 중국인에게 기사도가 있었다면 여성이나 아이들이 아니라 노인에게 발휘된 것이다. 이 기사도적 기분은 맹자의 다음과 같은 말 중에 명백히 나타나 있다.

    이것을 지킴에 있어 효제(孝悌)의 의(義)로써 하면
    머리가 허연 사람이 길에서 짐을 지지 않게 된다.

이 말은 선정(善政)의 궁극적 목적에 대해 말한 것이다. 맹자는 세상에서 가장 약한 사람들에 관해 말하고 있다. 즉 '과부, 홀아비, 고아, 자손 없는 노인'이 그것이다. 이 네 가지 중 처음 두 가지는 세상에 미혼 남녀를 없애려는 정책에 의해 구제받을 수 있을 것이다. 고아를 어떻게 해야 좋을까에 대해서는, 내가 알기로는 맹자도 언급하지 않았다. 그러나 예로부터 고아원은 항상 양로원과 함께 있었다. 그렇지만 고아원과 양로원은 가정의 가련한 대용물임을 누구나 알고 있다. 가정만이 노인과 어린아이에 대해 충분히 보호하고 돌볼 수 있다고 생각한다. 그러나 어린아이의 경우는 대개 자연으로부터 주어진 부모의 사랑이 있으므로 돌볼 것까지는 없다고 해도 좋다.

그런데 "물은 낮은 데로 흐르며 높은 데로 흐르지는 않는다"는 중국인의 말처럼, 양친이나 조부모에 대한 애정만은 약간의 수양을 통해 몸에 익힐 수 있다. 사람의 본능은 아이들을 사랑하지만, 사람의 교양은 그 부모를 사랑한다. 이리하여 노인에 대한 존경의 가르침은 드디어 만인이 받아들이는 교리가 된 것이다. 그리고 몇 사람의 주장을 믿는다면, 노령의 양친을 섬길 자격을 지니기를 원하는 마음은 마침내 일반 사회의 커다란 요망이 된 것이다.

중국인에게 가장 유감스러운 것은 임종시의 양친에게 약초나 고깃국을 바쳐 마지막 효도를 다할 기회를 영구히 잃는 것, 또는 부모의 임종을 지켜보지 못하는 것이다. 5, 60대의 고관이 양친을 고향에서 모셔오게 하여 도읍지의 가족들과 한집에 모시면서 '밤마다 자리에 드시는 것을 보살피고 아침마다 문안드리는' 효도를 못 한다면 돌이켜보아 부끄러운 마음의 죄를 짓는 것이며, 친구나 동료에 대해 늘 변명하고 해명해야만 하는 것이다. 이 아쉬운 심정은, 고향에 돌아가긴 했지만 너무 늦어 부모의 임종을 지키지 못한 사람의 마음을 읊은 두 줄의 감회에 잘 나타나 있다.

나무가 고요하고자 하나 바람이 멎지 않고,

자식이 봉양하고자 하나 부모가 기다리지 않는다.

사람이 만일 이 세상을 한 편의 시로 생각한다면, 그 생애의 황혼녘을 가장 행복한 때라고 할 수 있을 것이다. 그리고 죽음을 지나치게 두려워한 나머지 오래 살려고 애쓰는 일도 없이 오히려 자연스럽게 노경이 오는 것을 기다려, 생애 중 가장 행복하고 가장 즐거운 시절로 만들어낼 수 있을 것이다. 우리는 그렇게 생각하고 싶다.

동양인의 생활과 서구인의 생활을 여러모로 애써서 비교는 하지만, 노령에 대한 동양인의 사고방식을 제외하면 절대적인 차이는 인정되지 않는다. 이 차이는 엄격하고 분명히 구별되어 있어서 중간적인 것이 개입될 여지가 없다.

성(性), 여자, 일, 오락, 그리고 성공 등에 대한 동양인의 태도가 서양인과 다른 것은 모두 비교상의 일이다. 중국인의 부부관계도 본질적으로는 서구인의 그것과 다를 바 없고, 부모와 자식의 관계 또한 마찬가지다. 개인적 자유나 민주주의적 사상, 혹은 국민과 지배자의 관계조차도 그다지 큰 차이가 있는 것은 아니다. 그러나 나이에 대한 중국인의 태도는 서구인과는 전혀 다르다. 이 점에 관해서는 동양과 서양은 상반된 사고방식을 갖고 있는 것이다.

다른 사람의 나이를 묻거나 자기 나이를 말하는 것을 보면, 이 점이 아주 뚜렷이 나타난다. 중국에서는 공무로 사람을 호출할 때면, 그 성명을 묻고 난 다음 그 나이를 묻는다.

"나이는?" 하고 물으면, 상대방이 "23세입니다"라거나 "28세입니다"라고 쑥스러운 듯 대답한다. 그러면 물어본 사람은 대개 상대방을 위로하여 "아직도 장래가 창창하군요. 언젠가는 노인이 되실 텐데요, 뭐"라고 하며, 만일 35세 또는 38세라고 대답한다면, 깊은 존경심을 나타내며 "기쁘시겠습니다" 하고 서슴없이 말한다. 고령이라고 대답하면 할수록 묻는 사람은 진지해진다. 그리고 50 몇 세라고 대답하면 물어본 쪽은 급히 목소리를 낮추고 은근히 존경하는 태도를 취한다. 나이 든 사람이 될 수 있으면 중국에 가서 살기를 원하는 것은 이 때문이며, 중국에서는 머리가 허연 거지에게조차 각별히 친절하게 대한다.

중년층들은 50세의 생일 축하를 할 수 있는 날을 손꼽아 기다리고 있다. 출세한 상인이나 관리의 경우 불혹의 생일까지 호화판으로 잔치를 벌이기도 하지만, 보통 50세의 생일, 다시 말해서 인생의 반세기를 맞는 시점은 모든 계층의 사람들을 기쁘게 한다.

이순(耳順)의 해는 50세보다 행복하고 위대한 나이다. 고희(古稀)의 해는 이보다 더하며, 미수(米壽)의 생일을 축하할 수 있는 사람은 사실 하늘로부터의 특별한 은총을 받은 사람으로서 존경을 받는다.[1]

흰 수염을 기르는 것은 할아버지가 된 사람만의 특권이다. 할아버지가 안 되었거나 쉰 살이 넘지도 않았으면서 흰 수염을 기르면 손가락질을 당할 우려가 있다. 그 결과 몇몇 젊은이들이 노티나 위엄이나 견식을 흉내내어 실제보다 나이가 들어 보이고 싶어하게 되는 것이다. 나는 두세 명의 젊은 중국 문인을 알고 있다. 그들은 중학교를 갓 나온 21세에서 25세 가량의 청년인데도 '청년은 무엇을 읽으며, 또 무엇을 읽지 말아야 할 것인가' 라는 등의 가르침을 잡지에 기고하고, 아버지다운 친절로 청년이 빠져들기 쉬운 유혹에 관해 이야기하고 있다.

일반적으로 중국인이 이렇게 노인을 존경하는 것을 이해하면, 그들이 어서 나이 들기를 원하고 언제든지 젊지 않게 보이기를 바라는 기분을 알 수 있을

---

[1] 공자는 나이 마흔을 불혹(不惑), 예순을 이순(耳順), 일흔을 고희(古稀), 여든여덟을 미수(米壽)라 했다.

것이다. 우선 첫째로, 이야기를 하는 것은 노인의 특권이다. 젊은이는 그 동안 노인의 이야기를 잠자코 듣고만 있어야 한다. 중국 속담에 '젊은이에게는 귀는 있지만 입은 없다'라는 것이 있다.

30세 된 사람이 말할 때에는 20세 된 사람은 듣는 입장이 되어야 하지만, 그 30세 된 사람도 40세 된 사람이 말을 할 때에는 잠자코 듣고만 있어야 한다. 누구든지 이야기를 하면 남들이 들어주는 것을 바라므로, 나이가 들면 어디를 가든 이야기를 들려줄 기회가 많아지는 것은 분명하다. 그것은 편파적이 아닌 인생의 게임이다. 왜냐하면 누구든지 언젠가는 나이를 먹기 때문이다. 그러므로 아버지 된 자가 자기 아들에게 무슨 훈계를 할 때라 해도, 할머니가 입을 열면 얼른 말을 그치고 자세를 고쳐야만 한다. 물론 이때 아버지는 할머니의 입장을 부럽게 여길 것이다. 노인이기에 "나는 너희가 건너온 길보다도 더 많은 다리를 건너왔다" 하고 말할 수 있는 것인데, 젊은이가 무슨 권리로 입을 열 수 있겠는가. 다른 사람에게 이야기하는 데 경험 없는 젊은이에게 무슨 권리가 있단 말인가.

흔히 미혼 여성이나 중년 부인은 나이 밝히기를 꺼린다. 젊음을 존중하는 생각은 아주 자연스러운 것이기 때문이다. 중국 처녀들도 22세가 되도록 아직 결혼도 못 하고 약혼도 하지 않았다면, 나이에 대해서 다소 두려움을 느끼는 것이다. 세월은 사정없이 흘러간다. 독일인에게는 '무서운 폐문 시각'이란 말이 있는데, 그 말은 무엇인가 뒤떨어졌다는 불안한 기분을 느끼게 한다. 늦은 밤 문이 닫힌 공원 안에 남아 있는 듯한 불안한 기분이다. 그러므로 여자의 일생을 통해 가장 긴 해는 29세라고 한다. 29세의 해는 3년, 4년, 그리고 5년까지라도 계속된다. 그러나 남에게 나이를 알리기 두려워하는 것은 쓸데없는 짓이다. 연장자라는 믿음을 주지 않는다면 어찌 현명한 자로 인정받을 수 있겠는가. 또 나이가 아직 어리고서야 인생이나 결혼이나, 또는 세상의 모든 참된 가치에 대해 어떻게 지식을 얻을 수 있겠는가.

　서구인들의 모든 생활 방식이 젊음을 존중하고, 따라서 남녀가 자기 나이를 밝히기를 꺼리는 것은 수긍이 간다. 능률적이며 활동적인, 흠잡을 데 없는 45세의 여비서도 그 나이를 알고 나면 순식간에 쓸모없는 사람 취급을 받게 된다. 정말 별난 일이다. 자기 직업을 잃지 않기 위해 나이를 숨기려 하다니, 이 얼마나 이상한 일인가! 이래서는 인생 자체도 젊음의 존귀함도 시시한 것이 되어 버린다. 내 생각에 그것은 아무 의미도 없는 일이다.

　이것은 의심할 여지도 없이 직업생활이 빚어낸 결과이다. 여자도 나이가 많아지면 사무실에서보다 가정에서 더 존경을 받을 수 있다는 것을 나는 믿어 의심치 않는다. 그러나 미국인은 일이나 능률이나 공명 따위에 사로잡히지 않아야만 구제받을 수 있다고 생각한다. 미국의 아버지들이 인생의 이상적인 거처를 사무실보다도 가정에서 구하고, 중국의 아버지들을 본받아 자기에게는 이제 자기 몸을 대신할 훌륭한 아들이 있으니 자랑스럽게 봉양받을 수 있다고, 아주 편안한 기분으로 뭇사람에게 공언할 수 있게 되어야 비로소 즐거운 오후를 애타게 기다리며 50이 되는 것을 손꼽아 기다리게 되지 않을까.

　나이 많고 건장한 미국 노인들이 스스로 자신은 젊다고 다른 사람들에게 말하고 다른 사람들로부터 젊다는 말을 들을 때 그 참된 뜻은 건강하다는 것인데, 이것은 아무래도 언어학적인 재난인 것 같다. 늙어서 건강을 즐기는 것, 다시 말해서 '노익장(老益壯)'을 과시한다는 것은 인생 최대의 행복이다. 그러나 '건강하고 젊다'는 식으로 말하게 되면 이미 신비함이 없어진다. 어법이 불완전할 뿐임에도 불구하고 노경 그 자체까지 불완전한 듯이 보이는 것이다. 결국 이 세상을 두루 보고 '홍안백발(紅顔白髮)'이 되어 덧없는 세상의 산전수전을 다 겪은 사람답게, 부드러운 음성으로 인생에 대해 말하는 건강하고 지혜로운 노인만큼 훌륭한 것은 없다. 중국인은 이것을 알기 때문에, 언제나 노인을 그릴 때 지상의 궁극적 행복의 상징으로서 '홍안백발'을 그리는 것이다.

미국인 중에는 틀림없이 저 중국의 복록수신(福祿壽神)의 그림을 본 사람이 많을 것이다. 이마가 넓고 안색이 좋으며 흰 수염을 기른 노인이 활짝 웃는 그림은 정말 생동감이 있다. 가슴 언저리까지 늘어뜨린 수염을 평화롭고 만족한 표정으로 쓰다듬고 있다. 고귀한 품격을 갖추어 존경을 한몸에 받고 있으며, 그 누구도 그 사람의 지위를 의심치 않으므로 유연자약하며, 중생의 눈물을 알기 때문에 자애가 넘친다. 늙었으면서도 활동력이 왕성한 사람에게 우리는 '노익장'이라는 찬사를 아끼지 않는다.

미국 풍경에는 훌륭한 흰 수염의 노옹(老翁)은 거의 눈에 띄지 않는다. 있다는 것은 알지만, 약속이라도 한 것처럼 전혀 내 앞에 모습을 나타내지 않는다. 딱 한 번 뉴저지에서 '우선 이만하면 머리를 숙이고 싶을 정도다'라는 마음이 드는 흰 수염의 노인을 본 적이 있다. 그런 상태가 된 것은 아마도 안전 면도기 탓인지도 모른다. 중국의 산들이 무심한 국민들 탓으로 완전히 벌거숭이가 되어 버린 것처럼 한심스럽고 무책임한 처사이다. 중국의 백성들은 북중국의 아름답던 산림을 완전히 벌거벗겨 미국 노인의 턱처럼 보기 흉한 민둥산으로 만들어 버렸다.

미국인이 여기서 예지의 눈을 뜨고 다투어 산림녹화 계획에 참가한다면, 미국에는 아직도 개척할 만한 보고가 있다. 볼 만하고 들을 만한 아름다움과 지혜의 보고가 있는 것이다. 노대(老大)한 염옹(髥翁)이 없어졌고, 저 염소 수염의 앵글로색슨도 이미 없다. 누구나 모두 우아한 수염을 드리우는 일을 그만두고 안전 면도기로 흰 수염을 밀어 버린 다음, 민둥산 같은 턱을 쓰다듬고 로이드 안경 속에서 날카로운 눈을 번득이면서 하찮은 애송이 같은 표정을 하고 있다. 저 흰 수염의 노대인에 비해 얼마나 딱한 꼴인가. 미국 노인은 아직도 다망하고 활동적인 생활을 원하는데, 그것은 쓸데없이 강력해진 개인주의에서 기인한다. 이 점은 의심할 여지가 없다. 그것은 그들의 긍지이고, 독립 애호심이며, 자식들에게 신세지는 것을 수치로 여기는 태도이다.

그러나 미국인은 그 헌법 속에서 많은 인권에 대해 규정했지만, 기묘하게도 자식들의 부양을 받는다는 권리를 잊고 있는 것 같다. 그것은 효도와 봉양에서 오는 권리와 의무인 것이다. 젊었을 때는 자식들 때문에 무척 수고하고, 자식들이 앓을 때는 몇날 며칠 밤을 뜬눈으로 지새우며 간호하고, 말을 제대로 못할 때부터 기저귀를 갈아 채우면서 1세기의 4분의 1이나 걸려 자식들을 길러서 훌륭하게 살아갈 수 있도록 가르친 모든 어버이들이, 늙어서 자식들로부터 봉양받고 사랑받고 존경받을 권리가 있다는 것에 대해 그 누가 부정하겠는가.

도대체 우리는 한 개인으로서의 나, 또한 나의 자랑을 가정생활이라는 전체 속에서 잊어버릴 수는 없는 것일까? 생각하면 그런 가정 속에서 어릴 때는 양친에게 훌륭하게 양육되고, 다음에는 차례로 내 자식을 훌륭하게 양육하며, 이번엔 다시 그 아이들에게 신세를 진다는 식으로 되어 있는 것이다. 온 인생관이 가정 안의 상호부조라는 것을 근거로 하고 있으므로, 중국인들로서는 개인의 독립이라는 것을 이해할 수 없다. 그러므로 인생의 노년기에 자식들의 섬김을 받으며 산다는 것은 절대로 수치가 아닌 것이다. 오히려 부모를 섬길 수 있는 자식들을 가진 것은 행복이라 생각된다. 중국인의 생활은 이 한 가지를 빼면 아무것도 없는 것이다.

중국인이 늙은 부모에 대한 효도를 늘 생각하는 것은 보은의 일념 때문이다. 친구로부터의 빚은 정해진 액수가 있지만, 부모로부터의 은혜의 빚은 광대하고 무한하다. 중국인이 효에 대해 쓴 것을 보면 기저귀를 빤다는 말이 여러 번 나온다. 이것은 우리 자신이 부모가 되었을 때 뼈에 사무치는 말이다. 그러므로 부모가 노인이 되었을 때, 반대로 자식들의 시중을 받아 맛있는 것을 먹고, 잘 차린 상을 받는 것은 당연한 일이 아닌가.

효양의 의무를 다하기란 매우 어려운 일이다. 그렇지만 부모 섬기는 것을 호텔 손님의 시중을 드는 것과 비교하는 것은 신성을 모독하는 짓이다. 일례를 들어 말하면, 다음의 문장은 자식이 가정 안에서 부모에게 해야만 되는 의무에 대해 말한 것으로 도석석(屠錫石)에 의해 정해진 것이며, 옛날의 학교 교과서로 유명한 어느 수신서(修身書)에 실려 있는 것이다.

여름에 부모를 섬기기 위해서는 옆에 서서 부채질을 해 더위나 파리나 모기를 쫓아야만 한다. 겨울에는 따뜻한 침상을 마련하고 난로를 덥히며, 언제나 난롯가에서 조심스레 화력을 조절하는 것을 잊어서는 안 된다. 문이나 창에 구멍이나 틈이 없는가, 바람이 새어들지나 않는가 잘 살피고, 양친을 만족하게 하고 기쁨을 주도록 해야만 한다. 열 살이 지나면 부모보다 일찍 일어나 세수하고, 부모의 침소에 들어가 아침 문안을 드려야 한다. 만일 부모가 이미 일어나셨으면 먼저 아침 인사를 하고, 문안드린 다음 다시 한 번 절하고 방을 나온다. 잠자리에 들 시간이 되면 부모의 잠자리를 보살피고 부모가 깊이 잠들 때까지 침상 곁을 떠나지 말며, 잠드신 것을 확인하고 머리맡의 커튼을 내린 다음 물러나와야 한다.

이런 형편이고 보면, 중국의 노인이나 노부나 조부가 되고 싶어하지 않을 사람이 어디 있겠는가. 중국의 프롤레타리아 논객들은 이러한 것을 '봉건적'이라 하여 몹시 비웃지만, 거기에는 중국의 노신사들에게 집착을 느끼게 하고, 오늘날 중국은 이미 못쓰게 되었다고 한탄하기에 족한 매력이 있다.

희망대로 장수하면 언젠가는 모든 사람이 나이를 먹는다. 이것이 중요한 점이다. 사람이 추상 세계에서 살아갈 수 있다고 생각하고, 문자 그대로 독립해서 살아갈 수 있는 듯이 생각하는 쓸데없는 개인주의를 없앤다면 '인생의 황금시절은 늙어가는 장래에 있는 것이며, 아무것도 모르던 지나간 젊은 시절에 있지 않다'는 견지로 되돌아가서 인생의 계획을 세워야만 한다는 사실을 인정해야 한다. 만일 그 반대의 태도를 취한다면, 시간이라고 하는 무자비한 코스 위에서 참혹한 경주를 하고 있는 셈이며(그러나 그것을 의식하지도 못한 채), 언제나 자기들보다 앞쪽에 있는 사람의 환영에 위협당하고, 게다가 승산도 없어 결국 모두 지게 된다.

늙는다는 것을 아무도 현실적으로 막을 수는 없다. 인간이 늙어가는 것을 인정하지 않으면 자기를 속이는 결과가 된다. 자연에 대해 굳이 반항할 필요는 없으므로 우아하게 늙어가는 편이 낫다. 인생의 교향악은 평화, 고요, 안락, 정신적 만족의 위대한 피날레로 끝나야 할 것이며, 고장난 북이나 찌그러진 심벌즈 소리로 끝나서는 안 된다.

생활의 즐거움　제9장

침상에서 자는 것에 대하여

아무래도 나는 가두(街頭) 철학자가 될 운명을 타고난 모양인데, 그래도 어쩔 수 없다. 일반적으로 철학이라는 것이 단순한 사항을 어렵게 만드는 학문처럼 생각되고 있는데, 나는 난해한 사항을 단순화하는 학문이 철학이라고 생각한다. '유물론'이니 '인도주의'니, '선험론(先驗論)'이니, '다원론(多元論)'이니 그 밖의 갖가지 긴 명칭이나 주의(主義)가 있는데, 이름은 유난스럽지만 어떤 것도 나 자신의 철학보다 심원한 것으로는 생각되지 않는다. 나는 감히 그렇게 주장한다.

인생이란 궁극적으로 먹고, 자고, 친구들과 만났다 헤어지고, 친목회나 송별회를 열고, 울고, 웃고, 2주일에 한 번 이발하고, 화초에 물을 주고, 이웃 사람이 지붕에서 떨어지는 것을 바라보는 등등의 일로 살아가는 것인데, 그러한 단순한 인생 현상에 관한 우리의 생각을 일종의 아카데믹한 헛소리로 꾸며대는 것은, 대학교수들이 자신의 의식 내용이 매우 빈곤하다거나 공허하다는 것을 숨기기 위한 트릭에 불과한 것이다. 그 때문에 철학은 공부하면 할수록 한층 더 인간 자신에 대한 것을 어렵게 만드는 학문이 되고 말았다. 철학자가 철학에 대해 이야기하면 할수록 혼란에 빠지게 되어 있다. 이것이 철학자의 업적이다.

생각건대 사실 세계에서 가장 중요한 과학적 발견과 철학적 발견의 90퍼센트까지는 과학자나 철학자가 심야 2시, 혹은 새벽 6시경에 침대 속에서 웅크린 채 자고 있을 때 이루어진 것이다. 그런데도 '와상술(臥床術)'의 중요함을 인식하고 있는 사람이 아주 적은 것은 놀라운 일이다.

세상에는 대낮에 자는 사람도 있고 밤에 자는 사람도 있을 것이다. 여기서 말하는 '잔다'란 육체적으로 자는 것과 정신적으로 자는 것을 동시에 의미한다. 양자는 가끔 일치하기 때문이다. 나는 침대에서 자는 것을 인생 최대의 즐거움 중 하나라고 믿는데, 이 생각에 찬동하는 사람들은 정직한 사람이다. 반면에 침대에서 자는 것을 예찬하지 않는 사람들은 거짓말쟁이며, 실제로는 대낮에 정신적으로나 육체적으로나 자고 있는 무리들이다. 낮에 자는 무리들은 도학자와 유치원의 선생과 이솝 우화의 독자들이다. 그러나 의식적으로 와상술을 익히라는 내 주장을 솔직히 인정하는 사람은, 교훈 등이 내포되지 않은 《이상한 나라의 앨리스》와 같은 이야기를 즐겨 읽는 정직한 사람이다.

그런데 침대에서 자는 것에 대한 육체적·정신적 의의는 어디 있는 것일까? 육체적으로 말하면 잠자리에 들어가 휴식과 안정과 명상에 가장 적합한 자세를 취한다는 것으로서, 외계로부터 동떨어져 완전히 자기 혼자가 됨을 말하는 것이다.

침상에서 자는 데는 바르고 호사스럽게 자는 법이 있다. 위대한 인생 예술가 공자는 자리에 눕는 데 있어 "잠잘 때 시체 같지 않도록 하라"[1]고 말했다. 이 말은 시체처럼 반듯하게 몸을 뻗어 천장을 보고 눕지 말고, 항상 좌우 한 쪽을 밑으로 가게 하여 모로 웅크리고 자라는 뜻이다. 나도 인생 최대의 즐거움 중 하나가 잠잘 때 다리를 오므리고 자는 것이라고 믿는다.

---

1 〈원주〉《논어》,〈향당(鄕黨)〉 제10편 중에서.

최대한의 심리적인 즐거움을 만끽하고 정신력을 활동시키고 싶다면 팔의 위치도 매우 중요하다. 잠잘 때의 가장 이상적인 자세는 자리 위에 사지를 쭉 뻗고 편하게 자는 것이 아니라, 한쪽 팔이나 양팔을 머리 위로 돌려 크고 부드러운 베개에 머리를 30도 각도로 받치고 자는 자세라고 믿는다. 이 자세라면 모든 시인은 불후의 걸작을 쓰고, 철학자는 인간의 사상을 뒤바꾸며, 과학자는 획기적인 발견을 할 수 있다. 혼자 지내는 것과 명상의 가치를 아는 사람이 극히 적은 것은 놀라운 일이다. 와상술은 긴장된 하루의 활동 뒤에 오는 단순한 육체적 휴식 이상의 것이다. 와상술이란 낮에 만난 사람들, 방문한 사람들, 쓸데없는 농담을 지껄이고 싶어하는 친구들, 남의 행동을 바로잡아 천국행의 보증인이 되어 주려고 귀찮게 구는 교회의 형제 자매들, 그런 사람들 덕분에 완전히 녹초가 된 뒤에 취하는 완전한 최고의 휴식이다.

잠자리에서 자는 것이 육체적 휴식이며 완전한 휴식임은 물론 인정하지만, 그 이상의 것이 있다. 와상술을 알맞게 체득하면 마음의 대청소를 할 수 있다. 아침 일찍부터 저녁까지 바쁘게 뛰어다니고 세 대의 전화가 빈번히 울려 대는 것을 자랑으로 여기는 많은 사업가가, 심야 1시도 좋고 또 아침 7시라도 좋으니 한 시간만 잠이 깬 채 이불 속에서 홀로 생각하는 시간을 갖는다면 재산을 배로 불릴 수 있을 텐데, 이러한 사실을 깨닫지 못한다.

아침 8시까지 이불 속에 있다고 해서 큰일 날 것은 없지 않은가. 고급 케이스에 든 담배를 베개 옆 테이블에 미리 준비해 두고 유유히 침대에서 일어나 이를 닦기 전에 그날의 문제를 모두 처리해 버릴 수 있다면 그 편이 얼마나 좋을지 모른다. 지긋지긋한 털내의, 성가신 혁대나 바지 끈, 숨이 막힐 듯한 칼라, 묵직한 구두 따위가 없어 발가락은 시원스레 해방되고, 낮에는 누리지 못하는 자유를 누리는 아침, 파자마 하나만 입고 편히 침대 위에서 다리를 뻗거나 웅크릴 때야말로 정말 사업적 두뇌로 사고할 수 있는 것이다. 발가락이 해방되어 있을 때만이 두뇌는 해방되고, 두뇌가 해방되어 있을 때만이 참된 사고가 가능하기 때문이다. 그같은 편안한 상태로 있으면 어제의 성과와 과오에 대해 심사숙고하고 오늘 해야 할 계획 중에서 중요한 일과 중요하지 않은 일을 판별할 수 있는 것이다.

규칙대로 9시 정각, 혹은 9시 15분 전에 사무실에 나가 노예의 주인처럼 사원들을 감시의 눈초리로 흘겨보고, 그런 다음 중국인의 이른바 '악착영영(齷齪營營)'처럼 헛된 일에 괴로움을 무릅쓰고 열중하는 것보다, 자기에 대해 완전히 파악하고 나서 10시쯤 사무실에 나타나는 것이 더 낫다.

잠자리에서 한 시간 가량 조용히 있는다는 것은 사색가나 발명가나 사상가에게는 매우 큰 효과가 있다. 저작자는 아침부터 밤까지 책상 앞에서 무엇인가 생각하려고 애쓰는 것보다 이런 자세를 취하고 있는 편이 논문이나 소설의 착상을 풍부히 포착할 수 있다. 왜냐하면 그 시간에는 전화나 선의의 방문객이나 일상생활의 자질구레한 번거로움에서 풀려나, 마치 유리나 구슬로 수놓은 스크린을 통하여 바라보듯 인생을 바라보고 현실세계의 주위는 시적 환상의 햇무리에 싸여 황홀한 아름다움을 나타내기 때문이다. 그때 그의 눈에 비치는 것은 있는 그대로의 인생이 아니다. 그것은 예운림(倪雲林)이나 미불(米芾)의 명화처럼 현실을 초월한 참된 화상으로 홀연히 바뀌어 버린다.

그러면 잠자리 속에서는 어떤 일이 일어나는가? 우선 근육이 휴식하고 혈액순환은 보다 원활하고 규칙적이 되며, 호흡은 한층 안정되고 시신경과 청신경과 혈관신경은 모두 휴식하게 되어, 크든 적든 간에 완전한 육체적 평정이 이루어진다. 그 때문에 이념에 대해서든 정감에 대해서든 정신적 집중이 한층 명확해지는 것이다. 이를테면 후각이니 청각이니 하는 오관의 감각은 잠자리에 들어 있을 때가 가장 예민하다. 좋은 음악은 누워서 듣는 것이 제일 좋다. 이립옹은 〈양류(楊柳)〉라는 제목의 한 문장에서, 모름지기 누워서 아침의 새소리를 들으라고 했다. 이른 새벽 잠에서 깨어나 아름다운 새소리에 귀를 기울여 보라. 얼마나 멋진 미의 세계가 우리를 기다리고 있는가!

의자에 앉는 것에 대하여

나라는 인간은 항상 맥없이 의자에 앉아 있기로 평판이 나 있으므로, 의자에 앉는 철학에 대해 써보고자 한다. 친구나 지기 중에도 이처럼 맥없는 사람들이 많이 있는데, 웬일인지 중국 문단에서는 특히 나만 평판이 나 있다. 감히 말하건대, 나만이 현대사회의 유일한 맥없는 자가 아니다. 나의 평판은 꽤나 과장되어 있다고 생각한다.

그런 평판이 난 이유는, 내가 일찍이 《애널렉츠 포트나이틀리(Analects Fortnightly)》라는 잡지를 발행할 때 그 책에서 담배가 해롭다는 세론을 타파하기 위해 크게 분투한 적이 있었다. 잡지에 담배 광고를 실은 것은 아니지만, 나는 니코틴 여사의 덕을 칭송하는 논문을 잇달아 쓰곤 했다. 그리하여 어느 사이에 맥없이 소파에 파묻혀서 잎담배를 피우는 일 말고는 하루종일 아무것도 하지 않는 게으름뱅이라는 소문이 세상에 퍼졌다. 나는 항간에 퍼진 그 소문을 부인하고, 나야말로 중국에서 가장 근면한 사람 중 하나라고 반박했지만, 소문은 더욱 널리 퍼져서 내가 가증스러운 유한(有閑) 인텔리 계급에 속한 증거라고 언제까지나 비난받게 되었다.

그러고 나서 2년 뒤에 부드러운 논조의 글만 싣는다는 잡지를 창간하고부터 사태는 더욱 악화되었다.

대체로 중국인이 쓰는 논설이 어렵고, 열두세 살짜리 아이들에게 '구국(救國)'이니 '견인불발의 정신'이니 하는 제목으로 작문을 쓰게 한 30년대의 작문 교수법 때문이지만, 그런 문체에 몹시 싫증을 느낀 나는 좀더 친밀감이 있는 문장을 보급시킨다면 중국어 산문을 유학자풍의 거북스러운 상투어에서 해방시키는 데 도움이 되리라 생각했었다. 그런데 나는 무심코 이 '친밀감이 있는 문체'라는 말을 '유한적 문체'라는 뜻의 중국어로 표현하고 말았다. 그것을 기화로 공산주의 진영에서 일시에 공격의 불길이 올랐다. 그리고 이제 나는 중국의 모든 유한 문필가 중에서도 가장 유한적인 인간이라는 움직일 수 없는 평판을 듣게 되었고 '우리가 이 국민적 굴욕시대에 살고 있을 때에 즈음하여' 가장 언어도단의 행위를 하는 자가 되고 말았다.

하긴 나는 친구의 응접실에서 맥없이 의자에 늘어져 있기를 잘한다는 것은 인정한다. 그러나 다른 사람들도 나와 마찬가지다. 도대체 팔걸이 의자라는 것은 느긋하게 앉는 일 말고 달리 무슨 쓸모가 있단 말인가. 20세기의 신사 숙녀님들이 언제 어디서든 반드시 위엄있게 단정히 앉아 있어야 한다면, 현대적 응접실의 팔걸이 의자 따위는 있을 필요도 없다. 모두가 딱딱한 나무의자에 앉고, 대부분의 여성들은 바닥 위 한 자쯤 되는 곳에 다리를 뻗고 앉으면 된다. 풍속과 건축과 실내장식에는 상상 외의 밀접한 관계가 있다. 헉슬리도 말했지만, 서양 여성들은 자기의 나체를 보기가 두려워서 목욕을 자주 하지 않았다. 이 도덕관념의 결과 에나멜칠을 한 현대식 백색 철제 욕조의 출현이 몇 세기 늦어졌다. 옛날의 중국 가구 설계에 인간의 위안과 안락에 대한 생각이 거의 배려되어 있지 않은 이유는, 당시의 생활을 규제했던 유교적 분위기를 인식해야만 비로소 이해할 수 있다. 자단제(紫檀製) 중국 의자는 인간이 단정히 앉도록 설계된 것이다. 왜냐하면 단정히 앉는 것만이 사회적으로 인정된 유일한 모습이었기 때문이다. 중국의 황제들마저 엄숙한 차림으로 단정히 옥좌에 앉아야만 했다. 나라면 5분 이상은 도저히 견디지 못할 것이다. 그 점에서는 영국 국왕들도 예외 없이 불편을 느껴 왔다. 클레오파트라는 눕는 의자를 노예에게 메도록 하고 여기저기 다녔는데, 공자의 이름 따위는 듣지 못했기에 가능했을 것이다. 만일 공자가 그 모습을 보았다면, 뛰어난 제자의 한 사람인 원양(原壤)이 자세를 흐트리고 있음을 보았을 때처럼 필시 '회초리를 들어 그 종아리를 쳤을' 것이다.

우리가 살아 온 유교사회에서는, 신사와 숙녀는 공식석상에서 철저하게 위엄을 갖추어야만 했다. 조금이라도 다리를 내뻗는 등의 행동을 한다면 당장 천한 사람 취급을 받고, 교양이 없다고 지적당했다. 사실 웃어른 앞에서는 최상의 경의를 표하기 위해 의자 앞쪽 끝에 조심스럽게 비스듬히 앉아야만 했다. 그것을 존경의 표시라 하고 교양의 척도를 나타내는 것이라 했다. 유교의 전통과 중국 건축의 불편함 사이에도 밀접한 관계가 있지만, 여기서는 그 문제는 언급하지 않겠다.

18세기 말엽에서 19세기 초엽에 걸친 로맨티시즘 운동 덕택에 고전적 예법의 전통은 타파되어, 인간이 수족을 자유롭게 두는 것은 이미 비난받을 일이 아니다. 그리고 인생에 대한 보다 진실한 태도가 이에 대치되었다. 이것은 로맨티시즘 운동 덕택이기도 하지만, 또 인간 심리에 대한 이해가 나아진 결과이기도 하다. 오늘날에는 연극의 즐거움을 부도덕시하고 셰익스피어를 '야만인'이라 부르는 습관은 없어졌다. 여성들의 목욕옷, 청결한 목욕탕, 안락한 팔걸이 의자, 소파의 진화가 이렇게 해서 이루어졌고, 옛날보다는 진실하고 친근감 있는 생활양식과 문체의 진화가 실현되기에 이르렀다. 이런 의미에서 볼 때 소파에 벌렁 눕는 내 습관과, 현대 중국의 저널리즘에 친근감이 있고 자유롭고 쉬운 문장을 쓰게 하려는 내 숙원 사이에는 실질적인 관계가 있다고 본다.

팔다리와 몸을 자유롭게 하는 것이 비난받을 일이 아님을 인정한다면, 친구의 응접실 팔걸이 의자에 앉아서 마음껏 자유로운 자세를 취하는 것은, 그렇게 하면 할수록 주인에게 한층 더 경의를 표하는 것이라는 사실도 인정해야만 한다. 즉 손님이 편안하게 휴식하는 것은 곧 그 집 주인과 주부가 어려운 접대술에 성공하도록 도와주는 것이기 때문이다. 초대한 손님들이 편안히 있지 못한 채 내내 서먹서먹하고 어색하게 행동하는 야회(夜會)를 생각하고, 얼마나 많은 여주인들이 전율했을까? 나는 언제나 찻상이나 그 외의 어떤 것에든, 근처에 있는 생활도구 위에 한쪽 다리를 얹어 놓음으로써 주인을 거들어주고 있다. 그런 태도로 모든 손님에게서 거짓 위엄이라는 예복을 벗겨버리는 것이다.

그런데 나는 의자에 앉는 기분, 즉 어떻게 하면 비교적 기분이 좋은가 하는 공식을 발견했다. 그것은 아주 간단한 말로 표현할 수 있다. 즉 의자는 낮으면 낮을수록 더 기분이 좋다는 것이다.

친구집의 한 의자에 앉아 보고는, 앉는 기분이 왜 이렇게 좋은가 하고 놀란 사람이 꽤 있으리라. 나는 방금 소개한 공식을 발견하기까지는, 틀림없이 실내장식 전문가만이 사용자에게 가장 쾌적한 기분을 주는 의자의 높이와 폭의 비례, 경사도 등의 수학적 공식을 알고 있으리라 생각하는데, 내 공식을 발견하고부터는 그렇게 어려운 것이 아님을 깨달았다.

어떤 것이건 좋다. 자단제 중국 의자를 하나 들고 다리를 2, 3인치쯤 톱으로 잘라내면 금방 앉은 기분이 한결 좋아진다. 이 현상의 논리적 귀결이, 누구나 자리 위에 길게 누웠을 때가 가장 편하다는 것에 낙착됨은 물론이다. 일은 그렇게 간단한 것이다.

인간의 생활이란 결국 일하는 것과 노는 것, 즉 긴장과 휴식의 순환이다. 남자의 두개골이 필요로 하는 에너지나 일의 능력은, 마치 여자의 육체와 마찬가지로 1개월마다 순환한다. 윌리엄 제임스는, 자전거의 체인을 지나치게 팽팽하게 하면 오히려 잘 달릴 수 없다고 했는데, 인간의 정신도 역시 그렇다.

 결국 모든 것은 습관 문제이다. 인체에는 무한한 적응력이 있다. 다다미 위에 앉는 습관이 있는 일본인이 의자에 앉는다면 틀림없이 쥐가 나고 말 것이다. 몸을 똑바로 하는 단정한 집무 자세와, 하루의 격무를 마친 뒤 편안하게 소파에서 휴식하는 자세를 번갈아 취함으로써만 우리는 생활의 최고 예지를 얻을 수 있는 것이다.

 여성들에 대해 한 마디 하겠다. 당신들의 바로 앞에 다리를 쉬게 할 만한 것이 없을 때는 언제든지 소파 위에 다리를 얹는 방법이 있다. 그런 자세를 취할 때만큼 여성이 매력적으로 보일 때는 없으므로.

한담에 대하여

"자네와 하룻밤 담화를 나누는 것은 10년간 책을 읽는 것보다 낫다." 이것은 옛날에 중국의 한 학자가 친구와 대화를 나눈 뒤에 감회를 말한 것이다. 이 말에는 많은 진리가 내포되어 있다. 오늘날 '야담(夜談)'이라는 말은 친구와의 유쾌한 야화(夜話)를 나타내는 유행어로 되어 있다(지나간 야화라도 괜찮고, 이제부터 맛볼 야화라도 상관없다). 친구와 밤을 새워 마음껏 담화를 나누는 그런 인생의 기쁨은 만끽하기가 쉽지 않다.

 이립옹도 말했듯이 현인 중에 말 잘하는 이는 여간해서 없고, 말 잘하는 사람 중에 현인도 별로 없다. 그러므로 참으로 인생 전반을 이해하고 게다가 말에도 능통한 인물을 산속의 절간 같은 데서 만난다는 것은, 천문학자가 새로운 유성을 발견하고 식물학자가 신종을 발견했을 때처럼 인생 최대의 기쁨의 하나라고 할 수 있다.

현대인은 사업계의 급변하는 속도 때문에, 벽난로를 에워싸고 크래커를 옆에 두고 앉아서 이야기를 나누는 화술이 사라져 감을 탄식하고 있다. 이른바 속도가 상관이 있음을 부정할 수는 없지만, 나는 이렇게 믿는다. 즉 가정이라는 것이 변하여 큰 난로가 없는 아파트 생활로 바뀐 것이 화술 파괴의 도화선이 되었고, 자동차의 영향이 그 파괴를 완성시킨 것은 아닐까?

도대체 속도니 뭐니 하는 것부터가 못마땅하다. 진정한 친구와의 담화는, 한적한 정신을 가지고 있고 거기서 나오는 편안한 마음과 유머와 가벼운 뉘앙스를 좋아하는 사람들 사이에서만 가능한 것이다.

그저 이야기하는 것과 이같은 풍미가 곁들여진 대화 사이에는 분명히 차이가 있다. 중국어로는 설화와 담화라는 말로 그 차이를 구분하는데, 담화는 설화보다 소탈하고 한적한 맛이 있으며, 화제도 비교적 사소한 사항으로 그다지 사무적이지 않다고 볼 수 있다. 이같은 차이는 사무에 관한 공문서와 문우(文友)의 서한 사이에도 있을 것이다.

사무에 관한 이야기는 누구하고나 가능하지만, 밤새워 마음껏 환담할 수 있는 상대는 극히 드물다. 그러므로 진정한 의미의 담화가를 발견했을 때의 기쁨은, 재미있는 작가의 작품을 읽는 기쁨 이상이라고까지는 할 수 없지만, 정녕 그것에 버금가는 것이다. 더구나 담화의 경우는 직접 상대방의 목소리를 듣고 몸짓을 보는 기쁨이 있다. 어느 때는 옛친구와의 유쾌한 재회 석상에서, 어느 때는 추억을 이야기하는 친구들 사이에서, 어느 때는 야간열차의 끽연실에서, 또 어느 때는 먼 여로의 숙소에서 우리는 그런 기쁨을 발견하게 된다.

갖가지 재미있는 이야기나 독재자나 반역자를 비난하는 통렬한 변설에 섞여, 유령 이야기나 여우의 정령 이야기도 나올 것이다. 개중에는 지금 어느 나라에서는 이런 사태가 일어나고 있는데, 그것은 이윽고 정권의 전복이나 다가오는 정변(政變)의 전주곡이라느니 하면서, 우리가 아직 모르는 새로운 정보를 주는, 뛰어난 형안(炯眼)의 좌담가도 있다. 이같은 이야기는 평생 잊지 못할 기억으로 남는다.

　담화하기 가장 좋은 때는 물론 밤이다. 낮 동안의 담화는 어쩐지 매력이 없다. 이야기하는 장소는 어디라도 상관이 없다고 생각한다. 문학이나 철학에 관한 유쾌한 담화를 즐기는 것은 18세기풍의 살롱에서도 할 수 있고, 오후의 볕을 쬐면서 어느 농원의 술통에 앉아서도 할 수 있다. 혹은 바람부는 저녁이나 비내리는 밤에 거룻배로 여행을 할 때, 건너편 언덕에 있는 배의 불빛이 흔들흔들 수면에 비치는 그러한 정취 속에서 사공은 여왕의 미혼시절 이야기를 들려준다.

　사실 담화의 참맛은 그 환경, 즉 장소나 시간이나 대화 상대가 그때그때 바뀌는 것에 있다. 어느 때는 석결명꽃이 필 무렵의 산들바람이 부는 밝은 달밤과 결부시켜서 그 이야기를 상기하고, 어느 때는 난로의 통나무가 활활 타는 칠흑 같은 폭풍우의 밤의 기억과 더불어 연상한다. 또는 어느 누각의 높직한 곳에 자리잡고 강을 내려오는 많은 쪽배를 바라보던 것을 생각해 낸다. 그중의 한 척은 아마 급류로 인해 뒤집혔었지. 그리고 아침 한때를 정거장 대합실에서 지냈던 일도 생각한다.

　그같은 정경은 그때그때의 담화의 기억에 쉽사리 잊혀지지 않도록 결부되어 있는 것이다. 그때 방에 있었던 것은 아마 두세 사람이었지. 그리고 또 그때는 대여섯 명이었던가? 진군(陳君)은 그날 밤 좀 취했던 것 같다. 아니면 코감기에 걸렸는지 약간 코맹맹이 소리로 이야기를 했었는데, 그것이 도리어 그날 밤의 정취를 살려주었지. '달은 차면 기울고, 꽃은 피면 지고, 벗은 항상 함께 있기 어렵다'는 것이 인생이므로, 우리가 이같은 단순한 즐거움에 젖어 있을 때는 신들도 인간을 못마땅하게 보지는 않을 것이다.

정말 좋은 이야기는 언제나 친근감이 있는 수필과 같은 것이라고 할 수 있다. 이야기 스타일과 내용이 모두 수필의 그것과 흡사하다. 여우의 정령, 파리, 영국인의 기묘한 습관, 동양 문화와 서양 문화의 차이, 센 강 연변의 길가에 벌여놓은 헌 책방들, 양복점의 음란한 여점원, 우리의 지배자나 정치가나 장군들의 일화, 불수감(佛手柑)[2]의 보관법 등등—이것은 모두 한가하게 나누는 대화에 어울리는 좋은 화제이다. 담화가 수필과 가장 닮은 점은 그 유장한 형식에 있다. 물론 이야기 가운데는 자기 나라의 비참한 변화라든가 혼돈 상태에 대한 비판도 나올 것이며, 자유와 인간의 품위, 그리고 인간 행복의 목표마저 빼앗는 광적인 정치사상의 조류 속에 문명 그 자체가 몰락해 가고 있는 현상에 대한 비판도 나올 것이다. 또 사람을 크게 감동시키는 진리나 정의 문제도 나오겠지만, 그것이 아무리 엄숙하고 풍요로운 화제일지라도 이야기하는 사람들은 마음이 편하고 친근감이 생기며 한가하게 생각을 말한다.

왜냐하면 우리가 자유의 수탈자에 대해 아무리 큰 불만을 가지고 있을지라도 문명사회에서는 입 언저리나 붓 끝에 띄운 가벼운 미소로써 그 감정을 훌훌 털어버리고 참으로 열을 올려 이야기하는 심한 말 등은 절친한 몇몇 친구에게만 들려줄 수 있다. 그러므로 진정한 의미의 담화를 즐기는 데는 서먹한 무리는 제외하고, 몇몇 뜻이 맞는 친구끼리 한자리에 모여 친근한 분위기 속에서 마음 가볍게 의견을 나누는 것이어야 한다.

진실한 형태의 담화와 정중한 의견 교환의 차이는, 친근감이 가는 수필과 정치가의 성명의 차이 정도로 상상해 보면 수긍이 간다. 하긴 정치가의 성명 중에도 특별히 고상한 감정을 표명한 것이 많다. 즉 민주주의의 감정, 봉사의 열의, 빈민의 행복에 대한 관심, 국가에 대한 충성, 숭고한 이상주의, 평화애

2 귤의 일종으로, 끝이 부처님의 손 모양을 닮았다고 하여 이런 명칭이 붙었다.

나 다름없는 국제적 우의의 확보, 권세욕이나 금전욕 등을 절대로 내색하지 않는 태도 등은 정치가의 고상한 정조의 발로라 하겠으나, 그럼에도 불구하고 요란스럽게 화장한 여인처럼 마음놓고 접근할 수 없는 일말의 혐오감이 따라다닌다.

이에 반하여 진실한 담화에 귀를 기울이거나 혹은 친근감이 있는 좋은 수필을 읽고 있을 때는, 소박한 옷을 입고 냇가에서 빨래하는 시골 처녀를 보는 듯하다. 머리칼은 다소 흐트러졌고 단추는 하나쯤 빠져 있지만, 매력적이고 친근감이 있어 호감이 간다. 이것이 곧 서양 여성의 실내옷이 노리는 친근감 있는 매력이며, 잘 다듬어진 소탈한 아름다움이라는 것이다. 거기서 오는 이 친근감 있는 매력이야말로 모든 즐거운 담화의 공통적인 요소여야만 한다.

그러므로 담화의 올바른 양식은 친근함과 소탈함의 양식이다. 함께 자리한 동료는 모두가 자기 의식을 잃어버린 채, 옷차림이 어떻고 말투가 어떤지, 재채기를 했는지, 어디다 손을 두고 있는지, 그런 것은 완전히 잊어버린다. 그리고 이야기의 방향이 어느 쪽으로 흐르건 전혀 상관하지 않는다.

친한 친구끼리는 서로가 편안한 기분이어야만 진실한 담화를 즐길 수 있다. 한 사람은 옆 테이블 위에 두 다리를 걸치고 있고, 어떤 사람은 창턱에 앉아 있다. 또 다른 사람은 방바닥에 앉아 소파에서 끌어내린 방석에 기대어 있다. 소파의 3분의 1은 빈 상태로 있다. 인간의 수족이 편한 자세가 되어야만 심장도 경쾌하고 편안해지는 것이다.

둘러보니 흉금을 털어놓는 친구뿐.
내 주위에 눈에 거슬리는 놈은 하나도 없다.

정녕 그대로이다.

이것이 곧 적어도 예술이라 일컬을 만한 모든 담화에서의 절대요건이다. 무슨 이야기를 하는 것인지 심중에 두지 않고 있으므로, 이야기는 순서도 방법도 없이 그치지 않고 계속된다. 그후에는 모두 유쾌한 기분으로 해산하게 되는 것이다.

  이상 말한 것이 한가와 담화의 관계이며, 또 담화와 산문체의 흥륭(興隆)의 관계이다. 나는 진실로 세련된 한 나라의 산문은, 담화가 하나의 예술로까지 발전했을 때 빚어진다고 믿어 의심치 않는다. 이 사실은 중국과 고대 그리스에서의 산문 발달의 자취를 돌이켜보면 가장 명료해진다. 공자 출현 이후 수세기에 걸쳐서 중국 사상은 발랄한 생기를 보여 이른바 '구류학파(九流學派)'를 탄생시켰는데, 그 원인으로는 오로지 담화를 일삼는 학자 계급으로 구성된 교양 높은 시대적 배경의 발달 외에는 생각할 수 없다.

  화술이 생기게 되는 것은 한가하고 여유 있는 사회뿐이라는 것은 분명하지만, 마찬가지로 친근감 있는 훌륭한 수필이 출현하게 되는 것도 화술이 존재하는 경우뿐이다. 일반적으로 화술과 훌륭한 산문 기술은 문명사상 모두가 비교적 늦게 발달했다. 왜냐하면 인간 정신은 어느 정도 감정의 섬세함과 경쾌한 재치를 발달시켜야만 되는데, 그것은 모두가 한적한 생활이 아니면 바랄 수 없는 것이기 때문이다.

  오늘날 공산주의자의 입장에서 볼 때, 한가를 즐기고 가증스러운 유한계급에 속한다는 것이 이미 반혁명적임은 나도 잘 알고 있지만, 공산주의나 사회주의의 목적은 모든 민중에게 한가를 즐기게 하는 것, 즉 한가의 향락을 일반화시키는 데 있다고 나는 확신한다. 그러므로 한가의 향락은 죄악일 수가 없다. 죄악이기는커녕 오히려 문화 자체의 진보가 한가의 현명한 이용에 달려 있는 것이다. 담화는 그 하나의 형식에 불과하다. 종일 눈코 뜰 새 없이 바쁘게 보내고 저녁식사 후 곧 잠들어버려 소처럼 코를 고는 실업가 따위는, 아마도 문화의 발달에 기여하지 못할 것이다.

이 '한가'는 때로 강압적으로 주어지는 일은 있으나 구해서는 좀처럼 얻어지지 않는 것이다. 많은 우수한 문학 작품이 강제적 한가의 분위기 속에서 생겨났다. 양양한 미래가 펼쳐져 있는 문학적 천재가 시시한 사회적 모임을 쫓아다니며 시국 문제의 논문을 끄적이며 에너지를 소모하는 것을 보면, 그를 구제할 수 있는 가장 인간적인 방법은 감옥에 처넣는 일이라고 생각된다. 문왕(文王)이 인생의 변화를 논한 철학 고전《역경》을 저술한 것도, 사마천(司馬遷)이 한문으로 씌어진 가장 훌륭한 역사 걸작기《사기(史記)》를 쓴 것도 옥중에서였음을 기억해야만 할 것이다.

정계에 대한 문인의 야심이 무너졌을 때나, 정계의 정세가 너무 비관적인 경우 이따금 문학이나 미술의 걸작품이 나온다. 몽고가 중국에 군림했던 시대에 저 위대한 원대(元代)의 화가나 희곡작가가 배출되었고, 만주인의 중국 정복 초에 석도(石濤)나 팔대산인(八大山人) 같은 위대한 화가가 나타난 이유도 거기에 있다. 애국심이 다른 민족의 지배하에 놓이게 된 극도의 굴욕감이라는 형태로 나타나서, 예술과 학문에 대해 전심전력을 기울이게 했던 것이다. 석도는 말할 것도 없이 중국이 낳은 거장 중의 거장이면서도 그 이름이 구미에 널리 알려지지 못한 것은 우연의 탓이기도 하지만, 다른 한편으로는 청나라 역대 황제들이 그 통치에 복종하지 않았던 이들 예술가의 공적을 인정하려고 하지 않은 탓이기도 하다.

과거에 실패한 다른 위대한 문인들은 그 에너지를 승화시켜 한결같이 창작에 정진하기 시작했다.《수호지(水滸誌)》를 쓴 시내암(施耐庵)과,《요재지이(聊齋志異)》를 지은 포송령(蒲松齡)의 경우가 그것이다.

그《수호지》서문 중에 역시 시내암의 붓으로 이루어졌다고 하는, 친구와 담화하는 기쁨에 대하여 쓴 가장 유쾌한 문장이 있다.

친구가 다 내 집에 모이면 열여섯 명인데, 한 사람도 빠짐없이 모이는 일은 좀처럼 없다. 그러나 비나 폭풍우가 몰아치는 날이 아니라면 한 사람도 오지 않는 일 또한 없다. 평소에는 여섯이나 일곱 명쯤 집 안에 모여 있지만, 오자마자 생각에 잠기거나 하는 사람은 없다. 마시고 싶어지면 마시고, 그만두고 싶으면 그만둔다. 즐거움은 술에 있지 않고 담화에 있다고 생각하기 때문이다.

궁정(宮廷) 정치에 대해 이야기하는 일은 없다. 그런 것은 성질이 다른 이야기이며, 이렇듯 멀리 떨어진 곳에서는 대부분의 소식은 소문에 입각한 것뿐이기 때문이다. 전해 들은 소식 따위는 풍설일 따름이며 풍설에 대해 논함은 쓸데없는 일이다. 우리는 또 세상 사람의 잘못에 대해서는 이야기를 나누지 않는다. 그들에게는 잘못이 없으므로 우리는 그것을 비방해서는 안 된다.

또 우리는 세상 사람을 놀라게 하기 위해 말을 하는 것은 아니다. 그러므로 아무도 놀라지 않는다. 그리고 또 우리가 하는 말을 사람들이 이해해 주었으면 좋겠다고 원하고는 있지만, 아직 그렇지는 못하다. 우리가 이야기를 주고받는 그런 문제는 인간의 마음 깊숙이 숨어 있는 것이므로, 바쁜 세상 사람들은 귀를 기울이지 못할 것이다.

시내암의 걸작이 빚어진 것은 이런 정서 속에서였는데, 그것은 그들이 한가를 즐겼기에 얻을 수 있었던 것이다.

고대 그리스의 산문의 융성도 분명히 이같은 한적한 사회적 배경 속에서 이루어졌다고 할 수 있다. 그리스 사상의 맑고 깨끗함과 산문체의 명쾌함은 한담술(閑談術)에서 생긴 것이다. 그것은 플라톤의 《대화편》이라는 표제만 보아도 충분히 이해가 간다. 《향연》 등에서는 한 무리의 그리스 학자들이 땅바닥에 누워 술과 과실과 미소년의 분위기 속에서 유쾌하게 담화하고 있다. 그들의 사상이 매우 맑고 깨끗하며 문체가 아주 명쾌한 것은 화술의 수련을 쌓았기 때문이다. 현대의 아카데믹한 저자들의 그 현학적인 거드름을 피우는 문체와 비교하면, 얼마나 뚜렷한 대조를 이루는 것인가!

고대 그리스인은 분명 소탈하게 철학적인 화제를 다루는 기술을 터득하고 있었을 것이다. 그리스 철학자들의 매력적인 한담 분위기, 그 이야기를 좋아하는 것, 훌륭한 이야기 듣기를 존중한 일, 담화 환경에 마음을 쓴 것 등은 《파이드로스》의 머리말 중에 아름다운 필치로 서술되어 있다. 그것을 읽으면 고대 그리스의 산문이 융성한 원인을 쉽게 파악할 수 있다.

플라톤의 《공화국》으로 말하더라도, 현대의 저술가라면 쓸 듯싶은 '그 발전의 연속적 단계를 통해 본 인류문명은 이종(異種)에서 동종(同種)으로의 역학적 운동이다' 하는 따위의 이해 못할 실없는 소리 따위로 시작되지는 않았다. 오히려 '난 어제 아리스토의 아들 글로코와 함께 여신에게 참배하기 위해 피레우스로 떠났다. 그리고 시민들이 어떻게 제전을 행하는지도 보고 싶었다. 이번 제전은 처음 있는 제전이기에' 라는 재미있는 문장이 서두에 나온다.

사색이 가장 왕성히 이루어졌던 고대 중국 철학자들 중에서 볼 수 있는 것 같은 분위기가 '대비극 작가는 역시 대희극 작가이기도 해야 하는가, 그렇지 않아도 되는가' 하는 등의 화제를 서로 논하던 그리스인 사이에도 있었다. 《향연》에 묘사되어 있는 대로이다.

그곳에는 진지함과 명랑함이 뒤섞인 공기가 감돌고, 진실로 경묘하고 다정한 응답이 교환되었다. 한자리에 있던 사람들은 소크라테스의 마시는 태도를 비웃지만, 소크라테스는 아주 태연하게 마음내키는 대로 잔을 들고 또 잔을 내리고 있다. 자작이므로 남에게 신세는 지지 않는다. 이런 식으로 아리스토파네스와 아가톤을 제외하고는 모두 잠들 때까지 밤새도록 이야기를 나누었다. 그 사람들에게도 일찍 자라고 당부하고 최후의 한 사람이 되자,

소크라테스는 그 자리를 떠나 아침 목욕차 리세움으로 떠난다. 그리고 언제나처럼 산뜻한 기분으로 그날을 보낸다. 그리스 철학이 탄생된 것은 이러한 친근감 있는 한담 분위기 속에서였다.

교양 있는 담화에서는 그에 필요한 경쾌한 분위기를 만들기 위해 여성의 참여를 요함은 말할 것도 없다. 이 경쾌한 분위기라는 것이 한담의 정신인 것이다. 터무니없는 말을 지껄이고 흥분해 가지고 떠들지 않으면 담화는 마침내 답답해지며, 철학 그 자체도 인생과는 무관한 시시한 것이 된다.

생활 방법의 이해에 흥미를 가진 문화가 존재했을 때는, 어느 나라, 어느 시대를 막론하고 사교석상에 언제나 여성을 환영하는 풍습이 발달했던 것이다. 페리클레스 시대의 아테네에서도 여성을 환영했으며, 18세기 프랑스의 살롱에서도 마찬가지였다. 남녀동석이 금지되고 있던 중국에서조차 남성 학자들의 이야기 상대가 될 여성의 참석을 바랐다. 화술이 수련되어 일세를 풍미한 금(金), 송(宋), 명(明)의 3대에 있어서는 사도온(謝道韞), 조운(朝雲), 유여시(柳如是), 그 밖의 재원들이 배출되었다. 중국의 남성은 아내가 정숙하고 다른 남자에게 얼굴을 보이지 않기를 바라면서도, 재능이 풍부한 여성을 동석시키고 싶다는 희망을 버리지 않았다. 중국 문학사는 결국 직업적 창부의 생활과 깊은 관계를 가지고 있다.

담화석상에 여성의 매력을 다소 가미하고 싶다는 욕구는 누구에게나 있다. 일찍이 나는 오후 5시부터 밤 11시까지 함께 계속 이야기할 수 있는 독일 여성 몇 명을 만난 적이 있는데, 그후 영국과 미국에서 내가 공부할 엄두도 못 냈던 경제학에 통달한 여성들을 보고 매우 놀랐던 적도 있다. 마르크스나 엥겔스를 논할 수 있는 여성들은 고사하고라도, 어딘지 상냥하며 생각이 깊은 듯한 표정의 여성이 몇 사람쯤 있으면 담화는 언제나 기분좋은 자극을 받게 된다. 나는 멍청한 표정의 남자와 이야기하는 것보다 그 편이 훨씬 유쾌하다고 생각한다.

차와 우정에 대하여

　인간의 문화와 인간의 행복이라는 점에서 볼 때, 나는 담배와 술과 차의 발명보다 더 중요한 발명은 인류 사상 없었다고 생각한다. 우리가 한가와 우정과 사교와 한담을 즐기는 데 이만큼 중요하고 직접적인 효력이 있는 것은 없다. 이 세 가지에는 공통적인 특징이 있다. 첫째 이 모두가 우리의 사교에 소용된다는 것과, 둘째 음식처럼 포만감이 느껴지지 않으므로 식사 중에 즐길 수 있다는 것과, 셋째 후각을 작용시켜 콧구멍을 통하여 즐길 수 있다는 것이다. 문화에 대한 그것들의 영향은 실로 크다고 할 수 있다. 식당차 옆에는 끽연실이 있다. 세상에는 레스토랑이나 술집이나 다방이 있지 않은가. 적어도 중국과 영국에서는 차를 마시는 것이 하나의 사회제도로 되어 있다.

　담배와 술과 차를 즐기는 풍습은 한가와 우정과 사교의 분위기 속에서가 아니면 결코 발달하지 않는다. 왜냐하면 담배와 술과 차를 충분히 즐길 수 있는 사람은 친구의 우의(友誼)를 아는 인간, 그룹을 만드는 데 매우 세심한 사람, 천성이 한적한 생활을 사랑하는 인간에 국한되기 때문이다. 그것은 사교성이라는 요소를 빼면 무의미한 것이다. 담배와 술과 차를 즐기는 데는 눈이나 달이나 꽃을 즐길 때처럼 적당한 상대가 없어서는 안 되기 때문이다. 중국의 생활 예술가가 이따금 역설하는 점이 이것이라고 나는 생각한다. 어떤 종류의 꽃은 어떤 인물과 더불어 즐겨야만 한다. 어떤 경치는 그에 알맞은 여성을 연상해야만 한다. 빗방울 소리를 진심으로 즐기고자 한다면, 한여름 깊은 산속의 절에서 대나무 의자에 기대어 들어야만 한다. 즉 사물의 기분이 중요한 것이다. 사물에는 저마다 기분이라는 것이 있어서 적당한 상대를 택하지 않으면 그 기분을 망치고 만다.

그 때문에 생활을 논하는 예술가가 생활을 즐기는 방법을 배우고자 한다면, 절대요건으로서 성격이 잘 맞는 친구를 발견하는 것부터 시작해야만 한다. 그 우정을 획득하여 그것을 언제까지나 유지해 나가기 위해서는 온갖 노력을 다해야 한다. 마치 아내가 남편의 사랑을 유지하기 위해 애쓰고, 장기의 명수가 천리길도 멀다 않고 상대 기사를 찾아가는 것과 마찬가지인 것이다.

분위기란 이처럼 중요한 것이다. 그러므로 학자의 서재와 생활을 즐기고자 하는 일반적 환경을 올바로 이해한 후가 아니면 안 된다. 우선 함께 즐기고자 하는 한 무리의 친구가 있다. 즐기고자 하는 것의 종류가 다르면 그에 알맞은 친구를 택해야만 한다. 학문과 사색을 즐기는 사람과 승마를 하려는 것은, 음악을 모르는 사람과 음악회에 가는 것과 같아서 당치도 않은 것이다.

《다록(茶錄)》에 따르면 '차 취미의 정수는 그 색채와 향기와 풍미를 감상하는 것이며, 그 조제 원칙은 청순, 건조, 청결에 있다'라고 되어 있다. 따라서 그것을 감상하기 위해서는 정적이라는 요소가 필요하다. 차의 감상력은 '냉철한 머리로 작열(灼熱)의 세계를 볼 수 있는' 사람이 갖는 힘이다. 송나라 시대 이래 이 방면의 전문가는 한 잔의 엷은 차를 더없이 훌륭한 맛이라고 했는데, 엷은 차가 미묘한 풍미가 있다 함은 복잡한 생각에 몰두하고 있거나, 주위가 소란스럽거나, 하인들이 티격태격하거나, 또는 신통찮은 여자가 시중들러 나오거나 하면 맛도 음미하지 않은 채 무심코 마셔버리게 되기 때문이다.

차 상대도 적어야만 한다. 즉 '차를 마시는 손님이 적은 것이 중요하다. 손님이 많으면 소란스러워지고, 소란스러워지면 차의 고상한 매력이 사라져 버린다. 혼자서 차를 마시면 속세를 떠났다 이르고, 둘이서 마시면 한적이라 이르고, 서너 명이 마시면 유쾌라 이르고, 대여섯이 마시면 저속하다 이르고, 예닐곱이 마시면 비꼬는 말로서 박애라 이른다.' 또 《다소(茶疏)》의 저자가 말하듯이 '커다란 찻주전자에서 거듭 따르거나, 단숨에 꿀꺽 들이켜거나, 잠시 뒤에 또다시 데우거나, 매우 진한 차를 요구하거나 하는 것은, 심한 노동 끝에 배를 채우고자 마시는 농민이나 직공이 하는 짓이다. 그래서는 풍미의 차이를 감상할 수 없다.'

다도를 논하는 중국 문인은 이같은 이유에서, 그리고 차를 다루는 데 필요한 엄숙하고 바르고 조용하고 깨끗한 마음가짐을 고려하여, 차를 끓이는 사람 자신이 모든 일을 충분히 주의해야만 한다고 역설하고 있지만, 혼자서 차를 끓여 낸다는 것은 아무래도 불편하므로, 소년 심부름꾼 두 명을 특별히 가르쳐서 그 일을 시키는 것이 좋다고 말하고 있다.

차를 끓이는 데는 여느 부엌에서 떨어진 방이나 바로 처마 밑에 있는 차만 끓이는 작은 부뚜막을 사용한다. 심부름하던 소년은 주인의 눈앞에서 차를 끓이도록 훈련하고, 찻잔은 아침마다 닦고(결코 행주로 훔치지 말 것), 손도 깨끗이 씻고, 손톱을 짧게 잘라 모든 일에 정결한 습관을 지키도록 가르쳐야만 한다. '손님이 세 사람인 경우에는 별도로 된 부뚜막 둘과 솥 둘이 필요하다. 각각의 부뚜막에 소년을 한 사람씩 배치한다. 혼자서 양쪽 부뚜막을 살피게 되면 일이 순조롭게 되지 않으며 뒤죽박죽이 되어 버린다.'

그렇지만 다도에 정통한 사람은 손수 차를 끓여 내는 것을 더없는 즐거움으로 삼고 있다. 일본의 다도처럼 까다로운 의례로 발달하지만 않는다면, 차를 끓여 마신다는 것은 언제나 즐거운 일이고 평온하고 고상하고 우아한 정신을 사랑하는 일이다. 일본의 다도는 일본인만큼이나 소심하다. 수박씨를 이 사이에서 깨는 것이 먹는 기쁨의 절반인 것처럼, 차를 끓이는 것은 차를 마시는 즐거움의 절반을 차지한다.

참으로 차를 사랑하는 사람에게는 모든 차 도구를 손수 만진다는 기쁨은 다만 만지작거리는 그 자체가 즐거운 것이다. 예컨대 채양(蔡襄) 같은 사람은 늙어서 차를 마실 수 없게 되자 날마다 손수 차를 끓이는 일을 낙으로 삼았던 것이다. 또 한 사람 주문보(周文甫)라는 학자처럼 매일 꼭두새벽부터 밤까지 여섯 번씩 일정한 시간에 차를 끓여 마시고, 찻주전자를 너무 사랑하여 죽을 때 함께 관에 넣도록 한 인물도 있다.

그러나 다도의 기술은 다음과 같은 몇 가지 요소로 이루어지는 것이다.

첫째 차는 냄새가 옮기 쉬운 것이므로 가능한 한 정결하게 다루고, 술과 향과 그 밖의 냄새나는 것이나 그것을 다룬 사람으로부터 분리해 놓을 것.

둘째 차는 시원하고 건조한 장소에 보관해 둘 것. 비가 자주 오는 계절에는 조금씩 꺼내놓고, 특히 작은 단지에 적당히 나누어 둘 것. 단지는 백랍제(白蠟製)가 가장 좋다. 한편 큰 단지에 저장해 둔 것은 필요할 때 외에는 뚜껑을 열지 말 것. 안의 것에 곰팡이가 생겼을 경우에는, 찻잎이 누래지거나 퇴색하는 것을 방지하기 위해 약한 불에 살짝 쬘 것.

셋째 차를 끓이는 기술의 절반은 수질이 좋은 맑은 물로 끓이는 데 있다. 산의 샘물이 가장 좋고, 냇물이 두 번째, 우물물이 세 번째, 용두(龍頭) 물일지라도 제방에 고인 물이라면 본래 산간 물이므로 훌륭하다.

넷째 진기한 찻잔을 감상하는 데는 조용한 친구들과 자리를 함께할 것. 그러나 사람이 너무 많아서는 안 된다.

다섯째 일반 차의 참빛깔은 엷은 황금색이며, 모든 검붉은 색의 차는 우유나 레몬 등 매우 강하여 차의 맛을 지울 수 있을 만한 것을 넣어서 마실 것.

여섯째 가장 좋은 차에는 '뒷맛'이 있다. 그것을 마시고 나서 30초쯤 지났을 무렵 화학적 요소가 침샘에 작용하는 시간이 경과했을 때 느끼는 맛이다.

일곱째 차는 신선한 것을 끓여 곧 마실 것. 맛있는 차를 마시고 싶으면, 한

번 따른 뒤에 나머지를 너무 오랫동안 찻주전자 속에 넣어 두지 않는 것이 중요하다.

여덟째 차는 갓 길어 온 물로 끓일 것.

아홉째 혼합물을 섞는 것은 일절 금물. 단 모종의 향료(이를테면 재스민이나 육계)를 약간 넣는 것을 즐기는 사람에 대해서는 기호의 차이를 인정해도 좋다.

열째 최상의 차에 기대되는 향기는 '갓난아이의 살갗' 처럼 미묘한 향기다. 차에 관한 훌륭한 평론서인 《다소》는 사물을 즐김에 있어 적당한 때와 장소를 규정하는 중국의 풍습에 관하여 다음과 같이 서술하고 있다.

> 차를 즐기기에 알맞은 때
> 마음도 손도 한가할 때.
> 시를 읽고 난 후 피로할 때.
> 마음이 산란해졌을 때
> 음악을 감상하고 있을 때.
> 노래가 끝났을 때.
> 휴일에 집에 있을 때.
> 칠현금을 뜯고, 그림을 감상할 때.
> 심야에 담화를 나눌 때.
> 깨끗한 책상을 대할 때.
> 아름다운 벗이나 고운 애첩 곁에 있을 때.
> 친구를 찾아보고 돌아왔을 때.
> 소나기가 내릴 때.
> 작은 나무다리 밑의 유람선 안에 있을 때.

드높고 무성한 죽림 속.

여름날 연꽃을 눈 아래로 바라보는 누각 위.

좁은 서재에 향을 피우며.

잔치가 끝나고 손님이 돌아간 뒤.

아이들이 서당에 간 뒤.

인가에서 떨어진 한적한 절 안에서.

약수나 기암(奇岩)이 가까운 데서.

담배와 향에 대하여

　오늘날 대부분의 사람들은 끽연가와 금연가로 나누어져 있다. 끽연가가 금연가에게 어느 정도 괴로움을 끼치고 있는 것은 사실이다. 그러나 이 괴로움이 육체적인 것인 데 반해, 금연가가 끽연가에게 끼치는 괴로움은 정신적인 것이다. 물론 끽연가에게 간섭하려 들지 않는 금연가도 많으며, 부인들은 남편이 잠자리에서 담배 피우는 것을 참도록 훈련할 수도 있다. 이것은 결혼생활이 행복하게 유지되어 간다는 확실한 증거이다.

　그렇지만 금연가가 인류 최대의 쾌락 중 하나를 잃어버리는 줄도 모르고, 도덕적으로 뛰어나다든지 무슨 자랑거리를 가졌다든지 하는 터무니없는 판단이 심심찮게 이루어지고 있다. 끽연이 도덕적 약점임은 물론 나도 인정하지만, 그 반면에 약점이 없는 그런 인간은 경계해야만 한다. 약점이 없는 인간은 신용할 수 없다. 그들은 어떤 경우든 자칫하면 냉정히 처리하기 쉬워서 실수라고는 저지르지 않는다. 그 습관은 대체로 규칙적이고 끽연가보다 생활이 기계적이며, 언제나 이성이 감정을 앞지르고 있다. 나는 이성적인 인간을 좋아하지만 완전히 이성적인 인간은 매우 싫어한다.

그러므로 재떨이가 갖추어져 있지 않은 집에 들어가면 언제나 딱딱하고 서먹서먹하다. 방은 지나칠 정도로 말끔하고 방석은 제자리에 놓여 있으며, 가족들에겐 헛점이 조금도 보이지 않아 인간미라곤 찾아볼 수 없다. 그래서 나도 서먹서먹하게 굴기 시작한다. 물론 그것은 유쾌하지 않은 행동이다.

이같은 엄격한 도덕가들, 감정이 없고 시적인 맛을 모르는 사람들은 끽연의 도덕적 이익과 정신적 이익을 결코 음미할 수 없다. 그러나 우리 끽연가가 공격당하는 것은 예술적 방면이 아니라 도덕적 방면에서이므로, 무엇보다 차원 있는 끽연가의 도덕을 위해 한마디 해야만 하겠다. 파이프를 물었을 때의 끽연가는 평상시보다 쾌활하고 사교적이며, 한층 거리감 없는 소탈성을 발휘하고, 때로는 아주 실속 있는 이야기를 나눌 수도 있다. 여하튼 이쪽과 마찬가지로 저쪽도 내게 호의를 가졌다는 느낌이 들도록 한다. 나는 "파이프는 철학자의 입술에서 예지를 끌어내고, 어리석은 자의 입을 다물게 한다. 파이프는 명상적이고 사려 깊으며, 상냥하고 소탈한 좌담을 만들어낸다"라는 새커리의 말에 전적으로 찬성한다.

끽연가의 손들은 대개 더럽혀져 있지만, 마음만 따스하다면 그것은 결코 문제가 안 된다. 아무튼 명상적이고 사려 깊으며 상냥하고 소탈한 좌담이라는 것은 좀처럼 없는 것이므로, 그런 낙을 맛보기 위해서라면 누구나 비싼 희생을 치르기를 주저하지 않는다. 그리고 가장 중요한 것은 파이프를 문 사람은 항상 행복하며 행복은 결국 도덕적 가치의 최고라는 것이다. W. 매긴은 "담배를 피우는 사람 중 자살한 사람은 없다"고 말한다.

파이프 애용가는 결코 아내와 싸우지 않는다는 말은 한층 정곡을 찌르고 있다. 이유는 명백하다. 파이프를 이 사이에 물고 마음껏 아내에게 호통을 친다는 것은 불가능한 일 아닌가. 그런 재주를 부릴 수 있는 인간은 없다. 파이프를 물고 있을 때는 자연히 낮은 소리로 이야기하게 된다.

끽연가 남편이 노했을 때 일어나는 현상은 재빨리 궐련이나 파이프에 불을 붙이고 불쾌한 얼굴을 하는 것이지만, 그것도 오래 가지 않는다. 그도 그럴 것이 그의 감정은 이미 배출구를 발견하고 있기 때문에, 자기 분개나 모욕감을 정당화하기 위해 언제까지나 화난 얼굴을 하고 싶어도 오래 계속하지 못하는 것이다. 파이프에서 피어오르는 그 조용한 연기는 매우 기분좋고 마음의 안정을 주므로, 연기를 뿜어내는 사이에 울적했던 감정도 숨쉴 때마다 내뿜어지는 듯한 기분이 되는 것이다. 그러므로 현명한 아내는 바야흐로 분통을 터뜨리려는 남편의 모습을 보았을 때, 상냥하게 남편에게 파이프를 물려주고 "자, 그런 것은 빨리 잊어버리세요"라고 말하는 것이 상책이다. 이 공식은 언제든지 효과 만점이다. 아내가 실패하는 일은 있지만 파이프가 실패하는 일은 없다.

끽연의 예술적 가치와 문화적 가치는 우리 끽연가가 잠시 금연했을 경우 무엇을 잃는 것인지를 상상해 보면 잘 알 수 있다. 끽연가는 누구를 막론하고 맹세코 니코틴 여사에 대한 충성을 버리고자 하는 어리석고 못난 순간을 경험하곤 하지만, 잠시 공상적인 양심과 싸우다가 결국은 제정신으로 돌아간다. 나도 그런 바보 같은 짓을 하느라고 3주간쯤 담배를 끊었던 적이 있었는데, 막바지에 이르자 내 양심은 다시 정도(正道)로 되돌아가라고 완강히 나 자신을 책망했다. 그래서 나는 다시는 사도(邪道)로 빠지지 않겠노라고 맹세하고, 절대로 니코틴 신전의 경건한 혈족 노릇을 그만두지 않겠노라고 맹세했다.

중국 문학에는 술에 비해 담배 예찬은 비교적 많지 않은 편이다. 담배는 겨우 16세기에 이르러 포르투갈 뱃사람들에 의해 수입되었기 때문이다. 나는 그 시대 이후의 중국 문학 전반에 걸쳐 섭렵해 보았으나, 이 영묘한 향초를 찬양하기에는 너무도 빈약하고 평범한 몇 줄의 문구가 가끔 눈에 띌 따름이었다. 담배를 찬양하는 서정시는 다분히 옥스퍼드 대학생 주변에서부터 수입해야만 할 것이다.

그렇지만 중국인은 차와 술과 음식을 음미하는 그 태도에서 분명히 볼 수 있듯이, 냄새에 대해 언제나 예민한 감각을 가지고 있다. 담배가 없었던 시대에 그들에게는 향을 피우는 기술이 있어서, 같은 범주로 분류되고 동일한 기분으로 다루어져 왔다. 중국 제국이 인도지나까지 판도를 넓혔던 아득한 한나라 시대로부터, 공물로서 바쳐진 남방산(産)의 향은 궁정이나 부호의 가정에서 사용되기 시작했다. 생활법을 논하는 서적은 반드시 몇 줄을 할애하여 향의 종류와 성질과 피우는 법 등을 논했던 것이다. 도적수가 지은 《고반여사(考槃餘事)》라는 책 중에 향의 즐거움을 말하는 글이 있다.

훈향(薰香)의 쓰임은 매우 다양하다. 쓸쓸히 사는 고풍의 학도들이 진리와 종교를 논할 때, 약간의 향을 피우면 정신이 맑아지고 마음이 즐거워질 것이다. 심야 2시, 달이 외로이 중천에 떠 있고, 싸늘한 냉기가 살갗에 스미며, 인적은 멀고 정적이 충만할 때, 그 마음을 화창하게 하고 그윽하게 하는 것은 향이다.

밝은 창가에 서서 고서(古書)의 필적을 살필 때, 혹은 파리채를 손에 들고 유연히 시를 읊을 때, 혹은 한밤중에 등불 밑에서 독서에 몰두할 때 향은 우리의 잠을 쫓아준다. 그래서 향을 '고반월(古伴月)'이라고도 한다.

분홍 잠옷을 걸친 여인이 그대 옆에 서 있고, 향로에 드리워진 여인의 손을 그대가 쥐면서 소곤거릴 때, 향은 그대 마음을 뜨겁게 하여 한층 연정을 북돋워준다. 그래서 향을 '고조정(古助情)'이라 부른다.

또 비오는 날 오후 낮잠에서 깨어 닫힌 창가에 앉아 글을 쓰고, 엷은 차의 풍미를 맛보고 있을 때, 향로는 바야흐로 덥혀져서 형언할 수 없는 짙은 향기가 주위에 감돌고 몸을 감싸고 자욱히 퍼진다. 잔치가 끝나고 객이 깨어나면 중천의 둥근 달이 맑은 밤하늘을 교교히 비추고 있다. 손가락으로 칠현금 줄을 뜯으며 아득한 푸른 산 풍경을 눈을 들어 바라보고, 빈 누각 안에서 길게 휘파람을 분다. 타다 남은 향에서 피어오르는 가냘픈 연기는 발〔簾〕 언저리에 감돈다. 이같은 풍정은 한층 버리기 어렵다. 향은 또한 악취를 막고 습기찬 곳의 역한 냄새를 몰아내며, 적어도 인간이 가는 곳이면 어디에서나 유용하다고 하겠다.

가장 질이 좋은 향은 가남(伽南)인데, 이것은 좀처럼 구하기가 힘들다. 산중에 사는 사람들은 도저히 입수할 가망이 없다. 그에 버금가는 것은 침향목(沈香木), 일명 가라목(伽羅木)이라고도 하는데, 세 등급이 있다. 1등품은 지나치게 냄새가 강하고 또 날카로워서 자극이 너무 심하다는 결점이 있고, 3등품은 지나치게 건조하며 연기도 너무 많다. 한 냥으로 6, 7푼 정도 살 수 있는 2등품의 냄새는 가장 순하여 최우수품이라 하겠다.

차를 끓인 뒤의 숯불을 향로에 넣어서 서서히 그것을 덥힐 수도 있다. 마음이 충족된 그런 한때, 사람은 인간계를 떠나 우화등선, 선계(仙界)에 노는 듯한 기분이 든다. 아, 크도다, 이 기쁨! 오늘날의 사람들은 진실한 방향(芳香)의 감상력이 없이 이상한 이국적인 향 이름만을 구하여, 몇 가지의 향을 혼합해 가지고 쓸데없이 옛날의 향과 경쟁하려 든다. 침향목 냄새야말로 참으로 자연의 냄새이며, 그 좋은 것은 형언하기 어려운 가훈청향(佳薰淸香)이 있음을 그들은 모른다.

술과 술좌석에 대하여

나는 술을 많이 마시지 못하므로 술에 대해 말할 자격은 없다. 내 주량이라야 쌀로 만든 소흥주(紹興酒) 석 잔이 고작이며, 맥주는 단 한 잔으로도 완전히 취해 버린다. 이것은 순전히 체질 문제로서, 차를 즐기고 술을 마시며 담배를 피우는 소질은 아무래도 병립할 수 없는 모양이다. 술고래 친구 중에는 궐련을 절반도 채 피우기 전에 벌써 기분이 나빠지는 사람이 있는 반면에, 적어도 나는 눈을 뜨고 있는 동안은 줄담배를 피우고 있다. 그래도 이렇다할 영향은 조금도 느끼지 않는다. 그런데 술 앞에서는 아주 무기력하다.

어쨌든 이립옹은, 차를 몹시 즐기는 사람은 술을 좋아하지 않고, 대주객은 차를 즐기지 않는다는 분명한 의견을 써서 남겼다. 그는 스스로 차는 몹시 좋아했지만, 자기가 술꾼처럼 행동한 적은 한 번도 없었다고 고백하고 있다. 술이 나쁘면 나쁘다고 정직하게 고백하는 경애하는 중국 문인들을 많이 발견하게 되는데, 그것은 나의 다시없는 기쁨이며 위안이다. 나는 상당한 시간을 소비하면서 그들의 편지와 그 밖의 문서에서 이러한 고백을 수집해 보았다. 이립옹도 그중의 한 사람이다. 그 밖에 원매, 왕어양(王漁洋), 원중랑 등이 있는데, 그들은 모두 술은 못 마시지만 취흥을 이해하는 사람들이다.

나는 술에 대해 언급할 자격은 없지만, 이 제목을 무시할 수는 없다. 왜냐하면 술은 다른 어느 것보다 문학적으로 위대한 공헌을 했고, 크게는 인간의 창조력을 도왔으며 제법 오랫동안 공적을 쌓아왔기 때문이다. 끽연의 풍습이 생겨나고부터는 술과 담배가 서로 맞섰다.

음주의 쾌감, 특히 중국 문학에서 언제나 볼 수 있는 이른바 '거나함'의 쾌감은 내게는 항상 신비스럽게 생각되었는데, 상해의 어느 미인이 얼근히 취한 기분으로 '거나함'의 공덕을 주장하는 것을 듣고부터는, 나도 그게 사실일지도 모른다고 생각하기 시작했다. "저는 얼근한 기분으로 지껄이고 있지요. 하지만 이럴 때가 제일 좋고, 행복하답니다." 얼근한 기분일 때는 의기양양하여 어떤 장애라도 극복할 자신이 생기며, 감수성도 꽤 예민해지고, 현실과 공상의 중간 지점에 놓여 있는 듯한 창조적 사고력은 어느 때보다도 활발히 작용하는 것 같다. 또 창조적 활동에는 매우 필요한 자신과 호기가 생기는 모양이다. 이런 기분과 단순한 규칙이나 기술에서 해방됨의 중요성은 예술 부문에 종사할 때 확실히 알 수 있다.

중국인은 차에 관해서는 서양인에게 가르칠 수 있지만, 술에 대해서는 그렇지 못하다. 중국 어디를 가나 소흥주 일색일 뿐 다른 술은 본 적이 없다. 그래서 미국의 주점에 들어가면 온갖 모양의 병에 여러 상표를 붙인 술이 진열된 것을 보고 어리둥절해지고 만다. 중국에도 소흥주 외에 예닐곱 가지의 술이 있는데, 몇 가지의 약용 포도주 이외에 수수에서 짠 고량주 등에서 중국 술의 일람표는 곧 끝난다. 중국인들 사이에서는 요리에 따라 다른 종류의 술을 낸다는 치밀함이 발견되지 않는다. 한편 소흥주의 보급은 대단하여 소흥 지방에서는 여자아이가 태어나면 양친은 지체없이 한 독의 술을 담근다. 그리고 딸이 시집갈 때는 적어도 20년 이상은 묵은 술독을 혼수로 반드시 가지고 가야만 한다. 이 술의 본명 '화조(花雕)'는 그런 데서 온 것으로, 항아리 장식의 화려한 '꽃무늬'를 뜻한다.

중국은 술 종류가 적은 단점을, 음주에 알맞은 때와 환경을 까다롭게 주장하는 것으로써 보충하고 있다. 술을 욕심내는 마음은 본래는 정당한 것이다. 술과 차의 대조는 이런 식으로 표현되고 있다. '차는 세상을 버린 사람과 같고, 술은 기마 무사(騎馬武士)와 같다. 술은 아름다운 우정을 위해 있고, 차는 덕있는 조용한 사람을 위해서 있다.'

어느 중국의 작가는 음주에 알맞은 심경과 장소를 분류하여 '엄격한 자리에서의 술은 유장하게 마시고, 마음 편하게 마실 수 있는 술은 로맨틱하게 마셔라. 병자의 술은 소량이이야 하며, 슬픔의 술은 취할 정도로 미셔리. 봄 술은 정원에서, 여름 술은 들에서, 가을 술은 쪽배 위에서, 겨울 술은 집에 틀어박혀서, 밤 술은 달빛 아래서 마시는 것이 좋다'라고 쓰고 있다.

또 다른 작가는 '취하는 데는 때와 장소가 있다. 꽃의 색향과 조화되려면 햇빛 아래서 꽃을 대하고 취해야 하며, 상념을 씻으려면 밤의 눈(雪)을 향해 취해야 한다. 성공을 기뻐하여 취하는 자는 그 기분에 화합하여 노래를 한 곡 불러야 하고, 송별연에 임하여 취하는 자는 이별의 정에 곁들여 한 곡의 음악을 연주해야 된다. 선비가 취하면 수치를 면하기 위해 행동을 삼가야 하며, 군인이 취하면 용용을 높이기 위해 많은 술을 가져오게 해야 한다. 누각 위에서의 잔치는 서늘한 기운을 이용하기 위해 여름이 좋으며, 강물 위에서의 잔치는 확 트인 자유로운 느낌을 더하기 위해 가을이 좋다. 이것이 곧 기분과 경치에 알맞은 올바른 음주 방법인데, 이 법칙을 어기면 음주의 낙은 상실될 따름이다'라고 말한다.

술에 대한 중국인의 태도와 음주 중의 예의범절은 이해하기 어려운 점도 있고 비난할 점도 있지만, 반면에 칭찬할 점도 있다. 비난할 점은 못 마시겠다는 사람에게 억지로 마시게 하고는 기뻐하는 습관이다. 나는 이런 습관이 서양 사회에서도 일반적으로 행해지고 있다는 이야기는 들은 적이 없다. 혼자 마시거나 모여서 마시거나, 단순히 양보다도 술의 신비스러운 가치를 존중함이 주당(酒黨)의 정해진 규칙이다.

다만 술을 강권한다는 것도 유쾌하고 소탈한 기분에서 나온 것으로, 그로 인해 자리가 활기를 띠는 것은 사실이다. 그러나 그 소란스러움이 또한 자리의 흥을 돋운다. 누구나 다 자기를 잃고 손님들은 큰소리로 술을 재촉하며, 자리를 뜨거나 바꿔 앉기도 해서 누가 주인이고 누가 손님인지 알 수 없게 되는데, 이 모양은 보고만 있어도 기분좋은 광경인 것이다.

그러나 그런 주연은 대개 술 마시기 내기로 전락하기 일쑤여서 일동은 대단한 주량 자랑과 교활한 지혜와 책략으로써 어떻게 하든 상대를 굴복시키려는 기세로 경쟁하게 된다. 누군가가 부정행위를 감시하는 파수꾼이 되어 상대방의 비밀전술을 경계해야만 한다. 그 재미는 아마도 경쟁의식 속에 있을 것이다.

중국인의 음주법에서 칭찬할 만한 점은 그 떠들썩함에 있다. 중국의 음식점에서 식사를 하고 있노라면 마치 축구 경기장에라도 와 있는 것 같은 착각에 빠지는 수가 있다. 그 함성의 소용돌이는 도대체 어디서 생기는 것일까? 저 축구 시합의 갈채나 성원과 같은 아름다운 리듬은 어디서 오는 것일까?

이것은 '할권(割拳)' 풍습으로부터 비롯된 것이다. 할권은 저편과 이편이 동시에 몇 개의 손가락을 내밀어 쌍방의 손가락 수의 합계를 큰소리로 알아맞히는 놀이이다. '1, 2, 3, 4' 등의 수는 모두 시적인 음절이 많은 말로 표현된다. 이를테면 칠성(七星), 칠작(七鵲)이라든가 팔준(八駿), 팔선도해(八仙渡海) 등이 그것이다. 양편이 모두 완전히 가락에 맞추어 동시에 손가락을 내밀어야만 하는 것이므로 수를 나타내는 말은 자연 일정한 음악적 박자, 또는 소절을 취하게 되어 있으며, 그 속에 여러 가지 다른 음절을 압축시켜야만 한다. 수를 부르는 소리가 끝나고 다음 차례로 옮아가는 사이에는 정해진 시작 신호 소리가 들어가며, 그것이 또 별도의 소절을 이룬다. 이리하여 한편이 적중하기까지 노래는 끊임없이 리드미컬하게 계속되는데, 진 편은 약속대로 큰 잔이건 작은 잔이건 찰찰 넘치는 술을 한 잔, 두 잔, 석 잔 계속 마셔야만 한다.

손가락 수를 맞히는 것은 짐작으로 하는 것이 아니라, 상대가 계속 같은 수를 내는가, 어떤 순서로 수를 바꾸는가 하는 것을 꿰뚫어보아야 하므로 머리를 민첩하게 움직일 필요가 있다. 이 놀이의 재미와 진행 상태는 놀이하는 사람들의 스피드와 일관성 있는 리듬에 좌우된다.

여기서 우리는 주연이라는 개념의 핵심에 도달한 것이다. 이것을 잘 납득해야만 연회의 시간, 요리의 수, 서비스 방법 등이 십분 이해되는 것이다. 중국인이 연회에 참석하는 것은 먹고 마시기 위해서가 아니라, 차례대로 나오는 요리 중간중간에 이야기하고 서로 농담하고, 갖가지 문학적인 수수께끼나 시가(詩歌) 놀이를 하며 유쾌한 시간을 보내기 위해서이다.

5분 간격으로, 혹은 7분이나 10분 간격으로 식탁에 등장하는 한 접시의 요리에 일동은 한두 번 젓가락을 대지만, 좌중(座中)은 오히려 요리가 나올 적마다 구분지어지는 말씨름을 즐긴다고 할 수 있다.

이같은 식사법에는 두 가지 효과가 있다. 첫째로 말씨름의 소란은 체내에 남은 알코올을 발산시키는 데 효과적임은 의심할 나위가 없다. 둘째로 한 시간 이상이나 계속되는 연회가 끝날 때까지는 먹은 음식의 일부분은 이미 소화되어 있으므로 먹으면 먹을수록 오히려 배가 고파지는 셈이 된다. 식사 중 잠자코 있는 것은 결국 하나의 악덕이라고 할 수 있으며, 비위생적이고 부도덕하다.

중국인은 한편으로 라틴적 쾌활함과 상통하는 유쾌한 국민이다. 그런데 그 점에 아직도 의문을 품은 채, 중국인은 무뚝뚝하고 감정이 없는 인종이라는 선입관에 사로잡혀 있는 중국에 체류하는 외국인은, 중국인의 먹고 마시는 광경을 볼 필요가 있다. 그때야말로 중국인이 본래의 성질을 발휘하고 있을 때이며, 도덕적 완성이 완전한 영역에 도달할 때이다. 만일 중국인으로 태어나서 먹고 마시는 가운데 유쾌한 시간을 보내지 않는다면 도대체 언제 즐기겠는가.

중국인의 주연이 두 시간 가량은 대수롭지 않게 지나가 버린다는 것은 조금도 이상하지 않다. 식사의 목적이 단지 먹고 마시는 것이 아니라 유쾌하게 즐기는 분위기에 한몫 끼어 신나게 떠드는 데 있기 때문이다. 그런 뜻에서 말하면 얼근한 기분으로 취하는 것이 최상의 음주법이다. 줄 없는 칠현금을 타며 즐겼던 시인 도연명처럼, 애주가에게는 정서가 가장 귀중한 것이리라.

그러나 술의 정서는 술을 못 마시는 사람도 즐길 수 있다. '일자무식이라도 시흥(詩興)을 알고, 기도를 하지 못해도 신앙심이 있으며, 술 한 방울 입에 대지 못해도 취흥을 이해하고, 암석론(岩石論) 하나 몰라도 그림에 대한 애착이 있는 사람이 있다.' 이런 사람들이야말로 시인이나 성인이나 애주가나 화가와 자리를 같이할 자격이 있는 사람들이다.

음식과 약에 대하여

'집'이라는 것을 넓은 의미로 해석하면, 생활에 관계되는 모든 것이 내포되어 있다. 그와 마찬가지로 넓은 관점에서 본 '음식물'은 본래 우리에게 영향을 주는 모든 것을 내포했다고 보아야 한다. 우리는 모두 동물이므로 먹어야 하는 것은 누구나 알고 있을 것이다. 인간은 신의 무릎 위가 아니라 요리사의 무릎 위에서 수호받고 있는 것이다. 그래서 중국의 신사는 요리사를 소중히 여긴다. 생활의 기쁨은 요리의 취사선택을 하는 요리사의 솜씨에 달려 있기 때문이다.

서양인도 그러리라고 생각되지만, 중국의 부모는 항상 유모를 소중하게 여기고 친절을 베풀려고 애쓴다. 그것은 어린아이의 건강이 오로지 유모의 기분이나 행복과 일반적인 생활 조건에 좌우되기 때문이다. 어린아이를 대하듯이 자기 자신의 건강에 대해 배려한다면, 음식을 만들어주는 요리사에 대해서도 똑같이 친절하게 대우해야만 한다.

청명한 아침 잠자리 속에서 마음을 가라앉히고, 도대체 이 세상에서 참으로 기쁨을 주는 것은 무엇일까 하고 생각해 보면, 늘 음식이 가장 먼저 떠오름을 알게 된다. 그러므로 집에서 좋은 것을 먹고 있는가 아닌가를 보는 것은, 사람의 어질고 악함을 알 수 있는 확실한 테스트이다.

현대 도시생활은 급속히 템포가 빨라져서, 요리나 음식 문제에 시간이나 마음을 할애할 여유가 더욱 줄어들었다. 가정의 주부이기도 하고 훌륭한 저널리스트이기도 한 아내가, 남편에게 통조림 수프나 누에콩 따위를 내놓더라도 남편 쪽에서 불평할 수는 없다. 그러나 인간이 먹기 위해 일하는 것이 아니고 일하기 위해 먹는 것이라면 어딘가 이상한 생활이다.

남에게 친절하고 너그럽게 대하기 전에, 우선 어느 정도 자기 자신에게 친절하고 너그러워야만 한다. 부인이 시(市) 행정의 비리를 폭로하고 일반적 사회상태를 개선할 수 있었다 해도, 가스를 양쪽 다 사용해서 번개처럼 요리하여 10분 동안에 쓸어넣듯이 밥을 먹어야만 한다면 도대체 무슨 꼴이란 말인가. 옛날에 공자는 요리가 서툴다 하여 아내와 이혼했는데, 이런 여자라면 즉각 공자한테 이혼장을 받을 것이 뻔하다.

공자 쪽에서 이혼을 선언했는지, 아내 쪽이 이 까다로운 인생예술가의 주문으로부터 벗어나기 위해 뛰쳐나갔는지 내막은 분명하지 않다. 공자의 주문은 "쌀은 아주 새하얀 것이어야 하고, 다진 고기는 잘디잘게 썰어야만 된다"는 것이었다. 부인이 '고기에 알맞은 양념을 넣어서 내지 않았을 때'나, '반듯하게 썰지 않았을 때'나, '고기 빛깔이 좋지 않았을 때' 공자는 젓가락을 대지 않았다. 공자가 그 정도로 투정을 부렸어도 부인은 참았던 것 같다.

그런데 하루는 신선한 음식물이 떨어졌으므로 아들 이(鯉)를 근처의 식료품점에 보내 술과 냉육을 사오게 한 다음 그걸로 임시 조치를 하려고 하자, 공자는 "난 집에서 담근 술이 아니면 마시지 않는다. 가게에서 사온 고기도 먹지 않겠다"고 한 것이다. 이쯤 되면 부인으로서도 짐을 꾸려 도망칠 수밖에 없지 않은가. 그 공자 부인의 심리상태는 내 짐작에 불과하지만, 공자가 가엾은 아내에게 내건 가혹한 조건은 고전《논어》의 〈향당〉 제10편 가운데 남아 있다.

중국인은 음식을 크게 영양물로 생각하므로 음식물과 약을 전혀 구별하지 않는다. 몸에 좋은 것은 약인 동시에 음식물이기도 하다. 병을 다스리는 데 음식물이 얼마나 중요한 것인지 현대과학이 인정하게 된 것은 겨우 전세기에 들어서부터의 일이지만, 다행스럽게도 오늘날에는 모든 현대식 병원이 전문 식이요법가를 반드시 고용하고 있다. 현대의 의사가 한 걸음 더 나아가서 식이요법가를 중국에 보내어 교육시킨다면 약의 필요성은 상당히 줄어들 것이다.

중국의 옛 의학자인 손사막(孫思邈)은 "참된 의사는 먼저 병의 원인을 찾아낸다. 병의 원인을 알면 처음에는 우선 음식물로 치료하려고 한다. 식이요법이 실패로 끝났을 때 비로소 약의 처방을 쓴다"고 말했다. 원나라 궁정에 전속된 어느 명의가 1330년에 지은 책이 있는데, 그것은 중국에 현존하는 식이요법에 관한 가장 오래 된 책이며, 음식물은 본래 양생 문제라 하여 서론에 다음과 같은 주의를 기록하고 있다.

건강에 유의하는 사람은 적게 먹고, 걱정을 없애고, 욕망을 줄이고, 감정을 억제하고, 체력에 주의하고, 말을 적게 하고, 성패를 경시하고, 슬픔과 고통에 초연하고, 어리석은 야망을 몰아내고, 좋아하고 미워하는 생각을 피하고, 시력과 청력을 안정시키고, 내장의 섭생에 충실하라.

정신을 고달프게 하고 영혼을 괴롭히는 일이 없다면 어찌 병이 나겠는가. 그러므로 심신을 수양하고자 하는 자는 배가 고플 때만 먹고, 결코 배를 채워서는 안 된다. 또 갈증이 날 때만 물을 마시되 배불리 마셔서는 안 된다. 오랜 시간을 두고 조금씩 먹어야 하고, 너무 많은 양을 쉴새없이 먹어서는 안 된다. 배부를 때에 약간 배고픔을 느끼고, 배고플 때에 약간 배부름을 느낄 정도가 되어야 한다. 배를 잔뜩 채우면 폐를 해치고 공복은 정력활동을 방해한다.

이런 까닭에 중국의 모든 요리책처럼 이 식이요법에 관한 책도 마치 약국의 처방전 같은 느낌이 든다.

그러므로 우리는 중국인이 약과 음식물을 알맞게 배합하고 있는 데 대해 찬사를 보내야만 한다. 이것이 있기에 중국의 약이 더욱 약다워지고, 중국의 음식이 더욱 음식다워지게 된 것이다.

중국의 원사(原史) 시대에 이미 포식의 신이 나타났다는 사실은 상징적인 뜻이 내포되어 있는 것 같다. 그것은 도철선(饕餮仙)이라는 신으로, 그 옛날에 청동 조각이나 석조의 테마로 즐겨 채택된 것이 오늘날 발견되고 있다.

이 도철선의 영(靈)이 중국인 속에 깃들여 있다. 그것이 중국 약전(藥典)을 요리책과 같은 것이 되게 하고 중국 요리책을 약전과 같은 것이 되게 했으며, 또 자연과학의 일부분으로서의 식물학이나 동물학이 중국에서 발달할 수 없도록 한 것이다. 중국의 과학자는 뱀이나 원숭이, 악어고기나 낙타의 혹이 어떤 맛이 날까 하고 늘 생각하고 있다. 중국에서의 참된 과학적 호기심은 식도락의 호기심인 것이다.

미개인들은 모두 의약과 마법을 혼동하고 있고, 노장의 무리는 '양생(養生)'과 불로불사, 또는 장수 비결을 찾아 구함을 자신들의 중심 목적으로 삼고 있었는데, 이런 점에서 생각해 볼 때 음식물과 약은 종종 그들 사이에서 병행해서 사용되고 있음을 알 수 있다.

앞에서 언급한 원나라 때의 궁정 요리책 《음선정요(飮膳正要)》에는 장수법과 무병과 식재법(息災法)을 논한 몇 장이 있다. 노장 무리는 열정적으로 자연에 귀의하고 있으므로, 항상 채소류의 음식물과 과실의 효력을 역설하는 경향이 있다. 학자는 이슬로 자란 우아한 풍미를 지닌 신선한 연실

(蓮實)을 먹는 것을 고상하고 운치있는 즐거움의 으뜸으로 치고 있는데, 이것은 시(詩)와 노장파적인 탈속감(脫俗感)과 결부된 듯하다. 가능하면 이슬 그 자체를 마시고 싶은 것이리라.

이 종류에 속하는 음식으로 송실(松實)과 쇠귀나물과 칡뿌리가 있는데, 신기(神氣)를 장쾌하게 하고 정신을 정화하는 것이므로 모두 장수에 효과가 있는 것이라고 한다. 연씨를 먹으면 색욕과 같은 인간적 번뇌가 일어나지 않게 되는 모양이다. 그보다 좀더 약다운 것으로 장수에 뛰어난 효과가 있으면서 평소에 식사의 일부로 제공되는 칡, 지황, 고려 인삼, 창출, 자운영, 여뀌 등이 있으며, 특히 고려 인삼은 그중 제일 뛰어나다.

중국의 약전은 서양 과학자에게 광대한 연구 분야를 제공하고 있다. 서양 의학이 간장에 조혈기능이 있음을 발견한 것은 겨우 지난 10년 이내의 일이지만, 중국인은 옛날부터 짐승의 간장은 노인에게 중요한 강장제가 된다고 믿었다. 서양의 고기장수가 돼지를 잡으면 콩팥, 밥통, 장(거기에는 다량의 위액이 있음이 분명하다), 선지, 골수, 머릿골 등 최고의 영양가를 지닌 부분을 모두 버리는데, 나는 그것을 도무지 이해할 수가 없다. 뼈가 인간의 혈액의 적혈구가 만들어지는 곳이라는 사실이 근래에 이르러서야 비로소 발견되기 시작했다. 양뼈, 돼지뼈, 쇠뼈 등을 훌륭한 수프로 만들지 않고 버리는 것은 한심한 식품의 낭비라고 생각한다.

내가 보건대 참으로 좋은 맛을 구하는 철학은 결국 다음의 세 가지로 요약되는 것이 아닐까 한다. 즉 신선함과 풍미와 치아에 닿는 감촉이다.

세계 제일의 요리사라도 요리를 만들 신선한 재료가 없으면 양배추 요리 한 접시도 못 만들며, 사실 이 분야의 명인은 조리술의 절반 정도는 재료 구입에 있다고 말한다. 17세기의 위대한 쾌락주의자이며 시인인 원매가 고용하고 있던 요리사는 요리를 시켜도 그 재료가 제철의 것이 아니면 절대로 응하지 않았던 사나이였지만, 원매는 그를 위대한 권위자라고 칭찬했다. 이 요리사는 성미가 급한 사람이었으나 주인이 풍미를 알아주는 사람이므로 오랫동안 계속 봉사할 수 있었다고 고백했다.

어떤 특별한 연회의 요리사로서 허리를 굽히고 불러야만 오는 60세가 넘은 늙은 요리사가 지금도 사천성(四川省)에 살고 있다. 게다가 재료를 사들이는 데 일주일의 여유를 주고 재량껏 솜씨를 발휘하게 하며, 메뉴의 선택까지도 모두 그에게 일임해야만 한다고 한다.

연하다거나, 쫄깃쫄깃하다거나, 오돌오돌하다거나, 감칠맛이 있다는 등 음식물의 이에 닿는 감촉은 대부분 불에 익히는 시간과 화력의 강약에 따른다. 중국의 음식점에서는 가정에서는 만들지 못하는 요리를 만들 수 있는데, 그것은 훌륭한 불을 갖추었기 때문이다. 풍미에 대해 말한다면, 음식물에는 분명히 두 종류가 있다. 소금이나 간장 이외의 것을 넣지 않고 음식물 그 자체가 지닌 즙액으로 요리해서 가장 맛있는 것이 그 하나요, 다른 재료의 맛과 합하게 하는 것을 최상의 법으로 치는 것이 그 하나이다.

생선의 경우로 말하자면, 신선한 연어나 송어를 가장 맛있게 먹으려면 그 자체의 즙액으로 요리해야 하며, 청어 같은 기름기가 많은 생선은 소금물에 절인 중국의 콩과 함께 조리하면 아주 일품이다. 옥수수와 콩에 돼지고기를 함께 삶은 미국의 서커태시(succotash) 등은 완전히 맛이 조화된 요리의 한 예이다.

자연계의 어떤 종류의 맛은 서로 다른 맛과 섞일 때 비로소 훌륭한 맛이 나도록 만들어져 있는 것 같다. 죽순과 돼지고기는 어울리는 한 쌍인 듯 서로가 상대의 냄새를 빌리게 되어 있다. 햄은 단것과 잘 조화되는 모양으로, 내가 상해에서 부리던 요리사는 햄과 고급 금빛 북경 대추를 찜통에 쪄낸 것이 그의 가장 자신 있는 요리의 하나였다.

검은 목이버섯과 오리알도 수프로 만들면 잘 조화되고, 뉴욕의 새우는 중국의 소금에 절인 두부 소스와 조화되는 것이다. 사실 자기 맛을 다른 음식물에 빌려주는 것을 주요 임무로 하고 있는 식품은 상당히 많다. 표고버섯과 죽순과 사천의 잡채 등이 그것이다.

그리고 중국인이 가장 귀중히 여기는 음식물로서, 그 자체의 맛은 없으면서도 다른 음식과 섞여 훌륭한 맛을 내는 것도 제법 많다. 중국요리 중 가장 값진 것으로서 없어서는 안 되는 세 가지 특징은 무색·무취·무미다. 그런 음식물로는 상어지느러미, 제비집, 목이버섯 등을 들 수 있다. 모두가 아교 같으며, 무색·무미·무취하다. 이런 것이 대단히 맛있는 이유는 항상 값비싼 수프로 만들어지기 때문이다.

양복의 비인간성에 대하여

양복은 현재 터키인, 이집트인, 인도인, 일본인, 중국인 사이에 널리 보급되어 있으며, 전세계 외교관의 공식 복장으로서 보편성을 가지고 있다. 그럼에도 불구하고 나는 아직도 구식 중국 옷에 집착하고 있다. 많은 친구들이 양복을 입지 않고 중국 옷을 고집하는 까닭을 묻는다. 게다가 그런 무리가 다 내 친구라고 일컫고 있으니 기가 막힌다! 그런 질문을 하기보다 차라리 너는 왜 두 다리로 서 있느냐고 묻는 편이 낫다.

그런데 이제부터 그 까닭을 설명하려고 생각하지만, 이 두 가지는 우연한 상호관계를 갖고 있다. 내가 세계 유일의 '인간적'인 옷을 입고 있는 이유를 설명해야만 되는 까닭은 무엇일까? 내가 태어난 나라의 옷을 입고 파자마와 슬리퍼로 지금 이렇게 집 안팎을 걸어다니고 있는 인간이, 숨막힐 듯한 칼라와 조끼와 혁대와 멜빵과 꽉 죄는 한 켤레의 양말 속에 틀어박히기를 싫어하는 이유를 구태여 설명할 필요가 있을까? 우수한 포함(砲艦)이나 디젤 엔진을 연상한다는 사실 외에 양복의 명성은 확실한 근거를 가지고 있지 않다. 양복은 심미적·도덕적·위생적·경제적 이유로 들어 옹호할 수는 없다. 그 우월성은 순전히 정치적인 것에 불과하다.

중국 옷과 양복 속에 내포된 철학의 차이는, 양복이 인간의 자태를 나타내려는 것에 반하여 중국 옷은 그것을 숨기려고 한다는 점에 있다. 사람의 몸뚱이는 본래 원숭이를 닮은 것인즉 일반적으로 너무 노출하지 않는 것이 좋다. 헝겊 하나만 걸친 간디의 모습을 생각해 보라! 그러므로 양복으로 버틸 수 있는 것은 미적 감각이 결여되어 있는 사람들의 세계에 있어서뿐이다. 완전한 인간의 자태는 좀처럼 없다고 누구나 말한다. 만일 의심스럽다면 누구라도 좋으니 코니 아일랜드(뉴욕 항구의 피서지)에 가서 참된 인간의 자태란 어떤 것인지 유심히 바라보는 것이 좋다.

그런데 양복은 거리를 오가는 사람이라면 모두 우리의 허리둘레가 32인치인지 38인치인지 짐작할 수 있도록 디자인되어 있다. 인간이 왜 "내 허리 둘레는 32인치요" 하고 세상을 향해 공언해야만 하는가. 그리고 허리 둘레의 치수가 간혹 유별난 것일지라도 왜 그것을 품이 넓은 옷 속에 남몰래 숨겨둘 권리가 없다는 말인가.

양복은 20세에서 40세까지의 젊은 여성의 미용과, 자연의 육체적 리듬이 아직 비문명적 생활 형태에 지배당하고 있지 않은 모든 어린아이들에게는 알맞은 것이라고 내가 믿는 이유가 바로 여기에 있다. 그러나 이것은 모든 남녀에게 군중 앞에서 그 자태를 드러내라고 요구하는 것과는 이야기가 다르다.

이브닝 드레스를 입은 고상한 부인은 동양의 재봉사로서는 상상조차 할 수 없는 우아한 매력을 풍기지만, 한편 영양 과다와 수면 과잉의 평범한 40대귀부인이 오페라 첫날에 금빛 찬란한 품이 넉넉한 옷을 입고 있는 일이 흔히 있는데, 이것 역시 서구인들이 발명해 낸 꼴불견의 하나이다. 이같은 일에 대해서는 중국 옷이 양복보다 친절하다. 중국 옷은 죽음이 그러하듯이 대소미추(大小美醜)를 한결같은 것으로 만들어버린다. 그러므로 중국 옷은 양복보다 민주주의적이다.

심미적 고찰은 이쯤 해두고, 이번에는 상식이라는 점에서 본 반대 이유를 말하겠다. 적어도 제정신을 가진 인간이라면, 교황청의 추기경 리슐리외나 월터 롤리 경 시대의 유물인 칼라가 건강상 좋다고 말할 수는 없으리라. 사실 서양에서도 대체로 지각 있는 사람들은 모두 칼라에 반대해 왔다. 서양의 부인복은, 목둘레에서는 옛날에는 여성에게 허용되지 않았던 해방의 쾌감을 충분히 획득했다. 이에 반하여 남자의 목은 몹시 흉하고 부도덕해서 공공연하게 사람들 앞에 드러낼 수 없는 것이므로, 허리 둘레는 다른 사람의 눈에 띄도록 해놓아도 상관없지만 목만은 감춰야 한다고 서양의 지식인들은 아직까지도 그렇게 생각하고 있다. 이 악마적 견해로 말미암아 여름에는 적당한 통풍도 없고 겨울에는 적절한 방한법도 강구하지 못하여, 사계절을 통해서 사물을 바르게 판단할 수 없게 되었다.

칼라에서부터 그 아래쪽은 인간의 상식을 사정없이 짓밟아온 한 편의 슬픈 역사이다. 네온사인이나 디젤 엔진을 발명하리만큼 현명한 서양인이면서도, 현대인의 몸뚱이에서 자유로운 것이라곤 머리뿐임을 깨달을 상식조차 없는 것이다. 살갗에 착 달라붙어 통풍을 방해하는 내의, 상체를 구부리지 못할 정도로 불편한 조끼, 영양상태가 다르면 자연 달라질 텐데도 그런 것은 전혀 고려하지 않은 멜빵이나 혁대 등 일일이 열거할 것까지도 없다.

그중에서 가장 불합리한 것은 조끼이다. 나체의 자연스러운 포즈를 연구한 사람이라면, 완전한 직립자세로 있을 때가 아니면 등줄기와 가슴선의 길이가 결코 같지 않음을 알고 있을 것이다. 또 그 뻣뻣한 앞자락이 붙은 와이셔츠를 입어 본 사람이라면, 몸을 앞으로 굽힐 때마다 그 뻣뻣한 앞자락이 툭 튀어나온다는 것을 알고 있을 것이다. 그런데 조끼는 이 두 선의 길이가 항상 동일하다는 가정에 입각하여 디자인된 것이므로, 조끼를 입은 사람은 어쩔 수 없이 완전한 직립자세를 취해야만 하게 되었다. 그러나 사실상 그렇게 긴장상태로 있을 수 있는 사람은 아무도 없으므로, 그 결과 몸이 움직일 때마다 조끼 하단이 삐져나오거나 주름이 잡히거나 하여 몸을 압박하는 것이다. 비만증이 있는 사람은 조끼 하단이 예외없이 반달형의 선을 이루어 앞쪽으로 불거져 나와 있다. 그리고 그 틈으로 바지와 혁대 안쪽의 반달형 선이 삐죽이 나와 있다.

 인간의 모든 발명 가운데 이보다 끔찍한 것이 있겠는가. 끔찍하게 인간의 신체를 이런 식으로 졸라매 버린 것에 대한 저항운동으로서 나체주의자들이 생겨난 것은 결코 이상한 일이 아니다.

 다만 인간이 아직도 네 발 짐승의 단계에 있다면, 혁대도 다소 필요한 경우가 있을 것이다. 즉 말에 안장을 얹듯이 죌 필요가 있기 때문이다. 그런데 인간은 이미 두 발의 직립자세를 취하고 있는데, 혁대는 인간이 아직도 네 발 짐승이라는 가정하에 만들어져 있다. 해부해 보면 잘 알 수 있지만, 배의 근육은 모든 무게를 등뼈로 지탱할 수 있도록 만들어져 있는 것이다. 그런데 인간은 두 발 직립자세를 취하게 되었다. 그 비참한 결과로 인해 인간의 어머니들은 동물에게서는 볼 수 없는 유산(流産)이라는 재앙을 짊어지게 되었고, 남자의 혁대는 중력으로 흘러내리는 경향을 갖게 된 것이다.

 그것을 방지하기 위한 유일한 방법은 흘러내리지 않도록 혁대를 꼭 죄는 것인데, 그렇게 하면 자연스럽게 활동하는 모든 내장운동이 압박당하는 결과가 된다는 사실도 한번 생각해 볼 만하다.

서양인이 장차 비이기적인 방면으로 진보되었을 때, 언젠가는 자기 자신의 문제에 대해서도 좀더 많은 시간을 갖게 되고, 그래서 복장 문제에 대해서도 좀더 생각해 보게 되리라고 나는 확신하고 있다.

  서양 여성이 일찍이 부인복의 간소함과 복장 상식을 터득한 데 반하여, 남자는 복장 문제에 대해 보수적이어서 혁신을 두려워했다. 그리하여 그 결과로서 지금 막대한 대가를 치르는 셈이다. 2, 30년 뒤의 일이 아닌 몇 세기 뒤의 일을 말하면, 서양 남성도 부인복이 모범을 보여주듯이 결국 두 발 직립자세에 알맞은 합리적인 옷을 만들어내리라고 나는 굳게 믿는다. 혁대나 멜빵과 같은 성가신 것들도 차츰 없어지고 몸에 딱 맞는 우아한 형태로 아주 자연스럽게 어깨에서 흘러내리는 옷이 개발될 것이다. 무엇을 넣어 부풀린 어깨나 접어 젖힌 옷깃처럼 쓸데없는 것은 사라지고, 현재의 디자인을 대신하여 실내복의 재킷과 흡사한 매우 상쾌한 복장이 출현하리라.

  내 생각으로는 미래의 남성복과 부인복에 차이가 있다면, 남자는 바지를 입는 반면 여자는 스커트를 입는다는 정도에 불과할 것이다. 상반신에 관해서만은 입기에 편하고 상쾌해지도록 근본적인 고려를 하게 되리라. 남자의 목도 여자의 목처럼 해방되고 조끼도 없어져서, 마치 현재의 부인용 코트 같은 재킷을 입게 될 것이다. 그리고 현대의 부인들이 코트 없이 지내듯 대개는 재킷 없이도 지내게 될 것이다. 이것은 물론 셔츠에 관한 오늘날의 사고방식에 대한 혁명을 의미한다. 앞으로의 셔츠는 속에 입는 것이 아니라 짙은 색깔의 겉에 입는 옷으로 바뀔 것이다. 소재는 계절에 따라 가장 가벼운 명주에서 가장 부드러운 모직에 이르기까지 사용하되 되도록 세련되게 재단한다. 그리고 입고 싶으면 언제든지 그 위에 재킷을 하나 걸치면 된다.

  그러나 이 셔츠 한 장이라는 미래의 복장은 어떤 자리에서도 실례가 되지 않으므로, 재킷을 입고 안 입고는 예의와는 관계 없이 날씨만 염두에 두면 된다. 견딜 수 없는 혁대나 멜빵을 없애버리고 싶다면 바지와 셔츠를 하나로 한 일종의 콤비네이션이 나타날지도 모른다. 그 옷은 오늘날 여인의 드레스처럼 머리에서부터 뒤집어쓰듯 입게 될 것이고, 모양을 아름답게 하기 위해 형식적으로나 실제적으로 허리 둘레를 그럴듯하게 조절하게 될 것이다.

혁대나 멜빵은, 현재 널리 보급되고 있는 양복을 입은 채로 당장 제거할 수 있다. 전체를 규정하는 원칙은 이러하다. 옷의 중량을 고르게 분산시켜 어깨에 매달리도록 하며, 다만 밀착과 마찰과 압력만으로 해서 하복부의 수직면에 졸라맬 것이 아니다. 그리고 남자의 허리를 병의 모가지 역할만 하는 것에서 해방하여 헐렁한 하의 한 벌만 입도록 해야 한다. 조끼를 없앨 정도로 발전할 경우, 남자는 오늘날의 어린아이 옷처럼 셔츠와 바지를 단추로 연결만 하면 된다. 마침내 속에 입었던 셔츠가 겉옷이 되는 시대에는 셔츠는 지금까지보다 좋은 감으로 만들어지고, 아마도 바지와 같은 색깔로 같은 질의 복지나 혹은 바지와 어울리는 복지가 사용될 것이다.

또 조끼를 양복의 필요 부분으로서 남겨두는 양복 개혁에 나선다면, 현재의 모양대로 둔 채 조끼와 바지를 한 장의 감으로 만든 콤비네이션으로 짓고, 조끼 등은 간단한 두 대각선의 끈으로 처리해 버리는 것이 좋다. 그리고 바지를 연결할 단추 여섯 개를 앞에 네 개, 뒤에 두 개쯤 조끼 안쪽에 달아두기만 하면, 지금이라도 혁대나 멜빵을 없애는 것은 쉬운 일이다. 그렇게 하면 조끼는 바지 밖으로 나오게 되므로 지금 입고 있는 조끼와 조금도 다를 것이 없을 것이다. 일단 양복 개혁이 시작되고 오늘날의 양복 모양이 우주와 더불어 영원한 것이 아님을 남성이 깨닫는다면, 이 콤비네이션복을 작업복보다 보기 좋게 만들고 — 원칙은 다를 것이 없다 — 조끼에 서서히 변형을 주다 없애버릴 수도 있을 것이다.

집에 대하여

'집'이라는 말은 일체의 생활조건, 즉 가옥의 물질적인 환경 모두를 포함시켜야 한다. 왜냐하면 누구나 다 알고 있듯이 집을 선택할 때는 집의 내부구조보다도 집 안에서 본 전망이 어떤가 하는 것이 중요하기 때문이다. 집이 세워져 있는 위치와 주위의 경치가 중요한 것이다.

나는 일찍이 자기 소유의 좁은 땅을 매우 자랑하는 상해의 부호를 만난 적이 있다. 그 땅 안에는 10피트쯤 되는 연못이나 개미가 꼭대기까지 오르는 데 3분 정도 걸릴 듯한 흙을 쌓아올려 만든 산이 있는데, 그들은 많은 빈민들이 산기슭의 오두막에 살면서 산이나 내〔川〕나 호수를 자기 정원으로 삼고 있다는 사실을 모른다. 이들 양자의 비교는 절대 불가능하다.

경치가 몹시 아름다운 산속에 집이 한 채 있다고 하자. 그런 경우에는 한 조각의 땅을 자기 소유지로 하여 담을 쌓거나 할 필요가 없다. 집을 나서서 걸음을 떼어놓는 곳, 산 위에 모여 앉은 흰 구름이나 공중을 나는 새, 높은 벼랑 위에서 떨어지는 폭포, 새소리의 자연스러운 심포니 등 바라보이는 모든 경치는 자기 것이기 때문이다. 그 사람이야말로 진정한 부자이다. 도시의 백만장자보다 훨씬 부자이다. 도시인에게도 하늘에 떠가는 구름은 보이겠지만, 그들이 실제로 구름을 바라보는 일은 좀처럼 없다. 어쩌다 바라본다 해도 구름은 청산의 윤곽과 대조를 이루고 있지 않다. 그러므로 배경이 전혀 이루어져 있지 않은 상태에서 구름을 보는 기쁨이 있을 리 없다.

그래서 중국인의 집과 정원에 대한 사고방식은 틀 안에 끼워져 있는 보석과 같다. 집 그 자체는 주위 전원의 일부이며, 그것과 조화하는 한 요소에 불과하다는 근본 개념에 의해 결정되는 것이다. 그러므로 모든 인공적인 흔적이 가능한 한 보이지 않도록 벽의 외부를 나뭇가지로 가리거나 차단시켜야만 된다. 하나의 거대한 벽돌을 연상시키는 네모반듯한 집은 공장 건물에나 어울린다. 능률을 무엇보다 중요시하는 것은 공장의 건물을 짓는 경우뿐이기 때문이다. 그렇지만 '네모반듯한 주택'이란 무미건조하기 짝이 없는 것이다. 중국인이 이상적으로 생각하는 가옥은, 어느 작가가 다음의 문장에서 충분히 표현하고 있다.

　문 안에 길이 있다. 길은 구부러져 있어야만 한다. 길모퉁이에는 옥외용 담장이 있다. 그 담장은 작은 것이어야 한다. 그 담장 뒤에는 높직한 땅이 있다. 그 땅은 평평해야만 한다. 그 땅 양쪽의 높은 곳에는 꽃이 있다. 꽃은 싱싱해야만 한다. 꽃 저쪽에는 담이 있고 담은 나직해야만 한다. 담 옆에는 한 그루의 소나무가 있다. 소나무는 노송이어야만 한다. 소나무 밑에는 몇 개의 바위가 있다. 바위는 기이하고 가파른 풍취가 있어야 한다. 바위 저쪽에는 정자가 있다. 정자는 간소한 것이어야 한다. 정자 뒤에는 대나무가 드문드문 있어야 한다. 대나무숲이 끝나는 곳에는 집이 있다. 집은 한적하고 고요해야만 한다. 집 옆에는 길이 있다. 길은 갈라져 있어야만 한다. 몇 갈래의 길이 모이는 곳에 다리가 있다. 다리는 손님이 건너고 싶은 마음이 생기도록 매력이 있어야만 한다. 다리 옆에 나무숲이 있다. 나무숲은 하늘을 찌를 정도로 커야만 한다. 숲 그늘에는 풀이 있고 풀은 푸르러야만 한다. 풀밭 위쪽에는 도랑이 있어야 한다. 도랑은 좁아야만 한다. 도랑 끝에는 샘이 있다. 샘은 콸콸 솟아나야만 한다. 샘 위에는 산이 있다. 산에는 깊은 산으로서의 풍취가 있어야만 한다. 산기슭에는 서원(書院)이 있다. 서원은 네모반듯한 방이어야 한다. 서원 모퉁이에 채소밭이 있다. 채소밭은 넓어야만 한다. 채소밭에는 한 마리의 학이 있다. 학은 춤추듯이 움직이고 있어야만 한다. 학은 손님이 온 것을 알린다. 손님은 품위가 있어야만 한다. 손님이 당도하면 술이 나온다. 술은 결코 거절해서는 안 된다. 술잔을 거듭 비우는 사이에 취기가 돈다. 취객은 집에 돌아가려고 해서는 안 된다.

집의 매력은 그 개성에 있다. 이립옹은 그의 저서《한정우기(閑情偶寄)》속에서 집과 실내장식에 관한 몇 장을 배정하고 있는데, 그 서문에서 '친숙과 개성'이라는 두 가지를 역설하고 있다. 나는 친숙보다 개성 쪽이 한층 중요하다고 생각한다. 그 이유는 아무리 멋진 집일지라도 주인이 즐겨 기거하는 특별실이 꼭 하나는 있을 것이며, 분명히 그 방은 좁고 장식은 전혀 없으며, 잡동사니들이 어질러져 있어 친숙하고 기품 있는 방일 것이기 때문이다. 그래서 이립옹도 이렇게 말하고 있다.

인간은 옷을 입지 않고 돌아다닐 수 없듯이 집 없이는 살아갈 수 없다. '여름에는 시원하고 겨울에는 따뜻하게'라는 것이 의복의 본질이지만, 그것은 집에도 해당된다. 지름이 몇 척이나 되는 굵은 대들보를 걸치고 높이가 2, 30척이나 되는 굉장한 저택에 살면 제법 당당한 것이기는 하되, 본래 그런 집은 여름에는 좋으나 겨울에는 지내기가 나쁘다. 관리의 저택에 들어갔을 때 누구나 전율하는 것은, 공간이 너무 휑뎅그렁하기 때문이다. 마치 너무 커서 허리 둘레에 착 붙지 않는 털가죽 외투와 같다. 그 반면 낮은 벽을 두르고 간신히 무릎을 들여놓기에 족한 가난뱅이의 집은 검소한 미덕이 나타나 있어, 집주인은 그것으로 좋겠지만 손님을 맞는 데 적합치 않다. 가난한 선비의 오두막에 들어갔을 때 어딘지 모르게 거북스럽고 답답한 느낌이 드는 것은 그 때문이다. 관리의 저택은 너무 높고 웅장하지 않은 편이 좋다고 나는 생각한다. 집과 그 안에 사는 사람이 조화되어야 하기 때문이다. 마치 그림을 그릴 때처럼 풍경화의 집은 '10척의 산에 1척의 나무, 1척의 말에 콩알만한 크기의 인물'이라는 공식이 있다. 즉 10척의 산 위에 2, 30척이나 되는 나무를 그리고, 1척의 말등에 쌀알이나 좁쌀만한 인물을 그리는 것은 균형이 맞지 않는다. 관원의 키가 10척에 가깝다면 2, 30척 높이의 저택에 사는 것도 괜찮겠지만, 그렇지 않다면 건물이 높을수록 인간의 키는 작게 보이고 집이 넓을수록 홀쭉하게 보인다. 그러므로 저택을 좀 작게 하고 몸을 좀 살찌게 하는 편이 훨씬 좋지 않을까.

여행의 즐거움

옛날에는 여행이 놀이였으나 오늘날에는 일이 되어 버렸다. 물론 백 년 전에 비해 오늘날에는 여행하기가 한결 편해졌다. 정부는 국립관광국을 설치하고 관광사업을 시작했다. 그 덕택으로 현대인은 대체로 조상 때보다 여행하는 일이 많아졌다. 그럼에도 불구하고 여행은 오늘날 사멸한 예술로 전락한 듯한 기분이 든다. 여행의 참된 맛을 느끼기 위해서는 참된 의미의 여행이라고 할 수 없는 갖가지 잘못된 여행에 대해 먼저 알아보아야만 한다.

여행의 목적으로 잘못된 것 중 첫째는, 정신 향상을 위해 여행하는 것이다. 오늘날 정신 향상이라는 것은 확실히 도가 지나치다. 인간의 정신이 그렇게 쉽사리 향상되는 것인지 의심스럽다. 클럽의 모임이나 강연회에서는 정신 향상 따위란 정말 바랄 수 없는 것이다. 그러나 우리가 연중 그렇게 진지하게 정신 향상에 노력한다면, 적어도 휴가 동안만이라도 긴장을 풀고 휴양을 해야만 한다.

여행에 대한 이런 잘못된 생각이 여행 안내인이라는 제도를 낳았다. 내가 상상하기로는 여행 안내인처럼 참을 수 없으리만큼 수다쟁이에다가 곰상스럽고 성가신 존재는 없다. 이 사람들에게서 누구는 1792년 4월 23일에 태어나 1852년 12월 2일에 죽었다느니 하는 말을 듣지 않고는 길모퉁이나 동상 앞을 지나칠 수 없다.

나는 전에 묘지에서 수도원의 수녀들이 인솔하고 온 학생 일행을 만난 일이 있다. 그 일행이 묘비 앞에 서자 수녀는 학생들에게, 고인이 언제 어떤 일을 했으며, 몇 살에 결혼했고, 부인 이름은 뭐라는 등의 이야기로 모처럼의 여행 재미를 완전히 망치는 제법 아는 이야기를 하고 있었다. 어른들도 학생들도 안내인한테 귀찮은 강의를 듣는다. 한편 부지런하고 성실한 타입의 여행자는 고지식한 학생처럼 열심히 메모를 한다.

중국의 여행자도 미국의 여행자가 라디오 시티(뉴욕의 유락지대)에서 경험하는 것과 같은 불쾌한 생각을 한다. 다만 다른 점은 중국의 안내인은 직업적이 아니라 과일장수이기도 하고 나귀 몰이꾼이기도 하고 농가의 소년이기도 하며, 미국의 안내인보다는 쾌활하지만 설명이 그다지 정확하지 못하다. 일전에 소주의 검지(劍池)에 간 적이 있었는데, 돌아와서 생각해 보니 역사나 사건이 뒤섞여서 혼란스러웠다. 내용은 이렇다—검지의 상공 12미터쯤에 아찔해 보이는 돌다리가 걸려 있고, 그 돌다리에는 검(劍)이 용이 되어 승천했다는 두 개의 둥그런 구멍이 뚫려 있다. 귤 파는 소년의 이야기로는 이곳이 옛날 미인 서시(西施)가 아침 화장을 하던 곳이었단다(그런데 실제로는 서시의 '화장대'는 거기서 16킬로미터나 떨어진 데에 있다). 소년은 여러 말을 했지만 결국 귤을 몇 개 팔아 달라는 것이다. 그러나 나는 전설이 구전되면서 어떻게 변화해 가는지를 보는 기회를 얻었다.

여행의 잘못된 목적의 두 번째는 화제를 위한, 즉 후일의 이야깃거리를 얻기 위한 여행이다. 차와 약수로 유명한 항주(杭州)의 호포(虎跑)에서 지팡이를 짚은 사람이 잔을 입술에 대고 있는 모습을 사진으로 찍은 것을 본 일이 있다. 호포에서 차를 마시는 사진을 친구에게 보이는 것은 시적인 것임에는 틀림이 없다. 그런데 위험한 것은 진짜 차맛보다 사진에 마음이 팔리는 것이다.

이런 일이 계속되면 습관이 되어서 떼어버릴 수 없는 위험이 있다. 파리나 런던의 유람 자동차 속에서 흔히 볼 수 있는 카메라를 멘 무리 속에는 이 위험이 특히 많다. 사진 찍기에 바빠서 명소를 볼 여가가 없기 때문이다. 집에 돌아가서 사진을 보는 특권은 있겠지만, 트라팔가 광장이나 샹젤리제의 사진 등은 뉴욕이나 북경에서도 살 수 있지 않은가.

 이런 사적은 구경하는 것이 아니라 후일의 화젯거리가 되는 것이므로, 놀러 다니는 곳이 많을수록 기억도 풍부해질 것이며 화제에 올릴 곳도 많아지는 것은 당연한 일이다. 그래서 유식한 사람이 되고 싶은 욕심에 사로잡혀 하루 동안 한 곳이라도 더 쏘다녀야만 하게 된다. 답사하는 곳의 프로그램을 손에 들고 한 곳을 답사할 때마다 하나씩 연필로 지워 간다. 이런 여행자들은 휴일에도 '능률, 능률' 하고 조바심한다. 참으로 한심스러운 이야기가 아닌가. 이같은 어리석은 여행을 하기 때문에 아무래도 세 번째 잘못된 여행의 목적이 생겨난다. 이 유형에 속하는 사람들은 빈이나 부다페스트에 몇 시간 체류하느냐는 것을 미리 정확히 알고 있다. 그들은 떠나기 전에 완전한 일정표를 만든다. 그리고 그것을 끝까지 철저하게 지키는 것이다. 집에 있을 때도 시계에 묶이거나 달력에 구속되고, 밖에 나가서도 시계에 묶이고 달력에 구속되는 것이다.

 이같은 잘못된 여행만이 여행은 아니다. 나는 감히 말하지만, 참된 여행의 동기는 다른 데 있다. 아니, 다른 데 있어야만 한다. 우선 첫째로 여행의 참된 동기는 세상으로부터 도망치는 것이어야만 한다. 좀더 시적으로 말하면 잊기 위한 여행이라 해도 좋으리라.

 자기가 살고 있는 동네에서는, 높은 사람들이야 어떻게 생각하는지 모르나 일반적으로는 지체 있는 인물로 생각되어 제법 점잖게 행동해야 한다. 아무래도 일정한 인습이나 규칙과 습관과 의무에 구속받는다. 어느 은행가는 자신의 거주지에 있을 때는 다른 일반인으로서 취급받기가 어렵고, 자기가 은행가임을 잊기가 아주 어려움을 발견했다. 그런 경우 여행의 참된 동기는, 여행을 할 때에는 보통사람으로 취급받을 곳으로 갈 수 있다는 것이리라.

상용(商用)으로 여행하는 사람에게 소개장은 유용한 것이겠으나, 상용 여행이라는 것은 분명히 순수한 여행의 범주에는 포함되지 않는다. 소개장을 가지고 있으면 한 인간으로서의 자기를 발견하거나, 인위적 우연에 의해 이루어진 사회적 지위를 떠나 있는 그대로의 자기 모습을 발견할 기회가 적어진다. 외국에서 친구에게 환대받고 자기와 같은 사회층 사이를 두루 안내받는 것도 괜찮지만, 숲속을 마음대로 산책하는 쪽이 훨씬 좋다. 손짓만으로 튀김닭을 주문하고, 도쿄식 순경에게 길 안내를 받으면서 시내를 걸을 수 있다는 것도 알게 된다. 적어도 이런 여행자는 운전사나 시중꾼에게 별다른 신세를 끼치지 않고도 집에 돌아올 수 있다.

참된 여행자에게는 언제나 방랑의 기쁨과 유혹과 모험심이 있다. 여행이란 '방랑'을 말한다. 방랑은 여행이 아니다. 여행의 참모습은 의무도 없고, 제한된 시간도 없고, 도움도 없고, 감시하는 이웃도 없고, 환영회도 없고, 목적지도 모르는 나그네길이다. 진짜 나그네는 오가는 방향을 모른다. 아니, 자기 이름마저도 모른다.

방랑 정신이 있기에 사람들은 휴가를 이용해서 자연에 접근할 수 있는 것이다. 이런 나그네는 인적이 드문 곳, 참된 고독을 맛볼 수 있는 곳, 자연과 조용히 대화할 수 있는 곳 등에서 피서를 즐기고 싶어한다. 여행 준비로 백화점에 가고, 연분홍이나 파란 수영복을 사는 데 많은 시간을 낭비하는 일이 없다. 입술 연지는 그래도 좋다 치자. 왜냐하면 휴가를 즐기려는 사람은 장 자크 루소의 신봉자이므로 자연으로 돌아가고 싶어한다. 그런데 어떤 여자도 비싼 입술 연지 없이는 자연으로 돌아가지 못한다. 왜냐하면 문명의 입술은 창백하고 자연의 입술은 빨갛기 때문이다. 누구나 가는 피서지나 해변에 가서 자연과의 보다 친밀한 결합을 상실하거나 망각하게 되므로 입술이 파래지는 것이다.

유명한 온천 등에 가면 일단은 '자, 이젠 내 몸뚱이만으로 됐군' 이라고 독백한다. 그런데 저녁식사 후 호텔 담화실에서 신문을 읽다가, B부인이 월요일부터 와 있는 것을 알게 된다. 이튿날 아침 혼자 산책하다가 어젯밤 기차로 도착한 더들리씨 가족과 만난다. 목요일 밤에는 S부인도 남편과 함께 이 멋진 유곡(幽谷)으로 휴가차 온 것을 알고 크게 기뻐한다. 그러고는 S부인이 더들리 가족을 다과회에 부르고 더들리 가족이 S부부를 트럼프 놀이에 초대한다. 다음은 S부인이 애교 있는 소리로 "멋지잖아요, 마치 뉴욕에 있는 것 같군요. 그렇지요?"라고 떠드는 소리가 귀에 들린다.

그런데 나는 여기서 별난 취미의 여행이 있다는 것을 말해 두고자 한다. 아무것도 안 보고, 다람쥐와 사향쥐와 들쥐와 구름과 나무 이외에는 아무도 만나지 않는 여행이 그것이다. 내 친구인 어느 미국 여성이 중국인 친구와 항주 근처의 산으로 '아무것도 보지 않기 위해' 올라갔을 때의 이야기를 들려준 적이 있다.

안개가 자욱한 아침이었다. 정상에 가까워지자 안개는 점점 짙어졌다. 나뭇잎을 살짝 두드리는 물방울 소리만 들릴 뿐 안개 외에는 아무것도 안 보인다. 미국 여성은 실망했다. "조금만 더 올라가 봐요. 정상의 전망은 아주 멋져요" 하고 중국인 친구들이 주장했으므로 그녀는 그들을 따라 더 올라갔다. 잠시 뒤에 저 멀리 구름에 싸인 볼품없는 바위가 보였다. 아까 말한 멋진 전망이 바로 그것이었다. "저게 뭐지?" 하고 그녀가 물으니 "역련암(逆蓮岩)이죠" 하고 친구가 대답했다. 좀 뾰로통해 가지고 그녀가 산을 내려가려고 하자 "그러나 정상의 전망은 훨씬 더 멋져요" 하고 그들이 말한다.

그녀의 옷은 이미 반은 안개에 흠뻑 젖어 있었다. 그래도 내려가려던 마음을 바꿔서 중국인 친구들을 따라 올라갔다. 간신히 정상에 올라 둘러보니 안

개와 구름이 자욱해서 먼산의 윤곽이 수평선상에 보일 따름이었다. "그렇지만, 역시 아무것도 보이지 않잖아요" 하고 그녀가 항의했다. "그게 좋잖아요. 우린 아무것도 보지 않기 위해 여기 올라왔잖아요." 이것이 중국인 친구들의 대답이었다.

무엇을 보는 것과 아무것도 보지 않는 것과는 대단한 차이가 있다. 무엇을 보고 다니는 많은 나그네는 사실은 아무것도 보지 않는 것이다. 또한 아무것도 보지 않고 다니는 나그네는 실제로는 많은 것을 보는 것이다.

'새로운 저술 소재를 얻기 위해서'라느니 하면서, 마치 자기 마을 사람이나 국민의 생활은 이미 완전히 다 보아서 테마가 바닥나 버리기라도 한 것 같은 말투로 외국에 나가는 문인들의 소문을 들으면 나는 정말 우스워진다. '실밥'은 로맨틱하지 못하고, 건지섬은 너무 따분해서 장편소설의 소재로 삼기에는 부족하다는 것이리라. 이런 한심스러운 사람이 있기 때문에 우리는, 여행은 관찰 능력에 있다고 하는 철학을 제기해야만 하는 것이다. 이 철학에 의하면, 먼 나라 여행과 오후에 뜰을 서성거리는 것의 차이가 없어져 버린다. 김성탄이 주장했듯이 이 두 가지는 같은 것이다. 이 중국의 연극 평론가가 저 유명한 《서상기》의 평석 중에서 말했듯이, 나그네가 몸에 지녀야만 하는 필수도구는 '가슴속 재능과 눈썹 밑의 신안(神眼)'이다. 무엇을 느끼는 마음과 무엇을 보는 눈을 갖추었느냐 아니냐가 문제인 것이다. 이것이 없이 산에 오르는 것은 시간과 돈의 낭비에 불과하다.

이와 반대로 '훌륭하게 느낄 줄 아는 가슴과 예리하게 볼 줄 아는 눈'을 갖추었다면, 설사 산에 들어가지 않고 집에 머물러 뜰을 소요하며 뜬구름과 개와 외로운 나무를 관찰하더라도 가장 깊은 여행의 즐거움을 맛볼 수 있다. 참된 여행법에 관해 김성탄이 논한 바를 다음에 소개하겠다.

세상의 기행문을 읽고 올바른 여행이 무엇인지 아는 사람이 극소수임을 나는 알았다. 물론 여행에 익숙한 사람은 먼 길을 여행하고 바다와 육지의 웅장한 경치를 바라보고, 그 위대함과 신비함에 접해도 놀라지는 않을 것이다. 그렇지만 자연의 경이와 신비를 찾기 위해 해륙의 명승을 모두 찾아다닐 필요가 없음을, 내 '가슴속의 뛰어난 재능과 눈썹 밑의 한 쌍의 특별한 눈'이 가르쳐준다.

어느 날 다리와 눈과 마음의 힘을 다분히 낭비하고 어느 석굴을 찾아간다. 그것이 끝나면 곧 다음날 다른 명승지를 찾아 다리와 눈과 마음의 힘을 낭비한다. 그를 잘 모르는 사람은 말하리라. "날마다 여기저기 돌아다니니 얼마나 좋겠는가. 어느 석굴에 다녀왔나 싶으면 또 다른 명승지를 찾는구나"라고.

그렇지만 이 사람들은 중요한 점을 무심히 지나치고 있다. 왜냐하면 그가 찾아간 두 곳은 떨어져 있어야 2, 300리, 아니면 80리나 70리나 50리, 혹은 단 10리나 5리인지도 모른다.

'가슴속의 뛰어난 재능이나 눈썹 밑의 특별한 눈'을 가지고 겨우 10리나 5리 길의 차이라면, 석굴이나 명승지를 본 것과 같은 안광(眼光)으로 바라볼 수는 없었던 것일까?

어머니인 자연이 위대한 기술과 지혜와 힘으로써 석굴이나 기묘한 경치 같은 것을 홀연히 창조해 낸 것을 보면, 필경 눈이 휘둥그레지고 가슴이 서늘함을 느끼리라. 그러나 나는 가끔 이 우주의 미미한 것, 즉 새, 물고기, 꽃, 가련한 식물, 새의 날개, 물고기의 비늘, 꽃잎, 나뭇잎 등을 응시하고는 어머니인 자연이 그 위대한 기술과 지혜와 힘으로 이런 작은 것도 창조한 신비에 감탄한다.

사자는 들토끼를 습격하는 데도 큰 코끼리를 습격하는 것과 같은 힘을 쓴다고 하는데, 어머니인 자연이 하는 일도 이와 조금도 다르지 않다. 자연은 석굴이나 기묘한 경치를 만드는 데 힘을 다 쓰지만 새, 물고기, 꽃, 풀잎, 새의 날개, 물고기의 비늘, 꽃잎, 나뭇잎 등을 만들어내는 데도 온 정력을 소비하는 것이다. 그러므로 세상에서 눈이 휘둥그레지게 하고 가슴을 서늘하게 하는 것은 석굴이나 기묘한 경치만은 아니다.

그리고 또 석굴과 기묘한 경치가 어떻게 만들어졌는지 생각해 본 일이 있을까? 장자는 "말〔馬〕의 백 가지 기관(器官)을 가리켜 말이라고 하지는 못한다. 그 백 가지 기관이 무엇인가를 알기 이전에 말이 눈앞에 있으면 그것이 말임을 안다"고 현명하게 말했다. 다른 예를 들면, 큰 호수 둘레에 우거진 숲과 나무와 암석이 모여서 큰 호수나 높은 봉우리의 경관을 이루고 있음을 보는 것은 나그네에게는 즐거운 일이기는 하다. 그러나 생각해 보면 절벽이나 고봉도 작은 돌로 이루어져 있으며, 비폭(飛瀑)은 작은 샘이 모여서 그 생명을 유지하는 것이다. 즉 그 하나하나에 대해 말하면 돌은 주먹만 한 것이며, 샘은 작은 시내만한 것밖에 되지 않음을 알 수 있다

노자는 "서른 개의 바퀴살이 하나의 바퀴통에 모여 있다. 바퀴통 복판의 구멍에 수레를 움직이는 작용이 있다. 진흙을 이겨 질그릇을 만든다. 질그릇 안의 빈 부분에 그릇의 쓸모가 있다. 문과 창을 뚫어 그 안에 방을 만든다. 그 휑뎅그렁한 공간에 방으로서의 쓸모가 있다" 라고 말했다. 석굴이나 기묘한 경치를 찾아가 가파르게 선 봉우리, 구불구불한 산길, 우뚝 서서 벼랑을 이루는 것, 곧게 내려가 강을 이루는 것, 평평해져 고원(高原)을 이루는 것, 경사져서 구릉이 되는 것, 걸려서 다리가 되는 것, 모여서 좁은 골짜기가 되는 것 등을 볼 때 변화무쌍한 자연 속에서 위대한 신비를 발견하고, 더욱이 그 위대함과 신비함은 자연의 각 부분이 자기를 공허하게 만들 때 생기는 것임을 알 수 있다. 부분이 하나하나의 개성을 주장하지 않게 되면 이미 산길도, 벼랑도, 하천도, 고원도, 구릉도, 다리도, 좁은 골짜기도 없어지는 것이다. 더욱이 '가슴속의 뛰어난 재능과 눈썹 밑의 특별한 눈'이 유유히 배회하고 떠돌 수 있음은 이런 것이 공허해졌을 때이다. 그렇다면 석굴을 찾고 명승지를 찾아야 할 이유가 무엇인가.

이렇게 생각하면 석굴이나 명승지를 찾을 필요가 없는 것이 아니겠는가. 이미 언급했듯이 겨우 200리나 300리, 아니 10리나 5리 길이라도 이런 자연의 단편은 자기를 버리고 어디에나 있지 않은가. 작은 무지개 다리와 엉성하게 홀로 선 나무와 보였다 안 보였다 하는 늪과 촌락, 울타리와 개…… 내가 유유히 배회하고 떠돌 수 있는 석굴

이나 명승지의 신비가 이런 곳에도 있음을 어찌 부정할 수 있겠는가.

'가슴속의 뛰어난 재능과 눈썹 밑의 특별한 눈'이 필요한 것은 이 밖의 경우에는 없다. 그러나 떠도는 데 뛰어난 재능이 필요하고, 유유히 배회하는 데 특별한 눈을 갖추어야 한다면, 여행법을 이해하는 사람은 한 명도 없다고 할 수 있다. 내가 생각하는 바로는 '가슴속의 뛰어난 재능과 눈썹 밑의 특별한 눈'이라는 것이 별도로 있는 것은 아니다. 떠도는 것을 좋아하는 것이 이미 뛰어난 재능이 있음이며, 유유히 배회할 수 있다는 것이 이미 특별한 눈이 갖추어진 것이다.

저 미불(米芾)이 바위를 평가한 표준은 '빼어남'과 '주름짐'과 '사무침'과 '파리함'이다. 그런데 10리나 5리 안에 있는 물, 마을, 다리, 나무, 울타리, 개 등은 모두 빼어남이며, 주름짐이며, 사무침이며, 파리함이다. 그것이 감득되지 못하면 미불이 바위를 본 안광에 미치지 못하는 것이다. 이런 것의 빼어남과 주름짐과 사무침과 파리함이 느껴지기만 한다면 그 사이를 배회하지 않고는 못 견디게 된다. 이러한 네 가지를 외면하고 준봉이나, 산길이나, 벼랑이나, 하천이나, 고원이나, 경사면이나, 다리나, 협곡이나, 석굴이나, 명승의 웅대함과 신비함이 어디 있겠는가.

그러므로 석굴이나 명승을 찾아가야만 한다는 것은 미지의 땅이 많이 남아 있기 때문이다. 즉 아무데도 가보지 못한 셈이 된다. 왜냐하면 하나의 울타리, 한 마리 개의 신비함과 위대함을 깨닫지 못한다면, 석굴이나 명승을 접해도 위대하지 않은 것, 신비하지 못한 것밖에 느낄 수 없기 때문이다.

내 친구 착산(斷山)이 "역사상 여행법을 가장 잘 터득한 사람은 공자고, 그 다음이 왕희지(王羲之)다"라고 말했다. 그 이유를 묻자 착산은 "음식물은 깨끗함을 싫어하지 않고, 생선회는 잘게 썬 것을 꺼리지 않는다고 한 공자의 말로 상상할 수 있으며, 왕희지는 그 글씨로 알 수 있다. 왕희지의 글씨에는 그의 아들 왕헌지(王獻之)조차 이해 못하는 것이 있었다"라고 대답했다. 그래서 나는 "그대의 이야기는 종래의 사고방식을 완전히 뒤집는 걸세"라고 말했다.

착산은 일찍이 "왕희지는 집에 있으면 정원에 핀 꽃의 암술을 헤아리며 하루를 보내는 일이 많았다. 그것에 넋을 잃은 나머지 종일 한 마디도 없었고, 제자가 곁에서 수건을 들고 기다리는 줄도 몰랐다"라고 말한 적이 있다. 그래서 나는 "그 이야기의 권위를 자네는 무엇으로 보장하는가?"라고 묻자, 친구는 "내 가슴속에서"라고 대답했다. 그는 이렇게 경탄할 만한 인물이었다. 오오, 그런데도 그는 세상의 인정을 받지 못했고, 그의 로맨틱한 상상력은 세상의 찬사를 받지 못했다.

자연의 즐거움　제10장

낙원은 잃어버렸는가

　지구상에는 무수한 생물이 있는데, 식물에게는 자연에 대한 '태도'라는 것이 없고, 모든 동물에게도 역시 사실상 '태도'라고 할 만한 것은 없다. 그러나 인간이라는 한 생물에게는 이같은 태도가 있어서, 자기와 환경을 의식하며 그 환경에 대해 어떤 태도를 취할 수 있다는 것은 이상한 일이다. 인간의 예지의 시초는, 우주에 대한 회의를 품고 그 비밀을 탐구하여 그 의의를 발견하고자 한 것에 있다.

　우주에 대한 태도 중에는 과학적인 것도 있고 도덕적인 것도 있다. 과학자의 관심은 자기가 사는 지구의 내부와 표면의 화학적 구조나, 지구를 둘러싼 대기층의 두께나, 대기의 최상층에 방사하는 우주선(宇宙線)이나, 구름과 암석의 형성이나, 생명 일반을 규정하는 법칙 등을 발견하는 데 있다. 그 과학적 태도는 도덕적 태도와 관련이 있긴 하지만, 그 자체만 놓고 보면 아는 것과 탐구하는 것에 대한 순수한 욕구이다.

　이와 반대로 도덕적 태도는 매우 다양하다. 자연과 조화되는 수도 있고, 정복과 복종 또는 지배와 이용의 관계가 되는 수도 있으며, 불손한 모욕으로 나타나는 수도 있다. 이 마지막 태도, 즉 불손하게도 우리의 지구를 업신여기는 태도는 문명, 특히 어떤 종교에 의해 생긴 것이며 실로 기괴한 산물이다. 그 기원은 저 '실락원'이라는 날조된 이야기다. 이상한 것은 이 날조된 이야기가 원시종교의 유물로서 지금까지도 널리 믿어지고 있다는 사실이다.

낙원 상실설이니 하는 따위가 믿을 수 있는 것인지 아닌지 여부에 의문을 품은 사람이 여지껏 한 사람도 없었다는 것은 놀라운 일이다. 에덴 동산이 얼마나 아름다우며 이 우주의 실태가 얼마나 추하단 말인가. 나는 묻고 싶다. 아담과 하와가 죄를 범한 이후로 꽃은 피지 않게 되었던가. 한 인간의 죄로 인해 신은 무화과나무를 저주하고 열매를 맺지 못하게 했단 말인가. 꽃은 생기를 잃어 창백해지도록 만들었단 말인가. 휘파람새나 꾀꼬리나 종달새는 노래하지 않게 되었는가. 산마루의 눈은 녹아버리고 아름다운 호수 위에 비친 그림자는 사라졌던가, 진홍의 석양이나 무지개나 마을을 감싸는 안개는 없어졌던가. 날아갈 듯 떨어지는 폭포는 어떤가? 맑게 흐르는 시냇물은? 나무그늘은? 도대체 누가 오늘날 인간은 낙원을 잃어버리고 추한 우주에 살고 있다는 등의 신화를 만들어낸 것인가. 우리야말로 은혜를 모르고 제멋대로 구는 신의 아들이다.

이 현실세계가 보여주듯이 자연계의 경치와 소리와 냄새와 맛과 우리의 시각과 청각과 후각과 미각 사이에는 신비하게까지 여겨지는 완전한 교감작용이 있다. 우주의 경치와 소리와 냄새와 우리의 감각기관과의 관계는 지극히 완전한 것이므로, 저 볼테르에게 혹독한 비난을 받은 목적론의 논거로 되어 있다.

그러나 우리 모두가 목적론자가 될 필요가 없다. 신이 이 향연에 우리를 초대하실는지 안 하실는지는 모른다. 그러나 아무래도 좋다. 아무튼 향연에 참가하는 것이 우리 중국인의 태도이다. 당장 훌륭한 음식이 입맛을 돋우는 데 손을 대지 않는다면 어리석은 사람이다. 자기가 다른 손님과 같이 향연에 초대받고 있는지 어떤지를 살피는 짓은 철학자의 형이상학에 위임하는 것이 좋다. 우수한 두뇌를 가진 사람은 음식이 식기 전에 먹는다. 공복(空腹)은 언제나 건전한 상식과 함께 있다.

아아, 지구야말로 얼마나 아름다운가!

첫째 주야조석의 순환이 있다. 분주한 아침의 예보로서 고요하고 맑은 새벽이 있다. 이보다 더 좋은 것이 어디 있겠는가!

둘째 여름과 겨울의 변화 그 자체가 이미 더할 나위 없거늘, 더욱이 봄은 여름으로, 가을은 겨울로 자연히 변천해 가는 완전무결한 사계절의 모습이 있으니!

셋째 숭고하고 우거진 숲이 있다. 여름은 녹음, 겨울은 따스한 햇볕, 이보다 더 좋은 것이 어디 있겠는가!

넷째 다달이 꽃은 피고 과일이 무르익는다. 이보다 더 좋은 것이 어디 있겠는가!

다섯째 구름 짙고 안개 자욱한 날, 하늘 높고 청명한 날, 그 시시각각의 변천이 있으니, 이보다 더 좋은 것이 어디 있겠는가!

여섯째 봄의 소나기, 여름의 뇌우, 삽상한 가을바람과 겨울의 눈이 있으니, 이보다 더 좋은 것이 어디 있겠는가!

일곱째 공작과 비둘기와 종달새와 카나리아의 신비로운 노랫소리가 있으니, 이보다 더 좋은 것이 어디 있겠는가!

여덟째 동물원으로 가라. 원숭이, 뱀, 곰, 낙타, 코끼리, 코뿔소, 악어, 물개, 소, 말, 개, 고양이, 여우, 다람쥐, 들쥐 등 생각지도 못했던 다종다양한 동물이 있으니, 이보다 더 좋은 것이 어디 있겠는가!

아홉째 홍어, 갈치, 전기장어, 고래, 가시고기, 조개, 전복, 새우, 대하, 거북 등 상상을 초월하는 다채로운 종류의 물고기가 있으니, 이보다 더 좋은 것이 어디 있겠는가!

열째 장대한 삼나무의 큰 줄기, 불을 뿜는 화산, 웅장한 동굴, 장엄한 산마루, 기복 있는 구릉, 고요한 호수, 굽이쳐 흐르는 물, 숲속의 길과 푸른 둑이 있으니, 이보다 더 좋은 것이 어디 있겠는가!

사실 각자의 미각을 돋우는 메뉴는 끝이 없다. 현명하게 행동하는 유일한 방법은, 우선 몸을 일으켜 향연에 참여하고, 인생의 단조로움을 한탄하지 않는 일이다.

암석과 나무에 대하여

우리의 의도하는 바가 무엇인지 나는 도무지 알 수가 없다.

네모난 집을 지어서 차례로 늘어놓은 뒤 나무도 없는 똑바른 길을 잇대어 간다. 그리하여 꾸불꾸불한 길이나 고풍스런 집은 이제 찾을 길 없고, 정원에 우물이 있는 집은 아무데도 없다. 도회지에 개인의 뜰이 있다 한들, 그런 것은 대체로 볼썽사나운 것이다.

우리는 생활에서 자연을 몰아내는 데 성공했다. 그리고 지붕이 없는 집에서 살고 있다. 건물의 실용성만 까다롭게 이야기되고, 따라서 건축가는 짜증이 나 실용성 이외의 것은 적당히 해치운다. 지붕 같은 것은 안중에도 없다. 옛날 모양대로 방치해 둔다. 오늘날 일반 건축물을 사물에 비유하면 나무토막 쌓기 놀이 같다고나 할까? 자유분방하고 변덕스러운 어린아이가 조립이 미처 끝나기도 전에 지쳐서, 마무리도 하지 않고 미완성인 채 팽개쳐 버리는 것과 같다

현대인으로부터 자연의 정신은 떠나가고 말았다. 나무까지 문명화하려고 하는 것 같다. 큰길에 나무라도 심고 싶으면 나무에 번호를 붙이고, 소독하

고, 가지나 잎을 잘라내고 베고 하여, 인간의 생각으로 아름답다고 여겨지는 모양으로 만들어 버린다.

동그라미나 별모양이나 갖가지 문자 모양으로 꽃을 심는 것은 흔한 일인데, 이렇게 심은 꽃이 줄이 조금만 비뚤어져도 마치 웨스트 포인트 사관학교의 생도가 보조를 흐트러뜨린 것을 보았을 때처럼 언짢아하며 즉시 가위질을 한다. 베르사유 정원에는 원추형(圓錐形)으로 가위질한 한 쌍의 나무가, 완전한 원형이나 직선형 등의 갖가지 형태로 가지런히 심어져 있다.

인간세상의 영광과 권력이란 이런 것인가. 제복의 병사처럼 나무를 훈련하는 인간의 능력이란 이런 것인가. 만일 한 쌍의 나무 중 어느 하나가 더 크게 자라기라도 하면, 그것만으로 균제감(均齊感)과 영광과 권력이 손상당한 듯 즉각 머리를 잘라버리지 않고는 견디지 못한다.

그래서 자연을 회복시켜 가정에서 되찾으려는 커다란 문제가 발생한다. 우울한 이야기다. 땅에서 떨어져 아파트에 살고서야 아무리 천부의 예술가적 재능이 있다 한들 무슨 소용이 있겠는가. 돈이 있어서 작은 집을 세낼 수는 있지만, 한 구획의 풀밭이나 우물이나 대숲을 입수하려면 어떻게 하면 좋을까? 모든 일이 다 잘못되어 있다.

지금까지의 일이 철저히 잘못되어 버렸다면 이미 돌이킬 수 없다. 높은 마천루나 한밤의 창문 행렬 외에 감상할 만한 것이 어디에 남아 있다는 것인가? 마천루나 등불이 켜진 밤의 창문 행렬을 바라보면 인간은 점점 그 문명의 힘에 자만하여, 자신이 얼마나 초라하고 왜소한지를 잊어버린다. 그러니 이런 문제는 해결의 가망이 없는 것으로서 단념하지 않으면 안 된다.

그러므로 우리는 인간에게 토지를, 그것도 충분한 토지를 부여하는 일부터 시작해야만 한다. 무슨 핑계를 대더라도 인간에게서 토지를 빼앗는 문명은 잘못된 것이다. 그래서 장래의 문명사회에서는 모든 사람이 1에이커(약 4000

제곱미터)의 토지를 소유할 수 있다고 가정하자. 그러면 무엇인가에 착수할 수 있을 것이다. 나무도 자기 것으로 할 수 있고 돌도 자기 것이 된다. 우선 유념해서 잘 성장한 수목이 있는 땅을 택할 것이다. 성장한 나무가 없다면 버드나무나 대나무처럼 빨리 자라는 나무를 심을 것이다. 그리 되면 새장에 새를 기르지 않아도 새들이 스스로 날아든다. 그리고 또 주의해서 근처에 개구리나, 가능하면 도마뱀이나 거미까지도 깃들일 수 있게 손을 쓴다.

이렇게 되면 아이들은 유리상자에 든 자연이 아니라 천연 그대로의 자연을 연구할 수 있다. 적어도 새끼가 알에서 부화되는 모양을 관찰할 것이며, 따라서 보스턴의 '좋은 집안'의 아이들에게 흔히 볼 수 있는 성과 번식에 관한 한심스러운 무지는 없어질 것이다. 도마뱀과 거미의 투쟁을 관찰하는 재미도 있을 것이며, 흙투성이가 되는 재미도 있을 것이다. 암석에 대한 중국인의 기분에 대해서는 앞에서 이미 언급했다. 그 설명으로 중국의 풍경화가 암석을 애호하는 까닭은 충분히 납득할 수 있으리라 생각한다. 그러나 그것만으로는 기초적인 해설이며, 돌산이나 암석 제반에 대한 중국인의 기호 설명으로서는 불충분하다. 암석은 거대하고 단단하며 유구함을 생각하게 한다는 것이 사고방식의 근본이다. 암석은 침묵하고 움직임이 없으며, 영웅 같은 강인한 성질을 지니고 있다. 속세를 떠난 학자처럼 고고하고 초연하다. 또 암석에는 고풍스러운 색이 있다. 그런데 중국인은 무엇이든지 옛스러운 것을 좋아한다. 특히 예술적으로 보면 암석은 위대하고 장중하며, 가파르고 괴기하다. 그리고 또 위태롭다는 느낌이 든다. 이 말은 험난함과 통하나 사실은 번역이 불가능하다. 지상 300척이나 가파르게 우뚝 선 벼랑은 위태함을 연상케 하므로 매력이 있다.

한 걸음 더 나아가 고찰해 보기로 하자. 매일 산에 갈 수 없으므로 암석을 가정에 갖다 놓을 필요가 있다. 돌산이나 석굴로 말하면, 중국을 만유하는 서구인의 이해와 감상은 곤란하겠지만, 역시 가파르고 위태하며 장중한 암석의 이어지는 모습을 본뜨고자 하는 것이다. 이해와 감상이 불가능하다 하여 서구인을 탓할 수는 없다. 왜냐하면 인공의 산이나 석굴의 대부분은 엉뚱한 취향으로 만들어져서, 자연의 웅대하고도 장중한 뜻을 재현하지 못했기 때문이다. 인공의 석굴은 몇 개의 돌을 시멘트로 연합시키고 있을 뿐이어서, 시멘트로 만든 구경거리에 지나지 않는다. 참된 예술적인 인공의 산은 회화의 구성과 조화를 이루고 있어야만 한다.

인공 돌산의 예술적 관상과 풍경화 속의 돌산과는 밀접한 관계가 있다. 송나라 때의 화가 미불이 연석(硯石)에 관한 저술을 했고, 송나라 때의 문인 두관(杜綰)이 지은 돌에 관한 《운림석보(雲林石譜)》라는 책을 보면 이 점을 이해할 수 있을 것이다. 이 책에는 인공 돌산에 사용되는 각지의 암석 수백 종의 성질에 관한 상세한 서술이 있어서, 이 위대한 화가의 시대에 이미 인공 돌산 기술이 고도로 발달했음을 말해 주고 있다.

산마루의 웅대한 암석의 관상과 더불어 별개의 입장에서 뜰의 돌 관상이 발달하여 돌의 빛깔과 감촉, 외양, 무늬, 때로는 두드렸을 때의 음색에 대해 여러 말을 하게 되었다. 돌이 작을수록 손의 감촉과 돌 표면의 색깔이 말썽이 되었다. 이 방면의 발전을 크게 도운 것은 최고 품질의 연석이나 인재(印材)를 수집하는 도락(道樂)이었다. 이 두 가지는 중국 문인의 일상생활과 떼어 놓을 수 없는 것이다. 아담한 풍치나 감촉이나 명암이나 농담(濃淡)이 최대 요점이었다. 뒤에 나타난 돌과 경옥과 비취의 담배 케이스에 대해서도 이 말을 할 수 있다. 값진 인재나 담배 케이스 중에는 6, 700달러가 나가는 것도 있었다.

집이나 정원의 돌 효용을 철저히 관상하고자 한다면 중국 서도(書道)에까지 거슬러올라가야만 한다. 그러나 서도는 추상세계의 리듬과 선과 구성의 연구에 불과하다. 진짜 좋은 돌은 장중과 초탈을 연상케 하는 것이어야만 하는데, 그보다 중요한 것은 선이 훌륭해야 한다는 것이다. 선이라 해도 직선이나 각을 뜻하는 것이 아니라, 자연스러운 선의 경사 그 자체를 말하는 것이다.

노자는 《도덕경(道德經)》에서 '새기지 않은 바위' 라는 말을 역설하고 있다. 즉 '자연을 너무 만지는 행위를 그만두라' 는 것이다. 지극히 높은 예술품은 최상의 시나 문장처럼 인공의 흔적이 전혀 없고 굽이치는 물과 뜬구름처럼 자연스러우며, 간혹 중국 문예 비평가가 말하듯이 '도끼나 끌의 흔적을 남기지 않는' 것이기 때문이다. 이것은 예술의 모든 분야에 적용된다. 불규칙한 미와 리듬과 움직임과 표정을 암시하는 선의 미 같은 것이 감상의 대상이다.

상류층 중국인의 서재에 가보면 흙투성이인 떡갈나무 뿌리를 의자로 사용하는 것을 볼 수 있는데, 이런 것을 진기하고 귀중하게 여기는 심리도 여기에 있다. 그래서 중국의 정원에서 흔히 볼 수 있는 인공 산의 대부분은 자연 그대로의 돌로 이루어져 있다. 높이가 10 내지 15피트나 되고, 위인처럼 고고하게 서 있는 나무 껍질로 된 화석도 있으며, 호수나 동굴에서 발견된 매우 울퉁불퉁한 모양을 한 것도 있다. 어느 작가가 시사하는 바에 의하면, 만일 구멍이 너무 둥글다 싶으면 자갈을 끼워넣어 구멍을 일그러뜨린다는 것이다. 상해나 소주 부근의 인공 산은 대개 큰 호숫가에 있던 바위로 이루어져 지난날 파도의 흔적을 볼 수 있다. 이런 바위는 호수 밑바닥에서 캐내는 것이다. 만약 선을 바로잡아야만 할 곳이 있으면 끌로 마음에 들게 가공하여 다시 호수 밑바닥을 가라앉힌 다음 1, 2년 동안 그대로 내버려둔다. 물의 작용으로 끌 자국을 없애려는 것이다.

나무에 대한 느낌은 바위에 대한 느낌보다 좀더 이해하기 쉬우며, 만인 공통의 느낌임은 말할 것도 없다. 주위에 나무가 없는 집은 벌거숭이 남녀와 같다. 나무와 집에 차이가 있다면, 집은 세워지는 것이지만 나무는 성장하는 것이라는 점이다. 무엇이건 성장하는 것은 세워지는 것보다 아름답다.

실용성을 생각하여 벽은 수직으로, 바닥은 수평으로 만들도록 되어 있지만, 벽은 그렇다 치고 바닥에 관한 한 여러 방의 바닥을 각기 다른 수평에 놓아서 안 될 까닭은 전혀 없다. 그런데 무슨 이유에서인지 사각형으로 하는 경향이 있다. 이러한 직선이나 사각형은 나무가 곁들여져야만 좋은 느낌이 들게 되어 구제받는 것이다. 색채 계획에서도 우리는 집을 녹색으로 칠하는 짓은 결코 하지 않지만, 자연은 그것을 하고 있다. 사실 나무는 모두 녹색이다.

나무의 종류는 무수히 많으나, 어떤 나무의 특수한 선이나 윤곽에는 화제(畵題)에 알맞은 나름대로의 미가 있다. 그런 나무는 특히 미적 감흥을 돋운다. 비평가나 시인은 그렇게 생각한다. 즉 모든 나무가 아름답지만, 그중에서 특별히 표정과 힘과 기품을 갖춘 나무가 있다는 것이다.

그러므로 그런 나무는 많은 나무 중에서 선택되어 일정한 느낌과 결부되었다. 보통 감람나무는 소나무처럼 근엄한 기품이 없고, 버드나무는 우아하지만 장중하다거나 '영감적'이라고는 할 수 없다. 따라서 언제나 그림이나 시의 소재가 되는 나무는 몇몇 종류뿐이다. 장대한 풍취로 기쁨을 주는 소나무와, 낭만적인 풍정으로 사랑받는 매화와, 선이 청초하고 가정적인 기품으로 진귀하게 여겨지는 대나무와, 날씬한 미인을 연상케 하는 버드나무, 이것이 다른 나무들에 비해 월등한 것이리라.

소나무의 관상은 가장 특기할 만하고 시적 의의가 있는 것이리라. 소나무에는 어떤 나무보다도 숭고하고 단정한 기운이 깃들여 있다. 나무에는 숭고한 것, 야비한 것, 웅대함을 자랑하는 것, 범속을 면치 못하는 것도 있다. 매슈 아놀드가 웅대한 호메로스의 시풍을 이야기하듯, 중국의 예술가는 소나무에 갖추어진 노대한 풍격을 기린다. 이 웅대한 취지를 버드나무에서 구하려 함은, 마치 시인 스윈번에게 웅혼한 시풍을 구함과 같은 것으로, 격에 맞지 않는 일이다.

똑같은 아름다움이라 하더라도 그중에는 섬세한 미, 우아한 미, 장중한 미, 준엄한 미, 기괴한 미, 불균형의 미, 힘의 미, 고색창연한 미 등 수없이 많다. 이 고색창연함 때문에 소나무는 각별한 자리에 위치한다. 그것은 헐렁한 옷을 입고 대지팡이를 짚은 채 산길을 걸어가는 여유만만한 사람, 인간 최고의 이상형으로 존경받은 은자와 같은 것이다. 이립옹이 복숭아나무와 오얏나무와 버드나무 등 나무가 많은 과수원 속에 있다 해도 그 속에 한 그루의 소나무가 없다면, 젊은 자녀 가운데 앉아 있으면서도 그 속에 준엄한 선비가 없는 것과 같다고 한 말이 이것이다. 소나무 중에서도 노송을 상찬하는 까닭도 이것이다. 늙을수록 존중해야 한다. 무릇 늙음은 준엄하기 때문이다.

소나무 못지않은 풍취가 있는 것으로 측백나무가 있다. 특히 학명 selaginela involvens로 알려진 종자는 가지가 구불구불하여 고리 모양을 이룬 채 다보록하게 드리워져 있다. 하늘을 향해 곧게 자란 가지는 청춘과 희망의 상징으로 보이며, 땅을 향해 드리워진 가지는 엎드려 소년을 어루만지는 노옹의 모습처럼 보이기도 한다.

소나무는 침묵과 장중과 속세의 초월을 나타내고 은자의 품격이 있기 때문에, 그것을 완상한다는 것은 예술상 가장 의미 깊은 일이라고 생각된다. 소나무 완상에 빼놓을 수 없는 것은, 중국의 회화에서 가끔 볼 수 있는 '우직한' 바위와 나무그늘 밑을 거니는 인물이다. 소나무 밑에 설 때 사람은 장중과 노성의 품격을 느끼고, 그 고고한 모습에 야릇한 기품을 느끼며 그것을 우러러본다. 노자는 "침묵이야말로 자연이다"라고 말했다. 노송은 말이 없으며 묵연하고 태연하게 우뚝 솟은 채 높은 곳에서 잠자코 생각에 잠긴다 — 이 밑에서 많은 아이들이 어른이 되었고, 어른이 또 늙어 갔지. 산전수전 다 겪은 노옹처럼 모든 것을 알면서도 아무 말이 없다. 바로 거기에 신비함과 장중함이 있다.

매화나무가 감상의 대상이 되는 것은 그 가지의 모습이 낭만적이기 때문이기도 하려니와, 냄새가 맑고 높기 때문이기도 하리라. 우리의 시적 감상을 위해 선택된 나무 중에는 소나무와 매화나무와 대나무가 겨울과 어우러져서 '세한삼우(歲寒三友)'라 일컬어지고 있지만 이것은 좀 우습다. 왜냐하면 솔과 대는 상록수이며, 매화나무는 늦겨울에서 이른봄에 활짝 피는 것이기 때문이다. 따라서 매화는 특히 청고함을 나타내는 것이다. 싸늘한 단아함이며, 속세를 떠난 사람처럼 차가운 대기 속에서 기품이 더해진다. 또 난초처럼 은일(隱逸)의 풍취가 깃들여 있다. 송나라 때의 은둔 시인 임화정(林和靖)은, 매화는 자신의 아내이며, 학은 자신의 아들이라고 했다. 서호(西湖) 복판의 고산(孤山)에 있는 그가 숨어 살던 고적은 오늘날 문인 묵객(墨客)의 순례지가 되었다. 그 무덤 아래에는 '내 아들' 학의 무덤이 있다. 이 시인의 유명한 다음의 칠언구(七言句)에 매화의 향기와 그 풍취가 가장 잘 묘사되어 있다.

암향부동월황혼(暗香浮動月黃昏 : 그윽한 향기 떠도는 달 밝은 해질녘)

매화가 지닌 아름다움의 정수는 이 칠언의 시구가 완벽하게 표현했으며, 한 자도 움직일 여지가 없음은 모든 시인이 인정하는 바이다.

대나무의 아름다움은 그 줄기와 잎의 화사함에 있다. 화사할수록 학자의 집안에서 찬미 속에 감상된다. 대나무의 미는 어느 쪽이냐 하면 상냥함이 깃들인 미이며, 거기서 받는 기쁨은 온화하고 조용한 것이다. 가늘고 유순하고 성김이 대나무 풍취의 으뜸으로 지목된다. 그래서 살아 있는 대나무건 그림 속의 대나무건 간에 두세 그루의 대나무는 한 덤불의 대나무와 동등하게 존중받는다. 가지와 잎의 유순함을 좋아하므로 두세 그루만으로도 그림이 된다. 마치 매화 두세 송이가 훌륭한 화제가 되는 것과 같다. 웬일인지 대나무의 유순한 모습이 울퉁불퉁한 바위와 썩 잘 조화된다. 그래서 몇 그루의 대나무에 곁들여 바위 한두 개가 흔히 그려진다. 그런 때의 바위는 언제나 파리한 미를 지닌 모습으로서 그려지는 것이다.

버드나무는 어디에서나 잘 자라는 나무다. 특히 냇가의 둑 등에 많다. 이 나무는 무엇보다도 여성적인 나무라 할 수 있다. 그 때문에 저 장조(張潮)는 버드나무를 우주 만물 중 인간의 심금을 잘 울리는 네 가지 중의 하나로 꼽고, 버드나무는 사람의 감상을 북돋운다고 했다. 중국 여인의 가는 허리를 가리켜 '유요(柳腰)'라고 한다. 중국의 춤추는 소녀는 긴 소매와 의상을 나풀거려, 바람에 날리는 버드나무 가지를 닮으려고 한다. 버드나무는 잘 자라기 때문에 중국의 곳곳에는 1마일에 걸쳐서 버드나무를 심는다. 그 위로 바람이 스쳐갈 때의 모양을 '유랑(柳浪)'이라고 한다. 버드나무의 늘어진 가지에 꾀꼬리가 즐겨 앉으므로 그림에서도 많이 그려지며, 실제로도 버드나무와 꾀꼬리는 떼어놓고 생각할 수 없다. 매미도 그 가지에서 많이 쉰다. 서호십경(西湖十景)의 하나인 '유랑문앵(柳浪聞鶯)'이 그것이다.

물론 이 밖에도 어떤 이유 때문에 찬미의 대상이 되는 나무는 많다. 이를테면 오동나무는 나무 껍질이 깨끗하고 그 표면이 매끈하여 작은 칼로 쉽사리 시를 새길 수 있기 때문에 사랑받는다. 또 중국인이 매우 애호하는 개덩굴풀 중에는 뿌리의 지름이 2, 3센티미터나 되는 것도 있어서, 고목이나 암석에 휘감겨 있는 덩굴풀과는 재미있는 대조를 이룬다. 그중에서도 특히 좋은 덩굴풀로는 용이 잠든 모양을 하고 있다 해서 용만초(龍蔓草)라는 이름을 가진 것도 있다.

줄기가 구불구불하고 약간 비스듬히 자란 고목은 그 줄기 덕분에 사랑받고 존중받는다. 소주에서 가까운 태호(太湖)가의 한 곳인 목독(木瀆)에 있는 네 그루의 측백나무는 각각 '청(淸)', '희(稀)', '고(古)', '기(奇)'라는 이름이 붙여져 있다. '청'의 나무는 줄기가 뻗어오르고, 잎이 정상에서 삿갓 모양으로 퍼져 있다. '희'는 땅 위에 뻗어 지그재그로 세 개의 Z형을 이루고 있다. '고'의 정상에는 잎이 없고, 굵고 오동통하며, 가지는 성기고 반쯤 말라서 사람의 손가락 같은 모양이다. 끝으로 '기'의 줄기는 맨 윗가지 부분까지 나선형으로 꼬여 있다.

중요한 것은, 나무의 감상은 그저 나무만의 관상이 아니라 다른 자연물, 이를테면 바위와 구름과 새와 벌레와 인간 등과 관련시켜야만 진미가 있다는 점이다. 그래서 장조는 "꽃을 심음은 나비를 유혹하기 위함이고, 바위를 쌓음은 구름을 부르기 위함이고, 소나무를 심음은 바람을 맞이하기 위함이다. 또 파초를 심음은 비를 기다리기 위함이고, 버드나무를 심음은 매미를 초대하기 위함이다"라고 했다.

사람은 새의 노래를 나무와 함께 즐기고, 귀뚜라미 소리를 바위와 함께 감상한다. 새는 나무그늘에서 노래하고, 귀뚜라미는 바위틈에서 운다. 중국인은 우는 귀뚜라미나 매미를 고양이나 개 같은 다른 가축보다 훨씬 귀여워한다. 모든 가축이나 사람과 가까운 동물 중에서 유독 학만이 소나무와 같은 부류에 끼여 있다. 학은 은자의 상징이기 때문이다. 학은 물론이려니와 백로까지도 한적한 늪에서 순백한 모습으로 늠름하게 또는 얌전하게 우뚝 서 있는 것을 보면, 중국 학자는 학이 되고 싶다는 생각을 한다.

시인의 기분이 자연 속에 융화되면, 동물이 행복해야만 인간 또한 행복한 것이라고 생각하게 된다. 그러한 심정은 정판교(鄭板橋)가 그 아우에게 띄운 편지 속에서 '새를 새장 안에 넣어서 기르는 것은 결코 찬성할 수 없다'고 한 문장에 잘 묘사되어 있다.

　나는 새를 새장에 넣어 길러서는 안 된다고 말했다. 그러나 덧붙이고 싶은 말은, 내가 그렇게 말하는 이유는 새가 싫어서가 아니라는 것이다. 새를 사랑하는 데는 자연스런 방법이 있기 때문이다. 새를 기르는 최상의 방법은 집 주위에 수백 그루의 나무를 심어 새의 왕국과 가정이 나무그늘에서 잘 보이도록 해두는 것이다. 그러면 동이 틀 무렵 잠이 깨어 침상에 누운 채 하늘의 음악을 연상시키는 새들의 합창을 듣게 된다. 침상에서 나와 옷을 입고 세수하고 이를 닦고 아침 차를 마실 때, 화려한 새의 날개가 여기저기 날아다니는 것이 보여 그들을 맞기에 정신이 없다. 한 마리의 새를 새장에 넣고 바라보는 것과는 비교할 수 없는 즐거움이다. 대체로 생활의 즐거움은 우주를 공원으로 보고, 호수나 내를 연못으로 생각하는 데서 비롯된다. 그러므로 생물은 다 저마다 자기 특성에 맞게 살아갈 수 있게 해주어야 된다. 그 기쁨이 얼마나 크겠는가! 이 친절함과 저 냉혹함, 세상의 많은 즐거움 가운데 새를 새장에 넣고 물고기를 병 속에 가두어놓은 채 즐기는 것과, 나의 이 즐거움을 비교해 보라. 얼마나 큰 차이가 있겠는가!

꽃과 꽃꽂이에 대하여

　꽃과 꽃꽂이의 감상은 오늘날 볼 수 있듯이 다소 파격적인 느낌이 있다. 꽃의 감상은 나무의 감상과 마찬가지로 그 등급이나 순위를 잘 터득하여, 일정한 정서와 환경을 일정한 꽃에 결부시키는 것에서부터 시작해야만 한다.
　우선 가장 문제가 되는 것은 꽃의 향기다. 향기에는 재스민처럼 강렬하고 뚜렷한 것들도 있지만, 라일락처럼 미묘한 것과 중국의 난초처럼 더없이 고상하고 맑은 향기를 풍기는 것 등 가지각색이다. 그 향기가 맑고 은은할수록 고상한 꽃이라고 할 수 있다. 다음은 꽃의 빛깔과 모양의 아름다움인데, 이것도 역시 천차만별이다. 어떤 것은 풍만한 처녀를 연상시키고, 어떤 것은 청초하고 풍취가 깊어 침착한 숙녀를 연상시킨다. 어떤 것은 그 매력으로써 세상을 유혹하려는 것처럼 보이기도 하고, 또 어떤 것은 자기 매력에 교만해져서 꿈 같은 나날을 보내며 만족하는 듯 보이는 것도 있다. 그리고 화려한 빛깔을 즐기는 것이 있는가 하면, 얌전하고 조심스런 형태를 즐기는 것도 있다.

꽃은 먼저 외계의 환경과 꽃이 피는 계절을 항상 연상시킨다. 장미는 화사한 봄날을 생각케 하고, 연꽃은 시원한 여름날 아침의 연못을 생각케 하고, 물푸레나무는 가을의 달과 추석 명절을 생각케 하고, 국화는 늦가을에 먹는 게맛을 생각케 하고, 매화는 눈을 생각케 하면서 수선화와 함께 정월을 즐기는 데 없어서는 안 되는 것으로 꼽힌다. 모두가 저절로 일어나는 연상작용이다. 어느 꽃이나 모두 그것과 잘 어울리는 환경에 놓여야만 비로소 그 진가를 발휘한다고 생각되는데, 호랑가시나무가 크리스마스를 연상시키듯 꽃을 사랑하는 자에게 꽃을 가슴에 그려 각 계절 특유의 정경을 머릿속에 떠올리기란 무엇보다도 용이한 일이다.

난초와 국화와 연꽃은 소나무와 대나무처럼 어딘지 모르게 고상함을 상찬 받고, 중국에서는 군자의 상징이다. 그중에서도 난초는 특히 그 이국적인 아름다움을 평가받는다. 매화는 아마도 어떤 꽃보다도 중국의 시인에게 애호되고 있을 것이다. 이 점에 관해서는 앞의 절에서 다소 언급해 두었다. 매화는 새해와 더불어, 즉 다른 꽃보다 먼저 피어서 '화괴(花魁)'라 불린다. 거기에는 물론 이설(異說)이 있어서 옛날에는, 특히 당나라 때는 모란이 꽃의 왕으로 사랑받았다. 그리고 또 모란이 그 빛깔과 꽃잎의 풍염함 때문에 부귀와 행복의 상징인 반면, 매화는 시인의 꽃, 차분하고 청빈한 선비로 상징되고 있다. 즉 모란은 물질적이지만, 매화는 정신적이다.

일찍이 어떤 선비가 모란을 극구 예찬한 일이 있는데, 그것은 오직 다음과 같은 유래에 의해서이다. 예전에 당나라 무후(武后)가 그 과대망상적인 변덕을 일으켜 궁정의 꽃 전부에 한겨울의 어느 날 일시에 개화할 것을 분부했다. 이유는 없고, 다만 그렇게 해보고 싶었을 뿐이었다. 그런데 용감하게도 모란만이 몇 시간 늦게 피어서 무후의 기분을 상하게 했다. 그 결과 수천 포기의 모란은 칙명에 의해 전부 도읍지 장안으로부터 낙양으로 추방당하고 말았다. 왕후의 총애를 잃기는 했으나 모란 예찬은 여전히 그치지 않았으며, 낙양은 모란의 대표적인 명소가 되었다.

중국인이 장미를 그리 대단치 않게 여겼던 이유는, 장미는 그 빛깔이나 형태에서 모란과 동급에 들어가야 하겠지만, 모란의 호화스러움에 그만 눌려버린 것이리라. 중국의 옛 기록에 따르면, 모란은 90종이나 되며 모두가 대단히 시적인 이름을 가졌던 모양이다.

난초는 모란과 달리 둔세적(遁世的)인 미를 상징하는데, 그것은 인가에서 떨어진 유곡(幽谷)에 피는 일이 많기 때문이다. 난초는 사람에게 감상되는 것을 개의치 않고 '스스로 고독의 미를 즐기는' 미덕이 있어, 마을에 옮겨지는 것을 몹시 꺼린다고 한다. 설사 마지못해 옮겨지더라도 난초의 독특한 특성에 따라 재배되어야 하며, 그에 따르지 않으면 곧 말라 죽고 만다. 그런 점에서 우리는 규방에서 자란 아름다운 처녀, 권세와 명성을 마다하고 산속에 숨어 사는 격이 높은 선비를 흔히 '유곡란(幽谷蘭)'에 비유한다.

그 향기는 아주 옅고, 사람들을 기쁘게 하기 위해 별로 노력하지 않는 듯싶지만, 실제로 그 방향(芳香)이 이해되면 그 숭고함에 틀림없이 감동하리라! 이런 특성이 있으므로 난초는 세상에 아부하지 않는 군자의 상징이며, 또 참된 우정의 상징인 것이다. 그것은 고서에 '난초를 장식한 집에 들어가 오랫동안 거기에 머물 때는 그 향기를 느끼지 못하게 된다'라고 씌어 있는 것만으로도 알 수 있는데, 난초의 향기가 몸에 배어버리기 때문이다. 이립옹은 난초를 완상하는 최선의 방법으로서 모든 방에 난초를 놓지 말고 오직 한 방에만 놓아, 그 방에 드나들 적마다 난초의 향기를 즐길 것을 권한다.

미국의 난초에는 이같은 옅은 향기는 없으며, 그 대신 모양도 크고 빛깔도 한층 화려하다. 내가 태어난 중국 복건성(福建省)은 '복건란'으로 알려진 중국 최상의 난초 산지이다. 그 꽃은 옅은 녹색이고 보라빛 반점이 있으며, 모양은 아주 작고, 꽃잎의 길이는 2.5센터미터를 겨우 넘을 정도이다. 가장 진귀하게 여기는 최상의 품종 '진몽량(陳夢良)'은 빛깔이 물과 같으므로 물에 넣으면 거의 보이지 않는다.

매화는 시인 임화정의 꽃, 연꽃은 유교 이론가 주무숙(周茂叔)의 꽃, 이에 대해 국화는 시인 도연명의 꽃이다. 늦가을에 피는 그 꽃은 '냉향(冷香)'이니 '냉수(冷秀)'니 하는 풍취가 있다. 국화의 냉수와 소위 모란의 화려함의 대조는 누구의 눈에도 쉽게 이해된다. 국화에는 품종이 수백 종류가 있는데, 내가 알기로는 그 품종마다 아름다운 이름을 붙이는 유행에 앞장선 사람은 송나라 때의 대유(大儒) 범성대(范成大)이다. 형태와 빛깔의 다종다양함이 국화의 특징인 듯싶다. 백색과 황색이 국화의 '정통'으로 지목되며, 보라빛과 붉은빛은 변색으로 치므로 등급도 떨어진다. 백색과 황색은 '은분(銀盆)', '은령(銀鈴)', '옥반(玉盤)', '옥령(玉鈴)', '옥수구(玉繡毬)'라는 등의 품명을 낳았다. 또 '양귀비'니 '서시'니 하는 유명한 미인 이름을 붙인 것도 있다. 짧게 깎은 여자의 단발 비슷한 형태의 것도 있거니와, 꽃잎이 물결치는 고수머리 같은 것도 있다. 향기도 품종에 따라 각기 다르지만 사향이나 이른바 '용뇌향(龍腦香)'을 으뜸으로 친다.

연꽃은 오직 한 가지만으로 하나의 종류를 이루는데, 수면에 뜨는 그 줄기와 잎을 포함하여 꽃 전체를 바라보면, 나는 모든 꽃 중에서 가장 아름답다고 느낀다. 주위에 연꽃 없이는 여름을 즐길 수 없다. 만일 집 가까이에 연못이 없으면 커다란 질그릇 수반(水盤)에 연꽃을 옮겨놓으면 된다. 다만 이 경우에는 반마일(약 0.8킬로미터)이나 연이어 핀 연꽃의 아름다움, 대기에 퍼지는 그 방향, 액체의 진주 같은 물방울이 맺히는 푸른 활엽, 그것과 선명한 대조를 이루는 잎끝의 홍백이 아롱진 꽃의 아름다움은 대부분 상실하게 된다(미국의 수련인 워터 릴리〈water lily〉는 중국의 연꽃과는 다르다). 송나라 때의 학자 주무숙은 그 수필 《애련설(愛蓮說)》속에서 연꽃을 사랑하는 까닭을 말하고, 연꽃은 흙탕물 속에 자라면서도 군자처럼 더러움에 물들지 않는다고 했다. 이 견해는 일반 유가의 설과 마찬가지이다. 공리적인 견지에서 보면 연꽃에는 버릴 것이 없다. 연근은 청량음료를 만들고, 잎은 과실이나 그 밖의 음식을 찔 때 그것을 싸는 데 사용하고, 꽃은 그 모양과 빛깔로 인해 애호받고, 끝으로 연실(蓮實)은 신선의 음식물로 사랑받아, 껍질을 갓 벗겨 생으로 먹거나 말려서 먹거나 설탕조림을 해서도 먹을 수 있다.

　능금꽃과 비슷한 해당화는 다른 꽃과 마찬가지로 시인들간에 사랑받고 있다. 오직 두보(杜甫)만은 자기 고향 사천(四川)의 명물인 이 꽃에 대해 한 마디도 언급하지 않았다. 그 이유에 대해서는 갖가지 설이 있는데, 가장 적절한 이유는 모친의 이름이 해당(海棠)이므로 어머니에게 경의를 표하는 뜻에서 그것을 피했다는 설이다.

　향기가 좋은 점에서 난초보다 높게 평가하고 싶은 꽃은 두 가지뿐이다. 그것은 물푸레나무꽃과 수선화이다. 수선화도 내가 태어난 고향 창주(彰州)시의 특산물로서 미국에 구근(球根)이 수출되는 액수가 한때 수십만 달러에 달했던 적도 있는데, 미국 농무성은 그 구근에 붙어 있는 병원균을 방지한다면서 이 향기 짙은 꽃을 미국 국민으로부터 빼앗고 말았다. 그러나 선녀처럼 깨끗한 수선화의 하얀 구근에 병원균이 붙어 있다는 것은 상상조차 할 수 없다. 그것은 흙탕물 속과는 달리 물을 담은 유리나 질그릇의 화분 속에 자갈을 깐 채 심고, 최대한 주의하여 기른다.

철쭉꽃은 예쁘고 맵시 있는 아름다움과는 반대로 일반적으로 비극의 꽃으로 지목된다. 왜냐하면 이 꽃은 뻐꾹새의 피눈물에서 싹튼 꽃이라고 알려졌기 때문이며, 뻐꾹새는 계모에게 학대받고 집을 쫓겨난 형을 찾는 소년이 변해서 된 것이라 일컬어진다. 꽃을 선택하고 그 순위를 정하는 것도 중요하지만, 꽃병에 꽃을 꽂는 기술도 역시 중요하다. 이것은 적어도 아득한 11세기 이래의 예술이다. 19세기 초《부생육기(浮生六記)》의 저자는 제2권 〈한정기취(閑情記趣)〉의 장(章)에서 훌륭한 구도의 그림 못지않게 꽂는 기술을 말하고 있다.

그런데 나는 매년 가을이 되면 국화를 열렬히 사랑했다. 나는 국화를 화분에 심기보다 꽃병에 꽂는 것을 좋아했다. 화분에 심는 것이 싫어서가 아니라, 집에 뜰이 없어서 직접 키울 수 없기 때문이었다. 시장에서 구해 오는 꽃은 손질이 잘 되어 있지 않아서 내 취향에 맞지 않는다. 국화를 꽃병에 꽂을 때는 짝수가 아니라 홀수로 꽂아야 하고, 어느 병에나 한 가지 빛깔의 꽃만 꽂아야 한다. 꽃병의 주둥이는 꽃을 한꺼번에 쉽게 꽂을 정도로 넓어야만 한다. 하나의 꽃병에 꽂은 꽃이 여섯 송이건 3, 40송이건 모두 한결같이 꽃병의 주둥이에 똑바로 서도록 꽂아야 한다. 너무 한쪽으로 몰려도 안 되고 흩어져서 너무 넓게 되어서도 안 된다. 꽃병 주둥이에 기대어 꽂는 것도 금물이다. 이렇게 위치를 정하는 것을 '뿌리 맺음'이라고 한다.

꽃은 고상하게 똑바로 서 있기도 하고 여러 방향으로 뻗어 있기도 할 것이다. 지나친 단조로움을 피하기 위해서는 몇 개의 꽃봉오리를 곁들여서 일종의 분위기 있는 불균형을 살려 꽂는 것이 좋다. 잎이 너무 많아서는 안 되고, 줄기도 너무 딱딱

해서는 안 된다. 줄기를 바늘로 붙들어맬 때는 바늘 끝이 드러나면 잘못된 것이니 긴 바늘은 잘라 버려야만 한다. 이른바 '병 주둥이는 깨끗해야 한다'는 것은 이를 두고 한 말이다.

테이블 크기에 따라 셋 내지 일곱 개의 꽃병을 탁상에 늘어놓는다. 꽃병이 너무 많으면 시장에서 파는 국화의 진열같이 되어 버린다. 화병대 높이도 10 내지 11센티미터에서 아무리 높아도 76센티미터 정도가 되게 하고, 조화 있게 구성된 그림처럼 높이가 다른 화병을 하나 중앙에 놓고 낮은 것을 그 양쪽에 놓거나, 낮은 화병을 앞에 놓고 높은 것을 뒤에 놓거나, 균형을 잡아 한 쌍씩 늘어놓는 방식은 흔히 말하는 '금회퇴(錦灰堆)'의 폐풍이다. 적당한 간격을 취하는 법이나 배치법은 개인의 회화적 구성의 이해 여하에 좌우되는 것이다.

대접이나 큰 접시를 이용할 경우 꽃을 받치는 데는 정제된 송진에 느릅나무 껍질과 밀가루를 기름에 갠 것을 아교 모양으로 될 때까지 뜨거운 짚불로 데우고, 그것으로 동판에 몇 개의 못을 거꾸로 붙인다. 다음에 그 동판을 뜨겁게 하여 그 화분이나 접시의 밑바닥에 붙인다. 그것이 식으면 철사로 꽃을 몇 개의 다발로 묶어 거꾸로 된 못에 꽂는다. 꽃은 옆으로 기울게 하는 것이 좋고 복판에서 비쭉 내밀게 해서는 안 된다. 줄기와 잎이 맞붙지 않게 하는 것도 중요하다. 이런 순서가 끝나면, 화분에 물을 붓고 깨끗한 모래를 조금 넣어서 동판을 가려 버리고, 꽃이 곧장 화분 밑바닥에서 난 것처럼 보이게 한다.

꽃이 달린 가지를 꺾어 꽃병에 꽂을 경우에는 꽂기 전에 가지를 어떻게 손질해야 좋을지 터득할 필요가 있다. 왜냐하면 누구든지 항상 자기가 직접 가지를 꺾어올 수는 없고, 남이 꺾은 가지로는 불만족스러운 경우가 흔히 있기 때문이다. 우선 그 가지를 손에 들고 전후좌우 여러 방향으로 살펴보고 어느 방향이 가장 아름다운지 확인한다. 확인이 끝나면 늘씬하고 옛스러운 색다른 가지 모양으로 만들기 위해 쓸데없는 잔가지를 잘라버린다.

그러고 나서 줄기를 어떤 상태로 꽃병에 꽂을까, 줄기를 꽃병에 꽂았을 때 잎이나 꽃이 아름답게 보이도록 하려면 어떤 상태로 줄기를 구부리면 좋은가를 생각한다. 만일 되는 대로 하나의 묵은 가지를 손에 쥐면서 그 곧은 부분을 화병에 꽂았다면, 줄기는 뻗어나오고 가지는 너무 빽빽하며, 꽃이나 잎이 다른 쪽을 향하게 되어 매력이며 표정 등은 완전히 엉망이 될 것이다. 곧은 가지를 구부리려면 줄기의 한가운데쯤에 칼로 상처를 내고 그 상처에 깨진 기와나 돌멩이의 부서진 작은 조각을 끼워 넣는다. 그렇게 하면 곧은 가지는 알맞게 구부러진다.

큰 가지가 너무 약할 때는 두세 개의 바늘을 꽂아서 단단하게 한다. 이 방법을 쓰면 단풍잎이나 대나무 가지, 또 그 밖에 가시나무까지 훌륭한 장식이 된다. 몇 개의 중국 구기자나무 열매에 푸른 대나무의 작은 가지를 곁들이거나, 고상한 풀잎에 몇 개의 가시나무 가지를 배합해도, 배치만 잘 되면 참으로 우아한 정취를 낳을 것이다.

교양의 즐거움 제11장

지식과 견식

 교육이나 교양의 목적은 지식 속에서 견식을 기르고 행위 속에서 덕을 기르는 데 있다. 교양 있는 사람 또는 이상적인 교육을 받은 사람이란 반드시 책을 많이 읽은 사람이나 지식이 해박한 사람을 가리키는 말이 아니라, 좋아해야 할 것과 싫어해야 할 것이 무엇인지를 구별할 줄 아는 사람을 말한다.

 무엇을 사랑하고 무엇을 싫어해야 하는지를 안다는 것은 견식이 있음을 뜻한다. 머릿속은 역사적인 연대나 여러 숫자로 가득 차 있고, 러시아나 체코슬로바키아의 시사 문제 따위에 정통해 있으면서 그 태도나 견해가 아주 잘못되어 있는 사람들의 모임에 동석하는 것만큼 불쾌한 일은 없다. 나는 그런 사람들과 몇 번 만난 적이 있었는데, 화제에 오르는 것에 대해서는 어떤 것이든 약간의 사실이나 숫자를 알고 있었지만, 견해는 정말 부끄러울 정도의 것이었다.

 그런 자들은 학식은 있지만 판단력, 즉 견식이나 감식(鑑識)은 없는 것이다. 지식은 사실이나 보도 등의 단순한 주입 문제이지만 견식, 즉 판단력은 예술적 판단의 문제이다.

 학자에 대해 말한다면, 중국인은 일반적으로 학식과 행위와 견식을 잘 구별하고 있다.[1] 역사가의 경우는 특히 그러하다. 한 역사책이 최대의 학자적 양심을 가지고 씌어졌다 해도, 통찰력이나 감식력이 부족하여 역사상의 인물과 사건의 판단과 해석에 저자의 독창성이나 이해의 깊이가 전혀 나타나지 않는 경우가 흔히 있다. 우리는 바로 이런 사람을 가리켜 견식이 없는 사람이라고 하는 것이다. 소식에 정통하거나 사설을 수집하는 것만큼 쉬운 일은 없다. 역사상의 어느 시기에는 쉽게 머릿속에 집어넣을 수 있는 사실이 많이 있다. 그러나 그중에서 중요 사항을 선택하기 위한 판단력을 작용시키는 일은 대단히 어려운 일이며, 그것은 그 인물의 견식에 달려 있는 것이다.

그러므로 교양 있는 사람이란 좋은 것과 싫은 것에 대한 태도를 분명히 하는 사람을 말한다. 이것을 우리는 견식이라 부른다. 견식에는 매력이 따르는 법이다. 견식 또는 판단력을 갖기 위해 사물을 철저히 생각하는 능력과, 판단의 독자성과 사회적·문화적·미술적·학구적, 무릇 어떤 방면의 기만적 위협에도 굴하지 않는 의연한 태도가 필요하다.

물론 성인들의 생활은 많은 기만에 싸여 있다. 거짓 명성, 거짓 재력, 거짓 조국애, 거짓 정치, 거짓 종교, 가짜 시인, 가짜 독재자, 가짜 심리학자 등등. 정신분석가는 유년시절의 내장의 모든 기능은 성장한 후의 야심과 공격성과 의무관념과 결정적인 관계를 가지고 있다거나, 변비는 인색성의 근원이라고 가르친다. 그러나 다소 견식이 있는 자가 이런 학설을 들으면 재미있어하며 일소에 부치고 만다. 누가 저질렀든 잘못은 잘못인 것이다. 위인의 이름이라든가, 위인은 읽었는데 범인(凡人)은 읽지 못한 책이 수없이 많음을 알고 감탄하고 위압당할 필요가 없다.

---

1 〈원주〉 학(學), 행(行), 식(識) 또는 식견 등 이와 같이 사람의 식, 즉 역사적인 사건이나 현대의 사건에 대한 통찰력은 그 밖의 무엇보다 상위에 놓아도 좋을 것 같다. 이것이 내가 '해석력' 또는 '해명적 통찰'이라 부르는 것들이다.

그런데 견식은 용기와 불가분의 것이다. 실제로 중국인은 항상 '식(識)'과 '담(膽)'을 관련시키고 있다. 용기, 즉 판단의 독자성이라는 것은 잘 아는 바와 같이 실로 드물게 보는 미덕인 것이다. 후세에 이름을 떨친 사상가나 문인은 유년시절부터 모두 지성에 용기가 있었으며, 그 독자성을 잃지 않았다.

이런 사람들은 당대의 유행 시인이라 해서 덮어놓고 호의를 갖지는 않는다. 하지만 진정으로 한 사람의 시인에 심취할 때는 당당하게 그 이유를 공언할 수 있다. 우리는 이것을 문예상의 견식이라고 한다. 그는 또 유행파의 그림일지라도 자기의 예술적 취향에 안 맞을 때는 결코 그 가치를 인정하지 않는다. 이것은 미술적인 견식이다. 그는 또 철학상의 유행이나 조류에 따르는 이론은, 그 배후에 아무리 위대한 인물이 있을지라도 절대 감명받는 일이 없다. 자기가 마음속에서 납득하는 것이 아니면 누구든 따르기를 당당하게 거부한다. 그를 납득시켰다면, 저자의 의견이 옳은 것이 된다. 만일 저자가 그를 납득시키지 못한다면, 그가 옳고 저자가 그른 것이 된다. 이것은 지식에서의 견식이다.

물론 이같은 지적 용기 또는 판단의 독립성을 지키기 위해서는 소박하고 어린아이다운 자신감이 필요하다. 그러나 이 자신감이 깃들인 자아야말로 우리가 사수할 수 있는 유일한 것이며, 만일 세상의 학자가 개인적 판단의 권리를 포기한다면 인생의 온갖 기만을 용인해야만 하는 처지에 빠지게 될 것이다.

공자는 사려없는 학식이 학식을 수반하지 않는 사려보다 위험하다는 것을 느꼈던 것 같다. 공자는 "배우더라도 생각하지 않으면 사물은 확실하지 않다. 생각하더라도 배우지 않으면 독단에 빠져 위험하다"고 말했다. 그가 이런 훈계를 한 이유는, 공자는 당시의 많은 학자가 전자에 속해 있었음을 알았기 때문이리라.

이 경구는 현대의 학교에도 아주 적절하다. 다 알다시피 현대의 교육과 학교제도는 대체로 지식을 장려하고 판단력을 희생시키는 경향이 있다. 그리고 지식 주입주의를 최종 목적으로 생각하고, 학식만 많으면 교육받은 인간이 되는 줄로 생각한다.

그러면 학교에서 사색이 배제된 것은 무슨 까닭일까? 교육제도가 즐거운 지식 탐구를 기계적이고 규칙적이고 획일적이고 수동적인 주입주의로 왜곡시켜 버린 것은 무슨 이유일까?

그리고 왜 사색보다 지식 탐구를 중요시하는가? 심리학과 중세사와 논리학에서 '종교'에 이르는 필수과목 또는 청강 과정을 마쳤다 해서 대학 졸업생을 교육받은 사람이라고 부르는 것은 어쩐 일일까? 성적이나 졸업증서가 학생의 머릿속에서 교육의 진정한 목적의 지위를 빼앗아버린 것은 무슨 까닭일까? 그 이유는 간단하다. 현대의 교육제도가 대량교육이며, 따라서 공장이나 다름없고, 공장 내에서 일어나는 모든 일은 생명 없는 기계적 시스템에 의해야만 하기 때문이다. 교명(校名)을 지키고 제품을 표준화하기 위해 학교는 졸업증서를 발행하여 제품을 증명해야만 한다. 졸업증서와 함께 등급을 매겨야 할 필요가 있고, 필요성에서 점수가 생긴다. 점수를 매기려면 암송과 시험이 있어야만 한다. 교육 전체가 완전한 논리적 연쇄를 이루고 있어서 빠져나갈 길이 전혀 없다.

그렇지만 기계적인 시험의 결과는 우리의 생각 이상으로 치명적인 것이다. 그것은 견식이나 판단력의 함양보다는 오히려 사실의 기억력 쪽에 역점을 두기 때문이다. 나도 교사생활을 한 적이 있기 때문에 잘 알지만, 막연한 문제에 관한 막연한 의견을 묻기보다 역사의 연대에 관해 일련의 문제를 내는 쪽이 쉽고 답안지에 점수를 매기는 것 역시 매우 쉽다.

이런 제도가 수립된 후부터, 우리는 학문이 '견식의 계발'이라 부르는 나의 표현에 따라 참된 이상으로부터 떠나버렸다는 사실을 잊어버리기 쉽다. 아니, 지금도 자꾸만 떨어져 나가고 있다. 위험은 여기에 있는 것이다. 여기서 공자의 다음과 같은 말을 음미할 필요가 있다.

지식을 암기하는 것만으로는 사람의 스승이 되기에 부족하다.

어떤 형식으로든 인간의 지식을 자세히 생각하고 추정할 수 있는 사고방식을 버려야만 한다. 장자는 "나의 생은 끝이 있지만 지(知)는 끝이 없다"라는 명언을 남겼다. 결국 학문 탐구는 신대륙의 탐험, 또는 아나톨 프랑스의 이른바 '영혼의 모험'과 같은 것에 불과하며, 그 탐구 정신이 해명적·연구적·호기적·모험적인 기분으로 유지된다면 고통이 아니라 오히려 즐거움으로 지속되는 것이다. 규칙적·획일적·수동적인 지식의 주입주의를 적극적이고 발전적인 개인의 즐거움으로 전환시켜야만 한다.

졸업증서나 점수가 일단 폐지되거나 아니면 있으나마나 한 무용지물로서 다루어진다면, 학생은 적어도 면학의 목적이 무엇인지 반성하지 않을 수 없게 되므로 학문 탐구가 보다 적극적일 수 있게 된다. 현재의 상태에서는 학생에게 있어서 문제는 답안으로 끝나는 것이다. 신입생은 2학년이 되기 위해 공부하고, 2학년은 3학년이 되기 위해 공부한다. 그들은 이것에 아무런 의문을 갖지 않는다. 그러나 본래 학문의 목적과 전혀 관계없는 생각은 일절 뿌리쳐야만 한다. 왜냐하면 무릇 학문의 연구란 오로지 자기 자신의 문제이지 남의 문제가 아니기 때문이다.

그런데 실제로 학생은 모두 대학교수를 위해 공부하고 있다. 많은 선량한 학생은 부모를 위해, 또는 미래의 아내를 위해 공부하고 있다. 즉 거액의 학자금을 내 준 부모에게 불효하지 않기 위해, 근엄하고 잔소리가 심한 교사

앞에 착실한 학생으로 보이기 위해, 혹은 학교를 졸업하고 높은 급료를 받아 가족을 부양할 수 있기 위해 공부하는 것이다. 이같은 사고방식은 모두 부도덕한 것이 아닐까. 학문 탐구는 다른 누구를 위한 일도 아니고 오직 자기 자신을 위한 일이어야 한다. 그래야만 비로소 교육은 즐거움이 되고, 적극적인 자세로 임할 수 있게 되는 것이다.

유희로서의 예술과 품격으로서의 예술

예술은 창조인 동시에 오락이다. 나는 이 두 가지 사고방식 중에서 오락, 즉 순전히 정신적 유희로서의 예술 쪽이 훨씬 중하다고 생각한다. 회화든 건축이든 문학이든 불후의 창조적 작품이라면 나는 어떠한 형식의 것이건 존중하지만, 참된 예술적 정신은 불후의 걸작을 남긴다는 것에 연연하지 않은 채 다수의 민중이 예술을 오락으로 즐길 수 있을 때 비로소 보다 더 일반화되고 널리 보급되는 것이라고 생각한다.

대학이 전국경기에 출전하는 소수의 운동 선수나 축구 선수를 양성하는 것보다도, 잘하든 못하든 모든 학생이 테니스나 축구를 하는 것이 중요하다. 이와 마찬가지로 한 국가가 한 사람의 로댕을 낳는 것보다도, 모든 국민이 저마다 자기의 창작을 즐길 수 있도록 하는 것이 중요하다. 극소수의 전문 예술가가 있는 것보다는 전국 학생에게 점토 세공(粘土細工)을 가르치고, 모든 은행장과 경제 전문가가 크리스마스 카드를 손수 만들 수 있도록 하고 싶다. 기발한 제안인지는 모르지만 나는 그렇게 생각한다. 즉 모든 분야의 아마추어주의를 주장하는 것이다. 아마추어 철학자, 아마추어 사진사, 아마추어 마술사, 자기 집을 직접 짓는 아마추어 건축가, 아마추어 음악가,

아마추어 식물학자, 아마추어 비행사 등등이 최고다. 하룻밤, 친구가 그럭저럭 연주하는 소나티나를 들으면 일류 음악가의 연주를 감상하는 것과 다름없는 기쁨을 느낀다. 누구든 친구 중 아마추어 마술사가 있다면 무대에서 하는 능숙한 마술사의 마술보다 즐거워할 것이며, 어느 부모든 셰익스피어 극을 보는 것보다는 자기 자녀가 하는 서투른 극 보는 것을 훨씬 즐거워할 것이다.

아마추어 예술은 자발적인 것이다. 예술의 참된 정신은 오직 이 자발성에만 있다. 중국의 회화는 전문 화가의 전유물이 아니고 본래 학자의 오락이라는 사실을 내가 매우 중요시하는 것은 이 때문이다.

유희적 정신이 상실되지 않을 때, 예술은 비로소 상품화를 면할 수 있는 것이다.

그런데 사람은 아무 까닭 없이 논다. 노는 일에 까닭이 있어서는 안 된다. 이것이 유희의 유희다운 점이다. 유희는 그 자체로서 이미 훌륭한 이유를 가지고 있는 것이다. 이 견해는 진화론에 의해 충분히 증명되었다. 아름다움이라는 것은 생존경쟁의 원리로는 설명할 수 없으며, 동물에게 해로운 미의 형식조차 있는 것이다. 이를테면 지나치게 자란 사슴의 뿔 등이 그것이다. 아름답긴 하지만 사슴에게는 귀찮은 물건이다. 다윈은 식물계나 동물계의 미는 자연도태의 원리를 가지고는 설명할 수 없음을 알고 '자웅도태(雌雄淘汰)'라는 이차적인 대원리를 끌어내야만 했다.

예술은 단순한 육체적인 에너지와 정신적 에너지의 과잉이며, 자유롭고 속박 없는 그 자체를 위한 것임을 인식하지 않는다면, 예술과 예술의 본질을 이해할 수 없게 된다. 이것은 많은 비난을 받고 있는 '예술을 위한 예술'의 공식이다. 이것이야말로 정치가가 참견할 권리가 없는 문제이며, 단순히 모든 예술적 창조의 심리적 기원에 관계되는 어쩔 수 없는 사실에 불과하다고 생각한다. 상업예술이 예술적 창조정신을 해치는 것이라면, 정치적 예술은 영락없이 그것을 죽이는 짓이다. 왜냐하면 자유야말로 예술의 넋이기 때문이다. 현대의 독재자들은 정치적 예술을 조작하려 들지만 쓸데없는 짓이다. 총검의 힘으로 예술을 조작하는 것은, 창부에게서 참된 사랑을 사려는 것이나 다름없음을 그들은 모르는 것 같다.

여하튼 예술의 본질을 이해하기 위해선 에너지 과잉으로서의 예술의 육체적 기초까지 거슬러올라가야만 한다. 이는 예술적 충동, 또는 창조적 충동으로 알려진 것이다. 인스피레이션이라는 말을 보아도, 예술가 자신은 그 충동이 어디서 기인하는지 거의 모르고 있다는 것을 알 수 있다. 그것은 과학자가 진리를 발견하고자 하는 충동이나 탐험가가 새로운 섬을 발견하고자 하는 충동과 마찬가지로, 오직 정신적인 충동을 표현할 뿐이다. 그러므로 설명이 불가능하다.

오늘날 생물학의 지식 덕분에, 인간의 정신생활의 모든 조직은 갖가지 기관과 그 기관을 지배하는 신경계통에 작용하는 혈액 속 호르몬의 증감 배분에 의해 조정되고 있다는 사실이 조금씩 알려지기 시작했다. 분노나 공포조차도 단지 아드레날린의 공급 문제일 따름이며, 천재라는 것도 선(腺) 분비의 과잉 때문인 듯하다.

호르몬이라는 현대적 지식 따위를 갖지 않은 중국의 한 무명 작가는 "모든 활동의 원동력은 인간의 체내에 있는 '벌레'에 있다"는 올바른 추단을 내렸다. 간통은 사람의 장을 들쑤셔 욕망을 채우지 않고는 배기지 못하는 벌레 때문이다. 야심, 침략성, 명리욕, 권세욕 등도 야망을 이루기까지는 그 사람을 안절부절못하게 하는 다른 벌레 탓이다. 저술, 이를테면 소설을 쓰는 것도 작가에게 자극을 주어 어쩐지 창작하지 않고는 배기지 못하게 하는 모종의 벌레 탓인 듯싶다. 호르몬인가, 벌레인가. 나는 후자에 찬성한다. 벌레라고 하는 편이 생동감이 있다. 이 벌레가 지나치면, 아니 보통의 양일 때라도 인간은 이것저것 창작하지 않고는 못 배긴다. 그렇게라도 하지 않으면 자신을 달랠 수 없기 때문이다. 어린아이의 에너지가 넘치면 보통 걸음걸이가 바뀌어 깡충거리며 뛰게 되고, 어른의 에너지가 과잉되면 걸음이 도약이나 무용으로 바뀐다. 그러므로 무용은 비능률적인 걸음걸이에 불과하다. 그러나 비능률적이라 하는 것은 공리적 견지에서 본 에너지의 낭비라는 뜻이며 심미적인 뜻은 아니다. 무용을 하는 사람은 어느 한 곳에 이르는 최단 거리의 직선을 취하지 않고, 왈츠의 원을 그리면서 나아간다.

사실 춤추고 있는 동안 애국자가 되리라는 생각을 하는 사람은 아무도 없다. 자본주의의 이데올로기니 파쇼나 프롤레타리아의 이데올로기에 따라서 춤추라고 하는 사람이 있다면, 무용의 유희성과 영광스러운 비능률 정신을 파괴해 버리는 것이다. 공산주의자가 그 정치적 목적을 달성하고자 하거나 충실한 동지가 되고자 할 때라면 단지 최단거리를 걸으면 된다. 무용 따위는 금물이다. 공산주의자는 노동의 신성함은 이해하고 있겠지만, 유희의 신성함은 모르는 것 같다. 그렇지 않아도 문명인은 다른 모든 종족의 동물에 비해 과다하게 일하는데, 아직도 더 일해야 한다는 말인가? 누릴 수 있는 약간의 휴식, 오락과 예술을 위한 얼마 안 되는 시간마저 국가라는 괴물의 요구로 인해 침해당해야만 한다.

이처럼 예술의 본질은 유희에 불과하다는 것을 깨달으면, 예술과 도덕의 관계를 밝히는 데 다소 도움이 되리라.

아름다움이란 아름다운 자태일 따름이며, 그 아름다운 자태는 명화나 아름다운 교량과 마찬가지로 행위에도 있다. 예술 전반은 회화와 음악과 무용보다도 훨씬 광범위한 것이다. 왜냐하면 아름다운 자태는 경기 중의 운동 선수에게서도 볼 수 있고, 유년시절에서 청년, 장년, 노년시절에 이르기까지 저마다의 시기에 알맞은 아름다운 생활을 하는 사람들에게서도 볼 수 있다. 또 지휘나 작전이 모두 적중하여 차츰 최후의 승리로 나아가는 대통령 선거전에도 아름다운 자태가 있으며, 사람의 웃음에도, 침뱉는 데도 아름다운 자태는 있다. 중국의 늙은 관원들은 매우 조심스럽게 침을 뱉도록 훈련되어 있는데, 그 경우가 그렇다.

인간의 모든 행동에는 자태와 표현이 있고, 모든 표현형식은 예술 정의의 범위 내에 있다. 그러므로 표현기법을 음악이나 무용이나 회화 등 소수의 분야로 분류할 수는 없다.

예술은 이같이 넓은 의미로 해석하면 훌륭한 행위의 자태와 훌륭한 예술의 인격 사이에는 긴밀한 관계가 있는 것이며, 둘 다 중요한 것이 된다. 조화가 잘 이루어진 시의 운율처럼, 우리 몸의 운동도 온갖 사치스러운 것을 생각한다. 즉 에너지가 남게 되면 무슨 일을 하든 침착함이나 우아함 등의 자태에 대한 관심이 생기게 된다.

이 침착함과 우아함은 자신이 육체적으로 능력이 있다는 의식, 즉 일을 보통 이상으로, 이를테면 훌륭하게 해낼 수 있다는 의식에서 생기는 것이다. 좀더 추상적으로 말한다면, 깨끗한 일을 하는 사람이라면 누구에게나 이러한 아름다움이 있다. 깨끗한 일, 즉 솜씨 있는 일을 하고자 하는 충동은 본래 미적 충동이다.

교묘한 살인이나 솜씨 좋은 교묘한 음모, 그런 것은 용서받지 못할 행위지만 보기에는 아름답다. 좀더 구체적인 일상의 사소한 일 중에도, 이 침착함과 우아함과 능력은 실제로 있거나, 있을 수 있다.

우리가 '생활의 예절'이라고 부르는 것은 모두가 이 범주에 속한다. 사람에게 적절하고 정중한 인사를 하면 얌전한 사람이라고들 하지만, 볼품없는 인사를 하면 경박한 사람이라고 하는 것과 마찬가지다.

중국에서는 진(晉)나라(기원후 3, 4세기) 말기에 말과 생활과 습성에 아름다운 몸가짐을 요구하는 경향이 최고도로 발달했다. 당시는 청담이 유행하던 시대였으며 부인복의 치장은 가장 공들여 만들었고, 미남이라는 이유만으로도 이름을 널리 알린 사람이 꽤 많았던 시대다.

'아름다운 수염'을 기르는 것이 유행이고, 남자는 아주 풍성한 긴 상의를 걸치고 일부러 하느작거리며 걸었다. 가려운 데를 긁고 싶으면 온몸 어디든지 손이 닿도록 의복이 만들어져 있었다. 하나에서 열까지 우아함을 존중했다. 말꼬리의 털을 묶어 손잡이를 달아 모기나 파리를 쫓게 만든 '진(塵)'이라는 것이 중요한 대담용 도구였다.

그러한 한담은 '진담(塵談)'이라 하여, 문예작품 등에서 오늘날에도 등장한다. 이야기를 하면서 손에 든 '진'을 흔들흔들 우아하게 휘두른 데서 생긴 말이다. 부채도 역시 청담에 곁들이는 운치 있는 물건이 되었다. 이야기하는 도중 그것을 펴서 펄럭이고 오므리고 하는 것은 보기에 꽤 아름답다. 이것은 미국 노인이 연설하면서 안경을 썼다 벗었다 하는 것과 같다. 효용이라는 점에서 보면 '진'이나 부채 쪽이 영국인의 외짝 안경보다 조금쯤 소용이 될는지도 모른다. 그러나 그것은 효용을 목적으로 한 것이 아니라 대담을 위한 형식의 하나이며, 지팡이가 산책을 위한 형식적인 도구가 되는 것과 같은 취향이다. 내가 서양에서 본 제일 아름다운 몸짓은 프러시아의 신사가 객실에서 귀부인에게 절할 때 구두 뒤꿈치를 서로 맞부딪쳐 탁 소리를 내는 것과, 독일 처녀들이 한쪽 다리를 뒤로 빼면서 몸을 구부려 절하는 것이다. 그것은 형용할 수 없는 아름다운 몸짓이라고 생각하는데, 이 풍습이 사라지게 된 것은 매우 유감스럽다.

중국에서는 사교상의 몸짓이 많이 행해지고 있다. 손가락과 손과 팔의 동작은 신중히 연구해서 하고 있다. '타천(打千)'이라고 하는 중국 동북부 지역에 살고 있는 사람들끼리 하는 인사 방법도 꽤 아름다운 것이다. 방으로 들어온 사람은 한쪽 팔을 똑바로 내려뜨린 채 한쪽 다리를 구부리면서 얌전히 몸을 숙인다. 그 주변에 동석한 손님이 있으면 같은 자세로 똑바로 선 쪽의 다리를 축으로 삼아 조용히 몸을 돌리며 일동에게 인사를 한다.

품위 있는 기객(棋客)이 바둑판 위에 돌을 놓는 자세도 보아두는 것이 좋다. 흑이든 백이든 작은 바둑돌 하나를 솜씨 있게 둘째손가락에 얹은 다음, 엄지를 바깥쪽으로 움직이고 둘째손가락을 안으로 끌면서 조용히 밀어내어 매우 우아한 모습으로 판 위에 놓는다.

교양 있는 관원은 화가 났을 때에도 매우 아름다운 몸짓을 보인다. 그들은 '말굽 소매〔馬蹄袖〕'라 하여 소매 끝을 뒤로 접어서 비단 안감을 드러내 보이는 긴 상의를 입고 있는데, 몹시 기분이 상했을 때는 오른팔이나 양팔을 동시에 털어 내려 '말굽 소매'의 접힌 부분을 탁 소리를 내며 아래로 내리고는, 아주 우아한 자세로 어슬렁어슬렁 방을 나가는 것이다. 이것을 '불수(祓袖)'라고 하는데, '소매를 털고 간다'는 뜻이다.

교양 있는 관원의 말투 또한 듣기 좋은 것이다. 그 말은 아름다운 운을 띠고 있다. 북경의 어투에는 우아한 음악적 억양이 있다. 한 마디 한 마디가 천천히 고상하게 발음된다. 진정한 학자에 이르면 그 말에는 중국의 문예 사조의 주옥이 섞인다.

중국인이 가지고 있는 예술의 '품(品)'이라는 생각은 자못 흥미진진하다. 이것은 인품이나 품격을 가리키는 수도 있다. '제1품', '제2품'의 예술가나 시인이라고 할 경우에는 등급을 매기는 뜻이 되는가 하면, 좋은 차를 시음하는 경우에는 '차를 품한다'고도 한다. 즉 일정한 행동에 나타난 개인의 인격에 관한 모든 표현이 그 말에 포함된 것이다. 우선 질이 나쁜 도박꾼, 즉 성미가 가볍고 버릇이 나쁜 도박꾼을 '도품(賭品)'이 나쁘다고 한다. 도박적 인격이 나쁘다는 뜻이다. 지나치게 마시고 품위없이 구는 술꾼을 '주품(酒品)'이 나쁘다, 즉 술꾼으로서의 인격이 나쁘다고 한다. 기객(棋客)을 평할 때는 '기품'이 좋다거나 나쁘다거나 한다. 중국 최고의 시평론은 《시품(詩品)》[2]이라 하는데, 다양한 시인을 비평한 책이다. 물론 《화품(畫品)》이라는 미술 평론책도 몇 권 출판되었다.

이 '품'이라는 개념과 관련하여, 대부분의 중국인이 인정하는 하나의 신조가 생겼다. 그것은 예술가의 창작은 엄밀히 그 품격에 의해 규정된다는 것이다. 이 '품격'은 도덕적인 것이며 동시에 예술적인 것이다. 그것은 인간의 오성과 넓은 도량과 속세를 벗어남을 존중하고, 사소한 일과 범용과 저열을 극복하는 정신을 고조하려고 한다. 이 뜻에서 '품'은 영어의 'manner', 또는 'style'에 가깝다. 자유분방하여 인습에 구애받지 않는 예술가는 그 작품에 분명한 기질을 나타낼 것이며, 인정 있는 사람은 그 스타일 속에 인정미와 섬세함을 나타내며, 취미가 고아한 대예술가는 '매너리즘'에 빠지기를 꺼릴 것이다. 어떤 화가든 그 사람 자신의 도덕적 품격과 미적 품격이 위대하지 못하면 대가라 할 수 없다는 신념을 중국인은 암암리에 승인해 왔다. 따라서 서양화를 평할 경우에도 최고의 표준은 기법의 능숙함과 졸렬함에 있는 것이 아니라, 예술가 자신의 품격이 높은가 그렇지 못한가에 달려 있다. 기법은 완벽하면서도 품위없는 작품이 있다. 그것은 영어의 이른바 'character'가 결여된 작품이 된다.

이리하여 우리는 모든 예술의 중심 문제에 도달한 셈이다. 중국의 대장군이며 대재상이었던 증국번(曾國藩)은 가족에게 띄운 편지 속에서, 서도의 두 가지 이치는 오직 형태와 표현이라고 했으며, 당시 일류 서예가의 한 사람인

---

[2] 〈원주〉《시품》은 500년경 양(梁)나라 사람 종영(鍾嶸)이 지은 것이다.

하소기(何紹基)는 그 공식을 시인하고 그의 식견을 칭찬했다는 기록이 있다. 예술은 또한 구체적인 것이므로 기술적인 문제, 즉 반드시 습득해야만 하는 기법 문제가 항시 수반되어야 함은 물론이다. 그러나 예술은 또한 정신이므로, 어떤 형식이든 창작의 중요한 요소는 표현의 품격이다. 그것은 단순한 기법을 초월한 예술가의 품격이며, 그것이 곧 예술적 작품에서 불가결한 요소이다. 저술에 대해 말하면, 저서 속에서 유일하고 중요한 것은 작자의 판단과 호오(好惡)에 나타나는 그 스타일과 감정이다. 이 품격, 즉 표현의 개성이 기법으로 인해 지워져 버릴 위험성은 언제나 있다. 그리고 회화, 문학, 연극 등 그 어느 것이나 초심자가 가장 곤란한 것은 '자기를 발휘한다'는 것이다. 그것은 초심자가 형식, 즉 기법에 위협받는 결과임은 말할 것도 없다. 그렇지만 이 개성적인 요소가 제외되어서는 어떤 형식도 결코 좋은 형식이라고 할 수 없다.

좋은 형식에는 전부 움직임이 있다. 그 움직임은 골프 선수의 클럽의 스윙이든, 로켓처럼 성공을 향해 돌진하는 남자의 움직임이든, 또는 공을 들고 경기장을 달리는 미식축구 선수의 움직임이든, 모두가 보기에 아름다운 것들이다. 예술에는 개성적 표현이 흘러넘쳐야만 한다. 그리고 그 표현력의 기법에 구애받지 말고 자유로우면서도 즐겁게 이 기법 중에 약동할 수 있는 것이어야만 한다. 커브를 돌 때의 기차에도, 돛에 바람을 가득 안고 전속력으로 달리는 요트에도 그 스윙이 있다. 그것은 참으로 아름다운 것이다. 공중을 나는 제비, 먹이를 노려 순식간에 덮치는 매, 또 이른바 '멋진 폼'으로 결승점에 골인하는 우승마에게도 역시 아름다운 스윙이 있다.

우리는 모든 예술이 품격을 내포할 것을 요구하는데, 그 품격이란 다름 아닌 예술가의 인격, 넋, 심정, 혹은 중국인이 말하는 '회(懷)' 등을 예술 작품이 암시하고 계시하는 것이다. 예술 작품에 인격 또는 품격이 없으면 생명이 없는 것과 같다. 아무리 미적 식견이 높더라도, 기법이 완벽하다는 것만으로는 생명도 생명력도 없는 예술을 구제할 수 없다. 품격이라는 고도의 개성적 요소가 없다면 미 그 자체가 평범하고 저속한 것이 되고 만다. 품격의 함양은 도덕적으로는 물론이고 미적으로도 이루어져야만 한다. 거기에는 학식과 교양 모두가 필요하다. 교양은 취미 쪽에 가까운 것으로 예술가에게는 저절로 생겨나는 것이겠지만, 예술책을 펼치고 최대의 기쁨을 느끼는 것은 학식의 뒷받침이 있는 경우뿐이다.

이 사실은 특히 회화나 서도에서 두드러진다. 글씨체를 보면 그 서예가가 위(魏)의 탁본을 많이 접한 사람인지 아닌지를 알 수 있다. 만일 위의 탁본을 본 사람이라면, 그 학식은 서예가에게 어떤 고풍스러운 품격을 부여했을 것이다. 그러나 서예가는 자기의 넋, 즉 품격을 글씨에 불어넣어야만 한다. 그 품격이 한결같지 않음은 물론이다. 섬세하고 감상적인 사람이라면 섬세하고 감상적인 서체를 보여줄 것이고, 또 힘과 웅혼함을 애호하는 사람이라면 그에 어울리는 서체를 취할 것이다. 그러므로 우리는 회화와 서도, 특히 후자에 있어서 미적 특질이나 미의 모든 카테고리를 볼 수 있다.

더욱이 그 누구도 완성된 작품의 미와, 예술가 자신의 넋의 미를 분리할 수는 없다. 변덕스럽고 자유분방한 아름다움도 있을 것이며, 몹시 난폭한 힘의 아름다움도 있을 것이다. 웅혼의 미도, 정신적 자유의 미도, 용기와 돌진의 미도, 로맨틱하고 매력적인 미도 있을 것이며, 자제의 미, 침착하고 우아한 미, 준엄한 미, 소박하고 우둔한 미, 단순하고 단정한 미, 신속한 미, 또 어떤 경우에는 고의적인 추괴(醜怪)의 미까지도 있을 것이다. 그러나 여기에 단 하나 실재하지 않기 때문에 불가능한 미의 형식이 있다. 그것은 분투 노력의 미, 즉 분투하는 생활의 미다.

어떻게 독서할 것인가

독서, 즉 책을 읽는 즐거움은 예로부터 교양 있는 생활의 매력 중 하나로 손꼽혀 왔다. 오늘날에도 독서는 그 특권을 누리지 못하는 사람들로부터 존경과 선망의 대상이 되고 있다. 이것은 독서하는 사람과 독서하지 않는 사람의 생활을 비교해 보면 곧 납득이 가는 일이다. 평소에 독서하지 않는 사람은 시간적·공간적으로 자기만의 세계에 감금되어 있으며, 그의 생활은 틀에 박힌 상투적인 것이다. 그 사람이 교제하고 대화하는 것은 극소수의 친구나 지기뿐이며, 그 사람이 보고 있는 것은 대부분 신변에 일어나는 사소한 일에 불과할 뿐이다. 그 감금에서 벗어날 길은 없다.

그런데 일단 책을 읽기 시작하면 그 즉시 별천지에 드나들 수 있다. 만일 그것이 양서라면 독자는 홀연 세계 제일의 이야기꾼과 만나는 것이 된다. 그는 독자를 유도하여 먼 별천지의 아득한 옛날로 데리고 가서 고민을 덜어주고, 독자가 미처 몰랐던 인생의 여러 모양을 이야기해 준다. 고서는 저승과 독자를 접촉시켜 감응케 하고, 차츰 읽어가는 동안에 저자는 어떤 얼굴을 가진 사람이었나, 어떤 형의 인물이었나를 상상하게 만든다.

맹자와 중국의 대역사가 사마천도 같은 말을 한 적이 있다. 하루 두 시간만이라도 다른 세상에 살며 매일매일의 번뇌를 잊어버릴 수만 있다면 말할 것도 없이 육체적 감옥에 갇혀 있는 사람들로부터 선망받는 특권을 얻는 셈이 된다. 이같은 환경의 변화가 심리적으로 미치는 효과는 여행과 똑같은 것이다.

그뿐인가. 책을 사랑하는 사람은 언제나 사색과 반성의 세계에 자유롭게 드나들 수 있다. 설사 물리적 사건이나 현상을 기록한 책일지라도 그런 사상을 직접 보고 듣는 것과 책으로 읽어서 아는 것에는 큰 차이가 있다. 책 속에서 겪는 물리적 사건은 하나의 구경거리이며, 독자는 구경꾼의 입장이 되기 때문이다.

그러므로 훌륭한 책은 이러한 명상적인 기분으로 우리를 인도하는 것이며, 사실의 보고에만 그치는 것이 아니다. 이런 점에서 본다면 신문을 읽느라고 소비한 막대한 시간을 독서의 시간이라고 할 수는 없다고 생각한다. 왜냐하면 일반적으로 신문 독자는 명상적 가치가 없는 사실이나 사건의 보도만 접하기 때문이다.

독서란 무엇인가에 대해 가장 적절히 말한 공식은, 송나라 때의 시인이며 소동파의 친구였던 황산곡(黃山谷)의 설인 것 같다. 그는 "사대부가 사흘을 독서하지 않으면 스스로 깨달은 말에 맛이 없고, 거울 속의 자기 얼굴을 대해도 가증스럽게 보인다"라고 말했다. 즉 이 뜻은 독서는 독서하는 인물에게 매력과 품격을 주는 것으로서 독서의 목적은 이것뿐이며, 이 점을 노리는 독서야말로 '참된 술(術)'이라 부를 수 있다는 것이다.

'정신 향상' 등이 독서의 목적이 될 수는 없다. 왜냐하면 정신 향상 따위의 쓸데없는 것을 생각하면 독서의 즐거움은 모두 사라지기 때문이다. 그런 것을 생각하는 사람은 틀림없이 '난 셰익스피어를 읽어야만 한다. 소포클레스를 읽어야만 한다. 또 엘리어트 박사의 《Five Foot Shelf》를 전부 읽어야만 한다. 읽어서 지식을 넓혀야 한다'라고 혼자 중얼거리는 사람이다. 이런 인간의 학식은 결코 깊어지지 않는다. 하룻밤쯤 그는 자신을 채찍질하여 햄릿을 읽는다. 그리고 악몽에서 깨어난 것 같은 모습으로 나온다. 그러나 얻은 것은 단지 햄릿을 '읽었다'고 말할 수 있다는 것뿐이다. 의무감으로 책을 읽는 사람은 독서법을 모르는 사람이다. 독서를 과제로 삼는 것은, 상원의원이 연설 전에 서류나 보고서를 읽어보는 따위의 행위와 같다. 그것은 연설의 자료를 찾는 것이지 독서는 아니다.

황산곡에 따르면, 독서의 목적으로 인정할 만한 것은 인간의 용모에 매력을 더하고 그 담화에 풍미를 주는 것밖에 없다. 그러나 용모의 매력이라 해도 단순한 미모와는 물론 뜻이 다르다. 황산곡이 말하는 '볼썽사나운 풍모'란 육체적인 추함이 아니다. 추해도 매력이 있는 얼굴이 있거니와 아름다워도 전혀 멋이 없는 얼굴도 있다. 나의 중국인 친구 중에 머리 모양이 폭탄 같은 사나이가 있는데, 그는 언제 보아도 호감이 간다.

사진만 보고 말한다면, 서구의 문인 중 가장 아름다운 얼굴은 G. K. 체스터튼의 얼굴이다. 콧수염과 안경과 제법 숱이 많은 눈썹과 주름잡힌 미간의 선 등이 악마처럼 어우러져 있었다. 이 모습을 본 사람은 그의 이마 속에 숱한 사상이 약동하고 있으며, 묘하게 사람을 쏘아보는 눈이 언제고 튀어나올 듯한 느낌을 받는다. 이런 형이 황산곡이 좋아하는 얼굴인 것이다. 분이나 입술 연지로 치장된 얼굴이 아니라, 오직 사색으로 형성된 얼굴이다.

담화의 품격은 오로지 독서 방법에 달려 있다. 말투에 풍미가 있는지 없는지 여부도 역시 독서 방법에 달렸다. 책의 풍미를 내 것으로 만들면 담화 속에서도 풍미가 우러난다. 담화에 풍미가 있다면 저술에 풍미가 스며들지 않을 리 없다.

이런 까닭에 나는 풍미나 취미라는 것이 독서의 열쇠라고 생각한다. 음식물의 기호나 마찬가지로 취미는 역시 개인의 것이다. 가장 바람직한 식사법은 자기가 좋아하는 음식을 먹는 것이다. 그것은 소화력에 확신이 서기 때문이다. 독서도 이와 마찬가지로 어떤 사람에게 이로운 것이 다른 사람에게는 해독이 될는지도 모른다. 그러므로 교사는 자신의 독서 취미를 학생에게 강요할 수 없으며, 부모도 아이들에게 자기와 같은 취미를 기대해서는 안 된다. 읽는 데 흥미가 없으면 독서는 오로지 시간 낭비이다. 원중랑은 "읽기 싫은 책은 주저없이 버려라. 그리고 다른 사람이 읽도록 하라"고 말했다.

그러므로 반드시 읽어야만 하는 책은 없는 것이다. 우리의 지적 감흥은 나무처럼 성장하고 냇물처럼 유동한다. 우선 수액이 있는 동안 나무는 성장하고, 샘에 새로운 물이 솟는 한 물은 흐른다. 물은 암초에 부딪히면 우회해 흐르고, 깊은 웅덩이로 들어가면 잠시 괴었다가 굽이쳐 흐른다. 심산의 늪에 들면 흔연히 거기서 휴식하고, 물살이 센 내를 만나면 분류한다. 이처럼 물은 노력하지 않고 목적도 없지만 반드시 바다로 들어가는 것이다.

세상에 누구나 읽어야 하는 책이란 없다. 있다면 오직 누군가가, 언제, 어디서, 어떤 사정하에서, 생애의 어느 시기에 읽어야만 할 책뿐이다. 나는 오히려 독서는 결혼처럼 운명이나 인연에 의해 결정된다고 생각한다. 성서와 같은 종류의 책은 만인이 모두 읽어야 하지만 역시 읽어야 할 시기가 있다.

사상과 체험이 걸작을 읽을 정도가 되지 않았을 때 걸작을 읽으면 나쁜 뒷맛이 남을 뿐이다. 공자는 "50세에 《주역》을 읽으면 큰 허물이 없을 것이다"라고 말했다. 즉 45세에 읽어서는 안 된다는 것이다. 《논어》의 공자 설화에는 실로 온화한 품격과 원숙한 지성이 넘치고 있는데, 이에 접하는 사람 자신이 원숙해지기 전에는 그 참맛을 모른다.

그리고 같은 독자, 같은 책이라도 읽는 시기가 다르면 다른 풍미를 맛볼 수 있다. 이를테면 저자와 직접 이야기를 나눈 후나 혹은 저자를 사진으로 본 뒤 읽으면 책의 재미는 한층 깊고, 저자와 교분을 끊은 뒤에 읽으면 또 다른 맛이 있다. 40세에 《주역》을 읽더라도 약간의 풍미는 맛보지만, 50세가 되어 변화무쌍한 세상 형편을 바라본 후 읽으면 또 다른 맛이 있다. 그러므로 양서는 두 번 읽으면 얻는 바도 크거니와, 재미 또한 새롭다.

나는 학생시절에 《서쪽으로!》와 《헨리 에스먼드》를 읽어야 했는데, 10대의 나는 전자는 재미있게 읽었지만 후자는 그 참맛을 전혀 알 수가 없었다. 후일 곰곰이 생각해 보니, 전에 읽었던 것보다도 한층 심오한 재미가 그 속에 있는 것이 아닌가 생각되었다. 그러므로 독서는 저자와 독자의 두 가지 면에서 성립되는 행위이다. 독서를 통해 진실로 얻는 바는 독자의 통찰과 체험을 통해 얻는 것과, 저자의 통찰·체험으로부터 주어지는 두 가지라고 할 수 있다.

《논어》에 관해 송나라 때의 유가(儒家) 정이천(程伊川)은 이렇게 말했다. "《논어》의 독자는 어디에나 있다. 어떤 자는 다 읽어도 아무 느낌이 없고, 어떤 자는 한두 줄에 환희하고, 또 어떤 자는 저도 모르게 기뻐서 덩실덩실 춤을 추기도 한다."

좋아하는 작가의 발견은 자기의 지적 발전에서 가장 의미 있는 일이라고 생각한다. 이런 때는 영혼의 친화라는 것이 나타나므로, 우리는 고금의 작가 중에서 그 정신이 자신과 비슷한 사람을 발견해야만 한다. 이렇게 함으로써만 참으로 좋은 것을 얻게 되는 것이다. 사숙할 만한 스승을 찾아내는 일은, 남에게 의지하지 말고 스스로 해결해야 한다. 누구에게 심취할 수 있느냐 하는 것은 남이 아는 것도 아니고, 어쩌면 자기 자신도 모를 것이다. 말하자면 첫눈에 반하는 것과 같아서 남에게서 누구를 사랑하라는 말을 듣는다고 되는 일도 아니며, 일종의 본능의 힘으로 아는 것이다. 이같은 발견의 유명한 예는 역사상 적잖이 있다. 수백 년을 격하여 살았다 해도 책을 통해 학자의 사상과 감정이 서로 접촉되면, 자기 모습을 발견함과 같은 것이다. 중국인의 말투를 빌리면, 이리하여 서로 맺어지는 정신은 동일한 정신의 화신이다. 즉 환생한 셈인 것이다.

소동파는 장자나 도연명의 화신이라 일컬어지고,[3] 원중랑은 소동파가 환생한 모습이라 일컬어진다. 소동파는 처음으로 장자를 읽었을 때, 어릴 적부터

---

3 〈원주〉 소동파는 도연명의 모든 시에 사용된 운(韻)에 따라 시를 지음으로써 자신의 독특한 솜씨를 발휘했다. 《화도시(和陶詩)》의 말미에 그는 자신이 도연명의 환생이라고 했다. 그는 중국의 모든 작가 중에서 가장 도연명을 예찬한 사람이었다.

장자와 똑같은 것을 생각하고 같은 의견을 가졌던 것 같다고 말하고 있다.

원중랑은 어느 날 밤 작은 시집을 읽다가 아직 이름도 들어본 적이 없는 동시대인인 서문장(徐文長)을 발견했다. 그때 그는 침상에서 뛰어나와 벗을 불렀다. 원중랑이 부르는 소리에 일어나서 시집을 읽기 시작한 그 친구도 역시 탄성을 지르고, 두 사람이 모두 찬탄하자 하인이 어리둥절했다고 한다.

조지 엘리어트는 처음으로 루소를 읽었을 때의 감격을 감전(感電)에 비유했고, 니체가 쇼펜하우어를 읽었을 때도 그러했다고 한다. 그러나 쇼펜하우어는 성미가 까다로운 스승이었고 니체는 격정적 성격의 제자였으므로, 후일 제자가 스승을 배반한 것도 부득이하다.

우리는 이같은 독서를 통해서 뭔가를 얻을 것이다. 즉 심취할 작가의 발견이다. 첫눈에 반하는 것처럼 무엇이든지 좋게 보인다. 키, 얼굴, 머리칼의 색깔, 음성, 이야기하는 모습이나 웃는 모습이 모두 좋게 보인다. 학생이 스승에게 배우지 않으면 알 수 없는 그런 성질의 것이 아니다. 독서의 경우도 마찬가지여서 문체나 풍미나 견해나 사고방식 등에 비난할 여지가 없다. 이리하여 독자는 한 줄 한 구를 탐독하기 시작하는 것이다.

원래 정신적 친화력으로 결부되어 있는 것이므로 모든 것을 흡수하고, 문제없이 소화시킨다. 작가가 주문을 외우면 독자는 기꺼이 그에 홀리고, 때에 따라서는 음성과 동작과 웃는 모습과 이야기하는 모습이 작가와 흡사해지는 수가 있다. 이리하여 문학상(文學上)의 연인에게 빠져 그 책에서 자기 영혼의 양분을 남김없이 흡수한다. 수년 뒤 홀림이 풀리고 다소 싫증이 나면 또 새로운 연인을 찾는다. 서너 번 연인을 바꿔 남김없이 흡수한 뒤에는 자신이 작가가 되어 버린다.

그러나 세상에는 결코 사랑에 빠지지 않는 독자가 많다. 마치 바람이 나서 멋만 부리며 한 상대에 열중하지 못하는 젊은 남녀와 같다고 하겠다. 이런 사람들은 무슨 책이나 다 읽지만 아무 소득이 없다.

독서법의 이런 해석으로 보아, 의무나 책무로서 독서를 한다는 생각은 단연 배제되어야 한다. 중국에서는 '각고면려(刻苦勉勵)'라 하여 학생을 격려한다. 옛날 이 각고면려를 한 유명한 학자가 있었는데, 그는 밤에 독서를 하다가 졸리면 송곳으로 정강이를 찔렀다. 또 어떤 학자는 밤중에 책을 읽을 때 하녀를 옆에 세워두고는 졸면 깨우도록 했다.

정말 어처구니없는 이야기다. 책을 펼치고 선철(先哲)이 자기에게 이야기하고 있을 때, 잠이 오면 지체 말고 침상에 들어가 자야 한다. 송곳으로 정강이를 찌르고 하녀에게 흔들어 깨우도록 해서 도대체 무슨 이익이 있단 말인가. 이런 사람들은 독서의 즐거움을 전혀 모르는 것이다. 참으로 의젓한 선비라면 '자자면학(孜孜勉學)'이니 '각고면려'니 하는 것이 무슨 뜻인지 결코 모른다. 그러지 않고서는 견딜 수 없으므로 책을 사랑하고, 책을 읽을 따름인 것이다.

이 점이 이해되면, 독서의 때와 장소를 어떻게 선택해야 할 것인가 하는 문제의 해답 또한 얻어진다. 즉 읽고 싶으면 아무 곳에서라도 읽으면 된다. 독서의 묘미를 알게 되면 학교에서 읽어도 좋고 학교 밖에서 읽어도 좋으며, 또 학교 따위는 일절 문제삼지 않아도 좋다. 학문이 하고 싶다면 가장 우수한 학교는 어디든지 있다. 옛날 증국번은 가족에게 띄운 편지 속에서, 아우가 수도에 가서 좀더 나은 학교를 다니고 싶다고 하자 '공부하고 싶으면 시골 학교나, 사막이나, 사람이 오가는 거리에서라도 할 수 있고, 나무꾼이나 목동이 되더라도 공부할 수 있다. 공부할 뜻이 없으면 시골 학교가 마땅찮을 뿐더러 조용한 시골 가정도, 신선의 섬도 면학에는 적당하지 않다'라고 했다.

흔히 세상 사람들은 독서를 하려 할 때, 책상 앞에 앉아 일부러 거드름을 피우면서 방이 너무 춥다는 둥, 의자가 너무 딱딱하다는 둥, 불빛이 너무 밝아서 독서를 할 수 없다는 둥 불평하곤 한다. 그런가 하면 모기가 너무 많다는 둥, 종이가 너무 광택이 난다는 둥, 바깥이 너무 소란스러워서 글을 쓸 수 없다는 둥 푸념하는 사람이 있다.

송나라 대유 구양수(歐陽修)는 글쓰기에 가장 좋은 장소는 '삼상(三上)'이라고 했다. 삼상이란 침상(枕上)과 마상(馬上)과 측상(厠上)이다. 청나라의 유명한 학자 중 고천리(顧千理)라는 사람이 있는데, 이 사람은 한여름에 '벌거벗고 유서(儒書)를 읽는 버릇'이 있었던 것으로 유명하다. 그리고 읽고 싶지 않으면 결코 독서를 하지 않았다고 하는데, 그것도 충분히 따를 만하다.

봄에 독서하는 것은 봄의 뜻에 거스르는 것이며,
여름은 그저 잠자기에 좋은 계절이니라.
겨울이 저물어 조급해지거든
잠시 기다리라, 다시 올 봄을.

그럼 진정한 독서법은 무엇인가. 답은 간단하다. 마음이 내키면 책을 들어 읽는 것, 오직 그것뿐이다. 진정 독서를 즐기려면 기분내킬 때만 해야 한다. 표지가 부드러운《이소(離騷)》나 오마르 카이엔의 책 한 권을 들고 연인과 함께 냇가의 둑으로 읽으러 간다. 그때 아름다운 구름이 떠 있거든 구름을 읽고 책은 덮어도 좋다. 아니면 책과 구름을 함께 읽도록 하라.

그때 담배 한 대, 차 한 잔이 있으면 더할 나위 없다. 혹은 눈내리는 한밤에 난롯가에 앉아 있을 때, 난로 위에서는 차 끓는 소리가 들리고, 옆에는 한 갑의 담배가 있다. 그럴 때에 철학 · 경제학 · 시가 · 자서전 등의 책을 열두세 권 책상 위에 쌓아놓고 한가한 기분으로 그중 몇 권을 펼쳐보다가 재미있을 듯한 것을 고르고, 조용히 담배에 불을 붙인다. 김성탄은 설야(雪夜)에 문을 달고 금서(禁書)를 읽는 것을 인생 최대의 쾌락이라고 생각했다.

독서의 정취는 진계유(陳繼儒)의 다음과 같은 말에 잘 나타나 있다. "옛 사람은 서화를 유권(柔卷)과 연첩(軟帖)이라 일컬었다. 그러므로 책을 읽고 화첩을 펼칠 때에는 태연하고 침착한 것이 가장 좋은 태도다." 이런 태도로 세상 모든 일을 대하는 참을성을 기르는 것이다. 진계유는 또한 "진정한 대가는 역사책을 읽을 때 오자에 개의치 않는다. 그것은 뛰어난 산악인이 등산할 때 험한 길을 개의치 않고, 설경을 구경하려는 사람이 썩은 교량을 무릅쓰며, 전원생활을 원하는 사람이 시골뜨기를 기피하지 않고, 꽃을 감상하는 사람이 탁주로 만족함과 같은 것이다"라고 말한다.

나는 독서의 기쁨을 가장 아름답게 표현한 한 문장을 중국 최대의 여류시인 이청조(李淸照)[4]의 자서전 속에서 찾아냈다. 그녀의 남편이 국립학교 학생으로서 매달 장학금을 탄 날은, 반드시 부부동반하여 고본(古本)이나 탁본을 팔고 있는 절에 갔다. 귀로에 약간의 과일을 사가지고 집에 돌아와 과일을 깎으면서 사온 탁본을 부부가 살펴보며 차를 마시고, 판본의 이동(異同)을 비교하곤 했다. 《금석록 발문(金石錄跋文)》으로 알려진 이청조 여사의 자서전에 이런 구절이 있다.

나는 기억력이 좋다. 저녁식사 후에 우리는 차를 끓여 놓고는 조용히 '귀래당(歸來堂)'에 앉아서, 선반 위에 높직이 쌓인 책을 가리키며 어떤 문구가 어느 책 몇 권 몇 페이지 몇째 줄에 있나 서로 알아맞히기를 했다. 그리고 먼저 알아맞히는 사람이 차를 마실 수 있도록 했다. 용케 맞히면 찻잔을 높이 들고 큰소리로 웃었다. 너무 즐거워한 나머지 차를 옷에 쏟아서 마실 수 없게 된 적도 자주 있었다.

[4] 1081~1141년. 이안거사(易安居士)라 불린다.

그런 기분 속에서 우리는 만족하며 살고 나이를 먹었다. 살림은 가난하여 슬펐지만, 우쭐거리며 살았다. 그 사이에 수집품은 점점 쌓여, 책이나 미술품이 탁상에도 책상 위에도 그리고 걸상에도 잔뜩 쌓였다. 우리 내외는 그것을 눈과 마음으로 즐기며 앞으로 이렇게저렇게 하자고 하며 자주 이야기를 나누었다. 그것은 개나 말이나 음악의 도락보다 훨씬 즐거운 것이었다.

문장도(文章道)에 대하여

문장도는 작문법, 즉 글을 쓰는 기법보다 훨씬 광범위한 것이다. 실제로 작가 지망생에게는 우선 문장 기법에 지나치게 구애받지 않도록 해주어야 한다. 즉 기법 같은 피상적인 문제에 사로잡히지 말고, 참된 문예적 인격의 함양을 모든 저술의 바탕으로 하여 자기 정신의 깊은 곳까지 파고들도록 지도하는 것이 좋다. 참된 문예적 인격이 함양되고 올바른 기초가 이룩되면 문체는 저절로 정돈되고, 기법의 말초적인 사소한 문제는 자연히 해결되는 것이다.

이리하여 소질 그 자체가 좋아지면 수사나 문법면에서 다소 서투른 데가 있더라도 전혀 문제될 것이 없다. 어떤 출판사든 반드시 전문적인 교정사원이 있으며, 콤마나 세미콜론, 부분 부정법 등을 주의해 보는 것이 그 사람들의 일이다. 그 반대로 아무리 문법이 올바르고 문학적 수식이 뛰어날지라도 문예적 인격 함양을 태만히 한다면 작가가 될 수 없다.

"문체는 사람이다"라는 뷔퐁의 말이 있다. 문체는 방법도, 체계도, 문장의 장식도 아니다. 그것은 독자에게 느껴지는 작가의 품성의 특질이다. 즉 깊이가 있는가 없는가, 통찰력이 있는가 없는가, 그 밖에 기지, 유머, 신랄한 풍자, 부드러운 인정미, 감정의 섬세함, 이해의 세밀함, 부드러운 풍자, 혹은 풍자적인 상냥함 또는 완미, 실용적 상식, 그리고 사물에 대한 일반적 태도…… 그런 여러 가지에서 독자가 받는 인상의 총화가 바로 문체라는 것이다. '유머러스한 기법'을 숙달시키는 핸드북이라든가, '풍자적이며 부드러워지는 세 시간 강좌'라든가, '실용적 상식 15원칙'이라든가, '감정을 섬세하게 갖는 11원칙'이라든가 하는 따위는 불필요한 것이다.

우리는 문장도의 표면으로부터 깊숙이 파내려가야만 한다. 그 깊은 곳에 다다른 순간 문장도의 문제에는 문학과 사상과 사물관찰법과 사고방식과 감정 및 읽고 쓰는 모든 것이 포함되었음을 알게 된다. 나는 중국에서 자기 표현파(즉 성품을 존중하는 유파)의 부흥과, 발랄하고 개성적인 산문체의 발달을 지향하여 문학운동에 참가했다. 그리고 문예 일반, 특히 문장도에 관한 사견(私見)을 발표하기 위해 계속 많은 논문을 써야만 했다.

기법과 인격

작문 교사가 문학에 대해 논하는 것은, 목수가 미술에 대해 논하는 것과 같다. 비평가가 문장기법으로 문예작품을 분석함은, 기술자가 태산의 높이나 구조를 컴퍼스로 재는 것과 같은 일이다. 참으로 우스운 일이다! 사실상 문장기법 따위는 없다. 얼마간 가치를 인정받는 모든 중국의 우수한 작가는 한결같이 그것을 부인한다. 문학과 문장기법의 관계는, 교회와 교의(敎義)의 관계와 같은 것이다. 시시한 인간이 시시한 문제에 사로잡히는 것이다.

초보자는 항상 소설과 희곡과 음악과 연극의 기법 이론에 현혹당한다. 문장의 기법이 작가의 출현과 무관하고, 연극의 기법이 명배우의 출현과 무관함을 그들은 깨닫지 못한다. 미술과 문학의 모든 성공에서 인격이 바탕이 된다는 것은 꿈에도 생각지 못한다.

문학 감상

가령 지금 훌륭한 작가의 작품을 여러 편 읽었다고 하자. 첫번째 작가는 묘사에 아주 생동감이 있고, 두 번째 작가는 섬세하고 우아한 묘미가 있고, 세 번째 작가는 표현에 있어서 정묘하고, 네 번째 작가는 대단한 매력이 있고, 다섯 번째 작가의 작품은 고급 위스키의 맛과 같으며, 여섯 번째 작가의 것은 향기로운 술과 같다고 느꼈다고 하자. 그럴 때 그 사람의 감상력이 진실한 것이라면 그 작가들을 애호한다고 공언하는 것을 두려워해서는 안 된다.

이런 광범위한 독서 경력을 쌓아야만 정밀, 원숙, 용감, 힘, 빛남, 신랄함, 섬세미와 매력이 어떤 것인지 아는 적절한 경험의 기초가 이루어지는 것이다. 이런 모든 풍미를 모조리 섭렵하고 나면 한 권의 입문서를 읽지 않더라도 무엇이 출중한 문학인지 알게 된다.

문학 연구가의 제일 법칙은 갖가지 풍미를 맛보는 것이다. 가장 좋은 풍미는 정랑(靜朗)함과 원숙한 맛인데, 작가로서 이 경지에 도달하기란 극히 어렵다. 정랑과 무미건조는 겨우 종이 한 장 차이다.

사상에 깊이가 없고 독창성이 결여된 작가는, 쉽고 분명한 문장을 쓰려다 결국 풍미를 잃어버리게 된다. 신선한 물고기만이 제 몸에서 나오는 즙으로 요리된다. 신선하지 못한 물고기는 안초비 소스나 후추나 겨자로 양념을 해야 한다. 양념이 많으면 많을수록 맛이 좋다는 것이다. 훌륭한 작가는 분도 연지도 바르지 않고 직접 황제를 만날 수 있었던 양귀비의 동생과 같은 것이다. 그러나 다른 후궁들에게는 모두 분이나 연지가 필요하다. 감히 쉬우면서도 분명한 영문(英文)을 쓰려고 하는 작가가 아주 드문 것은 이 때문이다.

문체와 사상

좋은 문장과 나쁜 문장의 차이는 미와 풍미의 유무에 달려 있다. 무엇을 가리켜 아름다움이라 하는가에 법칙이란 것은 있을 수 없다. 문장의 미는 파이프 끝에서 피어오르는 연기처럼, 산마루에 솟는 구름처럼 어렴풋하게 나타난다. 가장 뛰어난 문체는 소동파의 문장처럼 '떠가는 구름과 흐르는 물'이다.

문체는 언어와 사상과 인격의 합성물이다. 그런데 세상에서는 언어만으로 이루어진 문체를 자주 보게 된다.

분명한 사상이 불분명한 언어로 싸여 있는 경우는 거의 없다. 불분명한 사상이 분명하게 표현된 쪽이 훨씬 많다. 그런 문체는 분명하게 불분명하다.

불분명한 언어로 표현된 분명한 사상은 구제불능인 독신자의 문체다. 아내에게 아무것도 설명할 필요가 없다. 이를테면 이마누엘 칸트와 같다. 새뮤얼 버틀러까지도 때로는 이상야릇한 말을 한다.

문체는 항상 그 '문학상(文學上)의 연인'의 감화를 받는다. 사고방식이나 표현법이 해를 거듭할수록 더욱 연인을 닮아 간다. 이것이야말로 초보자가 문체를 수련할 수 있는 유일한 방법이다. 어느 정도 시일이 흐르면 자기를 발견하는 것으로써 자기 문체를 발견한다.

독자가 저자를 싫어하면 그 저서에서 배울 점은 아무것도 없다. 교사들은 이 사실을 잊어서는 안 된다.

인간의 성질에는 선천적인 것이 있듯이 문체 역시 그러하다. 다른 부분은 '뒤섞임'에 불과하다. 애호하는 작가를 가지지 못한 사람에게는 넋이 없다. 언제까지나 무정란(無精卵)이다. 꽃가루가 없는 암술이다. 애호하는 작가, 즉 문학상의 연인은 정신의 꽃가루이다.

좋아하는 작가는 누구에게나 있다. 만일 없다고 하면 찾기에 힘쓰지 않았기 때문이다.

서적은 인생의 그림이나 도시의 사진 같은 것이다. 뉴욕이나 파리의 사진은 보았지만, 진짜 뉴욕이나 파리를 보지 않은 독자가 있다. 어진 사람은 책과 함께 인생 그 자체를 읽는다. 우주는 하나의 큰 책이다. 인생은 커다란 학교다.

훌륭한 독자는, 거지가 이를 잡기 위해 옷을 홀랑 뒤집듯이 저자를 뒤집어 놓는다.

어떤 문제든 그것을 연구하는 최선의 방법은 먼저 그 문제에 대해 반대 입장을 취하는 책부터 읽기 시작해야 한다. 이 방법을 취하면 절대로 속지 않는다. 반대 입장의 책을 읽고 나면 찬성 입장의 책을 읽을 마음의 준비가 한층 잘 갖추어지기 때문이다. 이것이 비판적 정신을 함양하는 방법이다.

작가는 언제나 언어로서의 언어에는 본능적인 흥미를 갖는다. 모든 언어에는 여느 사전에는 실려 있지 않은 생명과 인격이 숨어 있다. 콘사이스 옥스퍼드나 포켓 옥스퍼드 사전은 제외하고, 좋은 사전은 POD(포켓 옥스퍼드 사전)처럼 언제나 읽을 수 있는 사전이다. 언어의 광산에는 새로운 것과 헌 것의 두 종류가 있다. 헌 광산은 책 속에 있고, 새로운 광산은 일반용어 속에 있다. 이류 예술가는 헌 광산을 파고, 일류 예술가만이 새로운 광산에서 뭔가를 파낼 수 있다. 헌 광산의 광석은 이미 제련되어 있지만, 새로운 광산의 광석은 아직 제련되어 있지 않다.

왕충(王充)[5]은 '전문가'와 '학자'를 구별하고, 또 '작가'와 '사상가'를 구별했다. 전문가는 그 지식이 넓어졌을 때 학자로 승진하고, 작가는 그 예지가 깊어졌을 때 사상가로 승진한다.

그런데 '학자'의 저술은 다른 학자들로부터 빌려온 것들로 이루어져 있다.

---

[5] 27~100년. 후한시대의 학자.

그 인용하는 원전이나 출전이 많을수록 '학자답게' 보인다. 사상가의 저술은 자기 뱃속의 사상으로 이루어져 있다. 위대한 사상가일수록 자기 뱃속에서 이루어진 사상에 의존한다.

학자는 먹었던 것을 입으로 뱉어내 새끼를 먹여 기르는 갈가마귀와 같고, 사상가는 뽕잎을 먹고 명주를 뱉어내는 누에와 같다.

집필 전에는 관념의 임신기간이 있다. 그것은 출생 전에 태아가 자궁 안에서 일정한 기간 동안 보내는 것과 같다. 애호하는 작가가 자기 영혼에 불을 붙여 생동하는 관념의 흐름을 만들어낼 때, 그것이 '수태'이다. 그 관념이 임신기간을 경과하기 전에 인쇄를 서두른 것은 진통이 아니라 설사다. 작자가 양심을 팔고 신념에 위배되는 것을 쓴다면 그것은 낙태이며, 반드시 사산(死産)한다. 뇌우처럼 격한 경련을 머릿속에 느끼고 그 상념을 토해 내기 전에는 안절부절못하며, 종이에 쓰고 나서야 비로소 안도한다면 그것은 문예적 탄생이다.

따라서 작가는 어머니가 젖먹이를 대하는 것과 같이 자기의 문학적 소산에 모성애를 느낀다. 그 때문에 작품은 작가 자신의 것일 때 우수하고, 여자는 남의 아내가 아름다워 보인다.

양화점의 송곳처럼 펜촉은 쓰면 쓸수록 날카로워져서, 이윽고 자수용 바늘처럼 예리하게 된다. 이와 반대로 낮은 산에서 높은 봉우리로 올라가면서 바라보는 경치처럼, 인간의 사상은 더욱더 모난 곳이 없어져 간다.

작가가 한 사람을 증오하고 그 사람에 대해 통렬한 비난의 붓을 들고 있더라도, 만일 그 사람의 좋은 면을 보지 못한다면 그에게는 아직 비난할 자격이 없기 때문에 다시 한 번 붓을 놓아야 한다.

자기 표현파

16세기 말엽 원씨(袁氏) 삼형제[6]에 의해 창시된 이른바 '성령파(性靈派)'[7] 즉 세상에서 말하는 '공안파(公安派)'[8]는 자기 표현파이다. '성(性)'은 '개성'을 의미하고, '영(靈)'은 사람의 '영혼' 또는 '생명력'을 의미한다.

저술은 자기의 천성, 또는 품격의 표현이나 그 생명력의 약동에 불과하다. 이른바 '하늘이 내려준 신흥(神興)'이란 이 생명력의 흐름일 뿐이며, 사실은 혈액 속에 호르몬이 과잉 분비된 데 그 원인이 있다. 늙은 스승에 접하는 것, 즉 고인의 책을 읽는 것은 곧 고인의 생명력의 흐름을 응시하는 것이다. 그 활력의 흐름에 윤기가 없고 그 기백이 천하다면, 아무리 훌륭한 서예가나 문장가의 작품일지라도 정신, 즉 생명력이 결여되게 마련이다.

이 '하늘이 내려준 신흥'은 즐거운 꿈을 꾸면서 곤히 자고, 아침이 되어 자연히 잠이 깨었을 때에 솟아난다. 아침 차를 한잔 마시고 나서 신문을 본다. 심란한 기사는 실려 있지 않다. 그 다음 천천히 서재로 들어가 깨끗한 책상을 대한다. 창 밖에는 상쾌한 햇살이 눈부시고 바람은 고요하다. 이런 때에 좋은 수필, 시, 편지, 그림엽서, 그리고 좋은 찬(讚)을 쓸 수 있다.

'자아' 또는 '인격'이라 불리는 것은 사지, 근육, 신경, 이성, 감정, 교양, 이해력, 경험, 편견 등이 한 묶음으로 되어 이루어져 있는 것이다. 자연히 갖추어지는 것도 있고 수양에 의한 것도 있으며, 선천적인 것도 있고 연마로 인한 것도 있다. 인간의 천성은 타고나는 것이다. 아니, 탄생 이전에 이미 정해져 있다. 혹자는 천성이 잔인하고 야비하며, 혹자는 천성이 담백하고 솔직하고 인협하고 관후하며, 또 혹자는 날 때부터 성격이 온화하고 연약하며 또는

---

[6] 명나라의 원종도(袁宗道), 원굉도(袁宏道), 원중도(袁中道) 등 삼형제를 말한다.
[7] (원주) 둘째 원굉도(원중랑이란 이름으로 알려져 있다)가 이 파의 지도자로 지목된다.
[8] (원주) 공안은 삼형제의 고향이다.

소심하다. 이런 자질은 '골수'에까지 사무쳐 있는 것이므로 아무리 훌륭한 교사, 아무리 훌륭한 부모라도 인격의 틀을 바꾸지는 못한다. 그러나 또 다른 자질은 태어난 뒤에 교육과 경험을 통해 얻어진다.

그러나 사람의 사상과 관념과 인상은 가지각색의 원천과 생애의 각 시기의 온갖 영향에서 생기는 것인 이상, 관념과 편견과 견해와 사고방식은 심한 혼란과 모순을 빚어낸다. 어떤 사람은 개를 좋아하는 반면 고양이를 무서워하고, 또 어떤 사람은 고양이를 좋아하는 반면 개를 두려워한다. 그러므로 사람의 개성에 대한 연구는 모든 과학 중에서 가장 복잡한 것이다.

자기 표현파는 자신에게 진실한 감정, 즉 거짓 없는 사랑, 거짓 없는 증오, 거짓 없는 공포, 거짓 없는 취미만을 문장에 표현할 것을 요구한다. 좋은 것만 드러내고 나쁜 것을 숨기려는 잔재주를 부리지 않고, 세간의 웃음거리가 되는 것도 두려워하지 않으며, 옛 성현이나 현대의 권위자의 주장과 모순되는 것도 개의치 않고 솔직히 자기를 표현하고자 하는 것이다.

자기 표현파의 작가는 한 작품 중에서 작가의 특성이 가장 잘 나타나 있는 대목을 사랑하고, 대목 중에서 가장 특징 있는 글을 사랑하며, 글 중에서 가장 특징 있는 표현을 사랑한다. 하나의 장면과 감정과 사건을 묘사하더라도 자기가 본 그대로의 장면, 자기가 느낀 그대로의 감정, 자기가 해석한 그대로의 사건을 다루어야만 한다. 이 법칙에 적합한 것은 문학이고, 적합하지 않은 것은 문학이 아니다.

《홍루몽》속에 나오는 소녀 임대옥(林黛玉)은 "시인이 좋은 문구를 얻었을 때는 그 운(韻)이 지금까지의 형(型)과 맞든 맞지 않든 마음에 두어선 안 됩니다" 하고 말했다. 그러고 보면 그녀도 역시 자기 표현파의 한 사람이었던 모양이다.

자기 표현파는 거짓 없는 감정을 사랑하므로, 자연히 꾸밈이 많은 문체를 경멸한다. 따라서 문장의 평이한 풍미를 존중한다. 그리고 "말이 사리에 달통하고야 만다"고 한 공자의 금언을 명심하고 있다.

문학의 미는 표현에 불과하다. 이 파의 위험은 작가의 문체가 단조로움에 빠지는 것(원중랑이 그러하다), 관념이 기교로 달리는 것(김성탄이 그러하다), 또 그 관념이 권위 있는 기성의 것과 두드러지게 다르다는 것이다(이탁오가 그러하다). 자기 표현파가 유가의 미움을 산 까닭도 바로 이 때문이다. 그렇지만 사실상 중국의 사상과 문학을 저 절대적 획일주의의 죽음으로부터 구출한 것은 이들 독창적인 작가였다. 앞으로 수십 년 뒤의 중국문학의 양상은 반드시 그들의 주장을 따를 것임에 틀림없다.

중국의 정통파 문학은 성현의 마음을 분명히 표현하는 것을 목표로 하며, 작가의 마음을 표현하는 것을 취지로 하고 있지 않다. 그래서 그것은 사멸했다. 성령파 문학은 작가의 마음을 표현하는 것을 목표로 하며, 성현의 마음을 표현하는 것을 취지로 하고 있지 않다. 그래서 그것은 살아 있다.

성령파 작가에게는 긍지와 독존의 기풍이 있다. 그러므로 자기 본래의 길에서 벗어나 사람을 놀라게 할 만한 말을 지껄이지 않아도 된다. 공자와 맹자가 그들에게 동의하고 그들의 양심까지도 승인한다면, 구태여 자기의 길에서 벗어나 성현에게 반대하지는 않을 것이다. 그러나 양심이 허락치 않는다면 공자와 맹자에 대해서도 굳이 길을 양보하지 않을 것이다. 그들은 황금에 동요되지 않고, 추방에 위협당하지 않는 사람들이다.

진정한 문학은 곧 우주와 인생에 대한 경이감이다.

안목이 건전하고 명료한 자는 모두 언제나 이 경이감을 가지고 있다. 따라서 이상하게 보이기 위해 진실을 왜곡할 필요는 없다. 이 파의 작가의 관념과 견해가 항상 색다르게 보이는 것은, 독자들이 왜곡된 시각에 익숙해져 있기 때문이다.

성령파 비평가는 작가의 약점을 사랑한다. 성령파의 작가는 고인이나 현대인의 모방, 문학의 기법과 법칙을 전부 반대했다. 원씨 형제는 '입이나 손목은 내버려두면 저절로 좋은 모양이 된다'는 것을 믿고 "문학의 요체는 진실이다"라고 주장했다. 이립옹은 '문학의 요체는 매력과 흥미'라고 믿었다. 북송의 작가 황산곡은 '문장의 행이나 형은 벌레가 뚫은 나무 구멍처럼 모두 우연히 이루어지는 것'이라고 믿었다.

친근한 문체

친근한 문체의 작가는 유유한 기분으로 이야기한다. 그는 자기의 약점을 있는 그대로 표현하므로, 무장하고 있는 것이 아니다.

작가와 독자는 엄격한 교장과 학생과 같은 관계가 되어서는 안 되고, 마땅히 친한 벗과 같은 관계여야 한다. 그래야만 비로소 다정한 맛이 생기는 것이다.

자기 작품에서 '나'라는 말을 쓰기를 두려워하는 자는 결코 좋은 작가가 될 수 없다.

나는 진리를 말하는 자보다 거짓말쟁이를 사랑한다. 거짓말쟁이 중에서도 조심성 있는 자들보다 경솔한 자가 좋다. 그 경솔함은 그가 독자를 사랑한다는 증거다.

나는 경솔한 바보를 신용하고 법률가를 의심한다. 경솔한 바보는 국가 최대의 외교관이다. 그는 민중의 마음을 사로잡는다. 내가 머릿속에 그리고 있는 좋은 잡지란 격주간으로 나오는 잡지다. 2주일에 한 번 작은 방에 똑똑한 좌담가를 모아 함께 지껄이게 한 다음 독자에게 그것을 방청하도록 하고, 좌담회는 대체로 두 시간쯤으로 끝나게 한다. 그것은 마치 즐거운 야화에 열중하는 것과 같아서 그것이 끝나면 독자는 잠자리에 든다. 이튿날 아침 잠이 깨면 어떤 사람은 은행원으로서, 어떤 사람은 회계원으로서, 또 어떤 사람은 학생에게 훈시를 하는 교장으로서 각자의 일을 해냈는데, 지난밤의 한담 냄새가 아직도 볼언저리에 감도는 듯한 느낌이 들게 한다는 방법이다.

금으로 테를 두른 거울이 있는 넓은 방에서 호화스런 연회를 베푸는 술집이 있는 반면에, 적은 인원의 주연에 알맞은 술집도 있다. 내 희망은 두세 친구가 모여서 조촐한 주연을 베푸는 것만으로 충족된다. 부귀권문이 베푸는 큰 연회에는 가고 싶지 않다. 그러나 작은 술집에서 마시고, 먹고, 씹고, 서로 야유하고, 술을 쏟아 옷을 적시고 하는 재미는 큰 연회에 참석하는 사람들로서는 알 턱이 없다. 그러므로 그들에겐 "정말 그땐 그런 즐거운 일이 있었지" 하고 말할 추억조차도 없다.

세상에는 부호의 정원이나 저택도 있지만, 반면에 산속의 오두막집도 있다. 산속의 오두막집이라고 해도 때로는 고상한 취미를 살려 아담한 가구를 갖춘 곳도 있는데, 분위기 그 자체는 붉은 문과 파란 창을 하고 한 무리의 하인이 줄지어 서 있는 부호의 저택과는 전혀 다르다. 집 안에 들어가도 충견(忠犬)의 짖는 소리도 들리지 않고, 점잔을 빼는 우두머리 종이나 문지기도 보이지 않는다. 작별하고 나올 때도 문 밖에 한 쌍의 '음란한 돌사자'도 보이지 않는다.

이같은 정경은 17세기 한 작가에 의해 자세히 묘사되어 있다. '주, 정, 장, 주(周程張朱)⁹ 제가(諸家)가 복희당(伏羲堂)에 동석하여 고개를 숙여 인사를 나누고 있다. 그때 돌연 소동파와 동방삭(東方朔)이 맨발에 거의 벌거벗은 채로 뛰어든다. 그러고는 손뼉을 치면서 농담을 하기 시작한다. 주위 사람들은 아마도 기가 막히겠지만, 두 고사(高士)의 마음은 서로 통하고 있다.'

---

9 〈원주〉 송나라 유학자인 주자(周子), 정자(程子), 장횡거(張橫渠), 주자(朱子).

미란 무엇인가

문학의 미와 물상(物象)의 미라 불리는 것은 변화와 움직임에 기인하는 경우가 많다. 즉 생명에 그 기초를 두고 있다. 생명이 있는 것에는 언제나 변화와 움직임이 있고, 변화와 움직임이 있는 곳에는 자연히 미가 갖추어진다. 산간의 벼랑과 협곡과 계류에는 운하 같은 것은 도저히 미치지 못하는 분방하고 호탕한 미가 있다. 더구나 그것은 건축가의 계산을 기다리지 않고 이루어진 것이다.

그런데 어떻게 문학과 문장에 정칙을 만들 수 있겠는가. 성좌는 천문, 즉 하늘의 문학이다. 명산대천은 지문(地文), 즉 땅의 문학이다. 바람이 불어 구름 모양이 달라지면 금수(錦繡) 모양을 볼 수 있다. 서리가 내려 잎이 지면 거기에 소소한 가을빛이 나타난다.

창공의 궤도를 도는 별이 지상에 있는 인간의 눈길을 염두에 둔 일이 있었을까? 그런데도 큰개자리나 견우성은 우연히 인간의 눈에 띈다. 지각은 신축하고 무상하여 높은 산을 쌓아올리고 깊은 바다를 판다. 그렇다면 지구가 인간에게 숭배받고자 오악(五嶽)을 만든 것일까? 그런데도 태화(泰華)나 곤륜산(崑崙山)은 웅혼한 리듬을 이루고 우뚝 서 있으며, 옥녀봉(玉女峰)이나 선동봉(仙童峰)은 우리를 에워싸고 장엄하게 솟아 인간의 눈을 즐겁게 해주려는 듯하다. 이런 것은 거장(巨匠) 창조주의 자유분방한 일필에 지나지 않는다.

또 산마루에 솟아나서 심한 산바람의 공격을 받은 구름이, 인간에게 보이기 위해 속옷이나 적삼을 염려할 겨를이 있을까? 더욱이 구름은 저절로 모습을 갖추어 어느 때는 물고기 비늘이 되고, 어느 때는 비단무늬를 만들어내며, 어느 때는 질주하는 개처럼 나타나고, 어느 때는 포효하는 사자로 변하며, 어느 때는 춤추는 불사조처럼 나타나고, 어느 때는 날뛰는 일각수(一角獸)의 모습이 된다. 실로 시문의 신품(神品)을 연상케 된다.

　추위와 더위, 고난과 서리로 인해 괴로워하고 호흡을 늦추어 정력 보존에 급급하고 있는 가을 나무에게, 옛길을 가는 나그네의 눈을 즐겁게 해주기 위해 화장할 여유가 있겠는가. 그런데도 나무들은 산뜻하고 적막하여 그 풍취는 왕유(王維)나 미불의 그림보다 훨씬 낫다.

　이같은 우주 만물에는 예술적인 미가 내포되어 있다. 마른 덩굴의 미는 왕희지의 글씨보다 위대하고, 깎아지른 듯한 벼랑은 왕맹룡(王猛龍)의 묘비명보다 웅혼하다. 그러므로 만물의 문(文), 즉 예술미는 그 천성에서 발하고, 그 천성을 다하는 것은 문, 즉 아름다운 옷을 입음을 알 수 있다. 따라서 문, 즉 선과 형의 미라는 것은 내부적인 것이지 결코 외부적인 것은 아니다. 말굽은 빨리 달릴 수 있도록, 범의 발톱은 먹이를 움켜쥘 수 있도록, 학의 다리는 늪을 건널 수 있도록, 곰의 발은 얼음 위를 걸을 수 있도록 되어 있다. 그러나 말과 범과 학과 곰이 자신들의 자태나 균형의 미에 대하여 한 번이라도 생각해 보았을까. 생활 기능을 다하고 운동에 적합한 자세를 취하는 것이 동물 본능의 전부이다.

　그렇지만 인간의 눈으로 보면 말의 발굽과 범의 발톱과 학의 다리와 곰의 발은, 그것의 완전히 갖추어진 겉모습이나 힘의 암시나 가늘면서도 강한 선이나 선명한 윤곽이나, 혹은 그 불뚝 솟은 관절이나 모두 굉장한 미가 있다. 또 코끼리 다리는 예서(隸書) 같고, 사자의 갈기는 비백서(飛白書) 같고, 싸우는 뱀은 멋지게 구불구불한 초서(草書) 같고, 비룡은 전서(篆書) 같고, 소의 다리는 팔분(八分)을 연상케 하고, 사슴은 소해(小楷)와 비슷하다.

　이러한 동물의 미는 그 자세와 움직임에서 생기며, 자태는 신체의 기능에서 나온 결과다. 그리고 이것이 또한 문장의 비결이기도 하다. 운동의 세(勢), 즉 자세에서 필요한 것은 문장에서도 억제해서는 안 되며, 자세나 운동에 필요하지 않은 것은 문장에서도 사용하지 말아야 한다. 그러므로 시문의 걸작은 자연 그 자체의 운동 같은 것이며, 형이 없으면서 형이 있고, 매력과 미는 저절로 갖추어진다. 세라는 것은 반드시 동태미(動態美)지, 균제미(均齊美)가 아니기 때문이다. 생명이 있고 움직임이 있는 것에는 모두 이 세가 있으며, 그 때문에 미가 있고 힘이 있으며 문(文)이 있다. 즉 형과 선의 미가 있는 것이다.

신에 가까운 자는 누구인가　제12장

종교와 부활

오늘날에는 신이란 무엇이며, 무엇이 신의 뜻에 부합되는 것이고 무엇이 신의 뜻에 부합되지 않는 것인지 확실히 알고 있다고 자부하는 자들이 상당히 많다. 내가 이 문제를 다룬다면 신을 모독하는 녀석이라느니 예언자인 체한다느니 하는 비난을 면치 못할 것이다. 대우주의 수억 분의 1도 못 되는 지구, 그중 수억 분의 1도 못 되는 인간이라는 생물이 신을 알고 있다니 말이다! 우리를 에워싼 대우주의 생명과 극히 잘 조화된 관계를 갖지 않는 한 그 어떤 삶의 철학도 완전하다고 할 수 없고, 인간의 정신생활에 관한 어떤 사고방식도 충분하다고는 할 수 없다. 물론 인간은 매우 중요한 존재이며, 가장 중요한 연구 과제, 즉 인간주의의 본체다. 그러나 그 인간은 광대한 우주에 살고 있다. 인간 못지않게 경탄할 만한 우주에 살고 있는 것이다. 그러므로 인간을 에워싼 광대한 세계의 기원과 숙명을 무시한다면, 결코 만족한 생활을 할 수 없다.

정통파 종교가 역사적 발전을 계속하는 동안 엄격하게 종교의 영역 밖에 놓여야 할 것 — 물리학, 지질학, 천문학, 범죄론, 여성관 — 이 온통 뒤섞여 버렸다. 이것이 정통파 종교의 고충이다. 만일 도덕의식의 영역에 머물러 있었더라면 종교의 위치를 재정립하는 작업(re-orientation)도 오늘날처럼 대단한 것이 되지는 않았으리라. 신의 관념을 파괴하기보다는 상투적인 '천국'과 '지옥'의 관념을 파괴하는 편이 용이하다.

한편 과학은 현대 기독교에 우주의 신비에 관한 새롭고 깊은 의의와 에너지의 환칭명사(換稱名辭)로서의 물질에 대한 새로운 관점을 분명히 하고, 신 그 자체에 대해 제임스 진스 경[1]도 말했듯이 "우주는 위대한 기계보다 위대한 사상에 가까워진" 모양이다. 수학 그 자체가 수학으로는 헤아릴 수 없는 것의 존재를 증명했다. 이리하여 종교는 퇴보할 수밖에 없게 되었고, 지금까지처럼 자연과학의 영역에서 다변(多辯)을 늘어놓는 것을 중단하고 "그런 것은 종교가 관여할 바가 아니다" 하고 시원스레 인정하지 않을 수 없는 형편이다.

게다가 인류 역사가 4천 년인가 100만 년인가, 지구는 평면인가 원형인가 다리를 접는 탁자형인가, 지구는 인도 코끼리의 등에 실려 있나 중국 거북에 떠받쳐져 있나 하는 당치도 않은 그런 제목을 정신적 경험의 타당성을 논하는 근거로 함은 더더욱 우스운 일이다. 종교는 정신적 영역에만 머물러야 한다. 아니, 머물게 될 것이다. 그 영역이야말로 어느 의미에서나 꽃과 물고기와 별의 연구에 필적할 만한 그 자신의 존귀성을 지닌다.

현대생활에 알맞은 종교는 개인이 교회에서 직접 선택해야만 할 것 같다. 무릎꿇고 묵도를 드리고, 색유리창을 바라보는 그런 의식과 예배 분위기 속에서는, 신학상의 교의에 대해 의문을 품는 일은 있더라도, 위대한 정령 앞에 무릎 꿇을 마음이 생길 것이다. 그런 뜻에서 예배는 참된 심미적 경험이며, 그 사람 자신의 체험이다. 즉 산기슭에 서 있는 나무들의 윤곽 뒤로 지는 석양을 바라보는 것과 같은 심미적 체험이다. 그 사람에게 종교는 의식의 최종

---

[1] Sir James Hopwood Jeans. 영국의 천문학자, 물리학자. 케임브리지 대학 교수.

적 사실이다. 그것은 극히 시에 가까운 심미적 체험이 될 테니까 말이다.

그러나 오늘날의 교회를 보고는 그 누구라도 경멸하지 않을 수 없으리라. 생각해 보자. 우리의 예배를 받을 정도의 신이라면, 사소한 이득을 기원할 그런 하찮은 신은 아닐 것이다. 북으로 항해할 때는 북으로 바람을 불게 하고, 남으로 항해할 때는 남으로 바람을 불게 해주는 그런 신은 아니다. 신에게 순풍을 감사히 여기는 것은 낯두꺼운 짓이고, 또 이기적인 짓이기도 하다. 왜냐하면 이 대단한 한 개인인 그가 북으로 항해할 때는, 신은 남으로 항해하는 사람들을 사랑하지 않는다는 것이 되기 때문이다. 그런 이득이라면 모두 남의 행복을 원하지 않는 자기본위가 된다. 그것으로는 교회의 진의를 알 수 없을 것이다. 그래서 종교가 거쳐온 그 기괴한 변질에 경이의 눈을 뜨게 된다. 그리고 현재의 모습을 보고 그대로 종교를 정의하려 한다면 아주 난처해진다. 나는 우리의 생활 속에 종교로서 남아 있는 것은 인생의 미와 훌륭함과 신비, 또한 그 의무에 대한 매우 단순화된 숭경심(崇敬心)일 뿐, 신학이 오랜 세월 동안 종교의 표면에 덮어씌운 정답고도 즐거워해야 할 첨가물이나 신조는 이미 없어지고 만 것이라고 생각한다.

이렇게 되면 종교는 단순하다. 더욱이 현대인에게는 이것으로 충분하다. 중세기의 정신적 신권정치는 결정적으로 후퇴했다.

그리고 저 영생 문제에 대해 말하자면, 이 사상이야말로 종교가 사람의 마음을 움직이게 한 두 번째로 중요한 이유였는데, 오늘날의 많은 사람들은 죽을 때는 깨끗이 죽겠다며 완전히 현생만으로 만족한다.

영생, 영생 하고 되뇌는 것을 보면 아무래도 병적인 데가 있다. 나는 인간인 주제에 영생불멸을 원하는 것을 도저히 이해할 수 없다. 그러나 기독교의 영향이 없었더라면 이토록 쓸데없이 흔들어놓는 일은 아마 없었을 것이다. 시의 영역에 속하는 허구와 사설의 아름다운 명상이라든가 고상한 환상이라면 이해가 되지만, 그렇지 않은 영생이라면 지극히 진지한 문제가 되고, 승려에게는 죽음과 사후 생명이 어떻게 되느냐는 생각이 이세상의 중요한 문제가 되고 말았다.

그런데 실제로 이 세상에 사는 사람의 절반 가량은 기독교도이건 이교도이건 간에 죽음을 두려워하지 않는다. 그러므로 그들은 천국과 지옥에 위협받는 일도 없고, 그에 대해 생각하는 일도 별로 없다. 그저 자기 묘비명이나 묘비 설계나 화장(火葬)의 가부에 대해 대수롭지 않게 이야기하는 정도는 흔히 볼 수 있지만 이들 역시 천국행을 확신하는 사람들만은 아니며, 죽으면 생명은 촛불처럼 꺼져버리는 것이라고 확고하게 믿고 있는 사람들도 많다. 현대의 가장 뛰어난 사람들은 영생에 대해 불신감을 가지고 있으며, 그런 것은 전혀 염두에 두지 않는다. H. G. 웰스, 앨버트 아인슈타인, 아서 경 등 그 밖에도 많이 있다. 그러나 나는 죽음의 공포를 극복하는 것은 그다지 뛰어난 인물이 아니라도 가능하다고 생각한다.

많은 사람은 개인적 영생 사상 대신 좀더 수긍이 가는 영생 사상을 가지고 있다. 즉 인종의 영생, 행위와 사상의 영생이 그것이다. 우리가 죽더라도 우리가 사는 사회적 생명 속에서 한 역할을 담당하면 그것으로 충분하다는 사고방식이다. 우리는 꽃을 따서 땅바닥에 버린다. 그래도 그 미묘한 향기는 공중에 남는다. 이같은 영생 사상이 재치 있고 이치에 맞으며 이기적인 데가 없다. 이 진정한 뜻에서만 파스퇴르나 루터 버뱅크[2]나 토머스 에디슨이 우리 안에 존재한다고 할 수 있는 것이다. '육체'란 변화하는 화학성분의 결합을 추상적으로 일반화한 것에 불과하므로, 육체가 죽는다 해도 아무 상관 없는 것이다. 인간은 점차 자기 일생이 영원히 흐르며 멎지 않는 큰 강물 속 하나

---

[2] Luther Burbank, 1849~1926년. 미국의 원예가.

의 물거품에 지나지 않는다는 생각을 갖게 된다. 그래서 기꺼이 생명 본래의 큰 흐름에 자기 역할을 기탁하기를 원한다. 과욕만 부리지 않는다면 그것으로 충분한 것이다.

나는 왜 이교도가 되었는가

종교는 언제나 자신만의 것이므로 누구나 자기 자신을 위한 종교관을 가져야 한다. 진지하기만 하다면 결과야 어찌 되든 신의 뜻을 어기는 일은 없을 것 같다. 종교적 경험은 모두 옳다. 앞에서도 언급했듯이 그것은 논의할 문제가 아니기 때문이다. 그러나 종교 문제로 시달려 본 정직한 정신의 진실된 체험담은 항상 도움이 된다. 그러므로 나는 종교에 대해 언급할 때는 일반론을 피하고 나 자신의 이야기를 한다.

나는 이교도다. 이 말 가운데는 기독교에 대한 반역적 의미가 내포되었다고 생각하는 사람이 있을지도 모른다. 그러나 반역이라는 말은 너무 가혹하다. 나는 서서히 걸음을 내디뎌 조금씩 조금씩 기독교로부터 떨어져 나온 사람이며, 그 동안 사랑과 경건함을 가지고 전력투구하여 모든 교리에 매달려 보았으나, 유감스럽게도 그것은 모두 내게서 도망쳐 버렸다. 반역이라는 말은 이같은 기분을 바르게 표현한 것이 아니다. 즉 증오의 기분은 전혀 없었으므로 반역이라고 할 수는 없다.

나는 성직자의 집안에서 태어나 한때는 선교사가 되기 위한 교육을 받았다. 그 덕택으로 종교적 고투를 겪는 전기간을 통해 나의 자연스런 감정은 반종교적이라기보다 오히려 종교적인 편이었다. 나는 감정과 이성의 싸움을 거쳐 점차 어떤 입장에 도달했고, 이를테면 속죄설을 단호히 부정하게 된 것이다. 그것은 이교도의 입장에서 가장 간단하게 설명할 수 있는 문제다. 우주와 인생에 대한 이 신앙 상태는 내적 갈등을 겪을 필요도 없이 자연스럽고 마음 편한 기분에 나를 놓아주었다. 지금도 그 점에는 변함이 없다.

이 과정은 어린아이가 젖을 떼고 능금이 익어서 꼭지가 떨어지듯 자연스럽게 왔다. 능금이 떨어질 때가 되었을 때, 나는 그 낙하를 방해하지 않는다. 도가의 말을 빌리면 바로 도에 사는 것이 되며, 또 서구인식으로 말하면 자기의 영혼에 따라서 자기와 우주에 진실하다는 것에 불과하다. 자기에 대해 지성적인 진지함이 없다면 그 어느 누구도 자연스럽고 행복할 수는 없는 것이다. 자연스럽다면 이미 천국에 있는 것이다. 나는 그렇게 믿고 있다. 내가 이교도라는 사실은 내게 지극히 자연스러운 일이다.

그러나 '이교도'라는 것은 '기독교도'라는 것과 마찬가지다. 그것은 소극적인 의견의 발표에 불과하다. 일반 독자에게 이교도란 기독교도가 아니라는 뜻에 불과할 것이다. 그리고 '기독교도다'라고 하는 것은 그 뜻이 매우 넓고 애매모호한 말이므로 '기독교도가 아니다'라는 말로 오해받고 있다. 이교도이기 때문에 종교를 믿지 않고 신도 믿지 않는 것이라고 해석하는 것은 큰 잘못이다. 왜냐하면 '신'이나 '인생에 대한 종교적 태도'에 대한 의의는 아직 명확히 규정되어 있지 않기 때문이다.

예로부터 위대한 이교도들은 항상 자연에 대해 경건한 태도를 가졌다. 그러므로 우리는 이 말을 평범한 뜻으로 해석하여 단지 교회에 다니지 않는 사람(단, 심미적 영감을 받으러 가는 것은 예외다. 그것은 지금의 나도 가능하니까), 기독교 종단에 속하지 않는 사람이라는 정도로만 생각해야 한다.

중국의 이교도는 적극적인 이교도로, 이들은 내가 무엇보다도 친밀감을 가지고 말할 수 있는 유일한 이교도다. 그들은 이 지상의 생활이야말로 인간이 염두에 둘 수 없고 그것만이 전부라는 생각에서 출발한다. 즉 생명이 다할 때까지 이 세상에서 즐겁게 살아가자는 것이다. 인생의 깊은 슬픔도 잘 알고 있지만 쾌히 이에 직면하고, 인간생활의 선과 미에 부닥치면 언제든지 예리한 관찰의 눈을 가지고 이에 대처하며, 선을 행하는 그 자체가 충분한 보상이라고 생각한다. 천국으로 가기 위해 선을 행하거나, 천국에 유혹되거나 지옥에 위협당하는 일이 없으면 선을 행할 것까지도 없다고 마음속으로 생각하는 '신앙인'에 대해 그들은 가벼운 연민이나 경멸을 느낀다. 이 점은 나도 수긍이 간다. 이 설명이 옳다면 스스로 이교도라 자각하고 있는 이교도 외에 더 많은 이교도가 미국에도 있다고 믿는다. 자유주의적 기독교도와 이교도의 차이는 사실 백지 한 장 차이에 불과하다. 다른 점은 그러한 기독교도가 신에 대해 지껄여댈 때뿐이다.

나는 깊은 종교적 체험에 대해 알고 있다고 생각한다. 교황청 추기경 뉴먼과 같은 신학자가 아닐지라도 그같은 체험은 가능할 것이다. 그렇지 않다면 기독교는 재미없는 것일 터이며 지금까지 무서울 정도로 오해를 받았으리라. 현재 내가 보기에는 기독교도와 이교도의 정신생활의 차이는 오직 다음과 같은 점에 있는 것 같다.

기독교도는 신의 지배를 받는 세계에 살면서 끊임없이 신과 교섭을 가진다. 즉 자애스런 아버지가 인도하시는 세계에 살고 있다는 것이 때에 따라서는 그의 행동마저 신의 아들이라는 의식으로까지 높여지는 경우가 있다. 물론 인간이 하는 일이므로 전생애를 통해, 또는 일주일을 통해, 혹은 하루만이라도 이 수준을 줄곧 유지하는 것은 극히 어려우며, 그의 생활은 인간적 수준과 참된 종교적 수준 사이에서 오락가락한다.

한편 이 세계에 살고 있는 이교도의 모습은 고아와 같은 것이다. 이교도에게는 누군가가 천국에 있어 늘 그를 지켜보며 기도라는 영적 관계를 통해 자기의 행복을 수호해 준다는 믿음은 없다. 그리고 기독교도의 세계에 비하면 그다지 편안한 세계는 아니다. 그런데 거기서는 또 고아로서 누리는 이점과 위엄이 있다. 필요에 따라서 독립을 배우고 자기를 지탱할 줄 알며, 원숙한 덕을 연마하는 것이다. 세상의 고아를 생각해 보면 쉽게 이해할 수 있을 것이다.

이교로 개종하는 마지막 순간까지 나를 두렵게 한 것은 이지적 신앙 문제가 아니라, 신의 사랑을 받지 못하고 세상에 홀로 내던져지는 듯한 기분이 된 것이었다. 기독교도로 태어난 많은 사람들이 그렇듯이, 만일 신이 존재하지 않는다면 그야말로 이 세상은 밑바닥이 없는 나락일 것이라고 나는 느꼈다.

그러나 이교도가 도달할 수 있는 하나의 경지가 있다. 거기에 서서 기독교 세계를 보면 더 따뜻하고 즐거운 듯이 보이지만, 그 반면 한층 유치하고 아직도 미숙하게 여겨지는 데가 있다. 기독교 세계의 환각이 깨지지 않도록 방치해 두면 유익하기도 하고 활동적이기도 하겠지만, 참된 불교도의 생활양식 이상의 것도 그 이하의 것도 아니다. 또 아름답게 채색된 세계이기는 하지만 그 때문에 의연한 진실성이 부족하며, 그 때문에 가치가 낮은 세계다. 나는 무엇이든지 채색되었다거나 실질적인 진리가 없다거나 하는 것을 의심하기 시작하면 치명적인 타격을 받는다.

진리를 위해서는 반드시 지불해야만 하는 대가가 있다. 그 결과가 나쁘더라도 그것은 불가피한 일이다. 그것은 살인자의 입장과 흡사하며 심리적으로는 똑같은 것이다. 즉 사람을 죽이면, 그 다음 할 수 있는 최선의 길은 죄를 자백하는 것이다. 이교도가 되려면 용기가 필요하다는 나의 주장은 이 때문이다. 그런데 일단 최악의 것을 받아들인 사람에게는 이미 두려울 것이 없다. 마음의 평화란 여러분이 최악의 것을 받아들였을 때의 정신상태를 말한다(여기서 나 자신이 불교나 도교의 영향을 받고 있음을 알 수 있다).

기독교도와 이교도 세계의 차이를 다음과 같이 논해도 좋을 것이다.

내 안에 있는 이교도가 긍지와 겸허함 때문에, 즉 기분상의 긍지와 이지적인 겸허함 때문에 기독교를 거절한 것이다. 그러나 아마도 전체적으로 말하면 후자가 더 중요한 동기가 되었을 것이다. 기분상의 긍지가 왜 하나의 동기가 되었느냐 하면, 우리가 근엄하고 단정한 신사숙녀로서 행동하는 데는 인간이라는 것 외에 다른 이유가 있다고 생각하는 것이 마음에 들지 않았기 때문이다. 이론상(또 여러분이 분류하고 싶다면) 나의 이런 사고방식을 전형적인 휴머니즘이라 부르는 것이 좋겠다.

다음에 겸허함, 이지적인 겸허함이 기독교를 배격하게 한 더 큰 동기가 되었다는 것은 간단한 이유에서다. 즉 우주에서 극히 작은 한 조각에 불과한 태양계, 또 그 한 조각에 불과한 지구, 그리고 또 그보다 극미한 한 조각인 개개의 인간이 대조물주의 눈에 몹시 중요한 존재로 비친다는 것은 우리가 가지고 있는 천문학상의 지식으로 이미 믿을 수 없기 때문이다. 인간의 뻔뻔스러움과 자만심, 그리고 오만함은 나를 놀라게 했다. 전체의 100만 분의 1도 알지 못하는 지고적(至高的) 존재의 성질을 생각하고 그 속성을 생각하는 것이 어떻게 가능하겠는가. 물론 개인을 존중하는 것은 기독교의 근본 교리 중 하나다. 그러나 기독교도가 실제로 일상생활에 부닥치면 얼마나 불손한 행동을 하는가. 그 두세 가지 예를 들어보겠다.

내 어머니 장례식 나흘 전에 호우가 있었다. 상주(常州) 지방에는 7월에 흔히 있는 일이지만, 만일 계속 비가 내린다면 시가지에 홍수가 나서 장례식을 치를 수 없을 형편이었다. 가족 대부분이 상해에서 와 있었으므로 장례식을 연기하기는 매우 곤란했다. 가족 중에 기독교도가 한 사람 있었는데, 이기적인 데가 있지만 중국의 기독교도로서는 그다지 드문 편은 아니다. 그 부인은 나에게, 자기는 신을 믿는데 신은 당신 아이들을 틀림없이 보호해 주실 것이라면서, 비를 그치게 해주십사고 기도했다. 그러자 비가 그쳤다. 보잘것

없는 기독교도 일가가 장례식을 연기하지 않고 치르도록 비가 그쳐 준 것 같았다. 그런데 그녀의 말이 별났다. 우리 가족이 아니었으면 신은 거리낌없이 몇만의 상주 주민을 무서운 홍수로 희생시켰을 것이라는 둥, 비가 그친 것은 상주 주민을 위해서가 아니라 우리 기독교도 일가 때문이며, 예정대로 장례식을 치르도록 날씨가 개게 해주십사 하고 기도한 덕분이라는 둥 말하는 것이다. 이 믿지 못할 자기본위의 사고방식은 내 가슴을 때렸다. 신이 그런 이기적인 사람들에게 은혜를 베푸셨으리라고는 상상도 할 수 없다.

옛날 중국에 불교를 믿지 않는 학자와 불교 신자인 어머니가 있었다. 독실한 신도인 어머니는 밤낮으로 나무아미타불을 외워 은혜를 입고자 했다. 그런데 어머니가 나무아미타불을 외우기 시작하면, 아들은 어김없이 "어머니!" 하고 외쳤다. 어머니가 그것을 언짢아하자, 아들이 "하지만 어머니, 부처님도 어머니처럼 자기를 부르는 소리를 듣고 성가시다고 하실지도 모르잖아요"라고 말했다.

우리 부모도 독실한 기독교도였다. 아버지가 저녁에 가족을 위해 하는 기도를 듣는 것만으로 나는 충분했다. 나는 어린 시절 감수성이 예민하고 종교적인 어린이였다. 나는 목사의 아들로서 종교교육의 편익을 누렸으며 그와 동시에 그 약점으로 인해 고통도 받았다. 종교교육의 특전에 대해서는 나는 언제나 감사하고, 약점을 자기 힘으로 바꾸었다. 중국인의 인생철학에는 행운이니 불운이니 하는 것은 없었기 때문이다.

나는 중국의 연극을 볼 수도 없었으며, 중국 악사의 노래도 또한 절대로 들을 수 없었다. 그리고 위대한 중국 민족의 전설이나 신화와는 아주 절연되어 있었다. 미션계 대학에 입학한 후부터는 아버지로부터 받은 기초적인 중국 고전 지식은 완전히 무시되었다. 그렇지만 이것은 나에게 오히려 다행이었는지도 모른다. 그 덕택으로 훗날 완전히 서구식 교육을 마치고 난 후 동쪽 동화의 나라에 간 서쪽 나라의 아이들처럼 신선하고 생생한 기쁨을 가지고 동양으로 돌아올 수 있었기 때문이다.

내가 학생시절과 청년시절에 모필을 완전히 만년필로 바꾸었던 것은 최대의 행운이었다. 그것은 내 마음의 준비가 이루어지기까지 동양 정신세계의 신선함이 조금도 손상되지 않고 보존되었기 때문이다. 베수비오 화산이 폼페이를 뒤덮지 않았더라면 오늘날의 폼페이 유적은 없었을 것이다. 그리고 돌을 깐 길 위의 마차 바퀴 자국이 오늘날 보듯이 그토록 선명하게 새겨진 채 전해지지는 않았을 것이다. 미션계 대학의 교육은 내게는 곧 베수비오 화산이었다.

사색은 항상 위험했으며, 또한 사색은 언제나 악마와 결탁하고 있었다. 누구나 그렇겠지만, 나의 대학시절은 가장 종교적인 시절이었다. 그 무렵 기독교적 생활의 아름다움을 느끼는 감성과, 무엇이든지 이성으로 해결하려 드는 지성과의 투쟁이 일어났다. 이상하게도 내게는 톨스토이를 사로잡아 자살할 마음까지 먹게 했던 그 고뇌와 절망은 찾아오지 않았다. 어느 단계에서도 나는 스스로를 일관된 기독교도로 느꼈고 신앙에도 파탄을 느끼지 않았으며, 다만 톨스토이에 비하면 조금쯤 자유주의적이었고, 기독교 교의를 받아들이는 방법도 단순했다. 그러나 어쨌든 나는 언제든지 산상수훈으로 돌아갈 수 있었다. '들의 백합을 보라'는 구절은 꽤 걸작이므로 조금도 의심할 수가 없었다. 내게 힘을 준 것은 시구와 기독교도의 정신생활 의식이었다.

교리는 자꾸 내게서 멀어져 가고 있었다. 우선 표면적인 문제가 나를 괴롭히기 시작했다. 기원초에 예기되어 있던 그리스도의 재림도 일어나지 않았으며, 사도 또한 소생한 일도 없다. 그런데 이미 그 진실성이 깨져버린 '육체의 부활'이 아직 〈사도행전〉 속에 있다. 이것이 내 회의의 하나였다.

신학과에 적을 두고 신성함에 대해 배우게 되고 나서는 성경 중 또 하나의 테마, 처녀의 잉태가 논의의 표적이 되어 미국 신학교의 여러 선생들마다 제각기 주장이 다른 것을 알았다. 기독교도는 세례를 받기 전에 먼저 그 테마를 무조건 믿도록 되어 있는데, 그 교회의 신학자들이 이 문제를 논의의 표적으로 삼은 것은 나를 격분하게 했다. 그것이 진지한 태도라고는 생각되지 않았으며, 또한 올바른 태도라고 생각되지도 않았다.

더 나아가서 천국의 '수문(水門)은 어디에 있느냐' 하는 아무 쓸모 없는 사항에 대한 신학적 주석을 공부하게 되면서부터는 내 기분도 편해져서, 더 진지하게 신학 연구를 한다거나 할 생각은 완전히 없어졌다. 그래서 내 성적은 별로 좋지 못했다. 교수들은 내가 기독교 선교사로서 합당하지 않다고 생각하고, 장로 역시 내가 신학 공부를 중단하는 것이 좋겠다고 생각할 정도였다. 나를 가르치는 그런 헛수고는 하려 들지 않았던 것이다.

지금 생각하면 이것이 모습을 바꾼 하늘의 은혜인 것 같다. 만일 그냥 계속해서 성의를 걸치는 몸이 되었다면 훗날 지금만큼 쉽게 자신에게 충실할 수 있었을지 매우 의심스럽다. 그렇지만 신학자에게 요구되는 신앙과 보통 일반적인 개종에 요구되는 신앙과의 모순, 나는 이에 대해 반항적이었는데, 이것이야말로 내가 '반역' 이라 여기는 감정에 근접한 것이다.

이제까지의 과정을 통해 나는 신학자는 기독교의 원수라는 결론에 도달했다. 나는 도저히 두 가지의 커다란 모순을 극복할 수 없었다.

첫번째 모순은, 기독교의 전체 구성이 선악과의 존재에 달려 있다고 가정하는 신학자의 견해다. 만일 아담이 선악과를 먹지 않았더라면 원죄는 없었을 것이며, 원죄가 없었더라면 속죄의 필요성도 생겨나지 않았어야 마땅하다. 사과 자체의 상징적 가치는 내게는 자명한 이치였다. 그런데 이것이 애당초 그리스도의 가르침에 대해 불충실하기 짝이 없다고 나는 생각했다. 그렇지 않은가? 그리스도 자신은 원죄라느니 속죄라느니 하는 말은 한 번도 한 일이 없으니 말이다.

어쨌든 나는 여러 문헌을 연구해 본 결과 현대의 미국인처럼 원죄의식을 느끼지도 않고, 뿐만 아니라 그것을 믿지도 않는다. 만일 신이 우리 어머니의 반만큼이라도 나를 사랑해 준다면 나를 지옥에 떨어뜨리지는 않으리라는 것이 내가 알고 있는 전부다. 이것이야말로 내가 의식하고 있는 최종적 사실이다. 어느 종교에 대해서도 나는 이 진리를 부정할 수 없다.

또 하나의 명제는, 여기에 울타리를 만들어 더욱 부자연스러운 듯이 생각된다. 즉 이런 이야기다. 아담과 하와가 에덴 동산에서 선악과를 따먹었다. 신은 몹시 노하여 두 사람을 벌했다. 이 두 사람의 하찮은 죄로 인하여 그 후예인 인류는 자자손손 죄를 짊어지고 고통을 받아야만 하게 되었다. 그런데 신이 벌한 그 후예가 신의 독생자인 그리스도를 죽였을 때 신은 크게 기뻐하여 그들을 용서했다지 않는가. 사람들이야 뭐라고 논의를 하고 어떻게 해석할는지 모르지만, 나는 이런 장난 같은 이야기를 묵인할 수 없다. 이것이 나를 괴롭힌 마지막 것이다.

하지만 나는 학교를 졸업한 후에도 여전히 열렬한 기독교도였다. 자진해서 북경의 비기독교 대학인 정화학당(精華學堂)의 주일학교 교사 노릇을 하여 많은 동료들을 당황하게 했다. 주일학교의 크리스마스는 내게는 형벌과 다름없었다. 마음속으로는 믿지도 않으면서 맑게 갠 한밤중에 노래하는 천사 이야기를 중국의 어린아이들에게 들려주어야만 했기 때문이다. 이미 모든 것은 이성으로 정리된 다음이었다. 오직 사랑과 공포만이 남아 있었다. 사랑이라 하는 것은 나에게 행복이나 평화를 느끼게 하는 전지전능한 신, 사랑 없이는 행복이나 평화가 있을 수 없다고 생각되는 신, 말하자면 그 신에 대한 미련이었다. 공포라 하는 것은 고아의 세계로 들어가야만 하는 두려움이었다.

드디어 구원의 길이 열렸다. 어느 날 나는 동료와 의논했다.

"만일 신이 없다면 사람은 선을 행하지 않고, 인류 세계는 엉망이 되어 버리겠지?"

"무슨 말인가?" 하고 유교도인 친구가 말했다. "인간은 정직한 동물일세. 그러므로 정직한 생활을 해야만 하는 거야. 다만 그뿐일세. 달리 이유는 없어."

인간생활의 존엄을 지적한 이 한 마디는, 기독교에 대한 나의 마지막 인연의 줄을 끊어 버렸다. 그후부터 나는 이교도로서 오늘날에 이른 것이다.

이제 내게는 모든 것이 분명하다. 이교의 세계는 기독교 세계보다 단순하다. 기독교와는 달리 아무것도 가정하지 않는다. 아무것도 가정하지 않게 되어 있다. 바르고 선한 생활을 하고자 하는 것은 바르고 착한 생활을 하고 싶다고 생각하기 때문이다. 아무런 가설도 가지고 있지 않다. 이교가 선행을 인정하는 것은 선행이 선행 자체를 인정할 필요를 없앴기 때문이다.

선은 그 자체로서 선이다. 그러므로 소위 사람에게 조그만 자선행위를 시키는 데도 기독교적인 일련의 가설이나 가정, 즉 원죄, 속죄, 십자가, 천국의 축재, 천국에 있는 제삼자를 위한 인간적 상호 의무 따위는 쓸데없이 혼잡하고 번거로우며, 아무도 직접 증명할 수 없는 그런 것에 인간을 질질 끌고 다니는 일은 하지 않는다. '선행은 선행이기 때문에 선행이다' 라는 것을 받아들인다면, 바른 생활에 대한 모든 신학상의 그럴듯한 미끼는 장황하고 도덕적 진리의 빛을 흐리게 하는 것이라고 생각하지 않을 수 없다. 인간애는 최종적이고 절대적 사실이다. 특별히 천국에 있는 제삼자의 존재까지 생각하지 않더라도 서로 얼굴을 마주 대하고 사랑할 수가 있다.

나는 기독교가 도덕성이라는 것을 공연히 난해하고 복잡한 것으로 만들었다고 생각한다. 그리고 죄를 다소 매력이 있고 그럴듯하며, 좀 범해 보고 싶은 것으로 만들어버렸다. 이교는 이와 다르다. 이것이야말로 종교를 신학으로부터 구제하고, 신앙의 아름다움과 인간적 감성의 위엄을 빼앗은 것이다.

생각해 보라. 1, 2, 3세기에 걸쳐 신학적으로 복잡한 일이 얼마나 많이 일어났고, 단순한 산상수훈의 진리를 거북하고 독선적인 구성으로 바꾸어, 결국 성직이라는 것을 고마운 제도로 만들었는가를 나는 훤히 알 듯하다. 계시라는 말 속에 그 이유가 내포되어 있다. 예언자에게 주어지고 사도가 계승하여 지키는 특수한 신비, 또는 신의 계획, 계시했다는 사고방식, 이것은 마호메트교, 모르몬교, 생불의 라마교, 에디 부인[3]의 크리스천 사이언스에 이르기까지 모든 종교에서 구제의 전매특허를 획득하기 위해 필요한 것이었다. 승려는 모두 '계시'라는 공통된 음식을 먹으며 살고 있다. 그래서 그리스도의 산상수훈에 있는 단순한 진리를 장식하지 않으면 안 되고, 그리스도가 그토록 찬미한 '들의 백합'도 도금하지 않으면 안 된다. 그리하여 이루어진 것이 '첫번째 아담'과 '두 번째 아담' 등등이다.

초대 기독교 시대에는 강한 설득력이 있어 변박(辨駁)하는 자도 없었던 사도 바울식 논리도, 그 무렵보다 한층 정교하고 치밀해진 현대적 비판 의식에 대해서는 이미 매우 무력해진 듯하다. 엄중한 아시아식 귀납법과, 그보다 탄력 있고 정교한 현대인의 진리관 사이에 가로놓인 모순의 장벽, 거기에 기독교적 계시나 그 밖의 계시가 현대인을 끌어당기는 힘의 나약함이 있다. 그러므로 이교의 세계로 돌아가 계시를 단념함으로써만 원시적인(내게 있어서는 보다 만족한) 기독교로 돌아갈 수 있다. 그러므로 이교도를 가리켜 무신론자라 하는 것은 부당하다. 오직 무슨 계시 따위를 믿기를 거부한다는 점만이 무신론이라 할 수 있을 것이다. 이교도는 모두 신을 믿고 있는데 다만 오해받을 것을 우려해 신을 믿는다고 말하지 않을 따름이다.

---

[3] Mrs Mary Baker Eddy. 1821~1910. 미국의 여류 종교가로서, 크리스천 사이언스 처치의 창시자.

중국의 이교도는 모두 신을 믿고 있다. 중국 문학에서 가장 흔히 볼 수 있는 호칭으로는 이른바 '조물주'로서, 그것을 믿고 있다. 단, 기독교도와는 달리 중국의 이교도는 아주 정직하므로, 조물주를 신비의 후광 속에 두고 경외하고 숭배하고 있다. 그리고 그 느낌만으로 충분한 것이다. 이 우주의 아름다움, 수천만의 훌륭한 창조행위, 별의 신비, 하늘의 장엄, 인간정신의 존엄을 그들 역시 잘 알고 있다. 그것은 그것으로 또한 충분하다. 그들은 고통이나 가난을 받아들이고 죽음 또한 받아들인다. 그러나 이 세상에는 생활의 은혜도 있다. 산뜻한 들판에는 산들바람이 불고, 산 위에는 밝은 달이 뜨기도 한다. 인생의 명암을 적당히 받아 굳이 불평을 하지 않는다. 하늘의 뜻에 따르는 것만이 참으로 종교적이고 경건한 태도라 생각하고, 이것을 가리켜 '도에 따라 산다'고 말하고 있다. 조물주가 70세에 죽으라고 하면 기꺼이 70세에 죽는다. '천도(天道)는 운행하는' 것, 이 세상에 영원한 부정(不正) 따위도 없다는 것을 확신한다. 그 이상의 것은 필요없다.

사고방법론 제13장

인간미 있는 사고방식

사고는 과학이 아니라 하나의 기술이다. 중국의 학문과 서양의 학문은 여러 면에서 대조를 이루지만, 그 가장 두드러진 일례로서 다음 사실을 들 수 있다. 중국인은 생활 문제에 대해 서양인보다 더 많은 관심을 가지고 있으면서도 전문화된 과학이란 것이 없다. 그 반면 서양인은 전문적 지식은 풍부하지만 인간적 지식은 매우 빈약하다. 서양에서는 과학적 사고가 인간적 지식의 본래의 영역까지 침투해 들어갔다.

과학적 사고의 특징은 학문의 고도의 전문화와 과학적 술어, 또는 반과학적 술어를 풍부하게 구사한다는 점이다. 내가 여기서 말하는 '과학적' 사고란 일반적인 의미의 사고를 말하는 것이며, 진정한 의미에서의 과학적 사고를 가리키는 것은 아니다. 만일 참된 것이라면 한쪽에는 상식, 한쪽에는 공상, 이 두 가지로부터 떨어지지 못할 것이다. 그런데 엄밀히 말해서 이 일반적인 의미에서의 과학적 사고는 논리적이고 객관적이며, 고도로 전문화되고, 그 방법과 관찰력은 '원자적'이라 할 만큼 극히 세밀하다.

서양의 학문과 동양의 학문, 이 두 학문은 거슬러올라가면 결국 논리와 상식의 대립에 귀착한다. 상식을 잃은 논리는 비인간적이 된다. 논리를 상실한 상식은 대자연의 신비를 구명할 수 없게 된다.

중국 문학과 중국 철학계를 통틀어 발견할 수 있는 것이 무엇인가. 중국에는 과학이 없다는 것, 극단적인 이론이나 교리가 없다는 것, 서로 다른 철학의 대학파가 없다는 것이다. 그렇지만 상식과 양식을 존중하는 정신이 모든 이론과 모든 교리를 분쇄해 버렸다. 중국의 학자는 대시인 백낙천처럼 '밖으로는 유교적 행위로써 몸을 수양하고, 안으로는 불교로써 그 뜻을 즐겁게 한다'[1]고 했다. 그는 몸은 비록 이 세상에 있었으나 정신은 이 세상 밖에 있었던 것이다.

중국 문학 전체는 짧은 시와 짧은 수필만으로 이루어진 사막과 같다. 가치를 모르는 사람에게는 사막은 끝없이 계속되는 듯이 보이지만, 광야의 풍경 그 자체처럼 거기에는 변화가 있고 무한한 아름다움이 있다. 중국에는 미국 초등학생의 작문보다도 훨씬 짧은 300자나 500자 가량의 짧은 글이나 수기 속에 자신의 인생관을 담고자 하는 수필가나 서한 작가들이 많다. 이러한 우연히 이루어진 문장인 서한이나 일기나 문학적 메모나 수필 등에는 영고성쇠를 영탄하는 짧은 감상이 있고, 이웃 마을에서 자살한 여인의 기록도 있다. 그런가 하면 즐거운 봄잔치나 눈 속의 향연, 달밤의 뱃놀이, 천둥 번개가 치는 밤을 절간에서 보낸 추억 등도 있다. 그리고 대개의 경우 추억거리가 될 만한 인상적인 말이 그 사이에 점철되어 있다. 그러므로 수필가인 동시에 시인이고, 시인인 동시에 수필가라 할 만한 인물이 중국에는 얼마든지 있다. 그들은 500자 내지 700자 이상의 장문을 쓰지 않고도 단 한 줄 속에 모든 인생철학을 멋지게 표현하고 있다. 또 자기의 사상을 엄격한 체계 속에 집어넣지 않으려는 우화작가나 경구작가나 가정적 서한의 필자도 있다. 이런 것이 중국에서의 학파와 체계의 출현을 방해했던 것이다. 양식, 즉 상식적 판단을 존

---

[1] 〈원주〉 백낙천이 직접 초(草)한 '취음선생 묘지명(醉吟先生墓誌銘)' 중에서.

중하는 정신, 그리고 또 작가의 예술가적 감수성 뒤에는 언제나 지성을 본정신으로 신용하는 자는 없다.

과학의 정복을 가능하게 하는 논리적 능력이 인간 정신의 아주 강력한 무기임은 새삼 언급할 필요도 없다. 서양에서의 인간의 진보가 아직도 상식과 비판적 정신에 의해 지배된다는 것은 나도 알고 있다. 이 비판적 정신은 논리적 정신보다 위대한 것이며, 이것이야말로 서양에서의 인간적 사고의 최고 형식을 대표하는 것이라고 생각한다. 서양에 중국보다 훨씬 발달한 비판적 정신이 존재한다는 것은 내가 인정할 것까지도 없는 주지의 사실이다. 나는 논리적 사고의 약점을 지적했는데, 다만 서양 사상의 특수한 결함에 대해 말한 것뿐이다. 또 이를테면 독일이나 일본의 무력정책처럼 종종 서양의 정치에도 특수한 결함이 눈에 띄는 것을 지적할 따름이다.

그러나 논리에도 역시 독특한 매력은 있다. 나는 추리소설의 발달을 가장 흥미로운 논리적 정신의 소산이라고 보는데, 이 장르는 중국에서는 전혀 발달하지 않았던 문학 형식이다. 그렇지만 너무 집중적으로 논리적 사고에 몰두하면 역시 그 약점이 드러나게 된다.

서양의 학문에서 두드러지게 나타나는 특징은, 그 전문화와 지식을 토막내어 각각 다른 구획으로 밀어넣는 일이다. 논리적 사고와 전문화가 지나치게 발달하고 그에 따라 전문적인 어법도 매우 세분화된 결과 철학이 뒤로 밀려나서, 즉 정치나 경제보다도 훨씬 뒤로 밀려나서 보통 사람들은 전혀 양심의 가책을 느끼지 않은 채 철학을 간과해 버리는 현대문명의 기묘한 현상이 나타났다. 교육받은 사람이라도 철학 따위는 있으나마나 한 '과목' 중 첫째로 꼽으리라 생각한다.

이것은 확실히 현대문명의 기괴한 변태현상이다. 왜냐하면 인간의 마음과 일에 가장 가까워야 할 철학이 인생에서 가장 동떨어진 것이 되기 때문이다. 인생의 지식을 연구하는 것을 학자의 주요한 직분으로 여겼던 그리스나 로마의 고대 문법에서는 그런 일이 없었으며, 중국에서도 그런 현상은 일어나지 않았다. 그것은 현대인이 철학 본래의 과제인 인생 문제에 흥미를 잃어버렸다든가, 아니면 우리가 철학 최초의 개념에서 너무 동떨어져 버렸다든가 그 둘 중 하나의 결과다.

우리의 지식 범위는 매우 확대되어 각기 전문가에 의해 열심히 발전되어 가는 많은 '부문'이 발생하기에 이르렀는데, 철학은 그 여세에 밀려 인간 최고의 학문으로서의 관록조차 찾을 수 없게 되어, 아무도 자진해서 전문적으로 연구하려 들지 않는 한 분야로 전락하고 말았다. 전형적인 현대교육의 상태는 미국 어느 대학의 다음과 같은 발표를 읽고 나면 짐작이 가리라.

'심리학과는 호의로써 경제학과 3학년생에 대해 심리학과 4학년의 문호를 개방함.' 그래서 경제학과 3학년 교수는 그 사랑하는 학생들의 전도를 축복하고 일체의 지도를 심리학과 4학년 교수에게 떠맡기는 것이나, 한편 그 호의에 보답하기 위한 친절한 환영의 뜻으로 심리학과 4학년 학생이 경제학과 3학년의 성역으로 들어가는 것을 허용한다. 이리하여 학생 수가 적은 학과는 차츰 조락(凋落)하는 것이다.

옛날 중국 전국시대의 황제는 여러 오랑캐 나라로부터 공물을 징수하기는커녕 세력도 약해지고 영토도 점점 줄어들게 되어 겨우 충성스럽고 선량한 배고픈 몇몇 신하와 백성의 복종이나 받는 신세가 되었는데, 이것은 남의 일이 아니다. 지식의 왕자임을 자랑하던 철학도 그 경우와 같이 되고 만 것이다. 지식 그 자체는 없고 지식의 구획만 있는 인간 문화 단계에 도달했기 때문에 이런 일이 벌어지는 것이다. 전문화는 있지만 종합이 없다. 전문가는 있지만 인간적 예지를 다루는 철학자는 없다. 지나친 지식 전문화는 중국 궁정의 주방에서 볼 수 있는 과도한 전문화와 별로 다를 것이 없다.

옛날에 어느 왕조가 몰락했을 때, 한 돈 많은 관리가 궁정의 요리사로 있다가 도망쳐 나온 한 여인을 요리사로 고용했다. 그는 그것이 자랑스러워서 여러 친구에게 초청장을 보내 궁정의 요리사였던 여인의 요리를 맛보아 달라고 했다. 초대한 날이 가까워졌으므로 그는 여인에게 궁정요리를 만들도록 명령했다. 그러자 여인은 자신은 요리 같은 것은 못 한다고 말했다.

"그럼 뭘 했었지?" 하고 관리가 다그쳐 물었다.

"네, 전 만두 만드는 일을 거들었어요" 하고 여인은 대답했다.

"그래, 그럼 그날 손님에게 낼 만두를 만들어라."

그러나 여인의 대답에 그는 더욱 놀랐다.

"아뇨, 전 만두를 만드는 게 아니라 폐하의 만두 속에 넣을 양파 다지는 일을 했어요."

이와 비슷한 경우를 오늘날 인간 지식의 영역이나 아카데믹한 학문 분야에서도 볼 수 있다. 인생과 인간성에 대해서 아주 조금밖에 모르는 생물학자가 있는가 하면, 똑같은 부류의 심리학자가 있다. 인류 고대사만 알고 있는 지질학자와, 문명인에 대해서는 모르지만 미개인의 심리는 알고 있는 인류학자도 있다. 이따금 인류사에 반영된 인간의 예지와 어리석음에 대해 가르쳐주는 친절한 사학자도 있다. 심리학자는 흔히 인간의 행위를 이해하는 데 도움이 되는 지식을 주는데, 동시에 루이스 캐럴은 새디스트였다든가, 실험실에서 닭을 실험한 결과 강렬한 소음은 닭의 심장 박동에 영향을 미치는 것으로 판명되었다든가 하는 사실을 발표하여 아카데믹한 저능상태의 한 면을 폭로하는 수도 종종 있다.

그러나 이러한 전문화 과정과 더불어 종합 과정, 즉 이런 모든 부문의 지식을 종합하여 인생의 예지라는 최고 목적에 공헌하려는 노력이 필요하다는 것은 절실히 느끼지 못했다. 다만 예일 대학의 인류종합학회나 하버드 대학 창립 300주년 기념제 식사(式辭)에 실증되어 있듯이, 오늘날 어느 정도의 지식 종합을 할 준비는 마련되어 있는 듯싶다. 그러나 서양 과학자들이 좀더 단순하고 좀더 비논리적인 사고방식을 취하지 않는 한 종합이라는 것은 실현될 수 없다.

인간의 예지는 단순한 전문적 지식의 축적도 아니지만, 통계적 평균치에 의해 획득되는 것도 아니다. 예지는 오직 견식에 의해서만 이루어지는 것이다. 상식과 기지와 솔직미묘한 직감이 좀더 널리 미쳐야만 비로소 예지에 도달하게 된다.

논리적 사고와 합리적 사고에는 명확한 구별이 없다. 이것은 또 아카데믹한 사고와 시적 사고의 차이라 해도 좋으리라. 아카데믹한 사고의 예는 매우 많지만, 시적 사고의 예는 오늘날 거의 눈에 보이지 않는다.

아리스토텔레스와 플라톤은 놀라우리만큼 현대적이긴 하지만, 그것은 고대 그리스인이 현대인과 비슷했기 때문이 아니라 그들이야말로 참으로 현대 사상의 조상이었기 때문이다. 아리스토텔레스에겐 인간적인 견해나 사고방식이 있었고, 중용설(中庸說)을 택했지만 필시 현대적 교과서 쓰기의 조상이라 할 만한 인물로서 의학·식물학·윤리학·정치학에 이르기까지 지식을 여럿으로 분류한 최초의 인물이다. 그는 또 불가피한 일이긴 했겠지만, 보통사람들은 전혀 깨닫지 못할 아카데믹한 잠꼬대를 떠들어댄 최초의 인물이기도 하다. 하지만 그의 잠꼬대는 오늘날 미국의 사회학자나 심리학자의 잠꼬대에 비하면 아무것도 아닌 셈이다.

플라톤은 진실한 인간적 통찰력을 가졌던 사람이지만, 그 역시 신플라톤파에서 볼 수 있는 관념이나 추상적 개념의 숭배를 가져온 책임자이므로 전혀 무죄라고 할 수는 없다. 이 추상적 관념 숭배의 전통은 보다 통찰력이 풍부한 인물에 의해 완화되는 일이 없이, 오히려 관념이나 이데올로기가 독립적으로 존재하기라도 하는 듯한 투로 논하고 있는 학자 사이에 전해지고 있다. 오직 최근의 심리학자만은 '이성'과 '의지'와 '감정'의 빈틈없는 구획을 타파하고 중세기 신학자에게는 엄연한 실체였던 '심령'을 말살하는 작업에 참여했다. '심령'은 죽어버렸지만, 한편 우리의 사상을 압제하는 기묘한 사회적 슬로건이나 정치적 슬로건이 수없이 날조되었다. '혁명파', '반혁명파', '부르주아', '자본주의자―제국주의자', '회색분자' 등. 또 개인적 자유를 말살하기 위해 '계급'이니 '운명'이니 '국가'니 하는 똑같은 것을 만들어 논리적 행진을 계속했다.

인생을 분명히 파악하고 인생을 전체로서 바라볼 수 있는 참신한 사고방식, 좀더 풍부한 사고방식이 절실히 요망된다고 나는 생각한다. 제임스 하비 로빈슨이 "사상을 지금까지보다 한층 향상시키지 않으면 문명의 퇴보는 피할 수 없는 일이다. 현명한 관찰자는 아주 솔직하게 확신을 갖고 말한다"라고 경고했다. 로빈슨 교수는 좀더 현명하게 "'성실하고 정직함'과 '깊은 사려분별'은 서로 시기하고 의심하는 것 같지만, 이윽고 친구가 될 것이다"라고 주장했다.

현대의 경제학자와 심리학자는 정직함과 성실성은 지나칠 정도로 갖추고 있으나, 사물에 대한 식견이 모자라는 것 같다. 여기에 논리를 인간적 사상(事象)에 적용할 위험이 있으므로 특히 역설해야 할 점이다.

그렇지만 근대에 있어서의 과학적 사고의 힘과 위세는 너무도 크고, 각종 아카데믹한 사고는 온갖 경고에도 귀를 기울이지 않은 채, 인간 정신은 하수도나 마찬가지로 연구할 수 있다느니, 인간 사상의 파동은 라디오 전파나 마찬가지로 측정할 수 있다느니 하면서 천박한 신념을 가지고 부단히 철학 영역으로 침입해 들어갔다. 그러므로 우리의 일상 사고는 교란당하는 정도로 그쳤지만, 정치에서는 비참한 결과를 맞이했다.

상식으로 돌아가라

중국인은 논리적 필연이라는 말을 싫어한다. 인간적 사상에 논리적 필연이니 하는 것은 없기 때문이다. 중국인의 논리에 대한 불신은, 우선 언어에 대한 불신에서 비롯되어 정의를 혐오하게 되고 결국에는 모든 체계와 이론을 증오하게 되었다. 확실히 언어와 정의와 체계가 있음으로 인해 철학의 여러 학파가 생겨날 수 있었을 것이기 때문이다. 철학의 타락은 언어에 몰두하는 것에서부터 비롯되었다. 중국의 학자 공자진(龔自珍)은 "성현은 말이 없고, 능한 자는 이야기하고, 어리석은 자는 논한다"라고 말한다.

그런데 공선생 자신은 의논하기를 매우 좋아했다니, 참으로 재미있다!

성현과 능사(能士) 사이에는 차이가 있다. 즉 성현은 자신이 직접 체득한 인생에 대해 말하는데, 능사는 성현의 말씀에 대해 이야기하고, 어리석은 사람은 능사의 말을 서로 논한다.

고대 그리스의 궤변자 중에는 담화 그 자체를 재미있어 했던 순수한 담론가도 있었다. 지식에 대한 사랑으로부터 시작된 철학은 말에 대한 사랑이 되고, 궤변학파적인 경향이 증대됨에 따라서 철학과 인생과의 괴리는 더욱더 철저해졌다. 시대의 흐름에 따라 철학자는 차츰 더 많은 말과 장문을 사용하기 시작했다. 인생을 풍자하는 경구는 문장으로 바뀌고, 문장은 논증으로, 논증은 논문으로, 논문은 평석(評釋)으로, 평석은 철학적 연구에 자리를 양보하게 되고, 다시금 용어를 정의하고 분류하기 위해 점점 더 많은 말이 필요해지고, 기성학파로부터 동떨어져서 두각을 나타내려고 더욱더 많은 학파가 필요하게 되었다.

이 과정은 언제까지나 멈추지 않았다. 결국 실생활과 친숙한 감정이나 깨달음은 완전히 상실되고, 오히려 속인들이 "도대체 당신은 무슨 말을 하고 있는 거요?" 하고 반박할 권리만을 가졌다.

그러나 그 뒤의 사상사를 통해 괴테, 새뮤얼 존슨, 에머슨, 윌리엄 제임스 등 인생 그 자체를 직접 체험한 소수의 독립 사상가는, 그 담론자풍의 잠꼬대를 배격하고 분류적 정신에 완강한 거부감을 나타냈다. 필경 그들이야말로 인생의 지식인 철학의 참된 의의를 유지해 준 현명한 철학자들이었다. 그들은 대개의 경우 의논(議論)을 버리고 경구로 되돌아갔다. 경구로 말할 능력을 잃었을 때는 짧은 글로 쓴다. 또 짧은 글로 확실히 표현할 수 없을 때는 의논을 시작한다. 의논을 통해서도 참뜻을 제대로 전달할 수 없으면 비로소 논문을 쓴다.

인간이 언어를 사랑하는 것은 무지로 떨어지는 첫걸음이며, 정의를 사랑하는 것은 두 번째 걸음이다. 분석을 하면 할수록 정의는 더욱 많아지고, 정의가 많아질수록 더욱 불가능한 논리의 완성으로 달리게 되는데, 이같은 노력은 무지의 증거에 불과하다. 말은 인간 사상의 재료이므로 정의를 내리려는 노력은 꽤 기특한 마음씨이긴 하다. 소크라테스는 유럽의 정의광(定義狂)의 원조였다.

다만 주의해야 할 것은 정의를 내린 말의 뜻을 이해한 다음 그 정의에 사용된 말에 또 정의를 내려야만 한다는 것이다. 결국 최후에는 인생 그 자체를 정의하거나 표현하는 말 외에, 다른 말을 정의하는 다른 종류의 말을 갖게 되며, 마침내는 그쪽이 철학자들의 주요 관념이 되어 버린다. 분주한 말과 한가한 말, 일상어와 철학자의 연구실에서만 사용되는 말 사이에는 분명히 차이가 있으며, 소크라테스나 프란시스 베이컨 등의 정의와 현대 교수들의 정의 사이에도 차이가 있다.

인생을 가장 깊이 느끼고 있던 셰익스피어는 일절 정의를 내리려 하지 않았다. 그래서 그의 말에는 다른 작가가 소유하지 못한 '실체'가 갖추어져 있다. 그 어법에는 오늘날의 작가에게 흔히 결여된 인간적 비극과 장엄이 깃들여 있다. 우리는 셰익스피어에게 특수한 여성관을 피력하게 할 수 없듯이, 그의 말을 특정한 기능으로 고정시킬 수는 없다. 대개 정의라는 것은 인간의 사상을 질식시키고, 인간 그 자체의 특질인 찬연한 공상적 색채를 지워버리기 쉬운 것이다. 대체로 정의란 이런 성질을 가지고 있다.

그런데 만약 언어가 표현 과정에 있는 사상을 방해하는 것이라면, 체계를 사랑하는 것은 인생의 예민한 지각에 한층 치명적인 장해가 된다. 체계란 진리에 대한 사시(斜視)에 불과하다. 체계가 논리적으로 발전하면 할수록 사시는 더욱 심해진다. 인간은 간혹 진리를 인식하더라도 오직 그 한 면만을 보고 그것을 하나의 완전한 논리적 체계로 인정해 버리려는 것이 일반적인데, 철학이 점점 더 인생으로부터 떨어져 나갈 운명에 놓인 이유의 하나가 여기에 있다.

진리를 말하는 자는 말함으로써 진리를 해치고, 진리를 실증하려는 자는 진리를 실증함으로써 진리를 해치고 또 왜곡한다. 진리에 레테르를 붙여 유파 이름을 씌우는 자는 진리를 죽이고, 스스로를 진리의 신봉자라 일컫는 자는 진리를 매장하는 셈이다. 그러므로 어떤 진리일지라도 일단 체계로 이룩된 것은 세 번이나 죽고 매장된 진리라 할 수 있다.

그 장례식 때 조문객 일동이 부르는 만가는 '나는 모두 옳고 그대는 모두 그르다'는 문구다. 어떤 진리를 매장시키느냐 하는 것이 문제가 아니라, 매장시킨다는 그 자체가 중요한 것이다. 왜냐하면 이리하여 진리는 옹호자의 수중에서 계속 시달리고, 예나 지금이나 철학의 모든 유파는 '나는 모두 옳고 그대는 모두 그르다'는 점을 증명하기에 급급하기 때문이다.

독일인은 걸핏하면 '근본성(根本性)'이라는 것을 내세우며 일정한 진리를 증명하기 위해 거대한 서술을 하는데, 끝내는 진리를 전혀 쓸모없는 것으로 만든다.² 아마도 그들이야말로 가장 진리를 모독하는 사람일 것이다. 하지만 대부분의 서양 사상가에게는 이와 비슷한 사고의 질환이 인정된다. 추상적으로 되면 될수록 증상은 더욱더 악화된다.

이 비인간적 논리의 결과로서 비인간적인 진리가 나타난다. 오늘날의 철학은 인생 그 자체와는 더욱 인연이 먼 것이 되어 버렸고, 인생의 의의와 생활 지식을 가르치려던 의도는 거의 포기해 버렸다. 이런 철학은 우리가 철학의 가장 중요한 점으로 여기는 인생에 대한 친숙미, 혹은 생활의 지각을 상실해 버린 것이다.

윌리엄 제임스가 '경험의 요소'라 부른 것은 인생에 대한 이런 친숙미다. 나는 장차 윌리엄 제임스의 철학과 논리가 현대의 서양적 사고방식에 더욱더 파괴적인 힘을 미칠 것이라고 본다.

오늘날 서양 철학을 인간적인 것으로 만들기 위해서는 먼저 서양 논리를 인간적인 것으로 만들어야 한다. 다만 정확하고, 논리적이고, 이론을 정연하게 하려 하기보다는 좀더 열정적으로 현실에 접촉하고, 인생에 접촉하고, 특히 인간성에 접촉하고자 하는 사고방식으로 되돌아가야만 한다. '나는 생각한다. 그러므로 나는 존재한다'라고 하는 데카르트의 유명한 말 속에 전형적으로 나타나 있는 사고의 질환에서 떠나 '나는 존재한다. 존재한 그 상태로 충분하다'고 한 휘트먼의 보다 인간적이고 현명한 생각으로 발전해야 한다. 인생, 즉 실체가 논리 앞에 승복하고 자기 존재와 실재를 증명해 주기를 바랄 필요는 없다.

윌리엄 제임스는 중국인적 사고방식을 실증하고 옹호하는 일에 일생을 바

---

2 〈원주〉 독일의 어느 학자는 논문 전체를 통해 천재가 눈의 과로의 결과임을 증명하려 했다. 슈펭글러가 자신의 박학함을 뽐내고 있는 것은 화려하나, 그의 추리는 유치하고 초라하다.

쳤다. 그러나 만일 윌리엄 제임스가 중국인이었더라면 지론을 펴기 위해 그 토록 많은 말을 사용하지는 않았으리라. 겨우 300마디나 500마디 정도의 수필이나 한가로운 일기식 수기로, 이러이러하므로 나는 믿는다고 쓰는 데 그 쳤으리라. 말을 많이 하면 오해를 살 염려도 많아지는 것이므로, 그는 말 그 자체에 대해 겁쟁이가 되었을 것이다.

그렇지만 윌리엄 제임스에게는 민감한 인생 지식과, 인간적 경험의 다양함과, 기계론적 합리주의에 대한 반역이 있었다. 그는 또한 꾸준히 사상을 유동시키고자 애썼고 '나야말로 절대적 진리와 보편적 진리와 본원적 진리를 발견했다'고 생각하고 그것을 독선적인 체계 속에 흡수하는 그런 인간을 결코 용납하지 않았다. 그런 점에서 그는 진정 한 사람의 중국인이었다.

그는 또 예술가의 지각적 현실감은 개념적 현실감보다 훨씬 중요하다고 주장한 점에서 중국인다웠다. 참된 철학자라면 감수성을 최고 초점으로 하여 생명의 흐름을 지켜보고, 신기하고 묘한 역설이나 모순이나 원칙에 맞지 않는 불가해한 예외에 부닥치면 영구히 놀라움을 느낄 마음의 준비를 하고 있는 인간이다. 체계를 용납하지 않는 것은, 부정확하기 때문이 아니라 체계가 있기 때문이다. 이 태도는 모든 서양 철학의 학파에 대해 파괴적인 힘을 가지고 있다. 사실 그가 말했듯이 우주의 일원관(一元觀)과 다원관(多元觀)의 차이는 철학사상 가장 함축성 있는 쟁점이다. 그는 철학으로 하여금 화려한 공중 누각을 잊게 하고, 인생 그 자체로 되돌아가도록 했다.

공자는 "잠시도 도를 떠나서는 안 된다. 떠나는 것은 도가 아니다"라고 말했다. 공자는 또 제임스의 입에서라도 나올 듯한 "사람은 능히 도를 넓힌다. 도가 사람을 넓히는 것이 아니다"라는 재치 있는 한 마디를 했다. 그렇다, 세계는 삼단논법이나 의논이 아니라 실재다. 우주는 말이 없다. 단지 살아 있을 뿐이다. 우주는 논의하지 않는다. 단지 존재할 뿐이다. 선천적으로 재질이 풍부한 영국의 어느 작가의 말을 인용하면 "이성은 신비의 한 항목일 따름이다. 오만하기 짝이 없는 의식의 배후에 이성과 회의가 대면하고 있다. 논리적 필연은 썩었다. 그러나 회의와 희망의 사이는 아주 원만하다. 우주에는 야성이 있다. 독수리의 날개처럼 먹이 냄새를 풍긴다. 그러나 그것은 불행한 일이 아니다. 대자연은 모두가 기적이다."

나는 서양식 논리학자들에게 필요한 것은 약간의 겸양이라고 생각한다. 그들을 구제하는 길은 오직 헤겔풍의 자만심을 뜯어고치는 데 있다.

정리(情理)를 알라

논리와 대조를 이루는 것 중에 '상식'이 있다. 상식이라기보다 '정리(情理)'라고 하는 편이 더 나을지도 모른다. 정리를 존중하는 것은 인간 문화에서 가장 건전한 최고 이상이며, 정리를 아는 사람은 최고의 문화인이라고 생각한다. 사람은 완전무결할 수는 없으므로 다만 정리를 이해하는 바람직한 인간이 되기 위해 노력할 뿐이다. 사실 나는 세상 사람들이 개인적 문제건 국가적 문제건 간에 이 정신을 체득하는 시대가 오기를 고대하고 있다. 정리를 아는 국민은 평화로운 생활을 영위하며, 정리를 아는 부부는 행복을 누릴 수 있다. 사위를 고를 때 표준으로 삼을 것은 단 한 가지, 즉 상대가 정리를 아는 인간이냐 아니냐 하는 것뿐이다. 절대로 다투지 않는 완전한 부부란 상상할 수도 없다. 다만 정리로써 적당히 싸우고 정리로써 적당히 화해하는 아기자기한 부부가 상상될 따름이다. 정리 있는 인간세계에서야말로 평화와 행복을 즐길 수 있다. 정리 시대라 할 만한 세상이 언젠가 온다면, 그때야말로 평화의 시대이며 정리 정신이 널리 보급되는 시대이리라.

인생의 정리를 존중하는 정신은 중국이 세계에 제공해야만 할 최선의 것이다. 중국 군벌들이 세금을 50년이나 앞당겨 백성들로부터 강탈하는 것을 정리를 아는 정치 방법이라고는 말할 수 없지만, 어쨌든 정리 정신이야말로 중국 문명의 본질이며 가장 좋은 측면이라고 말할 수 있다. 나의 이 발견은 오랫동안 중국에 체류했던 두 미국인에 의해 우연히 확인되었다. 그중 한 사람으로 중국에 30년간이나 체류해 온 미국인은, 중국의 모든 사회생활은 '강리(講理: 도리를 말함)'란 말에 기초를 두고 있다고 말했다. 중국인이 싸울 때 맨 마지막에 하는 상투어는 "그래, 이게 도리에 맞는 것이란 말이냐"라는 말이다. 누구나 흔히 하는 가장 따끔한 선고는 "불강리(不講理)한 녀석"이라는 말, 즉 "도리에 안 맞는 말을 하는 녀석"이라는 한 마디다. 자기가 도리에 안 맞음을 인정하면 싸움에 이미 진 것이다.

인간미 있는 사고방식이란 정리를 분별할 줄 아는 사고방식을 말한다. 논리적인 인간은 언제나 자신이 옳다고 주장하므로 인간적이 아니며, 따라서 잘못되어 있다. 그러나 정리를 아는 인간은 어쩌면 자신이 잘못일지도 모른다고 의심하므로 언제나 올바른 것이다.

편지의 추신에는 이 두 가지 대조가 나타나는 경우가 있다. 나는 언제나 친구로부터 온 편지의 추신을 좋아하는데, 본문과 완전히 모순된 내용의 추신은 특히 재미있다. 추신에는 본문을 쓰고 난 다음 골똘히 이리저리 세상 정리에 비추어 생각한 것이나 주저와 기지와 상식 등이 첨가된다.

어떤 명제를 장황하게 설명하려고 안간힘을 쓴 끝에 갑자기 어떤 직관에 부딪혀 문득 상식이 머리를 스치면, 이제까지의 논의는 완전히 무너져 버리고 자기가 잘못되어 있음을 인정한다. 이런 사람이야말로 온정 있는 사상가이며, 이런 사고방식이야말로 내가 말하는 인간미 있는 사고다.

본문에선 논리적인 인간으로서 말하고, 그뒤 추신에선 참된 인간적 정신과 정리를 분별한 사람으로서 말하는 편지를 상상할 수 있으리라. 지금 한 아버지가 여자대학에 입학시켜 달라고 조르는 딸에게 편지를 쓰고 있다고 가정하자. 그는 펜을 들어 딸을 여자대학에 보낼 수 없는 이유에 대해 조목조목 열거하는데, 누가 보더라도 수긍이 갈 만한 갖가지 논거들이다. 논리정연하게 늘어놓아 반문할 여지는 조금도 없다. 즉 현재 이미 세 명의 오빠를 대학에 보내고 있으며, 어머니가 아프니 집에서 간호할 사람이 없으면 곤란하다는 등 그 밖의 여러 이유를 내세운다. 그러나 편지 끝에다 이름을 쓰고 나서 '좋다! 줄리야, 이번 가을에 입학하도록 준비해 두렴. 어떻게 해 보마'라고 한 줄을 더 쓴다.

혹은 부인에게 편지를 보내 이혼할 생각임을 알리려는 남편의 경우를 상상해 보자. 물러설 수 없는 이유는 수없이 많다. 첫째로 부인은 남편에게 성실하지 못하다. 둘째로 남편이 귀가했을 때 따뜻한 식사를 제공한 적이 없다 운운. 모두 당당하고 그럴듯한 이유이며 정당하다는 느낌도 있다. 만일 변호사를 부른다면 논리는 더 완전해지고 상황은 한층 더 정정당당해질 것이다. 그런데 편지를 다 쓴 뒤에 별안간 마음이 변해, 간신히 판독할 수 있을 정도의 글씨로 '사랑하는 소피! 난 정말 어쩔 수 없는 사람이구려. 꽃다발을 들고 집에 돌아가겠소'라고 쓰는 것이다.

이 두 가지 편지의 본문에 있는 논리는 참으로 완전하고 옳다. 말하고 있는 것은 하나의 논리적인 인간이다. 그런데 추신에서 말하는 것은 참된 인간적 정신, 즉 인간적인 아버지와 남편인 것이다. 정리를 다소라도 이해하는 사람이라면 쓸데없이 이치만 따지는 논의 따위에 골치를 썩이지 않도록 하고, 상반되는 충동과 감정과 욕망이 수시로 변하는 해양 가운데서 건전한 균형을 잡듯이 노력해야 하며, 그것이 인간으로서의 정신의 책무다. 우리가 진실이라고 믿는 것이 곧 진실이며, 그것이 곧 인간세계에서 진리의 모습이다.

반박할 여지가 없는 논의에는 정(情)이라는 것이 맞서고, 정당한 것이라도 애정에 부딪히면 약해지는 것이다. 그래서 확신은 서지만 아무래도 논리에 맞지 않는 경우가 종종 있다. 법률마저도 그 주장하는 절대적 정의의 불완전함을 인정하고 있다. 법률은 종종 조문(條文)의 '조리(條理) 해석'으로 되돌아가야만 하는 경우가 있다는 것, 최고 행정관에게 사면권을 부여하고 있다는 것을 보아도 분명하다. 에이브러햄 링컨은 한 어머니의 아들에 대해 이 사면권을 매우 효과적으로 행사한 적이 있다.

이렇듯 정리를 존중하는 정신은 모든 사고방식을 인간적인 것으로 만들고, 우리 자신의 정확성에 대한 확신을 감퇴시킨다. 그것은 우리의 관념을 원숙하게 해주고, 행위의 모난 곳을 둥글게 해준다. 이에 대립하는 것은 사상과 행위로서, 개인생활과 국가생활과 결혼과 종교와 정치에서의 온갖 종류의 광신과 독단이다. 나는 감히 주장하지만, 중국에는 지적 광신과 독단론이 다른 나라들보다 적다. 폭동을 일으키는 중국의 민중은 매우 흥분하기 쉬운 면도 있지만(1900년의 의화단운동이 그 실례임), 강리 정신은 전제군주제와 종교, 그리고 이른바 '여성의 억압'을 매우 인간미가 있는 것으로 만들었다. 다만 이런 것들은 모두 다소 조건부로 받아들여야 하는데, 아무튼 틀림은 없다.

'정리'는 중국의 황제와 신과 남편을 단순한 인간으로 전락시키고 말았다. 중국의 황제는 일본의 통치자처럼 반신적(半神的)인 존재는 아니며, 중국 역사가는 황제는 천명으로써 통치하는 자이며, 실정(失政)할 때는 '천명'을 상실하는 것이라는 이론을 발전시켰다. 황제가 악정을 펴면 우리는 지체없이 목을 베어 버린다. 흥망성쇠가 많은 왕조의 왕이나 황제의 목을 너무 많이 베었으므로, 그들이 '신성'하다느니 '반신적'이라느니 하는 것은 믿을 수 없다.

중국의 성현은 신이 아니라 다만 지식의 스승으로서 받들어질 따름이다.

또 중국인의 신은 완전무결의 전형이 아니라 중국의 관리처럼 돈만 쓰면 수하에 넣을 수 있는 존재로, 아첨이나 뇌물의 대명사로 통한다는 것이다. 중국에서는 정리를 떠난 자는 즉시 '불친인정(不親人情 : 인간성에서 동떨어진 것)'의 낙인이 찍힌다. 너무 성인답고 완전무결한 인간은 마음에 이상이 있다 하여 반역자 취급을 받는 경우도 있다.[3]

이같은 관점에서 오늘날의 유럽을 살펴보면 정리에 의해 지배되고 있다고는 할 수 없으며, 정리는커녕 이성조차 무시한 채 오히려 광신적 정신에 의해 지배되고 있다고 말할 수 있다. 오늘날의 유럽 실정을 보면, 한결같이 신경과민이라는 느낌이 든다. 그러나 단지 국가적인 충돌이 있다거나 국경 문제나 식민지 요구의 마찰이 있다거나 하는 것만이 원인은 아니다. 그런 정도의 일이라면 이성적인 방법으로 충분히 처리할 수 있을 것이다. 그런데 좀처럼 그렇게 되지 않는 것은 그 근원이 좀더 깊고, 게다가 유럽의 통치자라는 사람들의 정신상태에서 빚어졌기 때문이다.

그것은 지리를 잘 모르는 도시에서 택시를 탔으나 갑자기 운전사가 의심스러워져 불안에 떠는 것과 같다. 운전사가 지리를 잘 몰라 올바른 길을 따라 손님을 목적지에 실어다 주지 못하는 경우라면 다소 이해가 가겠지만, 운전사가 중얼거리는 이상한 소리가 귀에 들려 '이놈이 과연 제정신일까' 하는 의심을 하기 시작한다면 곤란하다. 게다가 머리가 돈 운전사라면 권총을 가지고 있을 것이고, 손님은 차에서 내릴 기회가 없을 테니 더욱 신경과민이 되어 버린다. 그러나 인간 정신의 이같은 풍자화는 그 참모습이 아니다. 모든 악성 유행병처럼 이윽고 자기 자신을 불살라 버리는 단순한 착란상태이며,

---

3 이 생각은 사회 개혁가인 재상 왕안석(王安石)을 비난한 논문에 나타나 있다. 그 필자는 소동파의 아버지라고 한다.

일시적 발광 단계이다.

내가 이렇게 믿는 데는 까닭이 있다. 우리는 인간의 정신력에 신뢰의 뜻을 표하는데, 그것은 원래 한계가 있는 것이긴 하지만 무모한 유럽 운전사의 지능보다는 무한히 높은 그 무엇이므로, 언젠가는 평화로운 생활을 즐길 수 있을 것이기 때문이다. 또한 인류는 머지않아 정리 위에 서서 사물을 생각하는 방법을 배우게 될 것이다. 이렇게 믿을 만한 이유가 우리에게는 있다.

옮긴이의 말

중국의 작가로서, 또 문명비평가로서 널리 알려진 임어당(林語堂)은 동양과 서양의 문화를 흡수해 독특한 자기만의 사상을 구축한 세계적인 석학이다.

1895년 10월 중국 복건성(福建省)에서 태어나, 목사인 아버지 아래서 엄격한 기독교 교육을 받았다. 성장한 후에도 신학대학의 교육을 받기는 했으나, 결국 기독교 신앙을 버리고 미국의 하버드 대학과 독일의 라이프치히 대학에서 언어학을 전공했다. 귀국 후 한동안 북경 대학의 교수를 지냈으며, 저술활동은 주로 미국에서 했다. 그의 저서는 처음부터 영문으로 쓴 것들도 있고 중국어로 쓴 것들도 있는데, 대표적인 저서를 들어보면 다음과 같다. 영문으로 쓴 《Moment in Peking(북경호일)》, 《A Leaf in the Storm(폭풍우 속의 나뭇잎)》, 중국어로 쓴 《전불집(剪拂集)》, 《대황집(大荒集)》, 《아적어(我的語)》 등이다.

이 책의 텍스트인 《The Importance of Living》도 영문으로 쓴 것인데, 임어당의 사상을 대표하는 것이라 할 수 있다. 이 책이 미국에서 처음 출판되었을 당시 서구인들이 보인 반응은 놀랄 만한 것이었으며, 세계 곳곳에서 번역되어 오늘날 현대인의 필독서로서 빼놓을 수 없는 것이 되었다.

임어당은 이 책을 통해 동양과 서양의 문화를 비교하여 동양적인 것으로써 서구적인 것을 압도하는 놀라운 이론 전개를 보이고 있다. 기독교 사상을 바탕으로 한 서구 문화를 논리정연하게 반박하는가 하면, 유교 사상을 바탕으로 한 중국 문화의 심오한 원리를 묘파해서 참된 인생이 무엇인가를 제시하고 있다.

그의 사상의 중심은 무엇보다도 자유주의, 자연과 인간에 대한 사랑이라고 할 수 있다. 특히 그의 유머 감각은 뛰어나다는 평가를 받고 있는데, 그 경탄할 만한 유머가 단순한 익살로 그치는 것이 아니라 인간애를 내포하고 있다는 점을 간과해서는 안 된다. 그의 유머의 품격을 이해하지 못한다는 것은 곧 그의 사상에 깃들인 삶의 진리를 발견하지 못했음을 의미하는 것이리라.

아무쪼록 이 책이 현대를 살아가는 젊은이들에게 삶의 의미를 터득하게 하는 지침서가 되기를 바라며, 원문에서만 맛볼 수 있는 묘미와 흥취를 제대로 전하지 못한 부분이 간혹 있었음을 유감으로 생각한다.

고전으로 미래를 읽는다 023
생활의 발견

초판 발행_1987년 5월 15일
개정판 중판 발행_2019년 4월 10일

옮긴이_원창화
펴낸이_지윤환
펴낸곳_홍신문화사

출판 등록_1972년 12월 5일(제6-0620호)
주소_서울시 동대문구 안암로50-1(용두동) 730-4(4층)
대표 전화_(02) 953-0476
팩스_(02) 953-0605

ISBN 89-7055-692-5 03820

ⓒ Hong Shin Publishing Co. Printed in Korea
*값은 뒤표지에 있습니다.
*잘못 만들어진 책은 바꾸어 드립니다.